Ernst Aeppli wurde 1892 in Brittnau im Kanton Aargau in der Schweiz geboren. Nach dem Besuch des Lehrerseminars in Zürich war er zunächst Mehrklassen-Lehrer auf dem Hasliberg im Berner Oberland und anschließend Lehrer an der Deutschen Schule in San Remo.
Zwischen 1914 und 1918 tat er Grenzschutzdienst als Sanitätsgefreiter und studierte nebenbei sowohl an der Universität Zürich wie auch bei C.G. Jung.
1923 promovierte er zum Dr.phil. Als Folge seiner Praxis als Psychologe in Zürich entstanden seine Bücher »Lebenskonflikte – eine psychologische Beratung«, »Der Traum und seine Deutung«, »Psychologie des Bewußten und Unbewußten«, »Persönlichkeit – Vom Wesen des gereiften Menschen« und »Psychologische Beratung«. Ernst Aeppli starb 1954 in Zürich.

Ernst Aeppli

Der Traum und seine Deutung

Mit 500 Traumsymbolen

Knaur®

Vollständige Taschenbuchausgabe Januar 1998
Droemersche Verlagsanstalt Th. Knaur Nachf., München
Dieses Taschenbuch ist auch unter der Bandnummer 04116 erhältlich
Lizenzausgabe mit freundlicher Genehmigung
des Eugen Rentsch Verlages, Zürich
Copyright © 1943 Eugen Rentsch Verlag, Zürich
Umschlaggestaltung: Vision Creativ, München
Umschlagfoto: Mauritius/Superstock, München
Druck und Bindung: Ebner Ulm
Printed in Germany
ISBN 3-426-77342-2

5 4 3 2 1

INHALT

Einleitung 7

DAS WESEN DES TRAUMES

Das Erlebnis des Traumes 13
  Traum und Schlaf — Dauer des Traumes — Traumstimmung — Das Traumgeschehen — Vom Vergessen und Behalten.

Die Sprache des Traumes 27
  Archetypen — Das Symbol — Redensarten — Im Gleichnis des Sexuellen — Der Verstärker.

Die Funktion des Traumes 57
  Der kompensatorische Traum — Situationsträume — Reduktionsträume — Absicht des Traumes.

Arten der Träume 86
  Alltagsträume — Der Wecktraum — Großträume — Kinderträume — Pubertätsträume — Individuationsträume — Todesträume.

Günstige und ungünstige Träume 115

DIE DEUTUNG DER TRÄUME

Einleitung 127
Die Psychoanalyse Sigmund Freuds 131
Der Traum in der Individualpsychologie Adlers 141
Die Deutung des Traumes in der „Komplexen Psychologie"
C. G. Jungs 146
  Deutung der Traumserie — Der Träumer — Der Deuter — Vom Selberdeuten — Der Traumtext — Erläuterungen und Einfälle — Die Deutung auf der Objektstufe — Die Deutung auf der Subjektstufe — Nach der Deutung.

TRAUMSYMBOLE

Einleitung	199
Träume von Bekannten und Unbekannten	202
Berufsgestalten	216
Im Gleichnis des menschlichen Körpers	224
Von Krankheit und Verwundung	228
Speise und Trank	234
Kleiderträume	241
Das Haus und seine Räume	246
Fahrzeuge und Einrichtungen	256
Zahlenträume	267
Die Bedeutung der Farben	274
Von Wasser und Feuer. Energiesymbole	278
Die Welt der Gestirne	286
Traumlandschaft	290
Der Lebensweg und seine Orientierung	300
Gefahrenträume	309
Von Soldaten und Krieg	315
Schul- und Prüfungsträume	320
Vom innern Gericht	324
Bilder, Bücher, Theater und Kino	328
Traummusik	336
Vom Gelde	339
Formen und Werte	343
Kirche und Kulte	346
Die Welt des Todes	351
Tierträume	358
Von Pflanzen, Blumen und Früchten	392
Literatur	399
Symbol-Register	401

EINLEITUNG

Die meisten Menschen haben Träume; doch nur wenige verstehen deren Sinn. Das vorliegende Buch versucht nun allen jenen, die sich um eine bewußte Gestaltung ihres Lebens bemühen und deshalb auf den Traum und seinen Sinn als auf eine bedeutsame Mitteilung der Seele nicht verzichten möchten, an das Wesen des Traumes und an dessen fruchtbare Deutung heranzuführen.

Dem Leser kann freilich nicht entgehen, daß es sich bei unserem Versuche, an Wesen, Sprache, Funktion und Sinn des Traumes heranzukommen, um ein nicht leichtes Unternehmen handelt. Denn das psychische Naturgeschehen, Traum genannt, läßt sich vom erkennenden Geiste nur dann einigermaßen erfassen, wenn dieser ohne Vorurteile, dafür mit um so größerer Intuition für Zusammenhänge arbeitet, die dem einfachen Verstande paradox, ja unsinnig zu sein scheinen. Auch setzt jede Traumdeutung ein großes Kulturwissen und damit die Kenntnis der häufigsten Symbole und ihres vorwiegenden Inhaltes voraus.

Gerade diese Tatsache verhindert auf die Dauer eine bloß spielerische Beschäftigung mit dem Traume. Auch der hier mitgeteilte Katalog von vierhundert Traumsymbolen und ihrer häufigsten Bedeutung wird den Benutzer dieses Buches davon überzeugen, daß die Traumdeutung auch für den, welcher ein Wissen um die hintergründigen psychischen Zusammenhänge besitzt, doch eine Aufgabe darstellt, die Gewissenhaftigkeit, Geduld und Vorsicht fordert.

Der besorgte Einwand, eine ernsthafte Beschäftigung mit dem Phänomen des Traumes, vor allem aber mit den eigenen Träumen, könnte wertvolle Menschen den zwar nicht wichtigeren, aber zeitlich viel umfänglicheren Aufgaben des Tages entziehen, erledigt sich damit, daß nach aller Erfahrung in solchen Fällen gerade die Traumwelt selbst auf diese Gefährdung eines natürlichen Interessengleichgewichtes hinweisen würde.

Unser Buch ist nicht für junge Menschen gedacht. Denn diesen auferliegt noch nicht die schöne und schwere Verpflichtung, sich psychologisch um den inneren Weg zu sich selbst zu bemühen. Vor ihnen liegt viel mehr mächtig aufgeschlagen das Buch der Welt; an ihm haben sie sich zu orientieren.

Noch weniger wendet es sich an den Traumverächter. Es will diesen, obwohl es möglich wäre, nicht bekehren. Träumt er selbst häufig und behauptet dabei dennoch, Träume seien Schäume, dann ist er, nie angerührt vom Ahnen dessen, was in ihm bedeutsam vorgeht, offenbar noch unfähig, auch nur an den Anfang innerer Selbsterfahrung zu gelangen.

Es gibt noch immer Leute, die den Traum für ein pathologisches Phänomen halten, das nur „nicht normale" Leute angehe. Und doch sollen gerade seelisch Kranke sich nicht ohne sorgfältige Führung durch den Psychotherapeuten mit ihren Träumen beschäftigen. Für sie kann dieses Buch eine gewisse Gefahr bedeuten. Sie lassen es besser ungelesen.

Etwas von dieser Gefahr nähert sich auch dem Leser, der das Buch um der interessanten Beispiele willen – sie wurden alle wirklich geträumt – in einem Zuge zu verschlingen sucht. Es kann nicht anders sein: Die Fülle der großen Bilder in den mitgeteilten Träumen, das Auftauchen seelischer Gewalten in immer neuer Abwandlung erzeugt im gierigen Leser seelisches Übelbefinden, das ihn um die Frucht echter Beschäftigung mit dem Traume bringt.

Unser Buch möchte dem erwachsenen, in seiner bewußten Welt genügend verankerten Leser, der Fragen stellt nach dem Wesen, der Absicht und dem Sinn dessen, was in ihm nächtlicherweise geschieht, eine ausführliche Antwort geben. Nicht eine neue oder gar eine ganz persönliche Antwort, sondern die Antwort, zu der die psychologische Forschung auf ihre Frage nach dem Phänomen des Traumes bisher gekommen ist.

Man weiß, daß die psychoanalytische Traumauffassung *Freuds* und seiner Schule sich als zu eng erwiesen hat. Sie wurde der Totalität des Psychischen, das sich auch im Traume äußert, nicht gerecht. Sie hat denn auch einer weiträumigeren Psychologie gerufen. Deren großer Schöpfer ist *C. G. Jung*. In seiner „Komplexen Psychologie" hat das Phaenomen des Traumes und die Methode seiner Deutung einen besondern Platz.

Unsere Darstellung wurzelt bewußt und dankbar in der großen Leistung Jung'scher Traumforschung. Deren Auffassung und Deutungsprinzipien haben sich in vieljähriger beraterischer Praxis, welche dem Verfasser die Kenntnis von vielen Tausenden von Träumen vermittelte, als höchst fruchtbar und hilfreich erwiesen.

Beiläufig sei bemerkt, daß das Traummaterial, das dem Buche zugrunde liegt, und die im Text mitgeteilten Träume fast ausschließlich aus eigener Praxis stammen. Da und dort bedurfte es der Veröffentlichungserlaubnis des Träumers. Wo man sonst auf den Träumer raten könnte, haben kleine Veränderungen in den Orts-, Zeit- und Namensangaben stattgefunden, die den Traumsinn nicht wesentlich veränderten, aber die bürgerliche Person des Träumers verhüllen.

Der Verfasser eines Werkes über den Traum kann den Anschein, er wiederhole sich öfters, nicht vermeiden. Denn ein psychisches Phänomen von so flüchtiger Substanz muß von gesicherten und immer wieder zu betonenden Grundauffassungen aus allseitig angeleuchtet werden. Dagegen verzichtet unsere Darstellung bewußt darauf, sich in der Fachsprache psychologischer Wissenschaft auszudrücken.

Der Zweck unserer Darstellung ist erfüllt, wenn sie dem Leser einen Einblick vermittelt in die erstaunliche Traumtätigkeit der Seele, ihm psychologische Zusammenhänge aufdeckt und ein neues Verhältnis zum eigenen Traum ermöglicht. Vielleicht wird dem Leser fortan in entscheidenden Zeiten, in Tagen, da er sich von seinem Schicksal angerührt fühlt, in der Betrachtung seines Traumes deutlich, in welcher Wandlung er steht, wohin sein Weg führt. Er vermag jene innere Botschaft zu vernehmen, die der Sinn dessen ist, **was als Traum** nachts zu ihm kam.

Ernst Aeppli

DAS WESEN DES TRAUMES

DAS ERLEBNIS DES TRAUMES

Das Erlebnis des Traumes gehört zu den persönlichsten, sich wiederholenden Erfahrungen des Menschen. Er und kein anderer träumt seine Träume, erlebt dieses oft fremdartige Nachtgeschehen. Fremdartig, weil es ohne sein Zutun sich ereignet und sich abspielt in einer Welt, die gar nicht die ihm vertraute Welt des Tages ist. Es gibt auch Nichtträumer. Einige wenige behaupten, sie hätten überhaupt noch nie einen Traum gehabt, wüßten nicht, was damit eigentlich gemeint sei. Doch leugnet keiner die Existenz dieses Phänomens, obwohl es ihm nie passierte. Er scheint durchaus zu begreifen, worum es sich handelt; ja die meisten Nichtträumer haben offenbar tief innen die Erfahrung eignen Traumes doch gemacht. Dennoch werden sie, falls sie überhaupt ein Gelüsten ergreift, in das ihnen verhüllte Land zu wandern, es schwer haben, dieses Buch zu verstehen. Doch könnte es sich ergeben, daß sie während oder nach der Lektüre dieses Buches anfingen, selbst zu träumen. Damit wäre dieser kleine Führer der beiläufig gefundene Schlüssel, der sie hinabsteigen ließe in das innere Haus der Traumschauspiele. Und sie hätten von nun an Teil an dem Auftreten von Gestalten und Mächten, von denen sie sich zuvor eben nie haben träumen lassen.

Den meisten Menschen reicht die Seele aus ihrer unerschöpflichen Natur im Schlaf das herrliche Geschenk der Träume, wobei ihnen von diesem Schenken am hellen Tage nur noch eine flüchtige Erinnerung, eine leise Stimmung der Freude, der Trauer, der Unruhe zurückbleibt.

Der Traum der Nacht ist ein natürliches Unternehmen der Seele. Er sagt uns nicht, warum er da ist und es scheint ihm gleichgültig zu sein, ob er beachtet wird oder nicht, ob ein Gespräch des Bewußtseins mit seinen am Morgen erinnerten Inhalten anhebt. Er scheint seinen Zuhörer und Zuschauer, das bewußte Ich, nicht besonders wichtig zu nehmen. Er geht selbständig, autonom seiner nächtlichen Wege. In einem modernen Gleichnis sagt *C. G. Jung,* daß man sich einen Traum immer vorzustellen habe als ein Gespräch, das in der unbewußten Seele vor sich geht. Daraus fangen wir, wie am Radio oder am Telephon, einzelne Teile auf: „Plötzlich sagt irgend einer etwas, Sie hören einen Satz aus einem Gespräch heraus, dann bricht das Gespräch wieder ab, und nun sollen Sie rekonstruieren, wem etwas gesagt wurde." Hier mag beigefügt werden, daß der große Forscher annimmt, daß die Seele immer träume, was nur wegen des „Lärms", den das Bewußtsein macht, überhört werde.

Im Traume herrscht eine erstaunliche Selbstverständlichkeit. Und solange man noch nicht dem Aufwachen zu nahe ist, solange noch kein Strahl durch die geschlossenen Fensterläden vom Tagesbewußtsein in die Traumlandschaft fällt und damit das Bewußtsein aufdämmert, daß man ja „nur" träume, nimmt der Träumer auch an den sonderbarsten Traumvorgängen keinen Anstoß.

Man ist vielleicht erschreckt, aber nicht erstaunt, wenn ein Löwe durch unsere Traumgassen schreitet, Feuer unter dem Fußboden glimmt, eine Überschwemmung unser Haus bedroht. Längst verstorbene einstige Lebenskameraden sind da, und wir sprechen mit ihnen, als wären sie nie dahin gegangen von wo keiner zurückkehrt, uns Kunde zu bringen. Wir sind sehr mangelhaft oder phantastisch gekleidet, und keine Umwelt regt sich darüber auf. Es ist selbstverständlich – so fern es den Absichten und Notwendigkeiten unseres täglichen Lebens auch liegen mag – daß wir, mit der Furcht zu spät zu kommen, nach einem sehr fremd anmutenden Bahnhof eilen, um nach einer fernen Stadt zu fahren, mit der uns nichts verbindet als das unwahrscheinlichste Traumgeleise. Wer wundert sich darüber, daß er längst erledigte Schulprüfungen noch einmal zu bestehen hat, wer findet es auch nur beglückend, wenn er, wie im Märchen, einen Goldschatz entdeckt? Und im tiefen Traume kann auch der Kinderlose, kann die ungestillte Sehnsucht einer alternden unverheirateten Frau ihr eigenes Traumkind an der Hand führen, im Schoße halten. Es ist einfach so, daß man in einem unbekannten Berufe steht; es kann ein dringender Wunsch jenes Träumers sein, die Kirche auf dem Berge oder am unbekannten Ort in unbekannter Stadt zu erreichen, selbst wenn er bewußt außerhalb alles Religiösen und jeder Kirche wohnt. Ist man nicht im Traume ein Kind, das barfuß geht, Süßigkeiten haben möchte, müder Soldat oder einsamer Forscher in fernen Weltteilen? Es *ist* einfach so, daß man krank ist, es *ist* einfach so, daß man in einer unmöglichen Lebensbeziehung sich vorfindet. Es ist so, daß sich alles wandelt und das Geschehen nach vom Bewußtsein nicht erfaßbaren Gesetzen abläuft.

TRAUM UND SCHLAF

Der Traum geschieht im Schlaf. Echter Traum kann ohne Schlaf oder schlafähnlichen Zustand weder entstehen noch bestehen. *Rank* sagt in einer neuern Schrift: „Bedingung des Traumes ist der Schlaf, diese nahezu vollkommene Abschneidung des Ichs von der Realität, mit seiner tiefen Verwandtschaft zum Tode, die dem Traum zugleich die hohe Subjektivität des Auf-sich-selbst-gestellt-seins und die unausschöpfliche Tiefendimension des Allverbundenseins verleiht."

Man hat heute erkannt, daß der Schlaf eine der großen Notwendigkeiten des Lebens ist. Jedermann weiß, daß man wohl ein zwei Tage dursten, mehrere Tage, ja einige Wochen ohne Speise sein kann, daß aber bei schlaflosen Ganztagen schwere Störungen eintreten.

Es ist nicht Aufgabe dieser Darstellung, über den Schlaf, in den der Traum sich einbettet, durch den hindurch er sich unserm Bewußtsein nähert, ein mehreres auszuführen. Schlaf ist nicht Traum, Traum ist nicht Schlaf. Traum ist psychisches Leben im Schlafzustande des Leibes.

Es kann uns nicht entgehen: Das Ich verhält sich stets etwas mißtrauisch gegenüber den Ansprüchen des Schlafes. Nur ungern gibt es den Stab seiner Macht aus der Hand; ist es doch nie Herr des Schlafes. Es neigt dazu, den Schlaf zu entwerten, und die Feststellung, daß wir fast einen Drittel unseres Lebens im entbewußteten Schlafe liegen, hat für den Intellekt vieler Menschen etwas außerordentlich Störendes. Im Leistungsbuch manches Menschen figuriert der Schlaf auf der Seite der unnötigen Dinge, der verlorenen Zeit. Vielleicht fügt er bei, daß gerade in diesen Stunden, da man nicht selbst die Führung hat, so närrische Dinge wie der Traum sich ereignen können. Vielleicht versucht er es mit Steigerung des Wachbleibens, nicht zum Gewinn für seine Gesundheit. Es gibt freilich anderseits auch unfreiwillige Schlafrekorde, die weit in das Tagesleben hineindauern. Diesen Leuten verläuft auch ihr sogenannt bewußtes Leben wie ein wertarmer Traum, in dessen Ablauf sie nicht einzugreifen vermögen.

Wer den Schlaf aus einer Bewußtseinsüberheblichkeit heraus mißachtet, der wird erst recht den Traum entwerten. Das hindert nicht, daß er wie jeder andere schlafen muß, und daß die Träume ungerufen ihr Gespräch mit ihm beginnen.

Die Physiologen unterscheiden zwischen dem flachen und dem tiefen Schlafe. Es ist zu vermuten, daß das Unbewußte stets, auch im Tiefschlafe, im großen Spiele seiner Traumbilder steht. Einer der einsichtigsten Traumforscher des neunzehnten Jahrunderts, *Pfaff,* kam zur Gewißheit: „Nur der

Körper bedarf des Schlafes, nicht die Seele!" Jene Bilder der Seele werden uns aber nicht bewußt. Die uns bewußt werdenden Träume geschehen im flachen Schlaf.

Nur wenige Menschen schlafen abends, kaum haben sie sich hingelegt, auch sogleich ein. Wo es so ist, sind die Träume selten! Es ist, als ob die Sofort-Einschläfer, es sind fast immer Schizothyme, eben gleich in den Tiefschlaf fielen. Der Hauptteil der Einschlafenden aber wird zuerst an hypnagogischen, an Einschlafbildern vorbeigeführt, welche aus der Tiefe aufsteigen; er ist eine Zeitlang im Zustande des Eindämmerns, da Stimmungen und Erlebnisse des Tages, allerlei Phantasien und jene Bilder durcheinander gehen. Dieses Ineinanderfließen von Einschlafbildern wird der nicht stören, der einschlafen möchte; er wird die Bilder nicht bewußt festhalten wollen, sonst wird er wieder „taghell" wach.

Man hat immer wieder Menschen beobachtet während sie schliefen, hat eifrig festgestellt, wie oft sie ihre Lage verändern, sich drehen, sich strecken oder zusammenziehen. Viele Autoren, die ihr Interesse nur den Begleiterscheinungen des Traumgeschehens zuwenden, stellen fest, daß der träumende Schläfer sein lebhaftes Träumen dem Betrachter durch Unruhe verrät. Es zeigen sich Versuche körperlicher Bewegung. Dazu hat *Hoche* auch eine Änderung der ruhigen Atemtiefe konstatiert: „Der Ablauf des Atmens war oft so, daß der Schläfer träumen *mußte.*"

Es hat sich selbstverständlich schon öfters die Frage erhoben, ob der Traum nicht zur Störung des Schlafes führe. Uns scheint, daß es dort geschehe, wo das Problem, das sich im Traum ausdrückt, eine übermäßige Konfliktspannung besitzt, der Traum also zu sehr energiegeladen ist. – Schlaf *und* Traum haben je eine lebenswichtige Funktion. Man wird nun in Anbetracht der regulierenden Fähigkeiten unserer totalen menschlichen Natur vernünftigerweise nicht annehmen wollen, daß es dem Traume erlaubt sei, ein Störer des Schlafes zu werden. Im Ganzen scheinen vielmehr die beiden Funktionen, die physiologische des Schlafes und die psychologische des Traumes, miteinander gut auszukommen. Jeder Träumer aber hat es schon öfters erfahren, daß ihm aus schwerer Traumsituation als Rettung nur das Erwachen blieb.

Der erste wissenschaftliche Traumforscher der Neuzeit, *Sigmund Freud,* hat mit seinen Schülern angenommen, daß alle Träume in gewissem Sinne als „Bequemlichkeitsträume" aufzufassen seien, da sie „der Absicht dienen, den Schlaf fortzusetzen, anstatt auf die Einwirkung eines, sei es äußern, sei es somatischen oder psychischen Reizes zu erwachen."

Freud behauptete geradezu, der Traum sei mit seiner „Verhüllung" und Verharmlosung der meist sexuellen Triebgewalten – auf ihnen blieb leider der Blick dieses großen Forschers, seltsam fasziniert, dauernd haften – ein *Hüter des Schlafes*. Als würden ohne die Beschwichtigung durch den zensurierten Traum im Menschen unaufhörlich die Hunde der Triebbegierde durch die Nacht bellen. In einem andern Kapitel wird die Auffassung Freuds zusammenhängend betrachtet werden.

Der Übergang von Schlaf und Traum ins Erwachen vollzieht sich, wie das Einschlafen, nach der Wesensart des Schläfers. Der eine erwacht rasch und unvermittelt, die letzten Traumfetzen vom sofort sich klärenden Bewußtsein wegwischend; der andere gleitet, noch halb im Traume, aber doch schon mit dem Wissen, daß er träumt, in den Tag hinüber. Das Aufwachen ist die eigenartige Durchgangsstelle von der Schlaf- und Traumwelt hinüber in die bewußte Tagwelt. Wieviele zögern, aus der nächtlichen Existenz hinauszuwandern in ihren alltäglichen Morgen, wenn die Türe des hellen Tages aufgeht. Gerne möchten sie im Raume ihrer Träume bleiben, mit allen Mitteln versuchen sie die unangenehme Helligkeit zu verscheuchen. Andere aber wachen mit der frischen Empfindung auf: nun ist die Nacht zu Ende und mit ihr auch der törichte Traum.

Jeder Traum, den wir behalten, scheint erst in der Nähe des Erwachens zu uns zu kommen. Der Philosoph *Schelling* war schon vor einem Jahrhundert der Meinung „Träume sind die Vorboten des Erwachens. Die Träume der Gesunden sind Morgenträume." Es ist klar: Wäre das Bewußtsein nicht ans Lager getreten, könnten wir die Träume nicht behalten. Von den Träumen des Tiefschlafes wissen wir nichts. Wir merken nur als Zuschauer, wie etwa ein Schläfer zu reden beginnt, jemanden ruft, abwehrende Gebärden tut, aufstehen möchte.

DAUER DES TRAUMES

Manche Menschen sind in ihrer Fragestellung an die Erscheinungen des Lebens von einer rührenden Bescheidenheit. Im Grunde interessiert sie nur das Kuriose, auf das manche „Briefkasten" der Zeitungen und Zeitschriften und das „Wissen sie schon . . . ?" kleiner belehrender Rubriken freundliche Antwort gibt. So wollen viele Leute, gerät das Gespräch auf Träume, nur noch einmal die merkwürdige Tatsache bestätigt hören, daß der Vorgang des Traumes, an der Uhrzeit gemessen, ganz kurz dauert.

Es ist wirklich und erstaunlicherweise so: selbst Träume, die uns durch viele Ereignisse hindurchjagen, sich in immer neue Situation hinüber verwandeln, geschehen in sehr kurzer Zeit, in wenigen Sekunden; selten ist es mehr als eine halbe Minute.

Darüber bestehen Versuche und unfreiwillige Erfahrungen. Es kann vorkommen, daß ein Schläfer von seinem Lager herunterfällt und sofort ob seinem Fall erwacht. Nun erzählt er einen kurzen Traum, der ihn sehr zielsicher, etwa auf einer Bergwanderung, in die Situation eines möglichen und im Traume auch geschehenden Absturzes führt.

Immer wieder wird die tatsächlich sehr bezeichnende Geschichte eines Adeligen aus den blutigsten Tagen der französischen Revolution angeführt. Diesem Herrn fiel, während er schlief, eine Stange des damals üblichen Bettvorhanges auf den Nacken, woran er erwachte. Vorher aber träumte er eine lange Leidensgeschichte. Er wurde darin gefangen genommen, er stand vor dem Revolutionstribunal. Zum Tode verurteilt, führte man ihn hinaus nach dem Schaffot – das Beil der Guillotine sauste auf sein Genick nieder – er erwachte entsetzt am Nackenschlage jener Stange des Betthimmels. Man hat auch schon in die Nähe eines Schlafenden einen Schuß abgefeuert, worauf dieser erschreckt auffuhr, nicht ohne hernach eine Traumgeschichte vorzubringen, welche in einer Schießerei endete.

Man hat Schläfer mit Wasser begossen, welche dann einen längern Traum, der sie vom Quai ins Wasser fallen ließ, erzählen. Ähnliches geschieht, wenn irgend ein Gehörseindruck, ein Lichtreiz das Erwachen verursacht. Jeder äußere Reiz kann aus dem Vorrat der Bilder und Abenteuer, der Freuden und Ängste, die in der Seele bereitliegen, eine ganze Erzählung zusammenbringen, die dann als Traum in kürzester Zeit abläuft. Vermutlich dauert ein Traum nur wenige Minuten, gelegentlich auch nur einige Sekunden. Innenzeitlich, seelenzeitlich aber ist das Traumgeschehen oft von langer Dauer. Eine kleine Erfahrung dieser Art macht mancher, der während einer Sitzung oder im abendlichen Konzerte für einen Augenblick einnickt, in eine geringe Schlaftiefe hinabsinkt und dabei, fallend und wieder aufsteigend, durch eine ganze Bilder- oder Erlebnisreihe hindurchgeht.

TRAUMSTIMMUNG

Viel bedeutsamer als die Traumdauer – ihr tiefstes Problem bleibt das Verhältnis von objektiver Außen- und von subjektiver Innenzeit – ist das Vielen vertraute Erlebnis der *Traumstimmung*. Es ist damit nicht die Stimmung während des Träumens selbst gemeint, sondern die Stimmung, welche der Traum zurückläßt. Diese Traumstimmung bleibt oft stundenlang zurück, auch wenn der Traum versunken, schon am Morgen nicht mehr erinnerbar ist. Es ist eine Atmosphäre des Glückes oder des Erschreckens, eines stärkern Lebensgefühles oder einer unbegreiflichen Beengtheit. Man ist am Morgen schweren Herzens erwacht, und das schwere Herz bleibt der Begleiter den ganzen Vormittag hindurch. Man hob die Augen in das Licht eines neuen Tages, wunderbar gestärkt von einem Geschehen, an das man sich nicht mehr erinnert, das aber aus seiner nicht erreichbaren Ferne noch hineinglänzt in das Tun des Tages.

Diese Nachstimmung läßt schließen auf die Stimmung im Traume selbst. Wie oft wird beiläufig am Morgentisch bemerkt: „Ich hatte einen schönen Traum. Den Inhalt weiß ich nicht mehr, aber es war ein guter, ein beglückender Traum."

Jeder Träumer erwacht nach traumreicher Nacht – falls er nicht belangloses Kleinzeug geträumt hat – mit einem positiven oder einem negativen Gefühl. Dessen Intensität veranlaßt ihn vielleicht, den Traum möglichst zu behalten oder aus Resten zu rekonstruieren. Mit Recht scheint ihm etwas, das solche Wirkung auf sein Gemüt und dessen Stimmung hat, von Wichtigkeit zu sein. Entgegen den Erfahrungen des Verfassers dieses Buches betonen manche Traumforscher, daß die Traumstimmungen unangenehmer Art bei weitem überwiegen. *Hoche* meint etwas trübselig: „Auch darin ist das Stimmungsleben des Traumes ein Spiegelbild des Tages, in dem mehr unangenehme, gereizte Zustände vorherrschen." Aber auch *Kant* hat in einer Zeit schwerer Träume unwillig in sein Tagebuch geschrieben: „Es muß keine Nachtschwärmerei geben!" Was versuchte da wohl, aus nicht anerkannten Seelenbezirken in das Leben des einsamen Denkers zu kommen?

Der Romantiker *Novalis* dagegen, früh schon nahe der Tiefe eines leisen und reinen Todes, bezeichnet den Traum als eine Erholung, als ein Wegfahren vom Alltäglichen. Ist es nicht wirklich so, daß viele Menschen immer wieder dankbar sind, sich aus der grauen Monotonie eines doch nicht zu umgehenden Alltags in schöne nächtliche Träume begeben zu dürfen?

DAS TRAUMGESCHEHEN

Der Betrachter eigner Träume fragt sich nicht nur: Warum kam ich wohl zu diesem Traume? Er fragt auch: Warum scheinen im Traume zwei Geschehnisse, die für unsern Verstand nicht das Geringste miteinander zu tun haben, einander zu bedingen? Sein Bewußtsein wird irritiert durch die unlogischen Zusammenhänge von Ursache und Wirkung. So darf eine jüngere verheiratete Träumerin eine Brücke nicht überschreiten – es wird ihr dies von einer Art Polizei verwehrt –, weil sie ihre Handtasche zu Hause im Schrank versorgt hat. Oder es träumt jemand, er habe mit zwei unbekannten Kindern nach dem Bahnhofe zu gehen. Dort stehen zwei Züge zur Abfahrt bereit. Der Träumer verliert auf dem Wege seine kleinen Begleiter, sucht aber nicht nach ihnen, da er in Eile ist und ihn die Kinder nichts anzugehen scheinen. Wie er auf dem Bahnsteig ankommt, sind beide Züge nicht mehr da, sie sind weggefahren. Der Bahnhofinspektor erklärt, weil die Kinder verloren gingen, seien auch die Züge davon gefahren. Als hätten diese Kinder eine entscheidende Beziehung zur Abfahrt der Züge gehabt. Solche

Begründung wird dem Kopfe nie einleuchten. Und doch ist es so – um dies vorweg zu nehmen – daß der, der seine innern jungen, werdenden Möglichkeiten, deren Symbol das Kind häufig ist, aus den Augen verliert, nicht weiter kommt. Ähnliche Zusammenhänge finden wir in allen Märchen, die den Träumen aufs Tiefste verwandt sind. Wie im Märchen erging es jenem Träumer, der vor einem verschlossenen Hause einen Bettler traf. Dieser glich einem einstigen armen Schulkameraden, den er längst vergessen hatte. Als er mit ihm einige Worte sprach, öffnete sich die Tür des Hauses von selbst. Aber es war nun nicht ein Hausinneres, in das er trat, sondern ein Garten, in dem eine sehr schöne unbekannte Frau saß. Das Gespräch mit dem Bettler erst ermöglichte ihm einzutreten. Ein anderer Träumer bestand sein Examen nicht, weil er unrichtige Schuhe trug. Ein dritter hatte den Namen eines Tieres vergessen und geriet deshalb in die Haft eines sonderbaren Gefängnisses.

All diese Begründungen sind dem Träumer während des Traumes durchaus genügend, ja einleuchtend. Er unterwirft sich den Konsequenzen – das Bewußtsein aber findet sie von einer absurden Sinnlosigkeit.

Der deutsche Psychiater *Hoche* hat sich viel mit der Erforschung des Traumvorganges, des Traumerlebnisses beschäftigt, ohne freilich, was uns bei so viel Bemühen fast tragisch anmutet, einen Traumsinn zu finden. So führen seine Beobachtungen am Wesentlichen vorbei und bleiben an dem hängen, was mehr den Physiologen angeht. Er behauptet, daß im Traum der visuelle Eindruck, die Augenerlebnisse, die Erlebnismöglichkeiten des Gehörs, des Tastsinnes oder anderer Sinne bei weitem überwögen. Ganz besonders selten würde im Traum ein Geruch wahrgenommen. Häufiger dagegen sei das Empfinden von Wärme und Kälte, von Feuchte oder von Trockenheit. Dies alles sind Konstatierungen am Traumrande bloß!

Hoche hat auch bemerkt, daß im Traume sich das Geschehen in einem erleuchteten Mittelfeld abspielt, daß aber „den meisten Träumern das Bestehen des großen, einrahmenden Dunkelfeldes gar nicht zum Bewußtsein kommt". Das wäre also, wie jedem Leser sofort auffällt, die Situation der erleuchteten Bühne während einer Aufführung, sei es Oper oder Drama! In welch umfassenderem Sinne das Traumgeschehen vor dem meist einzigen Zuschauer, dem Träumer, der freilich auch gleichzeitig Schauspieler auf der Bühne sein kann, einem Drama gleich abläuft und wie sehr der Traum in seinem Aufbau und in seiner Szenenfolge solchem Schauspiele vergleichbar ist, wird ein späteres Kapitel dartun.

Hoche glaubt auch feststellen zu können, daß im Traume wenig eigentliche Bewegung, etwa ein Marsch, die Fahrt eines Wagens, wirklich geschieht. Es sei nur das Wissen darum da, daß die Leute marschieren, daß der Wagen fährt. Dabei sieht Hoche die Traumgestalten, im Gegensatz zu sehr vielen uns berichteten Träumen, nicht von links oder rechts herkommend, sondern immer vom dunkeln Hintergrund in die erhellte Bühnenmitte hineintreten.

VOM VERGESSEN UND BEHALTEN

Die Träume sind trotz ihrer großen Lebhaftigkeit, ihrer auffälligen Originalität, ihrer Eindrücklichkeit dem Behalten nicht günstig gesinnt. Der Traum wird bald vergessen. Dieses flüchtige Gebilde der Seele ist rasch dem Verderben ausgesetzt. Es gleitet zurück in die unbewußte Tiefe, die seine Herkunft und seine Heimat ist. Wie mancher, der in seinem Traume auf einer ereignisreichen Reise sich befindet, versucht, schon halb erwacht, weiter zu reisen, fort zu träumen. Er hält sich ganz stille, stets in der Furcht, der Traum gehe sonst nicht mehr weiter. Wie jeder weiß, der schon Ähnliches versuchte, gelingt diese Überlistung des Unbewußten selten – nämlich nur dann, wenn dieses mit seinem Traume wirklich noch nicht zu Ende ist. Meist aber ist der Morgen des Erwachens, feindlich dem Traume, unerbittlich da.

Der junge *Gottfried Keller* legte sich ein kleines Traumbuch an und notiert darin, daß er sich in „Träume verlor, die sehr schön waren; denn es reut mich sehr, daß ich alles vergessen habe. – Ich glaubte, ich träumte von der Winterthurerin, weil mich noch immer eine Sehnsucht treibt, diese Träume auszugrübeln, aber es ist vergebens. Man sollte sich während besonderer Träume besondere Kennzeichen machen können."

Man vergißt seine Träume meist sofort, beim Ankleiden schon, sicher im Laufe des Vormittags. Mit einer Ausnahme, von der später die Rede sein wird. Aber es kann geschehen, daß mitten in der Arbeit, während eines Gespräches, in der Straßenbahn, bei häuslicher Hantierung, ja während des Geklappers eifriger Büromaschinen, der Traum wieder auftaucht. „Jetzt fällt mir plötzlich der Traum von heute Nacht ein", sagt man wohl zur Arbeitskollegin. Und wenn möglich muß sie ihn rasch mitanhören. Oder es ragt ein kleines rotes Fädchen aus dem Nichtmehrwissen des Traumes heraus, ein winziger Traumteil, und es ist möglich, an diesem Faden den ganzen Traum „herauszuziehen".

Wem es aus noch darzulegenden Gründen wichtig sein muß, die Träume zu behalten, der merke sich im Aufwachen rasch ein paar Stichwörter; etwa so: Haus des Onkels, Markt, Postkarte, Theater, Fahrrad vorm Haus, die jungen Katzen, Regen, Inserat, der gelbe Brief...

Will man seine Träume behalten, aus eigenem Antrieb – und das wird für einen Menschen in der zweiten Lebenshälfte oft notwendig sein – oder weil der Berater nach Träumen fragt, dann sollte auf einem nahen Tischchen Blatt und Schreibstift bereitliegen. Aber man hüte sich, auf Traumjagd auszugehen. Es bedeutet eine Schädigung des vielleicht schon labilen seelischen Zustandes, wenn man nachts sich immer wieder aufwachen heißt, damit man ja sich oder einem therapeutisch interessierten Andern den gewünschten Traum vorweisen kann.

Der im Wachzustand aufnotierte Traum, in sehr vielen Stichworten festgehalten und hernach ausgeführt, läßt uns immer ahnen, wie manche Feinheit, wie manche Differenzierung uns schon verloren gegangen ist. Der Traum und das Wachbewußtsein sind nun einmal nicht Freunde. Man kann freilich auch in einem genaueren Behalten der Träume Übung gewinnen, die sich reichlich lohnt. Dennoch: haben wir einen Traum in seinen wesentlichen Zügen aufgeschrieben und lesen wir ihn nach einigen Tagen wieder durch, dann sind oft nur Worte und Sätze da, aber keine zusammenhängenden Vorstellungen mehr. Es ist geschriebene, aber nicht recht wiedererlebbare Erinnerung.

DIE SPRACHE DES TRAUMES

Der Traum ist die nächtlich vernehmbare *Sprache des Unbewußten*. Wohl scheint die unbewußte Seele nur für sich selbst zu träumen, wir aber glauben uns vom Traume angesprochen. Wir nehmen den Traum auf als eine Mitteilung, bei der, wie *Felix Mayer* bemerkt, „niemand sichtbar zugegen ist oder in Gedanken vorgestellt wird, außer der eigenen Person".

Wer immer sich mit dem Traume praktisch beschäftigt, kommt zur Vorstellung einer übergeordneten, den Traum aufbauenden und leitenden Instanz; dabei dürfen wir nicht annehmen, daß es die Absicht dieses Traumschöpfers ist, unser Ich anzureden. Doch darüber an anderer Stelle.

Ob nun die Traummitteilung eigenartiges Selbstgespräch der Seele ist, das wir mit anhören dürfen, oder ob sie wirklich uns anredet, bleibe dahingestellt. Offensichtlich aber besteht die Traumsprache viel weniger aus dem, was wir Sprache nennen – wohl vernehmen wir im Traum etwa eine Stimme, oder es werden sprachliche Formulierungen wiederholt – vielmehr besteht sie in Bildern und Handlungen, die eingebettet sind in eine besondere Atmosphäre, die von uns eben als Traumstimmung empfunden wird. Die Traumerzählung, welche wir uns am Morgen wiederholen, ja vielleicht sogar niederschreiben, halten wir allzu leicht für den Traum selbst, während sie doch nur einen Bericht über den Traum darstellt. Das Traumgeschehen stellt, entgegen der Auffassung *Freuds,* eben den Traum selbst dar; es ist der Traum nicht bloß die sichtbar gewordene Erscheinung einer hintergründigen Absicht. Für uns ist der Traum die in sich ruhende nächtliche Aussage der Seele. Wir sprechen deshalb nicht wie die Psychoanalyse von einer Traumfassade, hinter der erst die eigentlichen Traumgedanken als „latenter Traum" sich tarnen.

Jeder Traum ist eine psychische Einheit. Wenn uns am Morgen nur einige wenige Bruchstücke als Traumerinnerungen zurückbleiben, so behaupten wir, leider nicht den ganzen Traum zusammenbringen zu können. Wir glauben damit von vorneherein an eine Ganzheit, an eine geschlossene, sinnvoll gefügte Traumgestalt, von der uns eben nur Einzelheiten im Gedächtnis geblieben sind. Der Baustoff dieser seelischen Erscheinung, genannt Traum, das, worin sie sich ausdrückt, kann von verschiedenster Herkunft sein, doch ist selbstverständlich alles Material psychisch erlebt.

Der Traum hat offenbar die umfassendste Kenntnis aller psychischen Geschehnisse und Möglichkeiten. Es ist, als wohne er in einem Zentrum, von welchem der Blick über das Allernächste bis in die dunkelste Menschheitsferne geht, und es scheint, als ob er sich immer wieder die eine Frage stelle: Wie bilde ich die gesamtseelische Situation meines Menschen im Material persönlicher und überpersönlicher Erfahrung ab? Wie kann ich durch ein richtig gesetztes Nacheinander der Traumelemente den derzeitigen innerseelischen Ablauf im Einzelmenschen besonders deutlich machen?

Man möchte die Instanz, welche das Traummaterial heraufholt und mit sicherer Hand aneinanderfügt, gerne vergleichen mit dem allwissenden Leiter eines mächtigen Archivs, einer gewaltigen Bibliothek. In dieser Bibliothek stehen die Berichte von allen Geschehnissen unseres gegenwärtigen Lebens, die kleinen Notizen unseres Alltags und die Darstellung der Abläufe unserer Unternehmungen. Da sind auch die Aufnahmen, die unsere Sinne machten. Kaum angesehen, haben wir sie wieder weggelegt – seien es Beobachtungen auf der Straße, draußen in der Natur, sei es, was wir flüchtig uns in Bildzeitschriften ansahen. Was je uns in kurzer

Lebenszeit begegnete, die tausend und abertausend oft unwichtigen Einzelheiten, die unsere Biographie vor allem ausmachen, eingeschlossen unsere Bildungserlebnisse, die ganze Vergangenheit, die als ein Vergessenes in uns ruht, greift der Schöpfer des Traumes mit rascher Hand auf: den längst vergilbten Brief, jenes Gespräch in Ferientagen, die interessante Notiz oder politische Meldung aus Buch oder Zeitung, die verblaßten kleinen Taten unserer Jugendzeit wie die vielen, vielen Worte, die wir je hörten oder lasen. Keiner weiß, was im Archiv seiner Seele scheinbar für immer begraben liegt. Jener „Archivar" aber hat alles, was sich angesammelt, um sich, hebt es empor in unsern Traum, belebt es aufs neue mit seiner Kraft.

Anders gesagt: Das von uns selten geöffnete, vieltausendseitige Tagebuch unseres Lebens ist dem Dichter unserer Träume Seite für Seite wohlvertraut. All das, was einst unser war, in irgend einer Beziehung zu uns stand, bildet den Inhalt des *persönlichen Unbewußten*. Es ist verarbeitetes oder unverarbeitetes Damals, vom Nachdrängen neuer Erlebnisse beiseite geschoben, unbewußt geworden. In den Magazinen und Vorratskammern der Seele und in bewußtseinsnahen Abstellräumen wartet, was wir erlebten, darauf, ob der Traum seiner Inhalte, seiner Gestalten wieder bedarf.

Ein Mensch ohne Erinnerung ist bekanntlich ein psychisch Schwerkranker, einer, der nicht mehr in seiner eigenen Dauer lebt, einer, der nicht zurückgreifen kann auf das, was ihm die Lebensjahre vorher zugefallen ist. Ihm fehlt das Gedächtnis, das ihn mit dem Leben verbindet, welches ja immer gleichzeitig Vergangenheit, Gegenwart und sich entfaltende Zukunft ist. Dem normalen Menschen werden, wenn er ihrer aus gewissem Grunde bedarf, jederzeit die zur Stunde wichtigen vergangenen Dinge lebendig. Kann doch nicht einmal ein Gespräch ohne Vergangenheitsbezug, ohne stetes Wiederanknüpfen bestehen.

Die meisten Menschen sind in ihren Wohnräumen von Bildern, Gegenständen und oft auch von Menschen umgeben, die nur Vergangenheit verkörpern. Auch da bleibt der Zusammenhang mit der eigenen Entwicklung, mit der Entwicklung der Familie gewahrt. Diese Tradition umgibt uns aber auch dann, wenn wir ihrer nicht bedürfen; sie kann uns sogar von einer lebendigern Gegenwart und vor den Möglichkeiten der Zukunft stehen. Nicht so jene Vergangenheitsinhalte, welche der Traum aus uns hervorholt. Erfahrungsgemäß, und man kann da nur von Erfahrungen sprechen, bringt er nämlich bloß das herauf, was mit unserem *Jetzt* zu tun hat. Sei es, daß das Vergangene wohl geschehen, aber noch nicht verarbeitet ist und wir deshalb davon träumen müssen, um es zu überwachsen, sei es, daß irgendeine vergangene Situation den Keim zum heutigen Inhalt gelegt hat und wir, um dieses Heute zu verstehen, auf jenen seinen Ursprung zurückgreifen müssen; sei es, daß in einer vom Traum scheinbar wiederholten und doch lebendig veränderten Situation das zutreffendste Bild und Gleichnis gewonnen werden kann für all das, was uns jetzt geschieht. In der Sprache der *persönlichen Erinnerungen* reden viele, bei manchen Leuten die meisten Träume. Dabei kann diese Erinnerung reichen vom Vortagserlebnis, dessen rasches Wort uns noch auf der Zunge liegt, bis hinüber in die allerfrüheste Kindheit, zurück also, wie man weiß, bis ins zweite Lebensjahr. Einige Traumforscher vermuten, daß schon der bedrängende Akt des Geborenwerdens und all das, was weiter dem kleinen Kinde geschah, in dem Traume als schwer deutbares, aber höchst gewichtiges Element auftauche.

Der Traum ist ein Hüter der Tradition, aber er geht mit deren Inhalten höchst frei um. Alles, was je geschah, alles, was einmal lebendige Form gewonnen, dient ihm nun als Material, um die Gegenwart abzubilden oder das Bild der Zukunft anzudeuten. Es ist eine der Selbsttäuschungen des

Träumers, wenn er glaubt, Träume, die ihn zurückführen in Tage, die vielleicht schöner waren, Träume, die geliebte Menschen zu ihm zurückbringen, wollten ihm damit eine Zuflucht schenken, in der er sich von der konfliktreichen Gegenwart abwenden darf. Vielmehr meint der Traum immer Gegenwart. Vielleicht wollten die erwähnten schönen Erinnerungsträume gerade aus ihrer Fülle heraus etwas in unsern gegenwärtigen Tag hineintragen, das zum Keim einer neuen Lebenseinstellung, zum Anfang einer neuen Lebensepoche werden könnte.

Indem ohne unser Dazutun im Traume das Vergangene heraufgeholt wird, werden Vergangenheit und Gegenwart aneinandergeknüpft, es wird die Kontinuität, die Einheit unseres Lebens, durch den Ablauf der Zeit hindurch aufrecht erhalten. Wir sind aber nicht nur nach rückwärts verbunden mit unsern *persönlichen Erlebnissen,* sondern wir gehören als Menschen der Menschheit und ihrer *Geschichte* an. Jener große Archivar hat, um im Gleichnis zu bleiben, nicht nur die Bilder und Berichte unserer individuellen Vergangenheit zu seiner Verfügung, nein, er scheint zudem alles zu kennen, was je geschah; er ist mächtig umstellt von den Urbildern der ganzen Menschheitsgeschichte. Ihrer bedient er sich, wenn in uns sich ein Grunderlebnis der Menschheit individuell wiederholt.

ARCHETYPEN

„Warum so viel Aufhebens vom Neuesten machen? Das Älteste ist mehr als das Neueste!", so frägt und behauptet der kulturpolitische Aufsatz einer Zeitschrift. Das Älteste und das Neueste sind Pole, die sich entsprechen. Dabei ist das Älteste in uns bereit, in seinem Bilde das Neueste, das, was wir eben erleben, zu spiegeln. Die ältesten Bilder der Menschheit, in unserm kollektiven Unbewußten aufbewahrt zu stets neuem Dienst, enthalten den Keim und das Gleichnis gegenwärtigen und zukünftigen Lebens. In den Träumen tritt dieses Älteste an uns heran, und wir verbinden damit unsere Gegenwart und unsere Zukunft.

Diese Überlegungen führen uns an die Betrachtung der großen Bedeutung dessen, was die Komplexe Psychologie die „*archetype Situation*", das „*archetype Symbol*" nennt. Erst von der grundlegenden Tatsache dieser seelischen Erscheinung aus läßt sich die Möglichkeit der Traumdeutung überhaupt verstehen.

Uns umschließt die große Außenwirklichkeit. Wir vermeinen sogar, in ihrer Mitte zu stehen. Ihre Güter werden von uns täglich erlebt und nach Möglichkeit genützt. Wir greifen da stets frisch zu. Dabei sind wir mit ihr nicht identisch; wir stehen der Welt vielmehr gegenüber, auch wenn sie in unser bewußtes und unbewußtes Leben hineinflutet. Die Bilder und Taten der Welt stehen als Erlebnisstoff jedem Menschen zur Verfügung. Sie sind auch die *eine* große Bezugsquelle für das Aufbaumaterial des Traumes. Die tiefste Innenwelt der Seele aber, das „*kollektive Unbewußte*", in welchem unser Ich wurzelt, ist die andere allgemeine Großwelt. Auch diese gehört allen und flutet aus ihrer Tiefe in jede persönliche Seele. Und doch sind wir auch mit dieser Großwelt nicht identisch. Auch sie steht uns gegenüber, obwohl ihr Reichtum hinaufströmt in unser persönliches Unbewußte, in unsere Phantasien und Träume und sehr oft das Ich auch ohne dessen Wissen beeindruckt. Diese innerste kollektive Welt ist die andere Quelle herrlichsten Traummaterials. Dieses wird im Traume sichtbar als urtümliches Bild, als archetypes Symbol.

Solche Formulierung einer großen, durch die moderne Psychologie erfaßten Tatsache enthebt uns nicht der mühsamen Aufgabe, das Wesen und die Herkunft dieses urtümlichen Traummateriales klar zu machen. Man kann sich diesen Elementen des Unbewußten, deren Gestalt in ihrem steten Wechsel und deren reicher Inhalt eigentlich nur intuitiv zu erfassen sind, eben auch nur umschreibend nähern. In den urtümlichen Bildern, wie sie Jung nach einem Ausdruck *Jakob Burckhardts* nennt, erscheint all das bildhaft, was die Psyche der Menschheit seit ihrem Anbeginn in Wachstum und Niedergängen, in Glück und Gefahren, in der Begegnung mit den Naturmächten, den Tieren, den Menschen und in Erlebnissen jeder Art immer wieder erfahren hat. Der Archetyp enthält auch die traditionellen und die verlorengegangenen Bilder der menschlichen Beziehungen zu den „obern" und den „untern" Mächten; damit birgt er in sich die großen Symbole des Religiösen. Durch alle Zeiten hindurch haben die Menschen die Helle des Tages und die Dunkelheit der Nacht erlebt, und dieser ewige Rhythmus hat sich der Seele aufs tiefste eingeprägt. Die Menschen erfuhren die Fülle und die Armut der Jahreszeiten. Mit dem unaufhaltsamen Werden, Sein und Vergehen der Vegetation blieben sie aufs innigste verbunden. Sie holten einst das Feuer in ihre Existenznot hinein, sie bändigten Tiere in ihren Dienst und fürchteten viele tausend Jahre lang den Winter und die Wildheit jener andern Tiere, die ungezähmt blieben. Innerhalb der engern oder weitern Gemeinschaft der Familie, der Sippe, des Stammes erlebte der Mensch Jugendzeit und Erwachsenwerden, erlebte die Eltern und deren Sterben; er erlebte seine Geschlechtsbestimmtheit als Mann und Weib und deren zeugendes Zusammengehören; Mutterschaft und Vatersein wurden zu bedeutsamen Lebensformen, denen sich nur wenige entzogen. Das Wunder des Kindes, das Aufblühen der Jünglinge und Mädchen wurde von den Erwachsenen als Beglückung empfunden.

Die Gemeinschaft, aber auch der Kampf des Einzelnen wie der großen natürlichen Verbände schufen immer wiederkehrende Situationen, in denen sich ein bestimmtes typisches

Verhalten und Erleben entwickelte. Werdende Kultur erreichte mit dem Wagen und auf dem Tier die nahe Ferne; der Kahn und die Schiffe fuhren über die gefürchteten Wasser, die Brücke wölbte sich erst primitiv, dann kunstvoll über den Strom. Es entstanden gesellschaftliche Lebensformen und erhielten sich bei allem Wandel ihrer äußern Gebärde durch die Zeiten hindurch.

Man könnte fortfahren, freilich nicht endlos! Denn *es besteht eine nur begrenzte Zahl menschlicher Grunderlebnisse,* so wie auch der Einzelmensch nur durch wenige große Begegnungen mit dem Dasein geht. Diese sind im Archetyp zum Bild, zum sich wiederholenden Vorgang geworden, sozusagen ein Destillat aus allem Wesentlichen, was immer auf Erden geschah, geschieht und immer wieder geschehen wird. Es scheint so zu sein, daß die tausendfältige Wiederholung diese urtümlichen Bilder mit innerer Kraft angereichert hat. In ihrer Kraft werden die urtümlichen Bilder von Generation zu Generation weitergereicht.

Die Zahl der archetypen Symbole ist also beschränkt. Dafür sind sie wahre Energiezentren. *Jung* weist in einer kleinen Bemerkung einmal darauf hin, daß es sich bei den typischen Gestalten des Unbewußten um prinzipiell Ähnliches handle, wie in dem stetigen Wiederholen von gewissen morphologischen und funktionellen Ähnlichkeiten der Natur. Es sind von vorneherein „vorhandene Formen oder biologische Normen seelischer Tätigkeiten." Nicht unser Ich verfügt über sie; vielmehr sind sie als ein Ahnenerbe jedem Menschen von Anfang an mitgegeben. Ohne es zu wissen, handeln wir nach ihnen. Und wenn wir nach ihnen handeln, handeln wir richtig. Nicht nur das körperliche Funktionieren, das sich ja zum größten Teil ohne unser Willenszutun nach überlieferten biologischen Gesetzen vollzieht, nein auch das seelisch-geistige Leben hat offenbar seine von Urzeiten her tief eingegrabenen „Bahnen", die man ohne Schädigung kaum verlassen darf. In den wesentlichen Dingen tun wir, was der Mensch immer getan hat, im Glück und in der Not, im Zusammenleben der Familie, im Werk des Tages und vor allem dann, wenn eine ungewohnte Entscheidung an ihn herantrat. Der tiefste Lebensgrund und das typische Verhalten des Menschen bleiben sich gleich, wenn sie auch die für jeden Einzelmenschen bezeichnende individuelle Gestaltung haben. Deshalb können wir, beiläufig bemerkt, die Berichte vom Tun der Menschen in vergangenen Zeiten, also deren Geschichte und vor allem die großen Dichtungen verstehen, in denen das Bild des allgemein menschlichen Tuns gestaltet wurde.

Vielleicht noch zutreffender, wenn auch einer Sphäre entstammend, die manchem Leser fremd sein wird, ist der Vergleich mit jenen Formkräften, welche in einer höchst gesetzhaften Weise auskristallisierende Flüssigkeiten in ganz bestimmte, für sie typische Kristallformen zwingt. Man denke nur an das Wasser, das zu Schneekristallen wird. So verläuft auch das psychische Leben unter den Gesetzen unsichtbarer, leitender Formkräfte. Die Psychologie sucht diese bewußt zu erfassen; im Traume und in der Vision stellen sie sich uns als Bilder des Unbewußten vor das bewundernd erlebende innere Gesicht.

Solche Groß-, solche Urbilder treten im Traume unter sehr bezeichnenden Umständen auf: nämlich dann, wenn es sich in der Entwicklung des Träumers nicht mehr um rein persönliche, sich bloß auf die private Lebensgestaltung beziehende Angelegenheiten handelt.

Der Traum antwortet bekanntlich auch auf die Tageserlebnisse. Er tut es, wovon noch zu sprechen ist, meist mit einem sogenannten kleinen, einem Alltagstraum. Archetype Bilder und Symbole erscheinen also nicht dann, wenn es um dieses oder jenes Stellenangebot geht; sie äußern sich nicht zur Frage, ob wir nächste Woche in die Ferien fahren oder besser zu Hause arbeiten sollen. Es ist dem kollektiven Unbewußten in uns gleichgültig, ob wir unsere Verlobung anfangs September oder anfangs Oktober bekanntgeben werden, wie es sich auch nicht um den Termin unseres Wohnungswechsels kümmert. Es überläßt die Bewältigung kleinerer Probleme dem dafür zuständigen Bewußtsein. Mächtig strömen die urtümlichen Bilder uns dagegen zu, wenn allgemein menschliche Motive, Grunderlebnisse, wenn die Hauptprobleme der Persönlichkeitsbildung in Frage stehen. Sie tauchen dann auf, wenn in unserm Leben eine Stufe überwunden, eine höhere Stufe gewonnen werden muß. Dieses innere Geschehen, das in den meisten Menschen im Laufe ihres Lebens geschehen muß, wird nun begleitet von diesen Bildern, die den Glanz ewiger Frische haben. Das „Kind" war zu jeder Zeit da, Weiterleben und Zukunftsmöglichkeit verkörpernd. Frauen werden in die Nähe ihres tiefsten Wesens getragen, wenn sie im Traume ein Kind erwarten (es wird später davon zu reden sein, daß auch Männer ihr „Kind" in sich erwarten dürfen). Durch alle Zeiten hindurch haben Mütter ihre Liebe und ihre Sorge nie ausgehen lassen, aber auch nicht ihr Behaltenwollen dessen, was ihrem Reich entspringt. Darob sind sie als allgemeine Gestalt, als „die große Mutter" zeitlos geworden. Der „Krieger" hat jederzeit das Sterben angenommen oder annehmen müssen, und der „Wanderer" ist zu jeder Zeit durch Landschaften und Menschengruppen hindurchgegangen. Stets war man „jung", stets war man „alt", Armut und Angst waren immer da, und immer wieder hat das Leben seine Früchte den Menschen dargeboten. Das „Haus" wurde gebaut, und das „Feuer" verzehrte es. Strom und See waren jederzeit Gleichnisse des Lebens.

Dies alles sind urtümliche Symbole. Wenn wir drinnen oder draußen an einem typisch gefährlichen Ort anlangen, in sehr tiefe Konflikte geraten, aber auch wenn die paar wenigen großen Freuden des Daseins aufblühen, dann greifen die Träume zurück auf die Urbilder, auf archetype Handlungen und Gedanken einer Menschheit, die sich selbst aus allen Nöten und in allen Erschütterungen immer wieder zurecht gefunden hat. Wir verbinden uns mit ihrem uralten Wissen, das sich freilich sehr selten in verstandesgemäßer, einfacher Formulierung, sondern eben in großen Gleichnissen mitteilt.

Das Traumbild, das sich auf diese innern Inhalte bezieht, verstehen wir freilich oft nur mit der Hilfe eines Deuters, der sich in diesen Gleichnissen ein wenig auskennt. Selbst oder mit seiner Hilfe kommen wir in Berührung mit den Energien, die sich im Gefäß jener Urbilder sammeln. Nach einem Worte *Nietzsches,* der freilich manche Zusammenhänge nur ahnte, machen wir „in Schlaf und Traum das Pensum frühern Menschentums noch einmal durch" und speisen uns dabei aus dem Lebensvorrat, den Tausende von dahingegangenen Generationen als den Gehalt ihrer Erfahrung im Symbol aufspeicherten.

Die tiefere Beschäftigung mit diesem Phänomen, notwendig zum Verstehen des Traumes, festigt uns immer mehr in der Auffassung, im Archetyp sei Leben in eine große bildhafte Ordnung zusammengeronnen. Die Begegnung mit ihm – sie geschieht im Traum und seiner Deutung – führt in die innere Ordnung. Wir gewinnen dabei die Haltung des Dauernden, des im höchsten Sinne „Üblichen".

Das allgemein und ursprünglich Menschliche, das unsichtbar hinter dem Einzelmenschlichen und dessen scheinbar zufälligem Tun steht und immer gestanden hat, spricht sich in den Träumen in allgemein verbindlichen Bildern aus. Es ist also nicht mehr ein Herr B., der in unser Zimmer tritt, sondern ein großer grauer Mann, vielleicht trägt er einen Krempthut und ist von einem Mantel umweht, der den großen Wanderer anzeigt. In uns erregt er, was zuviel Ruhe und Bequemlichkeit suchte. – Wir waren vielleicht noch nie am Meer, standen noch nie auf wilden Bergeshöhen, wanderten nie durch endlose Schneefelder der Ebenen oder der Firne; nicht alle haben das Schrecknis des Krieges durchgemacht und manche haben es verlernt, im Raume einer Kirche ihre Seele zu sättigen. Im Traume aber wogt es um unser gefährdetes kleines Schiff; wir überschreiten eine wilde Gletscherspalte, haben uns verirrt in eisiger Winterlandschaft. Wir befinden uns in einem fürchterlichen Krieg und wissen nicht, ob wir aus seinem Blut und Feuer unser Leben retten. Schöne Dome umschließen uns, und das Antlitz der Götter oder des Gottes leuchtet. Wer von uns hat schon einen Goldschatz gefunden? Im Traume sehen wir ihn schimmern, vielleicht bewacht von einem Drachen oder einem fürchterlichen Riesen. Dieses ist die eine, die Großsprache der Träume. Sie ist weit entfernt vom Lebensstil unserer Gegenwart mit ihren Schreibmaschinen, normierten Haushaltungsgegenständen, der Zeitung, dem Postcheck und den landwirtschaftlichen Geräten einer entwickelten Technik. Freilich in den letzten Jahren ist diese elementare Welt in ihrer entsetzlichsten Form über die europäische Menschheit herniedergebrochen und hat viele an die bittersten Anfänge menschlichen Seins zurückgestellt.

Es beginnt allmählich Gemeingut psychologischer Auffassung zu werden, daß Großträume in der Sprache und ihrer Erzählung den Mythen und Märchen höchst verwandt sind. Diese sind denn auch nichts anderes als gestaltete, geformte, durch die Jahrhunderte weitergegebene Erfahrung menschlichen Schicksals. Von ihnen unterscheidet sich der Traum nur darin, daß er nicht ihren geordneten, sichtbar sinnvollen Zusammenhang besitzt. Er stellt sich dem Bewußtsein nicht so annehmbar eindrücklich dar, wie die Geschichten von Herkules, die Mythen von Baldur und dem bösen Loki, wie das Märchen vom Zwerg, der seinen Namen nicht nennen will, vom Dornröschen, das aus seinem Schlafe erweckt werden möchte. Im Traum und im Mythos ist die gleiche formende Bildkraft am Werke. Sie sprechen, auch wenn ihre Kausalität nicht als dieselbe erscheint, doch die gleiche Sprache. Man kann deshalb die erstaunliche, gegenwartsfremde Sprache der großen Träume besser verstehen, wenn man die großen Mythologien der Völker, etwa die sogenannt griechischen und germanischen Sagen, die Märchen Europas und Asiens kennt und wenn möglich erfährt, was primitive Völker, die noch in der magischen Welt leben, sich erzählen. Nicht zu vergessen ist die Lektüre der Legenden von den Heiligen, mögen diese nun dem westlichen oder dem östlichen Seelenraum zugehören. Die Sprache des Traumes wird auch dem leichter eingehen, der die Werke der großen Dichter kennt. In ihnen allen ist ja nichts anderes dargestellt als das Geschick des Menschen in der individuellen Gestalt des Helden. In der Dichtung wird erzählt, was uns geschehen kann von der Geburt bis zum Tode.

Die Bedeutung der archetypen Bilderwelt, dieser großen Galerie aller wesentlichen Lebenssituationen, kann gar nicht überschätzt werden. Denn diese Schicht der lebendigen, richtunggebenden und Kräfte spendenden Menschheitserinnerung ist ein maßgebendes Organ des psychischen Lebens selbst. Man kann sich dieses seelischen Urgrundes überhaupt nicht entledigen. Könnte man es, man dürfte es nie tun. Übrig bliebe sonst ein nur sehr schmales Ich mit seinem kleinen Schrein persönlicher Erinnerungen. Jedes Wesen wäre für sich eine verlorene winzige Einheit, eine Insel, die nicht unter den Wellen des Tages verbunden ist mit den andern Inseln, den Mitmenschen. Wir wären ohne Zusammenhang nach rückwärts, und wir lebten ohne die Keime des Künftigen. Zurück bliebe ein Menschlein, das auf alles Vorfahrenerbe verzichtet, das sich selbst aus dem großen Plane alles Lebendigen herausgenommen hätte.

Es ist freilich nicht zu bestreiten, daß es Menschen gibt, die in einer lächerlichen Übersteigerung ihrer Ich-Persönlichkeit so tun, als wäre vor ihnen auf der Welt nichts da gewesen, als geschehe nach ihnen nichts mehr. Wie mancher Mensch glaubt, und scheinbar ohne jeden Hochmut, seine individuellen Konflikte seien eine noch nie dagewesene Not; so wie er habe noch kein Mensch begehrt, keiner so geliebt, keiner so gehaßt wie er. Unerhört sei, was ihm geschehe, einmalig sein Schicksal. Wer, sich umschauend in den Schicksalen der Mitmenschen, blätternd in den Werken der Historie, nicht zu einer andern Erkenntnis kommt, dem wird diese in den Träumen in großen, oft sehr dunkeln Bildern vorgeführt. Seine Sache ist es, den Sinn dieser Bilder anzunehmen oder abzulehnen. Aber er könnte immerhin erfahren, daß Leben schon immer so geschah, seit Jahrtausenden und Jahrtausenden. Damit ist er eingereiht in die große Bruderschaft aller Menschen durch alle Zeiten hindurch. *C. G. Jung* bemerkt als Arzt: „Archetypen waren und sind seelische Lebensmächte, welche ernst genommen sein wollen und auf die seltsamste Art auch dafür sorgen, daß sie zur Geltung kommen. Sie waren immer die Schutz- und Heilbringer, und ihre Verletzung hat die aus der Psychologie der Primitiven wohl bekannten „Perils of the soul" – die Bedrohung der Seele – zur Folge. Sie sind nämlich auch die unfehlbaren Erreger neurotischer oder sogar psychotischer Störung, indem sie sich genau so verhalten wie vernachläßigte oder mißhandelte Körperorgane oder organische Funktionssysteme." Die Sprache der Archetypen ist Menschheitssprache. Wenn die Antwort unserer bewußten Lebensführung ihr entspricht, dann sind wir in Ordnung. Aber es ist für den Traum-Laien nicht leicht, diese Großsprache wirklich zu verstehen, zu vernehmen, was in so unpersönlichen Bildern in ihm selbst zu ihm selbst gesprochen wird.

Wenn in den Träumen die urtümlichen Symbole einsetzen,

haben wir dies als ein Anzeichen der beginnenden Reife anzusehen. Da steigt, damit eine andere Seite der Welt in uns wirksam werden kann, das Tiefste unserer Seele durch den Schacht des Traumes zu uns herauf. Wir begegnen dem, was auch zu unserm Leben gehört, und werden angeschlossen an die Totalität unseres Seins. Wir können damit „ganz" werden.

DAS SYMBOL

In jedem Traumbuche, das wissenschaftliche Geltung beansprucht, steht der Begriff des Symbols an erster Stelle. Dieses vor allem, dieses mächtige, in sich geschlossene Element des Traumes soll ja gedeutet, d. h. in die logische Sprache des Bewußtseins nach Möglichkeit umgesetzt werden.

Wir sprechen von Symbol und symbolischer Handlung. Wo kirchliches Leben noch intensiv gelebt wird, ist es keine Frage, was ein Symbol sei. Man hat nicht nötig zu erklären. Im christlichen Seelenraum ist beispielsweise das Kreuz zu einem gewaltigen Symbol geworden. Eine Fülle von Inhalten sind darin vereint, es hat eine Reihe wirksamster Vorstellungen, einen dunkeln Reichtum seelischer Erlebnisse um sich gruppiert. Schon früh ist das Kreuz mit seinen vier Armen ein Zeichen der Orientierung, weist es doch nach den vier Himmelsrichtungen. In ihm kreuzen sich aber auch die Richtungen unseres Daseins. Dazu teilt es den Raum auf. Als Swastikakreuz ist es ein Gleichnis des Sonnenrades, d. h. die Sonne und in ihrem Lauf die Zeit selbst.

Überragende Bedeutung aber erlangte das Kreuz, einst ein übles Marter- und Strafmittel, durch den Leidenstod Christi. Das Niedrigste wurde so in ein Höchstes hinaufgeheiligt; es wurde aus totem Stamm mit furchtbarem Querholz zum Lebensbaum, zu einem Ort der Erlösung und damit selbst zum Zeichen der Erlösung. Schwerstes Leiden geschah an ihm, und es steht deshalb in übertragenem Sinn für jedes großes Leiden selbst: Man nehme sein Kreuz auf sich! Im Kreuzestod wurde nach christlicher Auffassung der Tod überwunden; damit ist es gleichzeitig zum Zeichen des Todes, aber auch des Sieges geworden, des Sieges nämlich über jeden Tod – eine tröstliche Versicherung der Auferstehung, eines neuen Lebens. Die christliche Kirche jeden Bekenntnisses hat das Kreuz zu ihrem Großsymbol erhoben und unter ihm ihre Siege erkämpft. Welche Inhalte haben sich vereint im Zeichen dieses armen Holzes!

Wie viel psychische Erfahrung, wie viele lebendige Gedanken vereinen sich in der symbolischen Gestalt der „Mutter", des „Kindes", umwehen die Schwelle der „Pforte", des Aus- und Einganges, werden wachgerufen, wenn die Gestirne, wenn „Sonne", „Mond" und „Sterne" am Himmel der träumenden Seele aufleuchten!

Der dritte Teil unseres Buches führt eine große Reihe der in Träumen immer wiederkehrenden Symbole auf und fügt ihnen die häufigste Deutung bei.

Am schönsten hat der Basler Mythenforscher *J. J. Bachofen* vom Wesen des Symbols, das begrifflich oder gar verstandesmäßig nie ganz erfaßt werden kann, in einer Abhandlung über Gräbersymbolik geschrieben: „Das Symbol erweckt Ahnung; die Sprache kann nur erklären. Das Symbol schlägt alle Saiten des menschlichen Geistes zugleich an; die Sprache ist genötigt, sich immer nur einem einzigen Gedanken hinzugeben. Bis in die geheimsten Tiefen der Seele treibt das Symbol Wurzeln; die Sprache berührt wie ein leiser Windhauch die Oberfläche des Verständnisses. Jenes ist nach innen; diese nach außen gerichtet. Nur dem Symbol gelingt es, das Verschiedenste zu einem einheitlichen Gesamteindruck zu verbinden; die Sprache reiht Einzelnes aneinander und bringt immer nur stückweise zum Bewußtsein, was, um allgemein zu ergreifen, notwendig mit einem Blicke der Seele vorgeführt werden muß. Worte machen das Unendliche endlich; Symbole entführen den Geist über die Grenzen der endlichen, werdenden in das Reich der unendlichen, seienden Welt."

Im Symbol verdichtet sich seelische Erfahrung, wird zu strömendem Leben in einem besonderen Gefäß. Es ist viel mehr als nur ein Begriff; man denke nur etwa an das Symbol der Jungfrau, des „göttlichen Mädchens", an die Tiersymbole, an Wein und Brot. Damit, daß im Symbole menschliches Urerlebnis zu einer Gestalt zusammengefaßt wurde – es ist selbstverständlich unbewußt geschehen –, ist auch die Energie, die Kraft, welche in diesen Erfahrungen lebte, in das Symbol hineingeströmt. Wo wir im Traume oder im Erleben des Tages mit einem großen Symbol zusammentreffen, da übt es denn auch oft eine faszinierende Wirkung auf uns aus. Anderseits können Symbole für einige Zeit untergehen. Sie machen den Gestaltwandel der Götter mit.

Jedes Symbol ist ein Ausdruck für seelisches Geschehen, für einen seelischen Inhalt, der sonst nicht erfaßbar wäre. Das Leben kann zutiefst nur erlebt und im Gleichnis erschaut werden. Nie aber begibt es sich völlig in den kleinen Machtbereich des Intellektes; denn der Teil begreift wohl das Ganze, ist aber nie das Ganze.

Auch das Symbol hat seine Grenzen; es kann nur einen zwar vielschichtigen und kräftigen Inhalt umschließen, aber nicht für alles stehen; deshalb gehen im Traume die Symbole ineinander über. Im Traume genügt das erstgeträumte Symbol oft nicht mehr, um eine andere Seite, einen andern Aspekt des Seelischen auszudrücken. Es wird abgelöst von einem zweiten, dritten Symbol. *Jung* betont, vom kultischen Symbole sprechend, daß dieses ein beschränkter und nur bedingt gültiger Ausdruck für einen übermenschlichen Inhalt sei. Das Symbol sei zwar der *bestmögliche* Ausdruck, stehe aber unterhalb der Höhe des durch es bezeichneten Mysteriums. Das Symbol ist wirklich das „eindrücklichste Unternehmen" der Seele, das Mysterium des Lebens in seinem steten Gestaltswandel und seinem doch ewigen Ähnlichbleiben.

Das Symbol nacherleben und, wenn es nötig ist, seinen zu erahnenden Sinn in bewußtseinsverständliche Sprache übersetzen, heißt, uns dem Mysterium Leben, in welchem wir sind, näher bringen. Damit können wir uns in dessen Rhythmus einordnen und damit in Ordnung sein.

Die Seele ist im Erschaffen von Symbolen unermüdlich. Sie zögert auch nicht, neue Gebilde, etwa der Technik, zu Symbolen werden zu lassen. Man lese im dritten Teile unseres Buches nach, welche symbolische Gestalt in die technischen Erscheinungen etwa des Bahnzuges, des Autos, des Kraftwerkes hineinströmt und nun im Bilde einer modernen Welt allgemein Menschliches verdichtet. Ebenso benützt der Traum das Erlebnis des Kinos, des Radios auf eine symbolische Weise. Freilich werden die heutigen Mythenforscher den Gleichnissen aus der Welt der Technik, des Handels, der Wissenschaften die Qualität echter Symbole absprechen; aber die Seele kümmert sich nicht um Klassifikationen! Noch haben die erwähnten Neusymbole die Intensität der archetypen Symbole, der ursprünglichen Bilder nicht. Das hindert sie aber nicht, sich immer mehr anzureichern. Einst nach Jahrtausenden werden sie Symbole sein, auf welche auch der strengste Mythenforscher der fernen Zukunft nicht ohne die Freude am schönen Funde oft hinweisen wird.

REDENSARTEN

Die menschliche Umgangssprache ist durchsetzt von Redensarten. In der Redensart hat sich das Bild einer im allgemeinen Leben häufig wiederkehrenden Situation zu einem sprachlichen Gleichnis verdichtet, das bald im ursprünglichen, bald im übertragenen Sinne täglich benutzt wird. Was Vergleich war, wird zur Redewendung, in der die Grundvorstellung nicht mehr bewußt ist.

Wer beispielsweise in einer Angelegenheit ein „Hintertürchen" offen läßt, meint damit bloß die Möglichkeit eines unbeachteten Entweichens. Er sieht nicht die offene kleine Hintertür des Hauses, durch die man, unangenehme Begegnung vermeidend, in die Nebengasse entschlüpfen kann. Bemerkt man von einer Sache oder von einem Menschen, sie seien „auf ein falsches Geleise geraten", dann ist höchstens die Vorstellung des unrichtigen Weges, nicht aber die an einer Kreuzung nach dem richtigen oder unrichtigen Orte führende Wagenspur gemeint.

Leute mit bildkräftiger, rascher Phantasie übersehen das Vergleichselement in der Redensart selten ganz; Bildschwache halten sich bloß an die Redensart. Bei beiden aber hat sich der Gleichnischarakter erhalten in allen Träumen, die Redensarten benützen. Der Leser erinnert sich vielleicht eines hübschen Spieles harmloser Kindereinladungen, der Scharaden. Da kletterte eines der Kinder dem andern auf den Rücken und rutschte gleich hernach wieder herab; es war nun herauszufinden, was das bedeuten sollte. Die Scharade war richtig gedeutet, wenn man jenes Tun als eine Darstellung der beiden Redensarten „Du kannst mir den Buckel hinaufsteigen!" und „Du kannst mir den Buckel hinabrutschen!" bezeichnete.

Manche kleine Traumhandlungen sind solche Scharaden. Sie sind nichts anderes als das der Redensart zugrunde liegende Situationsbild. Mit etwas Übung versteht man diese einfache Traumsprache sehr rasch – natürlich nur, wenn man die volkstümlichen Redensarten kennt. Sie sind einem Unbewußten, das dem Bewußten noch nahe wohnt, wohl bekannt; auch dann, wenn der Träumer, unvertraut mit volkstümlichen Redewendungen, davon selbst nichts mehr weiß.

Es kann ein Träumer „am Rande seiner Kräfte" sein, und dann sitzt er im Traume wirklich erschöpft am Rande eines Abhangs oder auf seinem Bettrand. Ein etwas starrsinniger unglücklicher Liebhaber, dessen Angebetete, die von ihm nichts wissen wollte, in einem Landhause oberhalb der Stadt wohnte, sah in seinem Traume einen jungen Ochsen etwas blöde nach diesem Hause hinauf „stieren". Da stand er, der „Ochs am Berg"! Ein Mann träumte, daß Zimmerleute vor seinen Augen eine etwas verlotterte, vielfach geflickte Brücke abbrachen; herbeigerufen, mußte er die schwersten Balken wegtragen. Im deutenden Gespräche erwies es sich, daß dieser Mann daran dachte, die von Anfang an wenig vernünftige Beziehung zu seinem Geschäftspartner, diese „Brücke abzubrechen". Daß man in ihm selbst schon tüchtig am Werke war, und daß er selbst den Hauptteil der Last dieses Abbruches auf sich zu nehmen hatte, wurde ihm erst jetzt klar.

Man kann sich im Traum „zuviel aufladen" und schleppt dann die unmöglichste Last mit sich herum. Wie vieles wird im Traume „klar" gemacht! Den oder jenen muß man „in die richtigen Schuhe stellen", oder er steckt wirklich noch in seinen zu engen „Kinderschuhen".

Bei der Betrachtung von Träumen, die fast kindische Handlungen vor uns oder mit uns geschehen lassen, hat man stets die Möglichkeit zu erwägen, ob nicht hier menschliches Handeln uns in einer Redensart oder in einer sprichwörtlichen Fassung vorgeführt werde. Man ist eben „hängen geblieben", oder es hat uns „den Ärmel hineingenommen", wie die volkstümliche Wendung sich ausdrückt. Statt höchste Zeit ist es „fünf vor Zwölf", in einem drolligen Falle „höchste Eisenbahn". Nicht nur junge Menschen wagen sich gerne zu weit „auf die Äste" hinaus und hocken im Traume auf sich senkendem Ast. Man kann sich „den Mund" oder „die Finger verbrennen", und dann brennt es im Traume wirklich schmerzhaft. Oder man kommt „fast nicht darüber hinweg" und sieht sich im Traume mühsam über eine Hecke oder Barriere klettern, steht im Versuche, einen breiten „Bach" zu überschreiten. Im Traume zieht man mühselig einen Wagen, sei es, weil man „den Wagen selbst schleppen muß" oder „sich selbst an den Wagen spannen" sollte. Mancher „hinkt" Kameraden schwerfällig hintennach. Mehrfach haben junge Leute schon im Traum „einen Korb bekommen", ehe das Betrübliche Tageserleben wurde. Im Traume wurde jemand genötigt, „die andere Seite" einer Sache, hier eines Gegenstandes, sich anzusehen. Was jener andere im Traume soviel zu pfeifen hatte, wurde erst klar, als er über sein Problem eine Reihe abschätziger Bemerkungen machte, er „pfiff" darauf. Eine Dame, die alles sehr trübselig beurteilte, merkte plötzlich, daß sie im Traume eine dunkle Brille trug; durch solch „dunkle Brille" betrachtete sie vor allem die Menschen ihrer nähern Umwelt. Auch jener Mann bleibe nicht unerwähnt, der nach tüchtiger Männerart von seinen geschäftlichen Aufgaben und Erfolgen völlig erfüllt war. Er träumte zu seinem Schrecken, er hätte einen Herzklappenfehler. Sein Eifer ließ ihn am Morgen, für einen Herzkranken allzueilig, den Arzt aufsuchen. „Das würde mir jetzt gar nicht passen!" Es fand sich kein körperlicher Defekt; ihm selbst kam auf dem Heimweg die Erleuchtung, daß es mit seinen Gefühlen, mit all dem, was das Herz angeht, wirklich nicht „klappte".

All diese Beispiele lassen erkennen, wie gerne und oft mit welchem Humor sich die innere Instanz, eine Einsparung an Selbsterfindung in hübscher Ökonomie damit verbindend, schon geprägter Redensarten bedient, um eine Situation bewußt zu machen. Deshalb läßt sie im Traume eine Sache vergraben und darüber „Gras wachsen", schönes grünes Traumgras.

Man könnte leicht einige Dutzend solcher durch eine kleine Handlung illustrierter Redensarten aufführen, doch möge dies genügen. Denn im Traume ist es so wie im Leben: wo es um große Dinge geht, wo Sein oder Nichtsein auf der Waage steht, da wird ein Mensch von Geschmack auf Redensarten und billige Allerweltsweisheiten verzichten. Auch der Seele verbietet der Takt in all jenen Träumen, die uns ergreifen, weil Großes und Schweres sich in ihnen ausdrückt, den harmlosen Scherz solcher Redensarten. Die Aristokratie des echten Leidens wird auch vom Traume, der seinen Ausdruck sorgfältig zu erwägen scheint, streng gewahrt. Dafür sprudelt es von originellen Sprachfiguren, ja von Scherzen und witzigen Vergleichen, in all den harmlosen Träumen, welchen der Dienst kleiner Korrektur an der Lebenseinstellung des Träumers aufgetragen ist.

IM GLEICHNIS DES SEXUELLEN

Kein einsichtiger Mensch wird die große Bedeutung der Sexualität und des erotischen Geschehens im Leben der Menschen verkennen. Er wird deshalb auch nicht annehmen, die Träume sprächen nicht von diesen Grundbegebenheiten menschlicher Existenz und Arterhaltung. Aber er wird, beeindruckt von der Fülle aller Lebenserscheinungen, reichend von der schweren Erde bis in die schwerelosen Räume des Geistes, anderseits niemals annehmen können, die Träume sprächen nur von sexuellen Dingen.

Wer sich mit Träumen beschäftigt, darf nicht prüde sein; er darf nicht zu einer der großen Daseinsmächte, die Hand vor die Augen pressend, sagen: Dich schaue ich nicht an, und wenn die andern wie ich täten, dann würdest du überhaupt nicht mehr da sein! Als ob sich je die Natur, auch die psychische Natur, danach richten würde, welches Zeugnis wir ihr ausstellen, oder sich gar einfach, weil uns diese Richtung primärer Lebensenergien nicht paßt, durch den

Machtspruch unseres verwirrten, armen Kopfes wegdeklarieren ließe. Der Traum nimmt kein Blatt vor den Mund, hält nicht schamhaft die Hand vor die Augen. In ihm, als dem einen Vertreter unserer Gesamtpsyche, ist das reife Wissen, daß die natürlichen Dinge weder gut noch böse, sondern einfach *sind;* daß sie ihre Großaufgabe haben, mit sehr großen Kompetenzen und wenn nötig erschreckenden Mitteln der Gewalt ausgestattete Diener der Lebenserhaltung sind. Leben hat die Aufgabe zu leben. Und dazu bedarf es auch der Sexualität und ihrer psychischen Ausstrahlungen. Nur verlangt das Leben, daß, wie jede andere Kraft, auch die Sexualität an ihrem Orte bleibe und der Eros seinen Zauberkreis nicht ungehörig übermarche. Dazu behält die innerste Instanz unseres Seins sich das Recht vor, wie jede andere auch die letzte und fernste Erscheinung als Gleichnis benützen zu dürfen, in der Sprache des sexuellen Gleichnisses auch alles Schöpferische überhaupt auszudrücken.

Wir können an jeden Traum die Frage stellen: Meinst Du etwas Sexuelles? Sprichst Du, vielleicht verhüllt, im Gleichnis eines andern, von dessen Begehren, dessen notwendigen, beglückenden oder verheerenden Gewalten? Wo aber der Traum in der Welt sexueller Bilder vor uns tritt, haben wir erst einmal einfach uns anzusehen und uns zu fragen, was damit für uns gemeint sein könnte. Weshalb mußte *diese* Welt auftauchen, was hat sie dazustellen, zu kompensieren, zu reduzieren, welche Verbindung mit den Grundkräften des Daseins will sie herstellen? Da wir alle geneigt sind, uns sehr konkret an das vorgewiesene Bild zu halten, sehr konkretistisch zu denken, ist es nötig, die andern Möglichkeiten nicht aus den Augen zu verlieren: daß nämlich sexuell sich Gebendes Nichtsexuelles meinen könnte. Wie wir wissen, fährt freilich der Deutungswagen der Freudschen Psychoanalyse fast ausschließlich in umgekehrter Richtung – auch das Nichtsexuelle wird zum Sexuellen.

In seinem klugen, menschlich herzlichen Buche *„Das Träumen als Heilungsweg der Seele"* sagt der schwedische Psychiater *Bjerre:* „Die eventuelle Feststellung auf elementar-analytischem Wege, daß die Sexualität in jedes Traumbild eingeht, hat im Grunde so wenig Interesse, wie das Aufweisen von Geschlechtsorganen bei jedem Menschen oder von Kohlenstoff als notwendigem Bestandteil jeder organischen Verbindung."

Dennoch ist die Rolle der Sexualität und ihrer differenzierten Erlebnisformen, der Erotik, von so großer Bedeutung für jedes Leben, daß ein völliges Fehlen sexueller und erotischer Traumbilder und Traumerzählungen entweder auf ein höchstes Inordnung-sein in bezug auf diese Naturforderungen oder auf eine völlige Abgespaltenheit vom natürlichen Lebensziel der Arterhaltung weisen würde.

Es spiegelt sich selbstverständlich jener unterschwellig gebliebene Wechsel von Ebbe und Flut der erotischen Bereitschaft, jenes erotisch-physiologische Ein- und Ausatmen des sexuellen Lebensrhythmus auch im Traum. Dazu gehören ebenfalls die Mondphasen der Frau; ihre Monatsbeschwer darf bei der Betrachtung und Deutung von Träumen jüngerer Frauen nicht übersehen werden.

Die Träume sprechen dennoch seltener als man annimmt eine rein sexuelle, man möchte sagen eine leibliche Organsprache. Das hat *Freud* mitverführt zu glauben, das nackte Lustbegehren werde aus Rücksicht auf die Moralität und die mehr oder weniger gefestigte Wohlerzogenheit des Träumers verhüllt, verharmlost, durch die Zensur frisiert. Dem ist kaum so. Vielmehr scheint für den Regisseur, für den Bildner des Traumes das Instinkthafte, die Tiernähe des Triebes wesentlich zu sein, weshalb die Tiere ja so häufig zu Gleichnisträgern werden. Der Stier, das Pferd, der Hund. die Schlange in uns sagen über die so oder so geformte Triebgewalt und Triebgröße aus. Aus der Deutung dieser Träume ist die Situation unserer sexuellen Kräfte und Begehren leicht zu deuten.

Die eigentlichen Sexualorgane werden vom Traumbildner dem vegetativen Formkreise zugeordnet. Deshalb sind bestimmte, im Aussehen durch ihre Ähnlichkeit hinweisende Gemüse und Früchte ihr Gleichnis. Darüber ist in der Zusammenstellung der Symbole im Dritten Teile unseres Buches manche Auskunft zu finden. Daß jene Organe sich noch in andern Bildern darstellen, ihre Funktion in bestimmte Tätigkeiten von den Menschen scherzhaft hineingesehen werden, ist jedem klar, der die volkstümliche Redeweise kennt. Man hat schon darauf hingewiesen, daß es in der französischen Sprache über sechshundert Bezeichnungen für die Funktion der geschlechtlichen Vereinigung gibt. Das sexuelle Geschehen drückt sich infolge seiner ungeheuren Bedeutung eben auch sprachlich in der größten Mannigfaltigkeit aus. Die Bezeichnungen dafür sind volkstümlich, gelten aber im allgemeinen als unanständig. Der Traum verwendet sie dennoch häufig, oft zur Empörung mancher Träumer und Träumerinnen. In ihrer derben Differenzierung liegt der Ton bald auf dem, bald auf jenem Erlebnis und Erlebnisbegleit der körperlichen Vereinigung. Da diese Variationen selten von schicksalshafter Bedeutung sind, hat man sie auch nicht zu ernst zu nehmen; sie sind mehr Liebesspiel als Liebestragik. Beiläufig: Es ist wertvoller, im Erlebnis einer guten, einer wertvollen Liebesgemeinschaft zu wurzeln, als in einem Traumbuche der dort notwendigen Erwähnung sexueller Symbole nachzuspüren. Nur wenn die Träume, weil die erotischen Beziehungen nicht in Ordnung sind, oft sehr drastisch von diesen reden, hat man sich um die Deutung dieser Traumbilder wenig anständigen Inhaltes zu kümmern. Die psychoanalytische Literatur hat manche Jünglinge und dazu Frauen jeden Alters in eine intellektuelle Schamlosigkeit hineingezogen. – Sexuelle Träume junger

Menschen hat man meist auf der Ebene der Natur zu deuten. Sexuelle und erotische Träume im lebenserfahrenen höhern Alter meinen sehr oft eine andere Schöpferkraft als die des Leibes.

Wer einer Sexualpsychologie huldigt, deren Kern das Inzestmotiv ist, wird in einem berühmten Traum Cäsars einen besonders gewichtigen Beleg für die Inzesttheorie finden. Cäsar erzählt bekanntlich, daß er, bevor er den Rubikon überschritt und den Angriff auf seine Geburtsstadt Rom einleitete, im Traume seine Mutter beschlafen habe. Dieser Inzest entsprach wohl kaum einem konkreten, latenten Wunsche des Feldherrn, zu seiner leiblichen Mutter unerlaubte Beziehungen zu haben. Vielmehr ist Rom seine Mutterstadt, Rom hat ihn geboren. Es war ein Ungeheures, ein unnatürlicher Frevel, den er ihr damit antat, daß er sie in der empörerischen Männlichkeit seines Machtwillens mit Krieg überzog. Aber dieser Vereinigung von Rom und Cäsar ist ein gewaltiger Sohn entstiegen: das großrömische Reich.

Ein sehr einleuchtendes Beispiel eines sexuell aussehenden Traumes, der aber niemals sexuell gedeutet werden durfte, erzählte eine Frau: Sie war durch großes Leid, das sie sowohl als Mutter wie als Gattin getroffen hatte, mehrere Jahre psychisch gelähmt. Nun trat eine bedeutende Aufgabe von außen an sie heran. Da träumte sie, ein undeutlich sichtbarer, sehr ernster Mann habe sie in den Arm begattet. Wie Feuer durchströmte es Arm und Hand. Natürlich stand hinter diesem Traum nicht ein perverses Bedürfnis – nein, ihre eigene latente männlich-ernste Kraft hatte den Weg zu Arm und Hand gefunden, diese war befruchtet worden – jetzt konnte sie wieder handeln, arbeiten. Ihre große Leistung in sozialem Werke gab hernach Auskunft über die Intensität dieser „Armzeugung". – Solche Träume scheinbar unnatürlichster erotischer Begegnungen kommen häufig vor. Sind sie zu abstrus, so beunruhigt sich der Träumer, wieder einmal vollkommenen Unsinn geträumt zu haben – nur hätte es anständigerer Unsinn sein dürfen! Lernt er mit seinen Nachtgesichtern umzugehen, dann wird auch das Sexuell-Abstruse ihm seinen Sinn offenbaren. Dazu aber bedarf es vieler psychologischer und kulturgeschichtlicher Kenntnisse.

Es ist durchaus natürlich, wenn der tiefenpsychologisch wenig geschulte Mensch sich über manche Trauminhalte entsetzt. So vielen Menschen zarten Gewissens und anständigster Gesinnung bereiten die gar nicht zarten Träume, in denen sie tief in die Abenteuer des Fleisches und in höchst unerlaubte Beziehungen hineingeraten, tiefen Kummer. Wie war selbst eine so starke Persönlichkeit wie Augustin erstaunt darüber, daß ein Mensch da ist, der im Wachen so denkt und handelt, wie er es vor seinem christlichen Gewissen, dem Ethos seiner Weltanschauung verantworten kann, im Traume aber Dinge sieht, überlegt und tut, die er sich selbst nie erlauben würde. „Zwischen mir und mir, welch ein Unterschied!" ruft er aus. „Nicht durch mich ist es geschehen, aber in mir." Man weiß, daß Augustin Gott dankt, nicht verantwortlich zu sein für den Inhalt seiner Träume.

Hier schon die kleine Frage: Sind wir wirklich für unsere Träume in keiner Weise verantwortlich? Könnte es nicht sein, daß die Träume, freilich in stärkster Intensivierung, jene Triebwelt an uns heranführen, zu der wir keine richtige Haltung haben; daß sie heraufholen, was zu unbeachtet blieb? Unsere Träume können anders werden, wenn wir in unserm bewußten Leben unsere Ganzheit soweit nur möglich erfüllen. Oft sind heikle, obszöne Träume ein Aufruf, in den Keller des Unbewußten, in den kleinen innern zoologischen Garten zu gehen, um zu sehen, was dort ein ungehöriges Leben führen muß, weil es ihm an Raum, an Atemluft und an der Freiheit des Kreatürlichen fehlt. Vielleicht ist es zu unserm Heile, daß das Unbewußte uns nicht erspart, was es uns sagen muß.

Es kommt sehr häufig vor, daß wir im Traume erotische Beziehungen, sexuelle Erlebnisse haben mit Menschen, an die unser Begehren sich nie heranwagen würde, sei es, daß wir ehlich gebunden sind, sei es, daß sie uns unerreichbar erscheinen, sei es, daß wir umgekehrt mit so „niedern" Wesen nichts zu tun haben wollen. Im Kapitel von der Objekt- und Subjektstufe wird zu zeigen sein, daß es sich vielleicht gar nicht um diese Menschen handelt, sondern mit ihnen nur etwas in uns selbst gemeint ist. Das ist für manche ein Trost – für alle aber eine neue Aufgabe.

Wer immer daran Anstoß nimmt, daß der Traum auch in Sprache und Bildern des Sexuellen spricht und handelt, der möge die Rolle der Sexualität und des Erotischen möglichst objektiv bedenken. Die Sexual-Symbole sind deshalb so eindrücklich, weil sie Ausdruck sind für das Schöpferische, das mächtig geschlechtlich Zeugende, welches das Leben erhält und mit Lust beschenkt. Er versuche, die selbstverständliche, auf notwendige Lebenserfüllung gerichtete Sachlichkeit auch in diesen Lebensgebieten zu erreichen. Dann wird er das Sexuelle weder unterschätzen, noch, wie es jetzt in vielen Kreisen geschieht, überschätzen. Wer tiefere Einsicht ins Leben und in die Psychologie des Traumes gewinnt, der wird auch in diesem Geschehen, von dem der Traum in der Sprache des Sexuellen redet, das Gleichnis der urtümlichen, schöpferischen Lebenskräfte, ihren Ernst und ihr menschliches Spiel schauen. Damit wird er in jener Freiheit wohnen, die ihn das Notwendige, verantwortlich sich und einem menschlichen Du, erfüllen läßt und ihn nicht zum Gefangenen seiner Sexualität macht.

DER VERSTÄRKER

Aus der Technik der Tonübermittlung ist uns der Begriff des Verstärkers bekannt. Durch das Zuströmen seiner größern Energiemenge wird das Leise lauter, oft überlaut.

Ein solcher Verstärker scheint im Traume wirksam zu sein. Er macht das, was ausgesprochen wird, lauter, eindeutiger, vereinfacht es auf große Hauptlinien. Ganz offensichtlich entnimmt er seine Kräfte den in den archetypen Erfahrungen der Menschheit aufgespeicherten Energien, an denen ja die Psyche auch des Einzelnen teil hat. Er bringt unsere persönliche innere Situation an jene großen allgemein menschlichen Situationen heran, deren Teil sie ist. Dann strömt aus dem Akkumulator jener Ursituationen Energie ab in das Gefäß unserer kleinern augenblicklichen Lage. Wenn man nicht begriffe, daß es sich bei alle dem um eine Gleichnissprache handelt, müßte man von einer unerlaubten Aufbauschung reden.

Es geht uns beispielsweise nicht gerade gut. Wir sind verletzt worden. Daraus macht der Traum, im Sprachbilde bleibend und es von innen erweiternd, eine gefährliche Verletzung, wir bluten sehr und fühlen uns bedroht. Wir sind manchmal genötigt, unseren Willen, der allzu sehr verfließen möchte, zusammen zu nehmen, irgend ein Erlebnis drängt uns in eine gewisse bedrückte Einsamkeit. Daraus macht der Traum Gefängniszeit. Wir sind eingeschlossen, abgetrennt vom harmlosen Tage der Mitmenschen. Die Ablösung von der Mutter vollzieht sich, weil wir Erwachsene geworden sind, mit Notwendigkeit, wie sehr wir auch widerstreben. Im Traume sehen wir nun unsere Mutter ganz klein werden, ja sterben. Ihre Bedeutung verkleinert sich eben, oder die Mutter rückt für einige Zeit aus unserem aktiven Seeleninhalt. Wie erblüht dem, der ein kleines Glück erlebt, im Traume gleich eine Frühlingswiese! Weil man nicht nach dem innern Gesetz gehandelt, werden wir vor Gericht zitiert, ja uns droht Hinrichtung. Unrichtiger Lebensweg kann eben unserm Wesen tötlich werden. Reiche Speise wartet auf uns anderseits, eine Tafel des Festes, des Überflusses, wenn in uns neue Kräfte aufbrechen dürfen. Entscheidungen aber drücken sich in Krieg- und Waffenträumen aus.

Diese Großzeichnung, diese Verstärkung verwirrt den naiven Traumbetrachter. Er weiß meist nicht, daß seelisches Leben auch energetisches Geschehen ist, ahnt kaum, daß unser kleines Tun trotz seiner Harmlosigkeit sich im Scheine der großen Lebensmächte vollzieht und deshalb auf die Traumwand große Schatten wirft.

Daraus ist erst zu verstehen, obwohl die Sache ohne viel Bedeutung bleibt, weshalb kleine physikalische Einflüsse auf den Schläfer von nicht unbedeutenden Traumbildern begleitet werden. Ein Gefährlein hat gleich eine intensive Warnung zur Folge. Die zu schwere Bettdecke, die freiliegende, etwas erkühlende Schulter werden als schwere Last, als nacktes Gehen in schlimmer Kälte traumerlebt. Wer droht von seinem vielleicht modern niedern Lager herabzufallen, hat das Gefühl, an einem Abgrunde zu liegen. Diese Träume sind ins eindrückliche Bild gesteigerte Schutzimpulse. Freilich, wenn man diese Träume samt den sich einstellenden Einfällen untersucht, dann wird man erfahren, daß bei dieser Gelegenheit körperlicher Gefahrempfindung viel bedeutendere innere Gefahrenherde angerührt worden sind. Denn jedes Traumerlebnis ist von vielschichtiger Bedeutung.

DIE FUNKTION DES TRAUMES

Versucht man, die große Vielfalt der Träume zu ordnen nach dem, was sie wahrscheinlich darstellen, was ihre zu vermutende Bedeutung ist, so wird man auf folgende Gliederung kommen:

Der Traum gibt *erstens* ein aktives Bild unserer Lebenssituation. In diesem Bilde, in der Traumerzählung, antwortet die Auffassung des Unbewußten dem Erlebnis des Tages. Daraus ergibt sich eine Art Bilanz; man erfährt, wie die ganze Angelegenheit aussieht. Der Traum ist da durchaus bezogen auf das Gegenwartserlebnis des Träumers. Dieses hat ihn herbeigerufen, und was er dazu aussagt, kann als Urteil der unbewußten Seele gelten. „So ist es!" sagt er in seiner Gleichnissprache. Das Material seiner Aussage ist entnommen vor allem den Erfahrungen des Träumers, dessen äußern Erlebnissen und seinem *persönlichen Unbewußten*. Zudem kann sich das Urteil auch ausdrücken in allgemein bekannten Symbolen.

In den Träumen der *zweiten* Gattung fügt das Unbewußte den Erlebnissen und Konflikten des Tages das bei, was unbeachtet, damit unbewußt geblieben ist und doch mit dazu gehört. Der Traum, schöpfend aus umfassenderer Einsicht, ergänzt die Situation aus den Erlebnisinhalten, die, wenn auch nicht beachtet, doch miteinbezogen werden müßten. Er kompensiert also die Einseitigkeit der bewußten Haltung. Er reduziert Überwertungen, betont das Entwertete und stellt damit den Träumer an den richtigen Ort, nämlich in die unsichtbare Mitte des Erlebens. Ein Großteil aller Träume hat offenbar diese zurechtstellende Funktion. Sie drücken sich aus vor allem in biographischem Material, wozu die Erinnerung an Lektüre und Zeitungsartikel kommen. Ferner in der Erscheinung anderer Menschen, welche die unbewußte Seite des Träumers darzustellen vermögen. Auch in diesen Träumen finden wir die einfachen bewußtseinsnahen Symbole. Ist in der ersten Gruppe das Bewußte „bestimmend", das, was nämlich die Stimme des Unbewußten herbeiruft, so wird in dieser zweiten Gruppe ein Gleichgewicht zwischen bewußter und unbewußter Haltung hergestellt. Das Unbewußte umringt sozusagen das bewußte Erlebnis mit seinen eigenen Erfahrungen. Die Deutung dieser Träume ermöglicht dem Bewußtsein, sich aus der gewonnenen größern Einsicht in bewußte und unbewußte Zusammenhänge richtig einzustellen und zu einer Lebensführung zu gelangen, welche eigenem und fremdem Leben gerecht wird. Zu dieser Gruppe gehören auch die Träume, die man als Warnungsträume bezeichnen möchte.

In einer *dritten* Gruppe von Träumen sehr anderer Art macht die unbewußte Psyche, indem sie andere und stärkere unbewußte Situationen dem bewußten Geschehen gegenüberstellt, den Versuch, im Menschen seelische Spannungen zu erzeugen, ein psychisches Gefälle herzustellen, welches die Lebensenergie nach fruchtbaren Zielen führt. Es schalten sich innere Kräfte ein, und es kommt zum Konflikt zwischen dem Ich und der innern Seite des Menschen. In diesen Träumen begegnet man dem „Andern" in sich, sie führen zur Begegnung mit dem Schatten, aktivieren die unbewußt gebliebene psychologische Einstellung – sei es Extraversion oder Introversion – und holen auch die wenig entwickelten psychologischen Funktionen herbei. So erweitern sie das Bewußtsein. In diesen Träumen setzt der Gegenlauf der Seele ein, das noch nicht Gelebte versucht, sich durchzusetzen. Neue Inhalte der Persönlichkeit dringen aus der Tiefe herauf und ersetzen das, was ohne rechte Kraft mehr zur persönlichen Konvention geworden ist. Solche Träume erscheinen dann, wenn sich eine Wandlung vorbereitet. So in den Initialträumen am Anfang einer analytischen Behandlung, in denen sich Kommendes abzeichnet. In diesen Träumen hat das Unbewußte die Führung, und die bisherigen bewußten Inhalte schrumpfen zusammen. Solche Träume enthalten oft Aufforderungen zur Lebensänderung, und sie zögern nicht, ihren Menschen in Marter und Glück einer Wandlung zu schicken. Die Träume dieser Gattung benützen für ihre Aussage vor allem symbolische Bilder und Archetypen, welche Gleichnisse des Vergehenden und des Werdenden sein können. Da es aber noch um die persönliche Entwicklung des Träumers geht, weisen sie auch biographisches Material auf, benützen die Erinnerung des persönlichen Unbewußten; aber dazwischen glänzt immer wieder das, was allgemein menschliche Erfahrung zum Groß-Symbol werden ließ.

In den Träumen der *vierten* Gruppe besitzt allein das Unbewußte die Aktivität. Diese Träume kümmern sich nicht um die bewußte Situation, um den Alltag des Träumers. Dieser findet oft nicht die leiseste Beziehung zwischen seinem privaten Ergehen und den Geschehnissen seiner eigenartigen, seiner fremdartigen Träume. Diese ermangeln natürlich jeden persönlichen Traummateriales, sie sprechen sich aus nur in großen Bildern, Symbolen und archetypen Handlungen. Als *Großträume* bedeuten sie für das schmale Bewußtsein des Träumers oft eine wirkliche Gefahr. Hier öffnet sich der Vorhang zu den Großinhalten und den Urkräften der Menschheitsseele. Mancher, der einen Blick dahinter getan und das Bild des Lebens schlechthin geschaut hat, erträgt wie jener Schillersche Jüngling vor dem verschleierten Bilde zu Saïs das, was er gesehen, nicht. Denn da diese Träume nur Material des kollektiven Unbewußten heranführen, tragen sie mit diesem auch gewaltige psychische Energien an die kleine individuelle Seele heran. Ihr droht Überschwemmung durch die jahrtausendalten Großinhalte der Seele, und – bei besonderer Veranlagung des Träumers – kann dieser in einer Schizophrenie auseinanderbrechen. Wo das Gewaltige aber einem Starken geschieht, der auch bewußt eine bedeutende Persönlichkeit ist, da kann es ihn zum Repräsentanten und Verkünder einer neuen oder erneuten wissenschaftlichen oder religiösen Schau werden lassen. Das Material dieser Träume besteht, wie in dem Kapitel über Großträume ausgeführt wird, mit Ausnahme der Traumeinleitung fast ausschließlich aus Symbolen und archetypen Vorgängen urtümlichster Art. Diese Träume sind schwer anzugehen. Man kann und darf sich nicht allein an die Deutung dieser seiner unbegreiflichen Träume wagen. Bekanntlich sind sie auch ungedeutet von großer Wirkung.

Neben diesen vier Haupttypen des Traumes, in denen jeweils das besondere Verhältnis vom Unbewußten zum Bewußten bezeichnend ist, sind noch jene Träume zu erwähnen, die mit den physiologischen Gegebenheiten und Entwicklungen zusammenhängen. Da kann der Traum Ausdruck, Darstellung und Antwort der Psyche auf körperliche Vorgänge sein. In diese Gruppe gehören die Pubertätsträume junger Menschen, die Frauenträume der Menstruationstage, ferner Träume, welche von dem reden, was als Folge des weiblichen und männlichen Klimakteriums ins psychische Leben hineinwirkt. Auch die Träume, welche zusammenhängen mit körperlichen Erkrankungen oder Beziehung haben zum hormonalen Schicksal des Menschen, müssen hier einbezogen werden.

Man kann auch, jenseits jeder Absicht, für andere träumen müssen. Wie viele Kinderträume spiegeln die Ehetragik ihrer Eltern, die Komplex-Schwierigkeiten von Geschwistern und Hausgenossen wider! Wer sich beraterisch mit dem Schicksal anderer Menschen beschäftigt, träumt hie und da für die, welche sich ihm anbefohlen, und ahnt oft im Traume den Weg der Lösung. Aber man kann auch völlig fremdes Schicksal träumen, Unheil, das sich auf die Andern niedersenkt. Politisches Großgeschehen, das uns persönlich und bewußt gar nicht beschäftigt, findet oft seinen Niederschlag in Träumen recht harmloser Menschen. Solchem Traume ist scheinbar schwer beizukommen. Wo aber der Deuter eine gute und weitgehende Kenntnis des gegenwärtigen Kultur- und Unkultur-Geschehens besitzt, wird er diese Träume, die ihren Träumer gar nichts angehen, von diesem ablösen können, sie ihm bewußt machen als ein Bild des Weltgeschehens, das sich in seine kleine Traumstube hineingehängt hat.

Es bedarf wohl kaum noch der kurzen Erwähnung, daß selbstverständlich physikalische Einflüsse, die Lage des Schläfers, allfälliger Druck, Wärme, Lärm, Zimmerluft und das Wetter einen kleinen, früher allzu überschätzten Einfluß auf den Traum auszuüben vermögen.

Zusammenfassend ist zu sagen, daß die Träume der vier ersten Gruppen bei weitem überwiegen. Sie sind es wert, beachtet und gedeutet zu werden.

DER KOMPENSATORISCHE TRAUM

Der Situationstraum sagt einfach aus: So ist es, unter diesem Bilde könnte man Deine Lage sehen! Anders der Traum der Ergänzung, der *Kompensationstraum*. Er besagt: So ist es *auch* noch! Er fügt also dem Erlebnis des Ichs und dem Urteil des Bewußtseins das Erlebnis des Unbewußten und dessen aus größerer Erfahrung gewonnene Beurteilung bei. Wir wissen, daß das Ich nur eine Teilpersönlichkeit der ganzen Psyche darstellt; für uns, die wir bewußt mit dem Ich identisch sind, scheint es der bedeutendste Teil zu sein. Tiefere Erkenntnis der psychischen Natur aber zwingt uns die Erkenntnis auf, daß die unbewußte Persönlichkeit viel größer ist an Kräften und Einsichten. Aus diesem ihrem bedeutenden Wissen heraus fügt sie im Traume zu, was sie zur Lage zu sagen hat.

Da Bewußtes und Unbewußtes an sich in einem gegensätzlichen, aber meist auf Ausgleich gerichteten Verhältnis stehen, wird eine übertriebene, einseitige Haltung des Bewußtseins durch ein gesteigertes, die nicht beachteten Seiten des Tagesgeschehens betonendes Traumbild kompensiert. Man wird sich deshalb bei der Deutung von Träumen vorerst fragen: Welcher zusätzlichen Mitteilung bedarf der Träumer? Welchen Aspekt, welches übersehene oder von ihm noch gar nicht einzusehende Zugehörige mußte der Traum an das Bewußtsein, das mit seinen Konflikten und Problemen beschäftigt ist, heranführen?

Jung sagt in seiner „Energetik der Seele": „Wir können eine balancierende Funktion des Unbewußten erkennen, welche darin besteht, daß diejenigen Gedanken, Neigungen und Tendenzen der menschlichen Persönlichkeit, welche im bewußten Leben zu wenig zur Geltung kommen, andeutungsweise in Funktion treten im Zustand des Schlafes, wo der Bewußtseinsprozeß in hohem Maße ausgeschaltet ist."

Im Traume werden wir mit dem kräftig vorhandenen Gegensatz, dem Gegenlauf zu unserm Tageserleben bekannt gemacht. Unsere Aufgabe ist es, zu einer diese Gegensätze versöhnenden Einstellung, zu einer Resultante der auseinandergehenden Richtungen zu kommen. Es kann uns auch eine besondere, notwendige Ergänzung zugeschoben werden, welche sich als Steigerung oder Verminderung der Intensität unseres Erlebens auswirkt. Gerade hier wird besonders deutlich, daß der Traum unter anderem die Aufgabe einer richtigen Verteilung der psychischen Energien hat; in ihm wird der Ausgleichsversuch der Seele sichtbar. Die Traumsymbole sind die großen Energietransformatoren.

Im Traume hören wir nächtlicherweise die Stimme jener Seeleninhalte, die wir im Lärm des Tages überhören, denen wir bewußt nicht Raum geben, weil wir mit wertvollen oder auch nur überwerteten Tagesdingen beschäftigt sind.

Der Traum redet von der andern Seite her zu uns herüber; oft als ein Tröster! *Gottfried Keller* schreibt in seinem Traumtagebuch: „Auffallend ist mir, daß ich hauptsächlich, ja fast ausschließlich in traurigen Zeiten, wo ich den Tag über in kummervoller Betrübnis lebte, solch heitere und einfach liebliche Träume habe!" Die psychologische und psychiatrische Praxis weiß auch, daß die seelische Gesundheit eines Menschen dann gefährdet ist, wenn er von den Mühen und Schrecknissen des Tages, sei es in der Überarbeitung oder im Kriege, nachts weiter träumt. Von jeher hat es als besondere Qual gegolten, wenn man von den Sorgen des Tages auch nachts nicht los kommt.

Die kompensatorische Bedeutung des Traumes ist an einer Menge von Beispielen leicht zu veranschaulichen – manchmal so leicht, daß es scheinen könnte, jeder Traum sei im Handumdrehen zu verstehen. Dem ist freilich nicht so! Die folgenden Beispiele sind, wie die meisten Träume dieses Buches überhaupt, aus Tausenden von Träumen eigener Praxis so ausgewählt, daß ihr Sinn auch dem Traumlaien ohne allzu große Mühe aufgehen kann. Dies mag uns den Vorwurf eintragen, nur allzu einfache und damit nicht ganz typische Träume anzuführen; aber es werden wirklich viele solcher Träume geträumt, die dem Träumer leicht eingehen, wenn er das Gesetz der Ergänzung erfaßt hat, wenn er eine Ahnung davon besitzt, was Traumgestalten auf der Subjektstufe – davon später – auszudrücken vermögen, wenn er dazu eine gewisse Kenntnis der wichtigsten Symbole hat. Selbstverständlich ist der kompensatorische Kern der Traumerzählung, den wir hier allein herausheben, eingebettet in viele, näher bestimmende Einzelheiten, in verfeinernde Abwägungen und Zusätze, die sich auf das persönliche Schicksal des Träumers, auf seine einmalige innere Situation beziehen.

Der Mensch kann ein ihm wichtiges Erlebnis unter dem Gesichtspunkte von Lust und Unlust, angenehm oder unangenehm, gesellschaftlich erlaubt oder unerlaubt betrachten. Das Unbewußte aber stellt seine Frage nach der dadurch bewirkten Steigerung oder Verminderung der seelischen Kräfte und fügt den Gesichtspunkt der zukünftigen Entwicklung des Träumers, der zu wenig beachtet blieb, auch noch bei.

Eine junge, unverheiratete Frau von ausgesprochen mütterlicher Begabung hatte viele Jahre hindurch in der innigen Beziehung zu einem Freunde ihr so natürliches Bedürfnis nach Mutterschaft beiseite geschoben. Sie hatte geopfert, was sie nicht hätte opfern dürfen. In ihren Träumen nun gebar sie immer wieder ein Kind und hielt es beglückt in den Armen. Doch jedesmal erschien auch ein Mann, der denselben Hut trug wie der Freund, und entriß ihr grausam das Kind. (Der „Hut" ist in diesem Traume offenbar Ausdruck für die Empfängnisverhütung.) Ungern gestand sie, daß sie die Einstellung des Freundes, der die wirtschaftlich durchaus tragbare Ehe ablehnte, von Zeit zu Zeit als sehr egoistisch empfand; doch sagte sie sich immer wieder: Wo werde ich einen Gatten von solcher Zärtlichkeit, Aufmerksamkeit, einem fast sentimentalen Gefühle finden? Es ist klar: Dieser Frau wird die Möglichkeit zur Mutterschaft immer wieder entrissen. Angedeutet wird die Beziehungslosigkeit seiner Lust (der fremde Mann). Dazu hat sie noch nicht erkannt, daß sentimentale Leute besonders hart, im tiefern Sinne gefühllos sind.

Es ist hier wie immer zu betonen, daß Träume nicht moralisieren; aber sie weisen auf Lebensgesetze hin, die man, ohne zu Schaden zu kommen, nicht verletzen darf. Zu Schaden aber kommt der, welcher durch eigenes Verhalten oder unter dem freiwillig ertragenen Druck der andern – auch Liebe kann terrorisieren – nicht zu dem wird, was er anlagegemäß ist. Im angeführten Beispiele stellten sich psychische Störungen ein, weil diese Frau nicht in der Richtung der ihr gemäßen Natur lebte. Die innere Lebensrichtung und die Absichten des Kopfes oder auch die eines törichten Herzens, das nicht gewinnen kann, weil es nicht zu verlieren versteht, liegen oft jahrelang miteinander im Streite. Aber zuletzt will es in uns einfach nicht mehr und wir versuchen, unser Wünschen einfach durchzusetzen. Dann manövriert uns das Unbewußte, das ja das größere Energiepotential besitzt, in Situationen, in denen wir psychisch erkranken, und aus denen wir uns nur unter Aufgabe der früheren Einstellung wieder herauszufinden vermögen.

Häufig genug ist außen Streit, innen aber wird der Gegner geschätzt. Es ist eine wiederkehrende Erfahrung des psychologischen Beraters, daß Gatten, welche über ihren Lebenspartner klagen, Träume aufzuweisen haben, in denen von eben diesem Partner Gutes ausgesagt wird. Offenbar hat der Träumer wertvolle Seiten seines Schicksalsgenossen noch nicht oder nicht mehr sehen können; jetzt soll er es einmal mit dem Gesichtspunkt des Traumes versuchen! Dasselbe gilt natürlich auch von den Konflikten in anderen Gemeinschaften, die Menschen im Büro, Fabriksaal, in Klinik oder Schule zusammendrängen.

Einen sehr ergreifenden Traum hatte ein Mann, dessen Gattin im Unfrieden, nach viel Quälereien, freiwillig von ihm weg in den Tod gegangen war. Im Traume trat er zu ihr, küßte sie leise und verließ sie. – Das war nicht etwa ein Wunschtraum; denn im Bewußtsein war dieser Träumer noch immer äußerst erbittert und blieb erst dabei, daß jener Tod ein gegen ihn gerichteter Racheakt gewesen. In ihm drin aber begann sich der Friede auszubreiten, ein tieferes Verstehen ihrer unglücklichen Natur. Mit der reinsten Gebärde dieses Friedens löste sich seine Seele von jener Unglücklichen, nicht mehr boshaft Enteilten. Der Träumer hat dann gelernt, seinen zornigen Schmerz anders zu erleben. Er hat das, was ihm geschah, in sein Schicksal eingebaut, seinen Schuldteil auf sich genommen und überwachsen.

Es kann in mancher Ehe, in mancher menschlichen Nahbeziehung auch allzu billiger Friede sein. Dann bringen die Träume die Gegenmeinung herbei. Hier heißt es dann: „Jetzt hab' ich es satt!" Welche Aufgabe, zwischen der eingefahrenen, die Auseinandersetzung scheuenden Einstellung des Bewußtseins und der erzürnten Stimme der Tiefe den rechten Weg zu finden! Wer aber selber „recht" ist, der findet, um Einsicht und um lebendige Leistung bemüht, das Rechte. Bei andern Menschen aber: Welche Mittel der Drohung, des Leidens und der Strafe muß die Seele anwenden, bevor ein verhärtetes Herz zur Vernunft kommt, die mehr ist, als nur das Arrangement eines kleinen, eigensüchtigen Verstandes!

Immer wieder geschieht es, daß Menschen ihren natürlichen Reaktionen auf Ungerechtigkeiten, Übermüdung, Enttäuschung nicht Raum geben können. So bleiben diese unbewußt und rumoren von dort aus. Im Traume aber spricht das mißhandelte Gefühl sehr deutlich und mahnt zu einer Haltung, die unvollkommen, aber menschlich ist. Die andere Seite kommt im Traume zu Wort. Es wurde schon erwähnt, daß ein Mann klagte, er träume nie seine glückliche Ehe in der Nacht weiter. Der Traum hatte aber einen bedeutenden Nachsatz: „... dagegen träume ich viel von jenem Mädchen, das vor vielen Jahren mit mir im selben Büro arbeitete." Man tut nun gut, nach dem Wesen dieses Mädchens zu fragen. Spontan bekommt man die Antwort, daß sie sehr anders gewesen sei – gemeint ist: anders nämlich als die Gattin! – daß sie gar keine mütterlichen Interessen gehabt, dagegen Bücher geliebt, leidenschaftlich gern Musik gehört (früher hat der Träumer selbst nicht schlecht musiziert, auch gerne gelesen; dies alles ist nun eingeschlafen). „Sie war so lebendig, fröhlich und sah auch bei allen Arbeitsschwierigkeiten immer wieder einen Weg." Sie ist längst verschwunden, hie und da aber träumt er von ihr. Sie lebt eben noch, tief in ihm drinnen. Und ihre Traumgestalt bringt an den Träumer seine eigene einstige Lebendigkeit heran, all das, was er vernachlässigt hat. *Sie* wird er nicht mehr finden – aber sich selbst sollte er finden, seine andere Seite, die ihm ein gefällearmes Dasein – denn was hilft ihm seine materielle Gesichertheit! – wieder lebenswert macht.

Wer wüßte übrigens nicht von den Reiseträumen der Menschen, die in der Enge eines arbeitsamen, aber sehr kleinen Lebens gefangen sind; wer nicht von den Heimatträumen derer, die fern sind jenem Orte, in dem ihr Dasein Wurzel geschlagen. Jeder Berater erhält viele, oft sehr leidenschaftliche, aber nur zögernd erzählte Träume erotischen Inhalts gerade von Männern und Frauen, die in ihrer Lebensführung dem Erotischen besonders ferne sind. Wie oft erzählt der Traum von Dingen, die wir im Leben gering achten!

Wo die Lebensführung des Tages unachtsam oder gar skrupellos ist – da versucht der Traum, wenigstens die moralische, die ethische Position zu wahren. Er bejaht, was das Bewußtsein bei Seite schiebt, und stellt so die Ordnung des Ganzen wieder her.

Er bringt zu Furcht und Angst die Freude und die Leichtigkeit heran, zum Gefängnis die Freiheit, zur schrankenlosen Freiheit aber die Pedanterie und das Gefängnis – dem gesteigert Intellektuellen die gesteigerte Triebhaftigkeit, zur Trauer die Tröstung, in der Wegelosigkeit den Schein einer sich erhellenden Straße. – Dies alles ist eben auch noch da. Nimmt man beides zusammen, nimmt man von beidem das Gesteigerte weg, dann kann die Einstellung zum Leben und zur derzeitigen Situation klarer, weiter und differenzierter werden – wir nähern uns der persönlichen Ganzheit.

Man darf die Ergänzung, den Ausgleich im Traum nicht allzu verstandesmäßig auffassen, so etwa, daß der Traum stets das Gegenteil der bewußten Situation sicher beifüge. Auf Schmerz antwortet nicht immer Freude, dem vermeinten Reichtum im Bewußtsein wird nicht immer innere Armut gegenübergestellt. Die Erwiderung kann vielmehr in der gleichen Richtung gehen. Beispielsweise ist man wohl betrübt, aber trotz allen Kummers weiß man nicht, wie schlimm die Sache wirklich steht, wie tief etwa der Ehekonflikt geworden ist. Man hat das Gefühl, in einem Abgrund sich zu befinden, aber in diesem Abgrund kann noch ein tiefes Loch sein, und da unten ist man. Was das Bewußtsein als ungut bezeichnet, nennt das Unbewußte kurz und bündig katastrophal.

Anderseits kommt es vor, daß man glaubt, seine Freude in gemäßigten Grenzen halten zu müssen, im Innern aber ist ein Aufruhr der Begeisterung und Hingabe. – Es hat einer sein Staatsexamen bestanden und läuft nun herum mit der Miene höchster Selbstsicherheit. Im Traum aber wird ihm nahegelegt, auch daran zu denken, daß er im Grunde sehr daran gezweifelt, je durch die monatelange Prüfung des Ärzte-Examens durchzukommen.

Das Gesetz des innern Gegenlaufes, die ergänzende Tendenz der Seele wird besonders deutlich, wo es sich um unsere psychologische Grundhaltung handelt. Es ist heute allgemein bekannt, daß jeder Mensch anlagegemäß entweder mehr nach außen oder mehr nach innen lebt. Der eine Mensch verhält sich so, als ob alles Lebenswichtige im Außen läge; wir nennen ihn *extravertiert*. Der andere scheint immer wieder angezogen von den Inhalten seiner Seele; *introvertiert,* kann er der Welt draußen nur zweitrangige Bedeutung zuerkennen. Je nach der introvertierten oder extravertierten Einstellung wird nun die andere Seite vernachlässigt.

Entweder wird die Außenwirklichkeit, in der ja auch der Innengewandte eben leben und angepaßt wirken sollte, ungenügend angenommen, bleibt sehr Wesentliches nur ein

Bild, das ins Unbewußte fällt, oder aber es verkümmern beim Extravertierten, der ja alle Werte in der Welt draußen sucht, die innerseelischen Wirklichkeiten. Diese Gefährdung einer lebendigen Ausgeglichenheit macht der Traum sehr häufig bewußt. Beachtet man die Träume, dann begegnet man in ihnen der weniger entwickelten Seite; in der Beschäftigung mit den Trauminhalten strömt diesem unentwickelteren Teile unseres Wesens seelische Energie zu, und auch er kann jetzt seine freilich bescheideneren Blüten und Früchte treiben.

Die Gefahr der Einseitigkeit wird durch Gefahrenträume deutlich gemacht: verliert sich der eine etwa angstvoll in einer Menschenmenge, in einem Warenhause, fühlt sich der andere unbegreiflich einsam, steht er statt bekannten Menschen und Dingen großen, unmenschlichen Gestalten gegenüber. Extravertierte Menschen sind in ihren Träumen viel allein, auf Lebenspilgerschaft, zu der sie ungenügend ausgerüstet sind. Oder sie finden sich in innern Räumen vor, die sie wenig kennen; es fällt schwer, diese Traumbilder mit dem so hübschen Eingespieltsein, mit dem sichtbaren Betrieb ihres von Leistung und menschlicher Beziehung erfüllten Tages zusammenzubringen. Nach und nach aber werden sie die Symbole größerer Innerlichkeit zu betrachten versuchen und die Blickrichtung ihres Wesens geht nicht mehr fasziniert von der Fülle der Außenerscheinungen nach der Welt. Den Gewalten der Seele, die er im Außenleben floh, stellt sich nun der Träumer und merkt, daß zur Persönlichkeitsstärkung wird, was Drohung gewesen oder lange als törichtes, unpraktisches Zeug beschimpft worden ist.

Der Introvertierte hat nach unserer Erfahrung oft erstaunlich inhaltsreiche Träume. Außen „läuft" nichts – innen flutet es von Abbildern der Welt. Außen bestehen nur einige wenige, dafür treu festgehaltene Beziehung zu Menschen und Dingen der Umwelt – innen aber eine Menge von Gestalten. Dazu freilich immer wieder die Angst vor dem, was man auch annehmen müßte – die entwertete Außenwelt – oft als Schlachthaus, als Bahnhof mit vielen Zügen, verwirrenden Geleisen, durcheinanderströmenden Reisenden gesehen. In den Träumen ist auch etwas von der nicht gestandenen großen Sehnsucht, dem unbewußten Hunger nach Speisung durch ein tüchtig und zugriffig gelebtes Leben, nach Gemeinschaft und sichtbarer Leistung in der uns zugewiesenen „Welt". Daß dies in ihm ist, erfährt der Introvertierte oft erst durch seine Träume.

Gleich wie der ergänzende Traum unseren psychologischen Einstellungstypus bewußt machen kann, so belebt er auch die unentwickelt gebliebenen „psychologischen Funktionen". Es ist bekannt, daß die Komplexe Psychologie der Auffassung ist, daß die seelische Energie des Menschen innerhalb ihrer Gewohnheiten der Extraversion und Introversion sich in vier typischen Verhaltungsweisen betätigt. Diese Auffassung nimmt also in beweiskräftiger Begründung an, daß das Denken und sein Gegensatz, das Fühlen, die realistische Wahrnehmung (Empfinden) und deren Gegensatz, das Ahnen oder die Intuition, die wesentlichen Organe seien, womit die Psyche die Außen- und Innenwelt erfaßt und sie bewirkt. Es hat sich herausgestellt, daß der Mensch in den ersten Jahrzehnten sich natürlicherweise einer, höchstens zweier dieser Funktionen bewußt und vielfältig bedient, also etwa der Empfindung und des Denkens. Die beiden andern Funktionen, die Intuition und das Gefühl, bleiben unbewußt, stehen nicht deutlich beherrschbar zur Verfügung, so daß dieser gedachte Mensch da, wo er fühlen sollte, sich lieber seiner vertrauteren Funktion des Denkens oder der einfachen Wahrnehmung bedient. Damit wird er aber der Situation, die eben eine Gefühlssituation ist, nicht gerecht. Da kann nun kompensatorisch der Traum, der die unbewußt gebliebene Seite, hier das Gefühl, vertritt, die Gefühlshaltung an den Träumer heranbringen. Er läßt ihn etwa in bezug auf die in Frage stehende menschliche Beziehung in einen Garten treten, von Blumen träumen; die rote Farbe wiegt in seinen Träumen vor, ja er selbst trägt Rot in seinem Kleide. Oder er begegnet Menschen, die sich durch eine besonders intensive Gefühlskraft auszeichnen — es sind bei Träumern meist weibliche, bei Träumerinnen vom seltenen Denktypus weibliche und männliche Gestalten. Der Traum besagt dann einfach: Hier handelt es sich um ein Gefühlsproblem. Verhalte Dich richtig, entwickle hier, was wenig entwickelt ist!

Wer eine ausgesprochene Intuition besitzt, vielleicht verbunden mit dem Gefühl als einer Hilfsfunktion, neigt dazu, die einfachen selbstverständlichen Realitäten des Lebens zu übersehen. Er spürt die Möglichkeiten, hat die Witterung für das, was hinter den Menschen und Dingen ist; die Keime des Zukünftigen leuchten durch das Kleid der Gegenwart; das er nicht beachtet. Träume führen ihn an diese Realität, führen ihm sehr derbe Bilder vor, lassen ihn arbeiten, Gewöhnlichstes tun. Auch betonen die Träume die grüne Farbe als die Farbe des natürlichen Lebens. Er hat einfache Menschen zu herbergen, muß seinen Stall, den Ort der Triebe aufsuchen, damit er sieht, was auch noch da ist. Dann hat er, besonders häufig vor der Lebensmitte, Geschäfts- und Geldträume; denn ihm muß man vor Augen halten, daß das Wirtschaftliche auch wichtig ist, daß unter anderm Geld die Welt regiert. Da der Traum mit Verstärker arbeitet, führt er seinen Intuitiven oft in eine höchst derbe Traumwirklichkeit. Nimmt er diese ernst, so gelingt ihm eine gewisse Anpassung an die „Tatsachen" des Lebens.

Die unentwickelteren Funktionen werden gerne an Gestalten des Gegengeschlechtes erlebt, in der Tageswelt auf solche projiziert. So, daß dem Manne die Gattin, die Geliebte, eine Bekannte oder eine Unbekannte, welche tiefen Eindruck macht, Trägerin des Gefühles sind. Im Traume können diese

Gestalten nun eigenartig intensiv werden. – Die Psychologie dieser Funktionsbeziehungen zwischen Bewußt und Unbewußt wird durch die Tatsache der Haltung nach innen oder nach außen noch mehr kompliziert. Das Leben ist eben nicht einfach, was klar wird, sobald wir sein Gewebe aufzudecken genötigt sind. Wer selbst nur „Lebensablauf" ist, der bleibt als Nur-Natur-Wesen freilich außerhalb dieser Problematik. Er wird sich auch nicht um seine Träume kümmern!

SITUATIONSTRÄUME

Ganz allgemein formuliert läßt sich behaupten: Im Traume stellt sich unsere menschliche Situation dar. Dargestellt wird sie mit den Ausdrucksmitteln des Unbewußten in dessen typischer Sprache. Dabei sagt eine Gruppe von Träumen einfach: „*So* ist es." In seinem tätigen Leben hält der Mensch selten einen Augenblick inne, um zu fragen: „Welches ist der derzeitige Ort meines Lebensweges? Welches ist die Konstellation meiner heutigen Gegenwart? Wer bin ich und wo stehe ich jetzt?" Das Gleichnis des Traumes gibt Antwort ungefragt: „Da stehst Du und das bist Du."

Ein Mann hatte am Vortage zufällig gesehen, wie ein Hund fortwährend an seinem Herrn hochsprang, sein Interesse zu erreichen suchte. Doch auf dem ganzen Wege würdigte jener Herr, vertieft in eine umfängliche Zeitung, seinen Hund keines Blickes. Davon träumte nun der Mann, aber diesmal war er selbst der Leser. Er studierte ein betriebsorganisatorisches Buch, während der Hund durstig und winselnd ihn umsprang. So ist es: Dieser Mann geht seines Weges, übereifrig im Bedürfnisse zu rationalisieren, und merkt dabei nicht, wie seine menschlich-animalische Triebseite an ihm aufspringt, bittend um sein Interesse. – Eine Frau träumte sich als Käuferin in einem Laden. Sie ließ sich eine Menge Dinge vorlegen und bemühte das ganze Personal, um dann, ohne etwas gekauft zu haben, wegzugehen. Es war ein Gleichnis ihres Tuns: so bemühte sie mit ihren steten Ansprüchen ihre ganze Umwelt, ohne dieser unter Gegenleistung wirklich etwas abzunehmen.

Der Situationstraum überzeugt uns immer wieder davon, daß die Seele eine große Einsicht in Wesen, Richtungen und Gewichte der Lebenszusammenhänge besitzt, und daß sie viel besser weiß, wie unsere Dinge stehen, als wir selbst. Sie hält mit ihren Erkenntnissen nicht zurück: Ein Mann, der eben eine offenbar bedeutende junge Dame kennen gelernt hatte, erwartete von dieser Begegnung ein großes, ein dauernd bindendes Gefühlserlebnis. In dieser Spannung verbrachte er, in seinen Gefühlen immer wieder leise enttäuscht, unruhige Monate, bis er im Traume in den Garten seiner Freundin tritt. Es wachsen da eigenartige Pflanzen, doch blüht es nirgends. Nur über dem Weg zu ihrem Hause sind einige dürftige Girlanden kleiner, sehr blaßroter Röschen. Jemand sagt zu ihm: „Das ist das Einzige, was Fräulein M. Ihnen bieten kann." Die Situation wird von unserer innern Instanz sehr überlegen und, was besonders hilfreich ist, auch differenziert bewußt gemacht. Die Werte verteilen sich dabei, wenn auch nicht so, wie es unser Wille haben möchte, offenbar doch sehr richtig. So kann man in einem Traume wie Herkules am Scheidewege stehen und erfahren, was auf der Straße, die nach links hinführt, was auf der Straße, die nach rechts geht, zu erreichen ist. – Hie und da will die Seele rasch zugreifen, ehe Unglück geschieht. Im Psychischen aber geschieht Unglück, wenn der Mensch einen Weg einschlägt, etwas ergreifen will, das ihn von seinem innern Ziele abhält, ihm nicht schicksalsgemäß ist. Ein jüngerer Mann hatte sich in eine sehr unpassende, aber eindrucksvolle Frau aussichtslos verliebt. Es war da eine typische Animaprojektion geschehen. Im Traume trat ein Arzt zu ihm und sagte: „Nicht wahr, mein Lieber, diese Herzoperation nehmen wir am besten gleich vor." Das war die Situation, eine Herzerkrankung, heilbar durch rasches, aber schmerzhaftes Opfern.

Viele Menschen sind ihrer wirklichen Situation durchaus nicht bewußt. Zwischen ihrer nachlässigen, vielleicht etwas deprimierten seelischen Haltung und der ernsten Auffassung der Tiefe herrscht große Spannung. Diese Tiefe kann im Traum melden: „Du bist ein Lump!" und hat auch das nötige Bild, entnommen irgend einer frühern Bekanntschaft des Träumers, gleich zur Stelle; oben aber hält man sich für einen Kerl, besser oder mindestens nicht besser oder schlechter als die andern. So manchem muß der Traum die innere Situation vorführen, ihm beispielsweise mitteilen, daß Totes in ihm ist, daß er in einem gefährlichen Kreise steht, ihm überhaupt klar machen, welche Tatsachen des Lebens er schuldhaft übersieht. In den Träumen führt die Psyche manches auf das richtige Maß zurück. So glaubte ein Offizier, der im Traum am Rande eines Platzes stand, ihn müsse jedermann beachten. Doch nur die Soldaten grüßten ihn, sonst nahm von ihm keiner Notiz. Wer meint, mit einem übernommenen Auftrage sehr leicht fertig zu werden, erfährt nächtlicherweise, daß vor ihm ein Berg der Mühe und der Gefahr steht. So ist es nämlich in Wirklichkeit.

Durch den Traum erhalten wir vor allem ein richtiges Bild unserer Beziehung zur Umwelt. Die Seele läßt sich nichts vormachen. Und ohne immer kompensatorisch herabzusetzen oder zu steigern, stellt sie die einfache Wirklichkeit dar. Wie mancher, der aus seiner Mutter- oder Vaterbindung nicht loskommt, erfährt im Traume, daß die Eltern weder Götter noch Dämonen sind. Als schlichte, vielleicht arme alternde Menschen gehen sie an ihm vorüber – ihres Weges.

Durch die Darstellung der Situation kann eine richtige Einstellung des Bewußtseins und seines Willens erreicht werden. Man wird immer wieder feststellen, daß vor einem

Unternehmen, vor einer Reise, dem Antritt einer Stelle, einem Wiederbeginn militärischen Dienstes, dem Zusammenkommen mit schwierigen Partnern Träume herbeieilen, welche auf ihre Weise die Situation vorausnehmen und uns probeweise in dieses Nächste hineinstellen. Hübsch war das Zweideutige von Befehl und Freiwilligkeit im Traume eines Studenten, der vor seinem Examen die Sommertage allzu schrankenlos genoß. Nachts erhielt er den Traumbefehl, sich in freiwilligen Arbeitsdienst zu begeben.

Wir leben im Ablauf der Zeit. Diese Zeit eilt vorwärts, und wir erwandern in ihr unsern Lebensweg. Es sollte freilich eine Wandlung sein, hin zu der Reife, die jede Lebensstation von uns erwarten kann. Aber so mancher weiß nicht, welche Uhr es geschlagen hat, wie es mit seiner Seelenzeit bestellt ist. Deshalb träumt er sich mehrmals im späten Nachmittag an einem Bahnhofe. Er sieht die Sonne schon Abendschatten werfen, und die Bahnuhr zeigt sechs Uhr abends. Angst packt ihn; denn er merkt, daß sein Lebenstag sich in den Abend gesenkt hat. Und so Vieles ist unerledigt und ungetan geblieben! – Wie schön ist der Gegentraum einer Frau, die bewußt glaubte, ob vielen Enttäuschungen alt geworden zu sein, der sich aber eine Tür aus dunklem Hause in ein helles Mittagsland öffnete.

Manchmal hat der Traum dem Träumer klarzumachen, daß er Unmögliches versucht; dann nämlich, wenn er Gegensätze vereinen möchte, die unvereinbar bleiben. So vermeinte ein Mann, große charakterliche Gegensätze in der Ehe müßten sich auf den Wunsch seines Bewußtseins hin unverwandelt vereinen lassen. Nachts erhält er von einem, wie uns scheint, mephistophelischen Ingenieur den Auftrag, aus einem Gemisch von Schnee und Asphalt eine Straße zu bauen. Im Traume selbst quälte ihn die Einsicht, daß Asphalt nur heißflüssig verwendet werden kann, daß dann aber der Schnee schmelzen müsse. Er nahm Anlaß, über diesen seinen Traum, der die Gegensätze von heiß und kalt, von weiß und schwarz, den Schnee von oben und das Erdpech aus der Tiefe vereinen möchte, lange zu meditieren – wie er nach aller Unruhe merkte, sehr zu seinem Heil.

Situationsträume sind oft Gefahrträume. In ihnen steht der Träumer am Rande eines Abgrundes; er merkt, daß er tief verwundet ist, daß er ein Gefangener und nicht ein Freier geworden. „So ist es!" sagt der Traum. Ein Autor kam von der bewußt böswilligen Kritik seines Werkes fast nicht mehr los. Was sein Kritiker aus häßlichen persönlichen Gründen hatte erreichen wollen, schien er vollkommen erreicht zu haben: eine lähmende Kränkung. Die Seele des Autors aber, bedacht auf die Gesundheit ihres Menschen, konnte die um sich greifende Verbitterung nicht dulden. Sie teilte deshalb dem Gekränkten im Traume durch die Schlagzeile einer Zeitung mit: „Wenn Herr N." – es war sein Name – „bis in zehn Tagen die Erbitterung nicht abgelegt hat, wird die Hauptstadt bombardiert werden." Die Hauptstadt, das ist in der Geographie der Seele der innerste Kern unserer Persönlichkeit, unser Selbst.

Der Situationstraum stellt uns vor die Wirklichkeit. „So ist es!" sagt er. Damit ermöglicht er uns die richtige Haltung. Aber noch mehr: Wenn wir in der Wirklichkeit leben, leben wir in der Wahrheit, und diese macht uns, weil sie uns nicht mehr sinnlos die Kräfte verbrauchen läßt, weil sie an die großen Gesetze des Daseins heranführt, wirklich und wahrhaft frei.

REDUKTIONSTRÄUME

Alle Erfahrung lehrt, daß unsere unbewußte Persönlichkeit eine ganz ausgezeichnete Witterung in der Unterscheidung von Echtem und Unechtem, von Nötigem und Unnötigem hat. Mit einer erstaunlichen Empfindlichkeit für

Maße und Gewichte der psychischen Erscheinungen registriert sie, was, vom Ganzen aus gesehen, zu groß oder zu klein ist, was von uns zu ernst genommen, und was in unangemessener Weise von uns vernachlässigt wird. Der Traum verfehlt nicht, in oft sehr eindrücklichen, wenn auch gelegentlich beleidigenden Vergleichen die dem Bewußtsein wichtigen Dinge auf ihr richtiges Maß zurückzuführen. Er tut es, weil er die Fähigkeit hat, das Leben aus seinem großen, an der Erfahrung von mehr als einem Menschenleben gewonnenen Realismus darzustellen. Eine junge Dame war dermaßen in einen Herrn ihrer Bekanntschaft vernarrt, daß sie, besessen von dieser komplexhaften Bindung, seinen Namen überall hintrug, sein Bild in mehreren Ausgaben in ihren Räumen hängen hatte, wobei der Gott ihres Herzens, selbst in einem sehr unbedeutenden Erlebnis gefangen, sich um diese Anbeterin nicht kümmerte. Sie sah ihn dann im Traume mit jener andern Frau gehen. Es war ein ganz normaler, eher etwas kleinwüchsiger Mensch, der da unter Bäumen eines fremden Gartens wandelte. Als man sie im Traume fragte, wie jener Herr hieße, wußte sie seinen Namen nicht mehr. – Der Traum hatte die Situation der einfachen Wirklichkeit näher gebracht und sie selbst ahnen lassen, daß ihre Erregung vielleicht ein Inneres, sicher aber nicht jenen Namen und dessen harmlosen Träger meinte.

Es war einem jungen Kaufmann gelungen, sich selbständig zu machen. Sein kleines Unternehmen gedieh in einer allgemeinen Konjunkturzeit besser, als er erwartete. Das erzeugte bei ihm eine Aufblähung seines Selbstbewußtseins, führte zu einer großen Einbildung, in der sich ihm eben ein Bild seines Unternehmens und seiner eigenen Bedeutung einbildete, das der Wirklichkeit nicht mehr entsprach und ihn deshalb in seiner seelischen Gesundheit bedrohte. Schlaflosigkeit und ungewohntes Mißtrauen ließen ihn Rat suchen. Im Traume hatte er nun einen Film von seiner kleinen

Fabrik zu drehen. Als er diesen einem kleinen Kreise von unbekannten Herren vorführte, da mußte er sehen, daß seine Fabrik, unbedeutend und kleiner geworden, am Rande einer gewaltigen Stadt voller Hochkamine stand. Sich selbst aber sah er im Arbeitsgewand seiner Lehrjahre – in solchen Lehrjahren stand er offenbar noch und hatte seine kleine Leistung an den mächtigen Gegebenheiten der Welt zu messen.

Solche Reduktionsträume haben oft ein übertriebenes Selbstgefühl, eine gefährdende Überbewertung von Mitmenschen, das Wichtignehmen von Dingen, die sich den Tag hindurch allzubreit machen, auf das richtige Maß zurückzuführen. Dabei wird natürlich manches, weil der Traum sich energisch ausdrückt, scheinbar zu sehr entwertet.

Übersteigerungen entstehen da, wo ein Komplex, etwa unser Geltungsgefühl, die erotische Spannung, das Empfinden, Unrecht erfahren zu haben, projiziert wird. Dabei verläuft der Traumprozeß der Reduktion je nach Notwendigkeit in entgegengesetzter Richtung. Wenn ein Mensch glaubt, der Ärmste der Armen zu sein, dann kann ihn ein Traum an Inhalte heranführen, die auch zu seinem Leben gehören und es reich machen. So hat ein verzweifelter Mann im Traume plötzlich erkannt, daß er ja gesunde und fähige Kinder habe, und die verachtete Frau stand groß und schön da.

Reduziert wird, was im Bewußtsein gefährlich viel Bedeutung und Gewicht hat, entwertet, was Überwert besaß, verdunkelt, was zu hell geworden. Die Reduktion stellt den Versuch dar, all dem, was zuviel psychische Energien an sich zieht – sei es eine Lust, ein Beruf, eine menschliche Beziehung, ein intellektuelles Unternehmen –, den Betrag an Energie, der diesen Dingen und Beziehungen nicht zukommt, wieder zu entreißen.

Bei der Deutung dieser reduzierenden Träume darf *ein* Gesichtspunkt nie außer Betracht bleiben. Es handelt sich fast nie um diese Dinge und Menschen selbst, sondern um unsere *Beziehung,* unsere eben oft falsche, übersteigernde oder entwertende *Einstellung* zu ihnen. Wenn ein junger Liebhaber, der um seiner Verliebtheit willen alle Berufsverpflichtungen und seine ethische Auffassung aufgab, von seiner Geliebten träumt, sie habe ihm eine große Summe Geldes gestohlen, so ist dieser Geliebten selbst objektiv der Vorwurf der Diebin durchaus nicht zu machen. Geld ist ein Ausdruck für psychische Möglichkeiten und Energien. Nicht das Mädchen, sondern die in diesem Falle verblendete Beziehung zu der Geliebten wirkt sich aus, als ob der junge Mann bestohlen worden wäre. Er opfert seiner Verliebtheit eben zu viel. Die Psyche weiß um die tatsächliche innere und meist auch um die äußere Wirklichkeit. Sie ist, anders als das Bewußtsein, ohne Vorurteil, dafür von umso größerer Urteilskraft. Ihr Richterspruch geschieht in Bildern, Gleichnissen, Symbolen und oft sehr ausführlichen Szenen. Man kennt jenes hübsche, sehr leise moralisierende Märchen, in dem ein Mann, auf Jahrtausende hin bedacht mit den hübschen kleinbürgerlichen Annehmlichkeiten seines einstigen Lebens, glaubt, sich im Himmel zu befinden, um dann zu erfahren, daß er ganz besonders tief in der Hölle sitzt. Diese Wahrheit der andern Seite erfährt mancher im Traum. Er glaubt, oben zu sein, und ist tief, sehr tief unten.

ABSICHT DES TRAUMES

Je tiefer man in die erstaunlichen Zusammenhänge zwischen Traummitteilung und Lebenssituation des Träumers, zwischen Traum und Schicksal, eindringt, desto mehr drängt sich uns der Gedanke an eine erzieherische, an eine führende Absicht des Traumes auf. Was den Traum erregt, verliert an Bedeutung gegenüber dem, worauf er hinzuzielen scheint.

Leicht gerät man in die Formulierung: der Traum will mir sagen, daß ... Will er es wirklich?

Einerseits besteht die nicht unbegründete Vermutung, daß unsere unbewußte Seele immer träumt. Anderseits widerstrebt es uns, bei jener sichtlichen Verbindung zwischen Trauminhalt und Traumintensität und unserem übrigen Lebensgeschehen, anzunehmen, daß die Seele nur für sich selbst das immer erneute Schauspiel ihrer Träume sich vorführe. Viel lieber wird der Dienst, den unser Traum durch seine als an uns gerichtete Mitteilung aufgefaßten Bilder zu leisten vermag, als ein beabsichtigter Dienst aufgefaßt, als eine Leistung der Seele an ihren Menschen, dessen richtige Lebensführung, dessen Heilung ihr wichtig sein muß. Ist es wohl so? Offensichtlich erleben wir es so, eben als eine für unser Wohlergehen höchst wichtige Tat der Seele.

Der Traum ist eine Erscheinung der Gesamtpsyche. Die Seele ist Natur und, wie alle Natur, einfach da, von einer letzten Selbstverständlichkeit. Diese Erscheinung begegnet unserem Ich während des Schlafes. Beim morgendlichen Überlegen des Traumes stellen wir Wirkungen fest, die zu keinem andern Schlusse führen können als zu dem, daß eine große Ordnung, eine spürbare Richtung in diesem seelischen Naturvorgang des Traumes sich sinnvoll ins Lebensganze einfügt, mag manches noch so bewußtseinsfremd aussehen. Der Traum hilft uns, das ist wohl klar geworden! Dennoch ist die Helferabsicht des Traumes nicht zu erweisen. Der Traum wird uns eine Hilfe, und er wird, wenn sich das Bewußtsein um seinen Sinn bemüht, in eine anreichernde Beziehung zu diesem innerseelischen Ablauf treten. Der Traum geschieht ohne unser Zutun. Er ist einfach da. *Augustin* hat Gott dafür gedankt, daß er für seine Träume nicht verantwortlich sei: Man hat dafür wirklich keine Verantwortung. Denn in solcher stehen wir nur für das, wozu wir die Freiheit und Möglichkeit einer bewußten Einstellung, eines beabsichtigten Tuns haben. Abgesehen davon, daß unsere Lebensführung manchmal bestimmten Träumen ruft, deren Erscheinung doch ein wenig von uns abhängt, und für die wir teilweise verantwortlich sind, haben wir allerdings die große Verpflichtung einer richtigen Einstellung zum Traum. Hier darf das wenig bekannte und doch so herrliche Wort *Gotthelfs* über den Traum und unsere Verantwortung für eine richtige Verwendung unserer Träume angeführt werden: „Wenn Gott sich kündet in der Morgenröte, im Tau der Blume, in des Windes Spiel, und des Frommen Auge den Ewigen erkennet in allem Vergänglichen, warum soll dasselbe ihn nicht auch erkennen in des Traumes Spiel, diesen Offenbarungen des innersten Lebens des Menschen, diesen Weissagungen von Kraft und Schwäche, diesem wunderbaren Leben, das, wenn die Sinne ruhen, die Welt verhüllet ist, sich gestaltet als eine eigene Welt, bald verbunden mit dieser Welt und bald abgerissen von allem Bekannten, eine nie sichtbar werdende Insel im ungeheuren Meere des unsichtbaren innern Lebens, das in der Menschheit nach unbekannten Gesetzen ebbet und flutet! Wenn jede gute Gabe von Gott kömmt, dem Vater der Lichter, und dem Frommen alles zur guten Gabe werden soll, und wenn wir Rechenschaft zu geben haben von jeder, sind da nicht auch Träume gute Gottesgaben, und haben wir sie nicht anzuwenden zu unserem geistigen Wachstum?"

Ob der Traum die Absicht hat, uns beizuspringen, uns zu beglücken, uns zu erschrecken, Belehrung und Einsicht zu schenken, uns zu verbinden mit den Grundlagen unserer inneren Existenz – wir wissen es nicht. In seiner Wirkung aber sieht es so aus.

Der Traum erhebt keinen Anspruch, uns ein Führer oder Lehrer zu sein. Noch nie hat ein Traum dies selbst ausdrücklich von sich gesagt. Aber er kann dazu werden, wenn wir unsere Absicht, ihn zu verstehen, an ihn herantragen. Er ruft uns nicht, auch wenn wir in ihm etwa angerufen werden. Wir aber rufen, uns seiner am Morgen erinnernd, ihn herbei, weil wir auf seine Weisheit nicht verzichten möchten. Sein Wissen – das wird uns nach und nach wertvolle Erfahrung – hat Anteil am tieferen Wissen der Ganzseele, jenem Wissen, das in der fernsten Vergangenheit wurzelt, unsere Gegenwart kennt und auch um die Zukunft weiß. Als ein Organ der Seele und als ein Sprecher der Seele nimmt er Teil an ihrem ewigen Gespräch, teilt uns davon mit, was zu erfahren uns zur Zeit offenbar not tut. So sieht die Absicht des Traumes aus: Noch bevor es uns bewußt wird, welchen Weg wir durchwandert haben, welche Frucht uns nach einer schweren Auseinandersetzung der Seele mit ihren Konflikten geschenkt wurde, berichtet der Traum von diesem Fortschritt, von dieser unserer fruchtbaren Wegfindung. Wo dem Menschen Unglück zustieß, der Tod ihm das Liebste nahm, wo Einsamkeit die armselige Speise seiner Tage war, Krankheit ihn niederwarf und wirtschaftliche Gefahr ihm drohte, da greift die heilende Seele mit den gewaltigen Möglichkeiten des Unbewußten auf das zurück, was die Menschen immer in schwerer Situation als Bestes gefunden und wonach sie gehandelt haben. Die Seele befragt im Traum die Urweisheit des Lebens. Die Urweisheit des Lebens offenbart sich im Traum, und es kommt Antwort herauf, die sagt, wo man steht, die Wege andeutet, welche man jetzt am besten zu gehen hat. Aus ihren Energien heraus hilft die Seele das Schwere einzubeziehen in unser Leben, seinen Sinn zu erkennen, und wirklich zu assimilieren, was doch angenommen werden muß. Der Traum teilt das Wissen der Seele mit, ob mit Absicht oder ohne Absicht, wir wissen es nicht. Wir erfahren durch ihn, falls wir es noch nicht wissen, daß die Welt nicht gut, sondern voll des Bedrohlichen, des Gemeinen und Häßlichen ist. Es gibt wirklich Menschen, die das nicht sehen wollen, und diesen muß es besonders gesagt werden, damit ihr allzu idealistisches Weltbild in Ordnung kommt. Er sagt es auch dem, der es wohl weiß, aber die bittere Wirklichkeit noch nicht genügend angenommen hat. Anderseits weiß die Seele auch um das Helle, um das Helfende in der Welt und um die Unerschöpflichkeit, den Reichtum des Lebens, seine Inhalte und Formen; sie weiß um die Güte, um das Glück, um Liebe und Freundschaft, und sie sagt es im Traume dem, der diese glücklichen Tatsachen unserer allgemeinen Existenz ob seinen persönlichen Niederlagen und Bitternissen vergessen hat. Sie tröstet das Kind, das erschüttert ist vom schrecklichen Anblick der Welt, gequält von der unvernünftigen Härte und Launenhaftigkeit derer, die seine Eltern, Geschwister und Lehrer sind; sie hilft dem, der, noch ein Kind, allzu früh in den Daseinskampf hinausgestellt wird.

Die Seele bedroht jene Kinder mit schrecklichen Träumen, die in einer allzu glücklichen und völlig sorgenfreien Jugend leben, welche alles Erdendunkle, jede Daseinshäßlichkeit von ihnen fernhalten möchte. Denn das Dasein ist weder ein Paradies noch eine Hölle, sondern eine Wegwanderung durch die dunkeln Täler der Schmerzen und Nöte, durch das Feld feiner oder kräftiger Genüsse, auf der breiten Straße der Leistung, des Erfolges. Wenn wir um beides wissen und für beides gerüstet sind, dann werden wir diese Wanderung mit ihren Prüfungen und ihren Glücksgeschenken bestehen können. Auch diese Weisheit, in einem jahrtausende alten Leben gewonnen, vermittelt die träumende Seele, mögen wir nun zuhören oder nicht.

Wir wissen oft nicht, wie groß die Bedrohung ist, in der wir innerlich oder auch in der Außenwelt eben stehen. Wir merken es kaum, in welche Enge wir uns hineinmanövriert haben, welch unnötige Last auf uns zu nehmen wir im Begriffe sind, ahnen noch nicht, welche Konsequenzen unser

Tun hat. Aber die Seele weiß es, sie schaut uns zu und stellt uns im Traum die Gefahr sehr eindrücklich vor.

Jung gibt eine sehr einleuchtende Parallele, wenn er anläßlich von Kinderträumen sagt: „So wie die Natur auf körperliche Infektionen reagiert, obgleich das Bewußtsein davon nichts weiß, daß die Infektion stattgefunden hat, so reagiert auch das Unbewußte in seiner sichern Steuerung unserer Persönlichkeit auf psychische Gefährdungen. Der Traum ist eben ein Informations- und Kontrollorgan und darum das wirksamste Hilfsmittel beim Aufbau der Persönlichkeit." Das Unbewußte darf nicht als Diener unseres Bewußtseins betrachtet werden, sondern es leistet, wie es auch dieses tun sollte, den notwendigen Dienst an unserem Gesamtleben. Wesentlich bleibt, daß dieses Bewußtsein, nämlich unser Ich, das seine besondere Tagesaufgabe hat und diese niemals vernachlässigen darf, um endlos seine Träume zu meditieren, diesen doch für eine kurze halbe Stunde Gehör schenkt und als Gegengeschenk in der Deutung des Traumes Einsicht und Kraft erhält.

Von *Origenes* stammt das Wort: „Gott straft niemanden, ohne ihn vorher gewarnt zu haben". Manche träumen solche Warnungen. Man darf sie nicht harmlos und unverbindlich deuten. Jede seelische Beratung von Menschen, welche auch die Träume zu Wort kommen läßt, kann diese Behauptung, wenigstens nach der weltlichen Seite hin, bestätigen. Man macht da gelegentlich bedrückende Erfahrungen – bedrückend, weil die Warnung nicht verstanden, oder, wenn verstanden, nicht angenommen wurde. Da mußte man dem Unheil seine Straße freigeben.

Es gibt viele Träume, die wir als Warnungsträume auffassen könnten. Der Traum freilich sagt nur: „So ist es zur Zeit, oder so wird es werden". Unser Bewußtsein erst erlebt diese Mitteilung als Warnung und kann seine Konsequenzen ziehen. Da ist der Traum, und wir versuchen mit dem Traume etwas „anzufangen". Im wörtlichen Sinn wird mit der Deutung einer Gruppe von Träumen, die um ein bestimmtes Problem kreisen, ein „Anfang" gemacht zu einer neuen Einstellung, zu einem Verhalten das der Gesamtrichtung der Seele weniger zuwiderläuft.

Notwendigerweise müssen wir Menschen, wie die andern Lebewesen, das, was uns die äußere Natur bietet, nützen; wir sind dankbar für deren Gaben, die sie scheinbar für uns bereit hält. Dabei denkt die Natur, soweit man überhaupt von „denken" sprechen kann, nicht an uns, sondern sie ist einfach da, ohne Absicht ihrerseits. – So nehmen wir auch die Träume, die in sich selbstverständliche Gabe der psychischen Natur, dankbar entgegen, in der Absicht, von ihnen genährt zu werden. Wer sich wirklich mit seinen Träumen beschäftigt, ihre Botschaft anhört, ihren Sinn aufnimmt, um im Einklang mit dem Weltbild der Seele, auch wenn damit das Leben erst besonders schwer wird, seine Wege zu gehen, der besteht vor jener großen inneren Instanz, die uns im Traume ihre Stimme kund tut. Damit aber hat er sich dem Ethos des Lebens unterstellt. Er will mit seinen bewußten Kräften das Beste erreichen, das zu erreichen ihm unter der Sonne eines gnädigen Schicksals möglich ist, nämlich die Verwirklichung des ihm persönlich anvertrauten eigenen Lebens, seiner einmaligen Persönlichkeit. Damit ist die höchste Absicht des Lebens, der auch der Traum dient und die er andeutet, erfüllt.

ARTEN DER TRÄUME

ALLTAGSTRÄUME

Von jeher haben die Menschen in echter Witterung für das Wesentliche unterschieden zwischen dem kleinen alltäglichen Traum, dem Traum von größerer persönlicher Bedeutung und dem seltenen Großtraum. So weiß bei *Homer* schon Penelope, die Gattin des Odysseus, davon, daß es harmlose, sie nennt sie „nichtige", und wertvolle Träume gibt, Träume des Alltags und Botschaften der Götter. Der römische Schriftsteller *Makrobius* sagt in einem vielverbreiteten Kommentar zum berühmten Traum des römischen Feldherrn Scipio, es gebe gewöhnliche, kleine Träume, welche der Deutung überhaupt nicht würdig wären, denn sie seien nur die Wiederholung des Alltags, redeten von unsern Freunden und Feinden, von kleinen Dingen der Liebe, vom Essen, vom Gelde, dem Ansehen auf der Straße – im Grunde aber seien sie gleichgültig, da ihnen das Göttliche der Großträume fehle. Der mittelalterliche Gelehrte *Albertus Magnus* betont dasselbe, daß es nämlich gewöhnliche, natürliche Träume gebe, die sich auf das Alltägliche bezögen. Ihnen ständen jene Träume gegenüber, die Gott schenkt, in denen also etwas von göttlicher Führung sich ankündet.

Wer gewohnt ist, nach dem Erwachen noch einmal den Blick zurückzuwerfen in die entgleitende Landschaft der Träume, rasch noch einmal den Vorhang zu heben von der Traumbühne, auf der nun ohne unsere Zuschauerschaft weiter gespielt wird, der weiß, daß unsere Nacht oft von kleinen, ganz in der Sprache des Alltags sich äußernden Träumen begleitet wird. Sie beziehen ihr Aufbaumaterial vorwiegend

aus einer uns vertrauten Welt. Es gibt sehr einfache, alltägliche Träume. „Ich war im Laden, aber hatte kein Geld bei mir, was mich sehr beschämte", „Ich traf eine Nachbarin und bekam dann einen Brief"; oder: „Ich sah einem Vorbeimarsch von Soldaten zu", „Die Wäscherin teilte mit, daß sie schon heute komme". Kleinere Symbole wohnen auch in diesen Träumen. Ein Beispiel verdeutlicht dies: „Mich wollte eine Freundin aus der Zeit, da ich einen Ausbildungskurs in Genf absolvierte, unerwartet besuchen. Ich war aber noch nicht angezogen und konnte meinen Kamm nirgends finden. Ich schickte nun mein kleines Mädchen, die Tür zu öffnen, die Freundin aber kam nicht, doch hielt ich eine Karte von ihr in der Hand, die mir aber nicht mein Mädchen gebracht hatte. Die Karte war wie ein Stück Brot, und ich versuchte davon. Mein Mann sagte: „Das ist doch kindisch, Du bist wie Tante Lena", aber ich habe keine solche Tante. Ich begann mich anzuziehen, fand aber nur ungleiche Schuhe. Ich war dann in einem kleinen Garten, wollte jäten, mochte es aber doch nicht tun, sah einen struppigen Vogel, verscheuchte ihn und ging dann zu meiner Mutter, die aber nicht mehr lebt; auch das wußte ich im Traume, ging aber dennoch hin."
In diesem einfachen Traum ist das Erlebnismaterial verbunden mit einigen kleinen Symbolen: dem Kamm, dem Brot, den Schuhen, dem Garten und dem Vogel. Typisch ist die nicht sichtbare Gestalt der Freundin und die verstorbene Gestalt der Mutter.

Alle diese Träume beziehen sich auf das Hin und Her, Auf und Nieder unseres täglichen Lebens. Wenn man ihren Sinn erfaßt, mag man lächeln darüber. Diese kleinen Träume spiegeln die Situation des Gestern, des Heute und des nächsten Morgens, ergänzen sie nach der unbeachteten Seite hin. *Jung* bemerkt dazu: „Handelt es sich um kleine Einstellungsänderungen, so verwendet der Traum keine offenkundige mythologische Sprache. Statt des Drachens ist es dann ein

Automobil, statt des Drachenbauches ein unheimlicher Keller, bei der Spiritualisierung ein Lift, statt des Opfermessers eine medizinische Spritze, statt der Tortur ein mühsames sich Durchklettern oder eine schwierige Kletterpartie."

Der Hellhörige vernimmt aber auch in diesen kleinen Dingen die leise Stimme des Wesentlichen unserer Existenz. Denn auch der gegenwärtige schmale Abschnitt unseres Lebensbandes ist durchzogen von der „Kette" unseres typischen Schicksals, während die kleinen täglichen Ereignisse wohl den queren „Schuß" bilden. Es gibt sehr selbstverständliche kleine Träume, die man üblicherweise hat, wenn man eine junge, glückliche Frau in einem eben begonnenen Haushalt ist, die man als Student träumt, wenn man allzu sehr auf ein Examen zu arbeiten hat und dabei jene hübschen Güter des Lebens vernachlässigt, die der liebe Gott für seine jungen Leute besonders beiseite gelegt hat. Dazu gehören alle jene Träume, die sich beschäftigen mit unsern kleinen oder größern Unarten, mit den Versuchen, uns besser an die Außenwirklichkeit anzupassen. Es gibt alltägliche Träume fast jeden Berufes, jeder Stellung; sie ergänzen und korrigieren und sind oft ein Ventil im Druck kleinerer Konflikte und Komplexe.

In den gewichtigeren Träumen wird mehr der Weg der kommenden Entwicklung erörtert, werden Lebensbegegnungen in die richtige Bewertung hineingerückt; man erhält in ihnen Hinweise und sieht Situationsdarstellungen auf weitere Sicht. In ihnen ist oft schon ein großer Symbolgehalt, sie enthalten schon mythische Motive, führen in archetype Situationen, bedienen sich aber doch noch der Sprache unserer Wirklichkeit und benützen reichlich das Erlebnismaterial des Träumers. In diesen gewichtigeren Träumen kann ein Löwe in unsern Arbeitsraum eintreten, wir finden eine Kostbarkeit irgendwo in unserm Haus, wir gehen durch einen dunklen, fremden Wald und kommen auf die Straße, die nach L. führt. Unbekannte Gestalten und eine sehr vertraute, menschliche

Umwelt leben durcheinander. In diesen Träumen glänzt eine tiefere mythische Schicht durch die Bilder des uns bekannten Lebens hindurch. Die ganz alltäglichen Träume wird man sich nur gelegentlich ansehen. Sie sind eine einfache Begleitmusik. Die gewichtigeren Träume aber wird man besonders in Konfliktzeiten sich jeden Morgen notieren, man wird sie zu deuten versuchen so weit man es vermag, um durch sie zu erfahren, wo man steht, was einem fehlt, wohin man geht. In diesen Träumen, denen das Faszinierende und das Gefährliche der Großträume noch abgeht, begegnen wir unsern persönlichen Konflikten und Komplexen. Sie deuten an, welche Schritte der Weiter-Entwicklung wir zu tun haben. Sie machen die Hauptgruppe der Träume aus, die dem psychologischen Berater, der es ja viel mit akuten Lebens-Schwierigkeiten zu tun hat, jeweils vorgelegt werden. Von ihnen vor allem handelt dieses Buch, und auf sie bezieht sich auch dessen dritter Teil. Die Deutung beschäftigt sich immer wieder mit dieser mittleren Gruppe von Träumen.

Denn wir sind einerseits hineingestellt in die Aufgaben unseres Tages, in die Problematik der Wochen und Monate, haben zu verarbeiten, was das Leben an uns heranträgt. Anderseits aber stehen wir unter dem Bogen größerer Lebenszusammenhänge, die in unsern Träumen das sich Wandelnde und das zu Erfüllende in bedeutenden Symbolen uns nahebringen. Die kleineren und mittleren Träume nehmen Bezug auf das meist wenig bewußte Programm unserer persönlichen Gegenwart, mit der wir allzu identisch sind. Großträume handeln von den paar wenigen umfassenden Lebensaufgaben, die uns in den Ablauf allgemein-menschlichen Schicksals hineinstellen. Welche Kräfte uns dafür zur Verfügung stehen, wie weit wir diese Aufgaben lösen, worin wir uns verfehlen, und was uns auf diese Wege die Gnade des Lebens mitgibt, davon spricht der Großtraum in seinen uns ergreifenden überzeitlichen Symbolen.

DER WECKTRAUM

Er reiht sich bescheiden unter die kleinen Träume, stellt sich also zu jenen Äußerungen des Unbewußten, in welchen das alltägliche Leben sich spiegelt, und von denen dieses manchen Antrieb erhält. Für solch kleine, aber zur Stunde – man nehme dies hier nur wörtlich! – wichtige Handreichung ist er als ein getreuer Aushilfe-Diener fast immer rechtzeitig da, *noch* rechtzeitig da, denn der Wecktraum nähert sich dem Schläfer erst dann, wenn die Wahrscheinlichkeit des Sich-Verschlafens schon recht groß ist.

Es gibt Menschen mit einem sehr differenzierten Empfinden für die Uhrzeit. Wann immer sie sich selbst nach der Stunde fragen, antwortet ihnen ihr Zeitgefühl sofort richtig, vergleichbar der mechanischen sprechenden Uhr im Radio. Diese Leute wachen auch zur gewünschten Nacht- oder Tagesstunde auf. Andere aber, welche die Neigung haben, sich zu verschlafen, werden, falls sie nicht für rechtzeitiges Gewecktwerden gesorgt haben, wie es in den Städten sogar das Telephonamt übernimmt, vom Traumamt geweckt.

Der einsetzende Wecktraum hat seinen besonderen Ablauf und seine sich steigernde Intensität. An seinem Ende muß das Wachwerden des Träumers stehen. Verwendet werden Verspätungsträume, Träume der Hemmnisse, ein Geräusch von außen wird verstärkt oder der Träumer von jemand energisch angerufen. Man träumt sich beispielsweise als Schüler und ist – wie einst so häufig – äußerst knapp in der Zeit. Man eilt also, aber es stehen Hemmnisse im Wege, jemand will uns den Weg nicht freigeben – nämlich unser Schlaf und dessen angenehme Bequemlichkeit. Man gerät also in Angst und – erwacht darob! Ähnlich sind die Träume der Furcht, nicht rechtzeitig in den Militärdienst einzurücken: man sucht vergeblich seine Ausrüstung zusammen. Noch fehlt etwas, man ist eben „noch nicht beieinander", man liegt ja noch, seiner selbst nicht mehr Herr, im Bett. Frauen sollten im Traume das Morgenessen rüsten, auf den Markt gehen, haben frühen Bürodienst.

Am häufigsten verwendet der Traum, neben der gelegentlichen Ausmalung der Gefahr, zu spät zu einer Prüfung zu kommen, die Drohung mit dem Zugsversäumnis. Damit macht er dem Schläfer, wie man so drollig sagt, endlich „Beine"! Daß diese Versäumnisträume oft nicht zum Aufwachen führen sollen, sondern einen viel ernstern Sinn haben, wird unter dem Symbol der „Zugsträume" später ausgeführt werden.

Der Wecktraum erzeugt im Träumer eine unangenehme Situation und sammelt kleine Energiemengen um diese Situation. Es entsteht Unruhe, ein Riß in den bewußtseinsnahen Schichten; die Energie strömt durch die kleine Bresche ein und sprengt die Decke des Schlafes.

Man könnte annehmen, der Wecktraum führe dem Schläfer einfach vor, was jetzt zu geschehen hätte: sich vom Lager erheben, sich ankleiden, frühstücken, das kleine Tagesgerät zusammennehmen und an die Arbeit, in den Dienst, auf den Markt, in die Praxis oder auf den Morgenzug eilen. Dem ist aber nicht so! Vielmehr ist es geradezu eine List des halb wach gewordenen Schläfers, zu träumen, man sei *schon* aufgestanden und im Begriffe zum Frühstück zu gehen – so wie mancher, der von einem Angehörigen geweckt wird, zurückruft: „Ich komme gleich, ich stehe sofort auf!", um nach dieser Feststellung aus einem Augenblick geringster Schlaftiefe, wieder beruhigt in seinen wohligen Morgenschlaf zurückzufallen.

Der Traum muß ganz andere Situationen schaffen, muß Unlustspannung hervorholen. Die Traumsituation scheint auch umso gefährlicheren Charakter zu haben, je notwendiger sofortiges Erwachen ist – etwa in direkter Lebensbedrohung, sei es Überfall, Feuer, Reisegefahr. Von solchen aufrüttelnden Träumen wissen vor allem die Soldaten und Reisenden zu erzählen.

Die einfachen Weckträume vollziehen sich nicht in großer Tiefe, stehen sie doch schon in direkter Beziehung zu den Verpflichtungen des anhebenden Tages. Aber sie verhindern durch ihr Dazwischentreten mögliches Mißgeschick, Ärger und die kleine Entwertung, welche der Zuspätkommende sonst von seiner Umwelt erfährt. So hat der und jener allen Grund, dankbar zu sein für die kleine, aber präzise Fürsorge des Unbewußten gegenüber seinem Schläfer im bescheidenen Wecktraum.

GROSSTRÄUME

In den seltenen Großträumen begegnet der Träumer seelischen Inhalten von umfassender Bedeutung und von höchst eindrücklicher Gestaltung. Aus solchen Träumen verschwindet nach kurzer Einleitung, die noch an Tageserlebnisse, an die gegenwärtige Welt des Träumers anknüpft, im Verlaufe des Traumgeschehens allmählich fast alles persönliche Erlebnismaterial. Die Gegenwartsproblematik tritt zurück, und der Traum tritt in eine Welt der elementaren Natur- und Geisteserfahrung, sich abbildend in einem großen Traumerlebnis.

Der Großtraum spricht, worauf wir schon hinwiesen, nur noch die Sprache des ganz zu Symbolen verdichteten allgemein menschlichen Erlebens; er ergeht sich in der überzeitlichen, ergreifenden Gebärde der urtümlichen Bilder. Hie und da fügen sich als Brücken und Verklammerungen kleinere, bewußtseinsnähere Elemente ein, die noch mit unserem persönlichen individuellen Sein zu tun haben. Auch kann der Träumer, dem der Großtraum geschieht, mit seinem Ich in diesen hineinbezogen werden. Er ist dann der Erwanderer dieser an Mythen und Märchen erinnernden großen Schau, die ihn sonst, außer seiner Mitanwesenheit, nichts anzugehen scheint.

Was er aber schaut, ist oft von einer erstaunlichen Schönheit, gemahnend an ganz große Dichtung, oft aber auch von einer furchtbaren Düsternis, hineinführend in dunkelstes Lebenschaos. Er kann ins verzehrende Licht einer gewaltigen Sonne, in herrliche Landschaften und Begegnungen mit noch nie gesehenen Menschen und menschenähnlichen Wesen geführt werden; er kann hinabgleiten in ein erschütterndes Urerschrecken. In diesen Träumen erfährt man die Mächte des Lebens. In ihnen beginnen die Tiere zu reden, die Lebensbäume wölben sich grün über ein unfaßliches Blühen, niegekannte Meerfahrt wird unternommen, Gefahren der Wüste werden überwunden – wenn der Traum als Gleichnis des Schicksals uns gnädig ist –, und das uns sonst nie mögliche Werk wird geleistet. Man findet sich vor im Blutdunst des Krieges, in der wilden Dämmerung der Verbrechen, in der lichten Welt einer geistigen Atmosphäre; man geht vorüber am Tode und ahnt die wenigen großen Dauergeschenke, die das Leben zu vergeben hat. Zwei Beispiele mögen denen, die sich eigener Großträume nicht erinnern, von solchen Möglichkeiten eine Ahnung vermitteln: In einem solchen Traume kam der Träumer aus seinem dunkeln Hause hinaus in einen großen Rebberg; die blausten Trauben hingen an den Stöcken, und der Träumer selbst trug das Gewand eines antiken südlichen Gutsherren. Unterhalb des Weinberges zog sich die kleine Straße der Rebfuhren hin. In der Tiefe lag eine Stadt. Wie der Träumer durch den Weinberg zur Straße hinabsteigen wollte, sah er auf dieser einen mächtigen Löwen, ein königliches Tier. Der Träumer im vornehmen Gewand und dieser herrliche Löwe sahen sich sehr lange an; es wurde von ihnen dann der Beschluß gefaßt – solche Beschlüsse sind in Großträumen fast wie Gottesbeschlüsse –, daß dem Träumer der Weinberg, dem Löwen vorläufig diese Straße gehören sollte. – Man darf hier vielleicht beifügen, daß Weinstock und Wein Symbole geistiger Fruchtbarkeit sind, der Löwe dagegen die mächtigste Triebsintensität darstellt.

Von einem Manne – nach großer Depression, in welche ihn allzu einseitige Verstrickung in wissenschaftliche Arbeit und eine energieverzehrende menschliche Beziehung gestürzt hatten – stammt der folgende, in den Anfängen seiner psychischen Wiedergeburt erlebte Traum: Aus einem Klumpen schwarzbrauner Erde steigt eine Kugel, herrlich wie eine blaue Sonne. Sie öffnet sich und wird zu einem kugeligen Kristallgefäß. Vier Schlangen erheben sich daraus und tragen eine Schale; die Schlangen wenden sich nach innen. Aus dieser Schale steigt eine Kristallsäule, sich erweiternd zu einer zweiten Schale. Diese wird getragen von vier Löwen, die nach den vier Himmelsrichtungen schauen. Aus der Löwenschale erhebt sich noch einmal eine Säule, auf der zuoberst ein strahlender, vielgeschliffener Diamant ruht.

Es gibt ein sehr einfaches äußeres Kennzeichen dafür, ob man in der Nacht von einem Großtraum heimgesucht wurde. Großträume *muß* man nämlich jemandem erzählen, man kann sie nicht für sich behalten. Bei primitiven Völkern werden sie dem Stamme als eine Botschaft der Götter oder Dämonen vorgetragen, der Stamm erlebt sie mit; denn sie wurden für ihn geträumt und enthalten Weisungen für das Verhalten des Stammes in einer offensichtlich wichtigen nahen Zukunft.

Auch bei uns sagt wohl jemand plötzlich: „Übrigens, ich hatte doch einen seltsamen Traum!" Und dann wird dem zufälligen Zuhörer der Traum vorgetragen.

Es ist durchaus am Platze, daß Großträume angehört werden, denn sie gehören ja, um beim Wortspiel zu bleiben, allen an. Mit dem Erzählen wird auch der Bann, der über dem Erzähler lag, gemildert; die große Lebensenergie, welche sich in diesem Traume zusammenballte, löst sich, und die Spannung läßt nach, weil Abfluß geschaffen wurde. Selbstverständlich wäre es besser, man könnte einen solchen Großtraum einem wirklich traumkundigen Menschen erzählen. Im ersten Fall wird zwar die Spannung vermindert, wird im Traumbericht noch einmal bewußt, was geschehen, und es wird damit eine bewußte Wirkung, wenn auch geringern Maßes, auf den Träumer erreicht. Aber die Früchte dieses großen und vielleicht schrecklichen Traumes fallen einem eben nur zu, wenn man sie sorgfältig sammelt und eingehend betrachtet; dann aber werden sie erstaunlich reiche Nahrung auf dem Lebenswege.

Die meisten Menschen haben ihr Leben hindurch nur einige wenige Großträume. So können sie vielleicht einen Traum aus der Kindheit nicht mehr vergessen. Großträume erscheinen vor oder nach bedeutsamen Änderungen der Lebensführung, vor allem aber um die Lebensmitte und wieder an der Schwelle des Alters, dann nämlich, wenn eine große, allgemein menschliche Neueinstellung von der Seele gefordert wird. Die meisten Menschen behalten ihre Großträume als einen sonderbaren, scheinbar sinnlosen Besitz im Gedächtnis.

Um es zu wiederholen: Großträume sind Gestaltungen dessen, was wir als bedeutend, ergreifend, reichhaltig, lebendig bezeichnen. Sie erscheinen als Einheit, als Gestalt, der wir gegenüberstehen. Dieser Größe gegenüber können wir uns sehr ängstigen, und es droht vielleicht das schmale Bewußtsein zu zerbrechen, denn jene enthalten in ihren Symbolen die Kraft oft zwingender Wandlungen, enthalten Sterben und Wiedergeburt, sie sind Großurteile über das Vergangene, Plan und Botschaft eines neuen Lebensauftrages. Vor diesem so Bedeutenden, das unsere Seele anruft, manchmal furchtbar wie die Stimme Gottes, fürchtet sich der

Mensch mit Recht. In der Geschichte haben die Propheten und Künder einer neuen innern Lebenshaltung nur unter Erschauern den Auftrag angenommen, den ihnen die Gottheit in Visionen und Großträumen übermittelte.

Hier ein Wort zu den sogenannten „schönen" Träumen. Man begegnet öfters Menschen, deren bewußte Lebensführung sich nicht gerade durch Intensität und Ordnung auszeichnet. Manchmal sind sie selbst von einer sehr harmlosen Persönlichkeit, manchmal freilich versteckte Künstlernaturen. Ihnen passieren nun öfters die großartigsten Träume. Auf sie starrt nun der Träumer in unerlaubter Faszination, dankbar, dem Alltag enthoben zu werden. Nach und nach scheint alle Energie dem Unbewußten und seinen Träumen zuzufließen. Es besteht also die Gefahr einer völligen Wirklichkeitsentfremdung: der Mensch wird zum „Träumer!"

Jeder Mensch hat sich aber in seinem täglichen Leben mit den einfachen und schlichten Dingen des Alltags abzugeben. Wer vom Morgen bis zum Abend nur von großen Ideen und ewigen Gedanken redet, alles als letzte Entscheidung betrachtet und nicht begreift, daß sein seelischer Alltag und seine Umwelt des täglichen Opfers bedürfen, ist immer verdächtig. Wer Sonne und Sterne und die Gewalt des Meeres in Idee und Traum fortwährend in Bewegung setzt, der ist „verrückt"! Großträume als fast allnächtliches Erlebnis lassen eine gefährliche Anlage zu Schizophrenie vermuten. Da hat sich ein Schacht geöffnet hinab zu den Urbildern der unpersönlichen Seele. Allzuleicht könnte das kleine, unachtsame Ich einmal hinabstürzen und nie mehr zurückkommen.

Für den einfachen Menschen, dem nicht als Gegengewicht eine große Geistigkeit, ein höchst waches Bewußtsein zur Verfügung steht, fest verankert auch in einem an äußern Tatsachen, an tätiger Arbeit reichen Leben, bilden die Großträume eine Gefahr. Diese Gefahr besteht darin, daß solche

Großträume aus der Tageswirklichkeit wegreißen können, daß also hier das Bedeutende nicht erlöst, sondern uns in seine mythologische Welt hineinzieht und damit die dem Menschen notwendige Verbindung mit seinem kleinen, aber doch eben zu erfüllenden Alltag, unterbricht. Im Energiegleichnis ausgedrückt: Großträume sind Starkstrom-Akkumulatoren; für manche Leute heißt es darum: „Berührung verboten"! Wer in eine solche Gefahr tritt, wird in den kleinern Träumen der nächsten Zeit sehr viele Warnungen und Mahnungen finden. Denn es kann ja nicht die Absicht der Seele sein, ihren Träger unvernünftig aus dem einfachen Leben zu rücken.

Großträume sind normalerweise selten. Viel weniger selten ist der *bedeutsame* Traum, in dem bewußte Inhalte des Traumes ineinander gewirkt sind mit rein symbolischen Inhalten. Da fällt vom Symbol her Licht auf die Geschehnisse unseres gegenwärtigen Lebens, und diese menschenähnlichen Geschehnisse wiederum bringen das Symbol mit seinem Allgemeingültigen in die Nähe unserer persönlich-psychischen Existenz. Beispiele für diese Träume gibt unsere Darstellung an vielen Orten. Eine ganze Reihe solcher Träume oder Traumstücke finden sich im dritten Hauptteil.

Eine kleine Bemerkung zu den Träumen schöpferischer Menschen ist hier vielleicht am Platze. Man nimmt gerne an, daß die Träume der Künstler, vor allem der Dichter, viel großartiger seien als die der sogenannten „gewöhnlichen" Menschen. Dem ist nicht ganz so. Natürlich haben sie einige Großträume drängendster Art, ehe ihr Schöpfertum ins Werk durchbricht. Auch sie werden an entscheidenden Stationen ihres Lebens von Großträumen beglückt, gleich wie die andern Menschen, mit denen das Leben etwas vor hat. Im übrigen, und das macht beispielsweise ihr Dichtertum aus, träumen sie aus der Fülle ihrer Phantasie das Bedeutende in ihren Werken und nicht in ihren Nächten. Wo

Träume Bestandteile der Dichtung sind (etwa bei den Romantikern), da sind dies Phantasien und Nachtgesichte, deren herrliches Material aus dem Bildergrund der Seele stammt, an dem wir alle teilhaben. Der Dichter aber bearbeitet seine Träume und läßt sie als höchst ausgewogene Kostbarkeiten im besonnenen Sprachglanz des dichterischen Kunstwerkes aufleuchten.

Niemand wird annehmen, die vorliegende Probe aus den „Heimatträumen" des „Grünen Heinrich" von *Gottfried Keller* sei unberührt wiedergegebenes Traumgesicht des Dichters; niemand aber wird anderseits behaupten, diese eindrückliche Vision der Heimkehr sei vom künstlerischen Geiste des Dichters rein erfunden oder gar konstruiert worden. Diese „Heimatträume" sind vielmehr eine eigenartig schöne Einheit, geboren aus bewußt geleiteter Phantasie und dem Bilde verströmenden psychischen Naturgeschehens im nächtlichen Traum.

„Seit ich nämlich die Phantasie und ihr angewöhntes Gestaltungsvermögen nicht mehr am Tage beschäftigte, regten sich ihre Werkleute während des Schlafes mit selbständigem Gebaren und schufen mit anscheinender Vernunft und Folgerichtigkeit ein Traumgetümmel in den glühendsten Farben und buntesten Formen. Ganz wie es wiederum jener irrsinnige Meister und erfahrene Lehrer mir voraussagt, sah ich nun im Traume bald die Vaterstadt, bald das Dorf auf wunderbare Weise verklärt und verändert, ohne je hineingelangen zu können, oder wenn ich endlich dort war, mit einem plötzlichen freudlosen Erwachen... Ermüdet eilte ich den Schlaf zu suchen und verfiel auch gleich wieder dem geschäftigen Traumleben. Ich näherte mich der Stadt, worin das Vaterhaus lag, auf merkwürdigen Wegen, am Rande breiter Ströme, auf denen jede Welle einen schwimmenden Rosenstock trug, so daß das Wasser kaum durch den ziehenden Rosenwald funkelte. Am Ufer pflügte ein Landmann mit milchweißen Ochsen und goldenem Pfluge, unter deren Tritten große Kornblumen sprossen. Die Furche füllte sich mit goldenen Körnern, welche der Bauer, indem er mit der einen Hand den Pflug lenkte, mit der andern aufschöpfte und weithin in die Luft warf, worauf sie als goldener Regen auf mich niederfielen..."

KINDERTRÄUME

Ein besonderer Umstand läßt uns das schwierige, der Laiendeutung unzugängliche Gebiet der Kinderträume doch nicht ganz umgehen. Immer wieder greifen Erwachsene, in der psychologischen Beratung beschäftigt mit ihren gegenwärtigen Träumen, auf einen Traum aus ihrer Kindheit zurück. Sie bemerken dazu, dieser Traum – etwa von der grau-dunklen grenzenlosen Masse, die auf sie zukam, von der großen Frau, die an der Schlafzimmertüre stand, vom großen Wasser, das über die Straße lief – habe sich mehrmals wiederholt. Auch seien sie immer wieder in einen Kampf verwickelt worden. Sie erinnern sich vielleicht auch an den herrlichen, buntfarbigen Vogel, der sich mehrmals auf das Fensterbrett gesetzt hat, der im Gartenbassin sich spiegelte. Manche Träume hören sich an wie ein Stück, herauserinnert aus einem Märchen.

Um das dritte Lebensjahr beginnt das Kind relativ bewußt zu werden. Da erzählt es wohl, daß es in der Nacht „etwas gesehen habe". Natürlicherweise ist dieses innere Geschehen seines kindlichen Traumes gegen das Tageserleben nicht genau abgegrenzt. Ist doch in diesen Jahren sein Leben noch selbst fast wie ein Traum – ein Traum, in welchen es einst als alternder Mensch viel Sehnsuchtsglück hineinprojizieren wird.

So erzählt *Spitteler* in der Rückschau auf seine „Frühesten

Erlebnisse": „... wie golden schön die Landschaftsbilder in den Träumen der Erwachsenen leuchten mögen, die Landschaften, die der Traum des Kindes malt, sind noch seliger und süßer. Meine zwei ersten Lebensjahre sind meine schönste Bildersammlung und mein liebstes Poesiebuch." Das ist rückschauende, sehnsüchtige Betrachtung. Die Kinder zwischen drei und sieben Jahren erzählen etwa am Morgen ihren Traum, wobei sie sich vielleicht so ausdrücken: „Ich habe diese Nacht etwas ganz Komisches gedacht." Oder: „Es ist mir heut nacht, wie ich geschlafen habe, etwas Schönes in den Sinn gekommen." Oder: „Ich habe Angst gehabt in der Nacht. Aber ich habe doch geschlafen. Die Mutter ist nicht mehr dagewesen, dafür drei alte Frauen, die mich böse anblickten. Sie wollten mir etwas geben, ich sollte es essen. Aber ich wollte nicht. Ich glaube, ich habe es aber dann doch gegessen." Es fällt eben manchen Kindern schwer, das Leben, das ihrer wartet, anzunehmen, es zu verdauen. Die drei Parzen werden nur von kindischen Malern und Dichtern in einer Harmlosigkeit dargestellt, die der Qualität ihres eigenen Geistes entspricht.

Es ist hier nicht der Ort, ausführlich über die Psychologie des Kleinkindes zu handeln. Sie wird bestimmt von der Tatsache, daß das neugeborene Kind das allerälteste menschliche Wesen ist, weil es ja noch nichts ist als unpersönliche Vergangenheit – nämlich seine Erbmasse und eine noch völlig unentwickelte Entelechie, die eben beginnt, sich in einen Lebensablauf hinein zu verwirklichen. Es lebt noch in magischer Verbundenheit mit einer anderen Welt, die ihm im Traumbild das Gleichnis seines zukünftigen Lebens aus dem unerschöpflichen Vorrat ihrer Bilder menschlichen Lebens verleiht.

Nur dies sei angemerkt: Gerade Kinder, denen das Schicksal eine besonders glückliche, sorgenlose Jugend gab, zwischen Eltern, die sich zärtlich lieben, werden in den Nächten oft von schweren Träumen heimgesucht. Es ist, als ob sie auf diese Weise darauf vorbereitet werden sollten, daß das Leben, das menschliche Dasein, auch ein böses Schrecknis sein kann, daß es ein Mühen werden kann, das nur unter Angst, Blut und Tränen sich bewältigt. Das müssen sie vielleicht unbewußt lernen. *Nietzsche* vermutet einmal, daß der Mensch sich in den Vorgängen seiner Träume für das kommende Leben übe.

Das unbegreifliche Tun der Erwachsenen schaut oft ängstigend in die Träume der Kinder – die einst auch Erwachsene sein werden, unbegreiflich in ihrem Tun und noch unbegreiflicher im Erleiden ihres Geschickes.

In manchen Kinderträumen werden auch die spätere Lebensunsicherheit, Mangel an Vitalität, vorzeitiger Tod, in ersten Träumen aus dem Wissen des nicht kindlichen Seelengrundes, das stets über die Gegenwart hinausgreift, vorweggenommen. Auf diese Tatsache ist in einem anderen Zusammenhange noch hinzuweisen.

Träume aus der Kindheit, die wir auch als Erwachsene nicht vergessen können, die aus dem Dämmer der fernen Jugend schön und gespenstig herleuchten, waren und sind von höchster Bedeutung. In ihnen hat sich damals zu Beginn des Lebens – dies ist eine viel belegte Praxiserfahrung – ein ganzer Lebensplan in symbolischem Ausdruck angedeutet. Nachträgliches Vergleichen zeigt, wie oft die Seele bis in die wichtige Einzelheit hinein vorauswußte, welches die Richtung, die Art des Welterlebens, die Schicksalsschwierigkeiten ihres Menschen sein würden. Was uns als Kind tief beeindruckte, hat die latente Richtung unseres Wesens angerührt. Freilich bleibt es schwierig, hinterher all das Material beizubringen, in das jener Kindertraum damals eingebettet war, das Anlaß geworden ist zu Einzelheiten jenes fernen Traumes. Die vielfach belegte Erfahrung, daß Kinderträume im Ausdruck allgemeiner Symbole oft einen Plan des künftigen Lebens enthalten, darf Eltern und Erzieher nicht dazu verführen, die Kleinen nach ihren Träumen auszufragen, noch weniger dazu die mitgeteilten Träume mit ihnen zu besprechen. Dagegen werden sie das Gefühl haben, ihr Söhnchen werde mit dem Leben auf längere Zeit hin schon fertig, wenn dieses erzählt: „Ich ging in den Wald. Da kam der Wolf. Ich habe Angst gehabt. Er hat mich aber nicht gefressen, ich habe ihn gefressen. Mein Bauch war nachher ganz dick!"

Wo Kinder immer wieder Angst-, Feuer- oder Einbrecherträume haben, sollen sich, wie anderswo angedeutet wird, die Eltern selbst befragen, ob ihr eigenes Leben in Ordnung sei, ob es richtig gelebt werde, ob nicht ungelöste Spannungen, latente schwere Ehenot in das Unbewußte des Kindes hinüberfluten. Denn das Kind ist wirklich mit dem Unbewußten der Eltern verbunden, nimmt, ohne es zu wissen, an deren Erlebnissen als ein Ort des Widerhalls teil.

Freiwillig erzählte Träume des Kindes können den Eltern die Augen darüber öffnen, wie sehr sie sich verrannt haben, können ihnen Anlaß werden, einer neu überprüften Ehegemeinschaft wertvolleren Gehalt und schönere Form zu geben. Die amerikanische Kinderpsychologin *F. G. Wickes* schreibt: „Es ist ein gutes Zeichen und ein Beweis dafür, daß sich ein Kind wohl und behaglich zu Hause fühlt, wenn es ohne sichtliche Angst oder Erregung aus einem Traume aufwacht oder von ihm erzählt."

Solch einen kindlichen Traumbericht soll man anhören wie eine heitere, seltsame oder traurige Geschichte, mit der entsprechenden, dem Kinde sichtbaren Gefühlsbegleitung. Wenn wir den schwerwiegenden, den leidvollen Sinn des Traumes ahnen, werden wir dessen Mitteilung für uns behalten, dafür, so gut wir es tun können, das Kind an Gefahren, die ihm drohen, vorbeiführen, es stärken für Gefahr und Not, die ihm das Leben offenbar einst bringen wird.

Nie aber wird der Zuhörer gewichtig ernst dem Kinde andeuten, was seiner vielleicht harrt, es gar in neue Ängste seines dem Leben noch nicht gewachsenen kindlichen Geistes stoßen.

Die Deutung der Kinderträume ist das allerschwierigste Unternehmen auch der wissenschaftlich und psychologisch fundierten Traumdeutung. Am besten läßt man die Hand davon.

Dafür suche man als Erwachsener zu einer Neubegegnung mit seinen Kindheitsträumen, zu einem möglichst tiefen Verstehen der einstigen, weil bedeutsam in der Erinnerung gebliebenen Träume der eigenen Kindheit zu kommen. Man wird erstaunt erkennen, wie viele Motive und Probleme des bisherigen Weges sich schon zu Anbeginn unseres Lebens im Frühtraum der Kindheit ankündeten und stets dieselben geblieben sind. Wenn es gut kam, haben wir uns mit ihnen, Stufe um Stufe, aufsteigend in immer bewußterer Weise fruchtbar auseinandergesetzt. Vielleicht ist uns auch die Gnade geworden, zu lösen, was sehr verworren uns gegeben worden ist.

PUBERTÄTSTRÄUME

Jede Altersstufe hat für sie typische Träume. Es ist sogar ein Zeichen seelischer Gesundheit, zur richtigen Zeit von entsprechenden Träumen begleitet zu werden. Diese Träume beschäftigen sich mit *dem* Lebensproblem, das nun im seelischen Erfahren des eigenen Lebens als Folge der körperlichen und seelisch-geistigen Entwicklung an erster Stelle steht; mit dem also, was als Lebensaufgabe dieser Zeit zu bewältigen ist. Dabei müssen stets eine Ablösung vom bisherigen Zustand und das Annehmen der neuen Lebensform geleistet werden.

Der junge Mensch, ob Knabe oder Mädchen, gerät in der

Pubertätszeit in die oft erschreckende Begegnung mit seiner vordrängenden Geschlechtsnatur. Aus dem biologischen Sein steigt, nachdem die spätere Kinderzeit meist einige schöne, ruhige Jahre erlaubt hat, ein Neues, eine gewaltige Naturmacht herauf. Der junge Mensch wird von seiner Sexualität überfallen und gerät in den Kampf mit bisher unbekannten Triebgewalten. Das halberwachsene Ich muß den Ansturm der mächtigen Wirklichkeit seiner jungen Jahre aushalten, die in oft dumpfen Wellen aus dem körperlichen Reifeprozeß in die jugendliche Seele einbricht. Mit den bisherigen knaben- und mädchenhaft glücklichen Zeiten der Vorpubertät scheint das Neue keine Beziehung zu haben. Der junge Mensch wird – obwohl die Forderungen der Gesellschaft mit strenger Schulausbildung und größerer Bindung an erste kleine soziale Aufgaben einsetzen – primitiver, naturhafter. Er schwankt zwischen Ängstlichkeit und Grobheit, zwischen Scheu, Zärtlichkeit und oft frechem Protest. Jungens werden in mehrfacher Beziehung „haarige" Kerle; sie haben es wie auch die Mädchen schwer, in dieser erregten Naturzeit sich selbst anzunehmen.

Dies bezeugen auch die Träume. Sie zeigen das Kommende schon früh an, wie eben alles im Unbewußten früher „geschieht" als im Bewußten.

Da es sich um ein naturhaftes Grundgeschehen handelt, sprechen die Träume der Pubertät und deren Ankündigung einerseits in allgemeinen Symbolen. Anderseits hat der junge Mensch, zum Erwachsenen werdend, in dieser Zeit eine tiefere Ablösung von Mutter und Vater zu vollziehen – obwohl er meist noch in deren Schutzkreise, in der Familie bleibt. Manche jungen Leute versuchen auch erst, aus dem Sturm des Unbegreiflichen, aus der großen, scheinbar zielberaubten Unruhe in die Familie, besonders zu einem Elternteil zurückzuflüchten. Gleichzeitig haben sie sich auch mit den sehr realen Forderungen der Umwelt, sei es Lehrzeit, sei es höhere Schule, auseinanderzusetzen. Deshalb sind die Träume auch wieder voller Motive, Gestalten und Dinge der Tageswirklichkeit, der menschlichen Umwelt.

Vor allem wird viel von den Eltern geträumt, wobei diese bald als die wirklichen Eltern, bald als das „Mütterliche" das „Väterliche" schlechthin zu gelten haben. Alltägliches mischt sich in diesen Träumen mit allgemeinsten Symbolen, in denen das Blinde des Triebes wie auch das zeugend Schöpferische Gestalt gewinnt. Vorwiegend aber enthält der Traum die Bedrängnis eines Druckes; als das wird der Einbruch aus der Naturtiefe empfunden. Deshalb die vielen Träume, es fahre ein mächtiger Zug auf halbdunklen Geleisen auf den hilflosen Träumer zu. Untiere wollen ihn verschlingen; es sieht aus, als wäre alles darauf angelegt, sein eben gewonnenes junges Ich wieder zu zerstören, ihn in die Tiefe der Unbewußtheit zu ziehen.

Mit der Verstärkung der Triebnatur geht normalerweise in dieser Zeit eine Verstärkung der Bewußtwerdung, der praktischen Einsicht in die vielen Erscheinungen und Möglichkeiten der Tageswelt, des „Lebens", parallel. Diese Forderung nach gesteigerter Bewußtwerdung ist ebenfalls im Traume ersichtlich. So steht der junge Mensch selbst als Träumer zwischen den Mächten des Lichtes und der dunklen Welt seiner Sexualität, die hinauf in seinen Tag drängt. Dieses Triebverlangen kann sich in sehr deutlichen Gleichnissen ausdrücken, in Gleichnissen, deren sexueller Charakter uns heutzutage, wie früher dem instinktiv empfindenden Volk, sofort klar wird. Es ist übrigens bezeichnend, daß der erste Traum, den *Freud* einer eingehenden Deutung unterzog, der sexuelle Traum einer jungen Dame war. Den Traum selbst betitelte Freud: „Irmas Injektion". Solche Träume, deren Deutung auf der Hand liegt, sind bei jungen Mädchen nicht selten – meist aber geben sie sich nicht im Rahmen ärztlicher Hantierung. Von einem noch jungen Mädchen, das eben im Begriffe war, die Grenze zwischen Kinderland und beginnender Geschlechtsreife zu überschreiten, stammt folgender Traum: Es spielt auf einer schönen ergrünenden Wiese. Da erhebt sich ein Turm, auf dessen Plattform Knaben spielen. Ein schönes braunes Schiff naht dem Strand. Ein gütiger, der Träumerin bekannter älterer Mann weist auf die vielen Spieltierchen, diese Stofftierchen aus der Jugend des Mädchens hin. Es selbst soll einen Kriegsruf erfinden. – Die Deutung liegt nahe: Das Männliche und das Weibliche sind im Turm und Schiff beisammen. Die Triebwelt ist vorläufig spielerisch und noch nicht belebt da, aber der erfahrene Alte in ihr weist darauf hin. Es aber muß den richtigen Ruf finden für den wohl in nächster Zeit anhebenden Kampf mit den Triebgewalten. Dann werden die Tiere keine Stofftiere mehr sein!

Besonders häufig sind bei beiden Geschlechtern Schlangenträume. Schlangen haben natürlich nicht ganz den gleichen Sinn für Jüngling und Jungmädchen. Beim jungen Manne ist die Schlange gleichzeitig das Gleichnis des eigenen Organes. Jedenfalls ist auf der Pubertätsstufe die Schlange sexuell zu deuten. In den Träumen der pubertierenden Knaben, wie später noch viele Jahre lang, geht männliche Zeugungskraft und dumpfes Triebbegehren als einzelner Stier, Stier- oder Büffelherde über das Weideland der unbewußten Seele. Oft muß der junge Mensch Früchte essen, deren phallische Form deutlich sagt, was gemeint ist. Es können auch Brötchen sein, die seit uralten Zeiten eine Nachbildung des weiblichen oder männlichen Organes sind. Häufig sind auch die Feuerträume. In ihnen ist das Angreifende, das Verzehrende, aber auch das Wärmende, die Glut des neuen, nach Liebe suchenden Lebensgefühles. Manche jungen Leute fühlen sich ausgeschlossen, andere haben Pferde zu bändigen, viele träumen von Flußübergängen. Der Zwischenzustand zwischen Kindheit und Erwachsensein wird durch originelle oder durch ungenügende Bekleidung gelegentlich besonders betont. Hie und da werden auch kleine Götter der inneren Berauschung sichtbar.

Der Gegensatz zwischen der Naturforderung des Leibes und der durch die Kulturforderung zurück gedämmten Erfüllung des Naturtriebes schafft natürlich viel Unruhe und Leid. Davon reden die Träume der Pubertät in sehr deutlicher Sprache. Sie zeigen aber ebenso den Versuch der Psyche, auch diese Problematik zu verarbeiten. Immerhin liegt ihr Akzent auf den Naturzielen des heranreifenden jungen Menschen. Sein erweitertes Bewußtsein wird kompensatorisch versuchen, die neugewonnenen Kräfte in den Dienst seiner persönlichen Ausbildung und in gesteigerte menschliche Beziehungen zu stellen. Die kleineren Träume dieser Zeit äußern sich zu diesem Bemühen.

Pubertätsträume haben einen in sich selbstverständlichen Charakter. Sie bedürfen bei normalen jungen Leuten keiner Deutung.

INDIVIDUATIONSTRÄUME

In Literatur und Praxis der Komplexen Psychologie spielen die Individuation und deren Träume eine höchst bedeutende Rolle. Da wir darauf verzichten müssen, eine Darstellung der besagten Psychologie und dieses ihres Hauptproblemes zu geben, kann hier im Hinblick auf eben jene Träume nur dies erläuternd bemerkt werden: Es scheint eine psychologische Tatsache zu sein, daß der Mensch nach der Lebensmitte innerlich gezwungen wird, seine seelischen Hauptenergien nach und nach aus der Außenwelt langsam zurückzunehmen, um sie in den Dienst eines innerseelischen Vorganges zu stellen, welcher die Entwicklung zur reifen Persönlichkeit, welcher die Ganzheit erreichen will. „Das Ziel der Individuation ist es, daß der Mensch zum wahren, einmaligen Einzelwesen werde, zu einer Individualität, und insofern wir unter Individualität unsere innerste, letzte, unvergleichliche Einzigartigkeit verstehen, zum eigenen Selbst werden *(Jung).*" Es ist in den Menschen von einigem Wesensgewicht also eine Tendenz da, sich zu verinnerlichen, sich selbst zu finden, der zu sein, der man eigentlich ist, aus der eigensten Mitte heraus zu leben. Wir haben das Gefühl – und die tiefenpsychologische wie die religiöse Erfahrung bestätigen dessen Richtigkeit – daß in uns eine Persönlichkeit als Herr unserer eigenen Mitte wohnt, eine gestaltete und gestaltende Kraft, die nicht im Ich aufgeht, nicht von diesem umschlossen wird, vielmehr dieses Ich mit umschließt. Man kann von ihm, diesem innern Herrn, der seine Autorität nicht vom kleinen Ich, sondern vom Herrn des Lebens überhaupt empfangen zu haben scheint, nur in Gleichnissen reden. Dies tun die Träume. Der Weg zu dieser Mitte führt, nachdem die Außenwelt für den gereiften Menschen einigermaßen erlebt und im eigenen Umweltskreise bewußt und gestaltet worden ist, in die innere Welt, zur Selbstbegegnung. Ehe aber die Begegnung mit dem Selbst geschehen kann, wird der Mensch mit seinen inneren Teilpersönlichkeiten bekannt, mit symbolischen Gestalten, die Einstellungen und Kräfte seiner Seele verkörpern. Eine sehr genau durchgeführte, auf längere Zeit sich erstreckende Analyse der Träume, bei der man ohne die Hilfe des geschulten Deuters nicht auskommt, bringt die nötige Auseinandersetzung mit diesen inneren Gestalten.

In einer ersten Schicht sind es gleichgeschlechtliche Traumfiguren, die meist einen minderwertigen Charakter aufweisen. Von ihnen, zusammengefaßt unter dem Begriff des *Schattens,* ist in den Erörterungen über die Subjektstufe, sowie im Symbolkatalog mehr die Rede. (Eine umfassendere Darstellung des Schattenproblems, wie auch der Gestalten der nächstfolgenden Schicht hat der Verfasser in seinen „Lebenskonflikten" gegeben.) Auf dieser Stufe des „Schattens" gewinnt der Mensch, dem es um seine Individuation geht, die richtige Beziehung zu dem dunklen Andern in ihm, den er bisher so gern übersehen hat.

Tiefer hinein in den eigenen Seelenraum führt die Begegnung mit den gegengeschlechtlichen Kräften in uns, mit dem, was beim Manne als *Anima,* bei der Frau als *Animus* bezeichnet wird. Nimmt die Anima im Individuationstraum des Mannes die Gestalt des schönen jungen Mädchens, der zarten oder wilden Frau, der Mutter, der Hexe, der Dirne oder der Göttin an, so stellen sich anderseits die Animusfiguren in der Psyche der Frau als Männer jeder Stufe der Natur und der Kultur dar, immer verkörpernd, was *auch* noch in der Frau ist. Dem mehr polygamen Wesen des Mannes entspricht eine eher monogame unbewußte Einstellung, die Anima erscheint meist in der Einzahl, höchstens als helle und dunkle Anima. Das bewußt monogamere Wesen der Frau hat seine Entsprechung in der Männervielheit ihrer Träume. Der Leser wird in den mitgeteilten Träumen dieses Buches auf diese inneren Gestalten von Mann und Frau geraten. Seltener ist die Gestalt des Weisen, häufiger die große Erdmutter, die noch tiefer im Unbewußten unserer Seele wohnen.

Der fortbestehende Individuationsprozeß, die Reifung der Persönlichkeit, wird, wozu später Belege anzuführen sind, im Bilde der großen Wanderung, aber auch als alchemistische Prozedur dargestellt. In den entsprechenden Träumen werden Symbole sichtbar, die keinen bewußten Zusammenhang mit dem Leben des Träumers mehr haben. Sie sind vielmehr sehr selbständige Gleichnisse seiner inneren Entwicklung, welche an ihr Wesen, in ihre Mitte kommen möchte. Diese Mitte kann nun in den Träumen sich abbilden als Mitte eines umschlossenen Gartens. Als solche ist sie oft ein Baum, der Lebensbaum, oder sie ist die nach den vier Richtungen verströmende Quelle. Wiederum ist sie dargestellt als herrliche

Blüte, im chinesischen Erleben als „goldene Blüte" geschaut. Wiederum ist dieses „Selbst" der Mitte ein fester Turm, eine Burg, die himmlische Stadt. Sie kann auch die von zentralem Gebäude gekrönte Insel sein, aufsteigend aus dem Meer des kollektiven Unbewußten. Der Weg zu ihr, diese Heimfindung, geschieht nicht ohne Schwierigkeit. Oft hat der Held, diese unsere zielgerichtete innere Persönlichkeit, große Gefahren zu überwinden. Er steigt hinab in die Unterwelt, wie *Dante,* dessen Divina Comedia eine Individuationsdichtung ist, er überquert das Nachtmeer des Unbewußten, oft geleitet von einem Freunde, einem Weisen, oder von einer Animagestalt. In *Dantes* Werk sind es bekanntlich Vergil und Beatrice, welche den Dichter begleiten. Aus der bewußten, immer mehr beengten bisherigen Lebenssituation hat man auf die andere Seite zu kommen. Aber die Pforte ist eng, die in die Mitte der Seele führt; nicht alle erreichen diesen ihren innersten Ort.

Eine ganze Reihe von Individuationssymbolen enthält der hier folgende Traum eines hochgestellten Mannes. Seine tiefe Bedeutung für den Träumer ahnt auch der unbeteiligte Leser: Der Träumer geht mit einem einstigen Schulfreunde, der seither eine Persönlichkeit geworden ist, den Weg zu jenem Schlosse hinan, das herrlich über seiner westschweizerischen Heimatstadt tront. Die beiden haben die halbe Höhe erreicht und finden sich unerwartet auf schmalem Pfad unter einer Felswand. Mit einem Male dehnt sich zu ihren Füßen ein gewaltiges Meer. Der Weg geht nicht mehr weiter. Sie aber wollen und müssen zum Schloß kommen. Doch die einzige Treppe liegt auf der anderen Seite des Berges. Sie haben also um den Berg herum zu kommen. Der Begleiter springt in die Flut und umschwimmt mit kräftigen, sichern Zügen den Berg. Ihm folgt der Träumer in seiner Uniform des hohen Offiziers. Er spürt plötzlich, daß seine Sporen sich lösen wollen. Wenn sie sich lösen, werden sie unerreichbar in die

Tiefe fallen. Der Träumer löst im Schwimmen selbst die Sporen von seinen Stiefeln, behält sie in den Händen. Endlich erreichen sie die schmale Treppe. Ganz durchnäßt ruhen sie einen Augenblick auf den Stufen zum Schloßturm, dem Bergfried, aus. Der Träumer sieht sich nach seinem Freunde um, dieser ist verschwunden. Er selbst aber ist naß wie ein neugeborenes Kind.

TODESTRÄUME

Todesträume sind nicht Träume Gesunder vom Tode und von Toten, sondern die Träume Schwerkranker, deren Zustand sie in die Nähe des Sterbens brachte. In solchen Nächten der Lebenskrise flutet das Meer des Unbewußten gewaltig herauf. Dazu strömen Jugenderinnerungen, längst Vergessenes und Begrabenes, heran, und gleichzeitig ertönt nach der Mitteilung derer, die in einem Unfall knapp am Tode vorbeigingen, häufig herrliche Musik. Oder es ist ein seltsames übermäßiges Licht um den Daliegenden, große Gestalten stehen an der Tür; manche hören Stimmen. Gegenwart und Vergangenheit werden zu einem unbeschreiblich Neuem. Manches ist ähnlich den Phantasieerlebnissen in Fieberträumen, aber größer, entschiedener, eben von letzter Bedeutung.

Als ein getreuer deutscher Freund Gottfried Keller wenige Wochen vor seinem Hingange besuchte, erzählte ihm der Sterbende, wie „zwei ganz in gediegenem geschmiedetem Golde gepanzerte Ritter die ganze Nacht vor dem Schränkchen zwischen den Fenstern regungslos gestanden und ihn unverwandt angeschaut hätten"... Immer wieder kam er auf diese Erscheinung zurück und konnte sich nicht genug tun in der Schilderung des wunderbaren Glanzes.

Wenn das Bewußtsein in Gefahr ist, sich aufzulösen, dann schauen viele Augen den Schwerkranken an. Man wird an die tausend Augen des Gottes Shiwa denken, der die Vielheit des Lebens ist.

Mehrfach wird berichtet, daß eine sehr fremdartige Gestalt neben der Türe oder in einer Ecke des Gemaches unbeweglich stand, indessen die Erinnerungsbilder durch das Zimmer fluteten. Dieser Fremde wird als Mongole, auch etwa als Tibetaner bezeichnet; oder es ist einfach ein dunkelhäutiger Mann von unbeweglichem Antlitz, dessen Augen unter tiefschwarzem Haar – manche sehen auch einen priesterlichen Kopfschmuck – uns anschauen. Er ist nicht alt und ist nicht jung, und wohl zu deuten als das dauernde irdische Leben, als geformte menschliche Urnatur, die in ihrer großen Gleichgültigkeit – denn Leben und Tod scheinen ihr gleich viel und gleich wenig zu bedeuten – ungerührt, aber nicht unedel am Lager des kleinen, individuellen Sterbens steht. Hie und da wird diese Gestalt auch als der große Augenarzt bezeichnet.

Dem Todkranken tun sich große Landschaften, Lichtdurchbrüche durch wilde, finstere Felsentore auf, Stimmen reden aus nie gesehenen Tiefen, glänzende Burgen stehen auf hell beleuchteten Bergen; jemand ruft zur Fahrt über Strom und Meer, was wohl einst zur Figur des Charon geführt hat.

Nach den Träumen, die uns von Menschen erzählt werden, welche vor den Toren des Todes gestanden haben – jene, welche durch dieses hindurchgeleitet wurden, kann man nicht mehr befragen – sind die Todesträume sowohl schrecklich wie auch nach und nach immer herrlicher, ja, wie mehrere das Unaussprechliche bezeichneten „von überirdischer Schönheit". Es scheint so zu sein, daß große Bilder den Sterbenden hinüberführen in jenes andere Leben, zu dem der leibliche Tod die bittere Bedingung ist.

Von den dem Autor bekannt gewordenen Träumen aus schwerster Krankheit mag das schönste Beispiel hier angeführt werden. Der Träumer notierte sich nach fünf Tagen der Krise Folgendes: „Die fünf Tage waren von einer großartigen Bilderflut. Ich befand mich auf einem schmalen Wege, der entlang führte wilden tiefblauen Bergen. Häufig mußte ich von einer Hochebene über die Kante an den Steilhang gelangen und Klippe um Klippe des Abgrundes übersteigen. Dann war ich wieder in einer Herbstlandschaft. Über südwärts fließende Ströme führten hochgewölbte uralte Brücken. Darauf bin ich plötzlich im Meere, stehe auf dem Meeresgrunde, ich sehe, wie die Sonne dunkelrot zu mir hinabsinkt. Zwischen mir und dem ungeheuren Ball sind grüne, feine Pflanzen, sie haben zartrote Blüten.

Ich stehe am Strand, an einer mir wohlbekannten Stelle, gewaltige Fische haben sich im Wasser aufgerichtet, und ihre riesigen Köpfe neigen sich über die Ufermauer, sie kommen immer wieder herauf in wilder Bewegung, als wollten sie nach mir schnappen.

Dann wieder bin ich an einem herbstlichen Waldbache. Aus den Felsen über den goldenen Bäumen neigt ein blaues, herrliches Rind oder eine Hirschkuh den Hals zum Wasser hinab und trinkt langsam, dann kehren Kopf und Hals in den Felsen zurück. Ich sage im Traume: ‚Das ist das Felsenrind.' Aus sehr schöner, brauner, krümeliger Gartenerde hebt sich der mächtige Rücken und Kopf eines riesigen Elephanten. Kein Krümchen Erde bleibt auf den freien stahlblauen Stellen seiner Haut. Ich bin in einer großen Parklandschaft. Aus den Blüten und Zweigen schauen mich Augen groß und ohne Beziehung an. In einer Felswand wird ein ergreifend schönes, totes Frauenantlitz deutlich, es blickt über den Waldfluß zu mir herüber. Es scheint eine geliebte Tote zu sein, aber sie ist blond, ihr Antlitz wie von goldhellem Marmor.

Ich befinde mich in einer großen Umzäunung und in der Ecke steht breitschultrig und unbeweglich der Mongole. Er hat ein braungelbes Gesicht, darüber die schwarze Kappe seiner Haare, über der Stirne gerade abgeschnitten. Die Augen unter sichelförmigen schwarzen Brauen sind groß und grausam. Er verschwindet, und wieder starren Augen aus Tieren, aus Pflanzenblättern, jeder Stein im Straßenpflaster trägt ein Auge. Das dauert drei Tage lang. Ich habe das Gefühl, verrückt zu werden. Da schreie ich laut: ‚Es ist genug!' In diesem Augenblick bin ich in einem schönen Saale. Über mir ist eine lichte Decke mit braunen Sgrafittozeichnungen, das Linienwerk konzentriert sich auf die Mitte der Decke, aus ihr erstrahlt nun ein einziges großes Auge, veilchenblau, kühl und doch herzlich, ernst und doch heiter, das Auge eines Gottes oder einer jungfräulichen Göttin. Damit hörte der Augenspuk auf. Die Krise war zu Ende."

GÜNSTIGE UND UNGÜNSTIGE TRÄUME

Jacob Burckhardt bemerkt in seinem berühmten Aufsatze über „Glück und Unglück in der Weltgeschichte": „Unsere tiefe und höchst lächerliche Selbstsucht hält zunächst diejenigen Zeiten für glücklich, welche irgend eine Ähnlichkeit mit unserm Wesen haben. Sie hält ferner diejenigen vergangenen Kräfte und Menschen für löblich, auf deren Tun unser jetziges Dasein und relatives Wohlbefinden gegründet scheint, ganz als wäre Welt und Weltgeschichte nur unsertwillen vorhanden. Jeder hält nämlich seine Zeit für die Erfüllung der Zeiten und nicht bloß für eine der vorübergehenden Wellen. Alles einzelne . . . und wir mit, ist nicht nur um seiner selbst, sondern um der ganzen Vergangenheit und um der ganzen Zukunft willen vorhanden."

Aus einer solchen Daseins-Auffassung heraus hat man an die Frage nach dem günstigen oder ungünstigen Traum heranzugehen. Denn auch der Traum ist nicht um eines augenblicklichen Wohlergehens willen da, noch erschöpft ein befriedigtes und gesichertes Ich seine Traumaufgabe. Es geht vielmehr um die Entfaltung der Ganzheit, in der der Mensch eingebettet ist in sein Schicksal und in eine Gemeinschaft, für die er mitverantwortlich ist.

In der beraterischen Deutung der Träume wird man sehr oft, kaum hat der Träumer seine Erzählung beendet, von der Frage bedrängt: „Ist das nun ein günstiger oder ist es ein ungünstiger Traum?" Sich stützend auf irgend eine Traumeinzelheit greift der Träumer einem Urteil, das sich erst aus einer Gruppe von Träumen ergibt, rasch vor und behauptet, je nach Stimmung, diesmal einen glücklichen oder wieder einen seiner Unheil verkündenden Träume gehabt zu haben.

Dabei werden gerne „Glück" und „günstig", „Unglück" und „ungünstig" füreinander gesetzt. Nicht jeder vermag die Überlegung anzustellen, daß „Glück" ein Zustandsgefühl ist, daß „günstig" aber darüber hinaus die Wegrichtung nach einem wertvollen Ziele hin andeutet. Zutiefst wurzelt die Frage nach dem günstigen oder ungünstigen Traume in der Daseinsangst des Menschen, der im Gefühle lebt, einem von ihm unabhängigen Schicksale ausgeliefert zu sein. Selbst der, welcher unberechtigterweise annimmt, sein Leben sei auch sein eigenes Werk, sucht immer wieder den Schleier der Zukunft heimlich ein wenig zu lüften. Wir glauben nämlich Anrecht zu haben auf das Glück und spähen deshalb besorgt nach den Anzeichen des Unglücks. Manchem ist jedes Orakel willkommen, das vorgibt, den Plan unseres Lebens und unserer Zukunft dem Gutgläubigen zu verraten. Dabei ist es freilich gelegentlich so, daß durch Orakelmanipulationen – man weiß nicht wie dies zugeht – überraschende Einblicke in anhebende Schicksalsverläufe für einen Augenblick getan werden können.

Man darf es auch dem Menschen nicht allzusehr verdenken, wenn er, der Vielgeplagte, der nur einen kleinen Lebenskreis übersieht, in Zeiten, da ihm das Vertrauen in eine gütige Führung seiner Daseinsfahrt zu entschwinden droht, nach den ziemlich dürftigen Wandel- und Wankelsternen eines Orakels ängstliche Ausschau hält. Denn nur schwer nimmt sich jenes große Wort vom Gott des Lebens an: „Meine Gedanken sind nicht Eure Gedanken, und meine Wege sind nicht Eure Wege." Als Orakel dient nun oft, allzuoft der Traum. Und als Orakelbücher werden von den meisten Traumbücher gewertet. Auch unser Buch wird dem Versuche nicht entgehen, so benützt zu werden. Die große Verbreitung von sehr primitiven Nachschlagewerklein der Traumdeutung beruht darauf, daß in ihnen jedes zitierte Symbol und Traumelement entweder ein positives oder dann ein negatives Vorzeichen erhalten hat, also entweder günstig oder ungünstig in einem absoluten Sinne ist. Die Vieldeutigkeit und die hier wichtigste Einsicht, daß dem einen Günstiges verspricht, was dem andern zum Schaden wird, also die individuelle Bedeutung der Traumelemente, werden völlig außer acht gelassen. Nach solchen Traumbüchern gibt es nur gute oder schlechte, günstige oder ungünstige Träume. Damit aber steht man noch in einer sehr egozentrischen Einstellung zum Dasein und huldigt einer Weltanschauung, die nur schwarz und weiß kennt.

Selbstverständlich wäre man nie zu einer so oberflächlichen Gruppierung gekommen, wenn nicht tatsächlich manche Symbole kaum anders als ungünstig, andere wieder ihrem ganzen Inhalte nach als günstig bezeichnet werden *müßten*. Es gibt Symbole, in denen sich sehr dunkle menschliche Erfahrung verdichtet hat. Das Auftauchen dieser Symbole besagt, daß diese dunkle Atmosphäre, daß diese erschreckende Konstellation wieder da ist. Anderseits gibt es eine Reihe von Symbolen, die ganz offensichtlich das gute Neue, das kräftig Beharrende, einen glücklichen Tag und Lebensweg in ihrem Gleichnis andeuten. Das enthebt uns nie der Pflicht, das eigenartige und vielschichtige Wesen der Psyche und ihres Traumes zu erarbeiten, bevor wir an eine rasche Deutung ganzer Träume herangehen können.

Der ernsthafte Betrachter seiner Träume und jener, der aus dem Willen zu richtiger Lebensführung heraus einen Traumkundigen aufsucht, sie werden sich aus den Träumen nicht *wahrsagen,* sondern vielmehr die *Wahrheit sagen lassen* – nämlich die Wirklichkeit unserer seelischen Situation mit ihren Konsequenzen. Diese innere Wirklichkeit kann nun ein günstiges oder ungünstiges Vorzeichen haben. Sie ist vielleicht drängend voll neuer Lebensmöglichkeiten, sie zeigt sich uns vielleicht in einer großen Ebbe, arm an jeder Hoffnung.

Dabei haben wir stets zu bedenken, daß Günstiges und Ungünstiges meist nur über einen bestimmten, vielleicht kleinen Lebensabschnitt ausgesagt wird. Nur in Großträumen werden auch Großräume unseres Lebens beurteilt.

Der Traum wird in mehrfacher Wiederholung manchem Plane, der uns am Herzen liegt, sein sehr deutliches „Nein" gegenüberstellen. Er tut dies solange, bis wir unsicher werden, bis wir zu ahnen beginnen, in welche Schwierigkeiten zu geraten wir eben starrköpfig im Begriffe standen. Ist das nun ein günstiger oder ungünstiger Traum? Vorerst ist er uns sehr unangenehm, er paßt uns gar nicht; aber er war uns günstig gesinnt.

Aus unsern Fenstern hängen die Fahnen einer voreiligen Freude – der Traum aber bringt den Klageruf dessen an uns heran, was um dieser bewußten Freude willen verbannt und geopfert wurde. Auch dieser Traum wird uns wenig angenehm in den Ohren tönen. An manchem Scheideweg unseres Lebens zögern wir einen Augenblick, wir schrecken vor den Mühen und dem Neuen zurück, erfahren aber im Traume, daß in uns eine schmale, aber sichere Straße entstanden ist, welche in die Höhe führt. Der Tagesbefangene hat in einem günstigen Traume Trost und Richtung gefunden. Welche Gunstverweigerung aber liegt in jenen Träumen, die uns, die wir so genug haben von all den Schwierigkeiten mit unserm Geschäfts-, mit unserm Ehepartner, gerade das Aushalten in dieser Bindung als einen Hauptgewinn dieser Zeit betonen.

Der Traum verschweigt uns nicht den Beginn einer sehr reichlich bemessenen Leidenszeit. Dem Kundigen sind die Anzeichen und Andeutungen solchen Leidensbeginnes sehr vertraut. Wird der Träumer, wenn man ihm Kommendes andeutet, nicht von einem sehr ungünstigen Traume sprechen? Es könnte aber freilich sein, daß diesem Träumer – vielleicht sind wir selbst dieser Träumer – zur Zeit nichts Besseres geschehen kann als ein kräftiges Leiden, das ihn zur Persönlichkeit verdichtet. Es kündet sich eine sehr schmerzhafte Gunst des Schicksals an, indem wir im Traume uns als Gefangene, als einsame Wanderer, sogar als Gemarterte und Sterbende vorfinden. Die Mitteilung solcher Träume, zu denen man nur sehr zögernd und ganz leise „Ja" sagt – wie mancher Träumer wacht tränenüberströmt auf! –, schenkt uns die Möglichkeit, uns bewußt auf eine solche Zeit der leidbegleiteten innern Wandlung einzustellen. Wir nehmen an, was geschehen muß, und leihen dem Plane des Lebens unsere bewußten Kräfte, damit wir ledig werden der Zerrissenheit, des Auseinandergerissenwerdens zwischen den großen Absichten unseres Selbst und dem leidenschaftlichen Glücksbegehren unseres Ichs. Die Psychologie der frühindischen Kultur sagt in der „Baghavagita": „Was dem Karma – der seelischen Schicksalsrichtung – in der Reihe der Wiederverkörperungen entspricht, bringt mir Glück."

Es ergibt sich eine günstige Gelegenheit der Erweiterung unserer Persönlichkeit, wenn wir Inhalte, welche das Unbewußte an uns heranträgt, uns ansehen und ihr verborgenes Leben in uns münden lassen. Tun wir es nicht, dann entgeht uns ein Lebensgewinn. Dies hat jener Mann nicht bedacht, dem in seinem Traume fortwährend große Puppengestalten folgten, weil sie zu ihm wollten. Er hat sie ins Wasser geworfen, sie kamen wieder, er versuchte sich zu verstecken, sie waren auch da; dann warf er sie über eine Mauer in eine Straßenschlucht und konnte sie doch nicht umbringen. Dagegen verließen sie ihn hernach. Es waren dies Puppenzustände, Verpuppungen eigener Seelenkräfte, die begehrten, von ihm belebt zu werden. Er aber hat sich selbst um ein Stück seiner Persönlichkeit gebracht, die unbewußt viel weiter ist als sein ängstliches, sehr moralisches Ich. Nicht der Traum ist hier ungünstig, sondern das Verhalten des Mannes im

Traum. Es zeigt einen gefährlichen Widerwillen gegen Lebensgewalten, die ihn hätten stärken können.

Der Sinn der Beschäftigung mit dem, was wir mit „günstig" oder „ungünstig" zu umschreiben versuchen, kann also nur der sein, sich richtig einzustellen auf die durch den Traum verkündete helle oder dunkle Situation, auf das, was in uns aufbrechen will, auf das, was in Zeiten innerer Not nun durch Armut und Einsamkeit geht.

Von solch armen Zeiten reden Träume, in denen ein Baum geknickt darnieder liegt. Da sind Schalen ohne Speisen, Gefäße ohne Trank; Brunnen geben kein Wasser, man droht im Schlamm zu versinken, der Weg reißt ab, es beginnt endlos zu schneien. Schlimm ist es, wenn ein unbekanntes Kind uns stirbt, wenn wir Arm, Hand oder Fuß verlieren, wenn unsere Tiere zerhauen daliegen, wenn wir auf der Flucht sind und uns dem Verfolger nicht zu stellen wagen. – Im dritten Teil unseres Buches finden sich eine Reihe von Symbolen betont negativen Charakters.

Es hat wohl ein jeder erfahren: auch das Schwerste geht zu Ende. Die Schule des Schicksals mit ihren drückenden Zwischenprüfungen entläßt uns; man atmet auf, Energien, die sich verzweifelt um die Bewältigung der Konflikte bemühten, werden frei und strömen uns zu. Solche Wendung kündet sich eben in günstigen Träumen an und zwar zu einer Zeit, da wir uns noch tief im Kummer vermeinen. Im Traume aber ist eine Tür aufgegangen, Wasser strömen durch vertrocknete Flußbette, rauschen in Brunnen, wir haben wieder Brot und andere Speise, ein Krieg ist zu Ende, ein Neubau steigt aus dem Boden, wir finden den geliebten Freund, und ein Garten steht voller Blumen. Vielleicht haben wir auch am unwahrscheinlichsten Ort einen Schatz entdeckt, sind an den Beginn einer Treppe geraten, vor uns geht ein Kind – lauter Symbole der Erneuerung.

Auch jene erwähnten Träume, die scheinbar nur von

Schwierigkeiten reden, sind nicht ganz ungünstig, wenn sie nämlich in ihrem Traumende eine gewisse Lösung oder wenigstens die Andeutung einer Lösung geben. Ihr letzter Akt endet nicht im Hoffnungslosen, nicht in Grau und nicht im Grauen. Paradoxerweise ist auch dann eine Lösung da, wenn der Träumer aus diesem Furchtbaren sich mit einem Aufschrei ins Erwachen hinüber rettet. Oder es ist schon im Traum selbst irgend etwas Leitendes zum Vorschein gekommen. Es stand plötzlich neben uns ein stärkerer Freund, dämmrig tauchte das Antlitz eines Weisen auf, im Urwald zeigte sich eine Spur, und der Fuß fand im Gebirge einen Ort, wo er stehen konnte. Rettung bedeutet es auch, wenn man im Traume gegen das Fürchterliche arbeiten kann. Es ist nämlich wichtig, daß das Schreckliche vom Träumer als etwas Schreckliches, das auch ihn angeht, gesehen wird. Bleibt er völlig unbeteiligter Zuschauer, dann geschieht eine Katastrophe in ihm, an die er selbst nicht herankommt.

Es gibt Menschen, die nicht einzuschlafen wagen, weil sie sich vor wiederkehrenden schlimmen Träumen fürchten. Da hebt ihnen die Seele immer wieder das Bild ihres unrichtigen, verzweifelten Lebens vor die Augen, aber sie können dieses Bild nicht recht auf sich beziehen und werden nur geängstigt durch das unbegriffene Schrecknis. Wer sich vor seinen Träumen fürchtet, der sollte diese einem berufenen und sehr erfahrenen Deuter erzählen. Wenn er nun mit diesem durch seine schrecklichen Träume geht, wenn er in der Deutung sie an das Bewußtsein anschließt und damit die Kräfte, welche das Traumbild zusammenhielt, befreit, dann wird der Träumer häufig aus einem zitternd schwachen Menschen ein Starker, der selbst mit seinen Dämonen umzugehen weiß. Es gibt wirklich sehr ungünstige Träume, die nicht nur zu überwindende Schwierigkeiten, sondern die Unmöglichkeit einer Wendung zum Bessern im Schicksal des Träumers ankünden. Sie sind freilich viel seltener als man glaubt.

Sollte ein beschwerter, mißtrauischer, in seinem Leben wenig glücklicher Leser meinen, es treffe auf seinen Fall zu, dann täuscht er sich wohl zu seinen Gunsten; denn das Leben ist viel schöpferischer und die göttliche Gnade viel größer als das angstvollste und verbittertste Herz und der mißtrauischste Kopf es ahnen können. Die Großmacht des Lebens greift weit über das Einzelschicksal und seinen Ablauf hinaus; diese sind möglicherweise nur eine Phase in einem viel größeren Zusammenhange. Nach dem Ausweis der Träume ist aber diese gegenwärtige Phase oft weithin ungünstig, sie scheint ohne Heilung zu sein, und doch enthält sie für den, der sehr viele solcher Träume mitanhört, die Keime neuen Lebens.

Dennoch gibt es sehr ungünstige Träume. Sie kommen oft so unheilverkündend daher – nie aber in Symbolen des Todes –, daß der Kundige, dem sie erzählt werden, lieber schweigt. Er muß schweigen, wenn man dem Träumer infolge seiner mangelnden Persönlichkeitsreife, zu schmaler Einsicht und fehlender Lebenstapferkeit nicht zutrauen kann, auch das Schwerste anzunehmen. Es ist aber selbstverständlich, daß man nie aus einem einzigen Traum heraus jene Schlüsse der Aussichtslosigkeit ziehen darf. Ausschlaggebend für die eigene Beurteilung ist, ob ganze Traumserien immer wieder ohne eine Erhebung, ohne die Andeutung einer Lösung enden.

Sehr ungünstig, Leid und schlimme Gelähmtheit für die kommenden Monate verkündend, ist der Traum einer Dame, die berichtet: „Ich bin zu spät für meinen Zug, sehe ihn wegfahren, versuche beim letzten Wagen aufzuspringen und erreiche auch den ersten Tritt. Die Fahrgeschwindigkeit ist jedoch schon zu groß, so daß ich fühle, wie mir die nötige Balance fehlt, um auf den obersten Tritt zu gelangen. In dem Moment kommt der Kondukteur, will mich hochziehen, doch ich falle so unglücklich, daß ich unter die Räder gerate, die mir beide Beine wegfahren."

Die Träumerin ist unter die Räder des Lebens geraten. Sie hat ihre Beine verloren, wird also lange nicht mehr gehen können. Es ist aber nicht ausgeschlossen, daß sie geheilt in einigen Monaten Träume von einer guten ersten Wanderung bringen wird. Im Gegensatz zu diesem ungünstigen Traume ein günstiger Traum: ... „dann mußte ich plötzlich auf den Zug. Ich wußte, daß er um die und die Zeit abfährt und wollte ihn absolut noch erreichen. Merkwürdigerweise aber hatte ich erst einen Steilhang hinaufzuklettern und auf der andern Seite wieder hinabzueilen. Ich eilte und eilte, immer im Gedanken, den Zug noch zu erreichen. Als ich oben ankam, merkte ich, daß ich meine Handtasche nicht bei mir hatte; also mußte ich nochmals zurück, trotz der Verspätung. Doch auf einmal stand ich unten auf der Station und wußte beglückt, der Zug werde eben einfahren. Ich war doch nicht zu spät. Wie froh war ich darüber!"

Nicht ohne Ergriffenheit erfährt man aus den Träumen noch sehr kleiner Kinder, daß ihnen, auf das Ganze hin besehen, ein besonders schweres Leben bevorsteht. *C. G. Jung* wie auch *F. G. Wickes* haben darüber einiges mitgeteilt. Daß solche Träume niemals mit dem Kinde selbst zu besprechen sind, bedarf keiner Erörterung. Es sind solche unheilvollen Träume auch beim Kinde selten. Doch wird man dann mit der beginnenden Pubertät sehr schwere Entwicklungsstörungen beobachten. Überhaupt werden Konflikte in der symbolischen Traumsprache lange vor ihrem Akutwerden angekündet. Oft ist ein ganzes kommendes schweres Leben in einem einzigen großen Kindertraum in seinem gesamten Grundriß und seiner deutlich dunklen Tönung erkennbar.

Hie und da war es für das Kind sehr wichtig, daß ein Kenner von Kinderträumen den Eltern Winke geben konnte, um die Entwicklung des Kindes etwas günstiger zu gestalten. Etwas darf man nie vergessen: große, schwere Kinderträume, in denen viel Angst ist, die völlig ungünstig zu sein scheinen, enthalten sehr oft die wesentlichsten Elternkonflikte. Wird die elterliche Problematik von diesen selbst so anständig als möglich gelöst, so werden dem Kinde die ungünstigen Träume sicherlich abgenommen.

DIE DEUTUNG DER TRÄUME

EINLEITUNG

Schon immer haben die Menschen geahnt, wovon ihr Traum vielleicht handeln könnte, worauf er hinweisen möchte. Es war stets ein intuitives Verstehen vorhanden, das aber seine undeutliche Einsicht in den Traumsinn kaum zu begründen vermochte. Dennoch sagten und sagen die Träume auch dem etwas, welcher die Kunst, Träume zu deuten, nicht erlernt hat.

Wer in seinem Traum einen Sinn vermutet und diesen Sinn in leisen Konturen schaut, der wird den Traum ernst nehmen. Doch fehlen ihm eben die Mittel, um diesen Sinn deutlicher zu erkennen. Es besteht für den Laien vor allem die große Gefahr, daß er den Traum *zu wörtlich* nimmt, als wäre er eine klare Mitteilung von der Art unserer Tagesaussagen – so, daß die Reise im Traum stets eine bevorstehende Reise, der Unglücksfall ein ähnliches Ereignis voraussagten, daß irgend eine kleine Traumepisode oder Begegnung sich sicher morgen schon verwirklichen wird. Man denkt dabei an den Bericht, den der große Völkerpsychologe *Lévy-Bruhl* von einem Indianerstamm gibt. Diese erachten es als dringendes Gebot, den Inhalt ihrer Träume im Tageserleben in allen Einzelheiten zu verwirklichen. Geschieht dies nicht, so wird der Schutzgeist des Menschen, welcher die Träume bewirkt, beleidigt und sinnt auf oft tödliche Strafe. Es ist auch allgemein bekannt, daß manche Geisteskranke unter dem Zwange stehen, ihre Phantasien, auch wenn es Mordphantasien sind, in die unglückliche Tat umzusetzen.

Der Nicht-Wilde und Nicht-Kranke ist in der praktischen Benützung seiner Träume harmloser. Doch gibt er dem

Traume, oft unter allerlei kleinen Veränderungen, eben den Sinn, der ihm gerade in den Kram paßt. Er versteht den Traum einfach nach seinen Wünschen, Befürchtungen und Absichten hin. Die Träume aber haben meist eine sehr andere Richtung, bringen Dinge vor, mit denen man sich zur Zeit wirklich nicht beschäftigt, und führen in eine innere Welt, in die man eben die ersten Schritte zu tun hätte.

Heute haben viele Menschen die Gewißheit, daß ihre Träume ihnen viel zu sagen vermöchten. Sie bemühen sich auch, die Sprache des Traumes nicht nur im großen und ganzen, sondern auch in den feinen Einzelheiten zu verstehen, doch wird ihnen dies ohne Kenntnis wichtiger psychologischer Tatsachen nicht leicht gelingen.

Jede Epoche menschlicher Kultur hat zu den Erscheinungen des Lebens, zu denen auch der Traum gehört, ihre bestimmte Einstellung. Der Traum und die Deutung sind in ihrer Bewertung jeweils abhängig von der Bewertung des Gesamt-Seelischen überhaupt. Wo das Unbewußte vor dem noch wenig entwickelten Bewußtsein den Vorrang hat, wie in der Psychologie primitiver Völker, da kann der Traum der Nacht die größere und mächtigere Wirklichkeit sein als das Geschehnis des Tages. Wo Tag und Nacht mit ihren entsprechenden Erlebnissen einander gleichwertig gegenüberstehen, da haben Bewußtes und Unbewußtes, und damit auch der Traum, das gleiche Recht.

In der menschlichen Frühkultur standen der Traum, seine Weitererzählung und seine Deutung in hohem Ansehen. Es gab Traumdeuter von Beruf. Unter diesen waren selbstverständlich manche Schwindler und Ignoranten. Welche Forderungen etwa an diese Deuter gestellt wurden, erzählt die bekannte Geschichte vom Propheten Daniel. Da verlangt Nebukadnezar, der große Herrscher des Assyrischen Reiches, von seinen Magiern, sie sollten ihm den schweren Traum der vergangenen Nacht deuten. Er selbst hat ihn zwar vergessen, denn es ist ein unheilverkündender Traum gewesen. Seine Gelehrten sollen nun den vergessenen Traum wieder heraufholen und zugleich deuten. Der König drängt sehr, weil ihn dieser Traum nach Art der Großträume nicht in Ruhe läßt. Daniel errät nun den Traum und deutet das eindrückliche Bild vom ehernen Koloß auf schwachen tönernen Füßen als die Ankündigung des Unterganges des zusammeneroberten Reiches. – In der Bibel werden auch sonst mehrere Träume warnenden Inhaltes erzählt. Der Fromme begreift dabei ihren Sinn und handelt nach dem ihm so zukommenden Befehle Gottes. Ein solcher Traumbefehl, ergangen an Joseph, rettet in der Weihnachtsgeschichte den kleinen Gottessohn Marias vor den Schergen des Herodes nach Ägypten.

Im alten Rom konnte jeder, der glaubte, von einem Traum heimgesucht zu sein, welcher vom Schicksal des Staates handelte, diesen Traum dem Senate mitteilen. Wer würde heute noch solche Mitteilungen an seine Landesregierung wagen! Dennoch nahm man damals – nach unserer Ansicht nicht zu Unrecht – an, man könne auch für die größere menschliche Gemeinschaft, deren Glied man ja ist, sehr Bezeichnendes und Heilsames träumen. Beiläufig: Wer in den furchtbaren Jahren kurz vor dem großen Kriege unserer Generation und in diesem selbst viele Träume mitangehört hat, die sich politisch ausdrückten, der hat auch manches vorauserfahren, was sich später bewahrheitete. Ganz besonders aufschlußreich war die wechselnde Traumbewertung weltbekannter, das Schicksal der Länder bestimmender Persönlichkeiten im Laufe der letzten Jahre. Es zeigte sich, daß Herren der Welt solange an der Macht bleiben können, als sie vom Unbewußten der auch im Traume sich äußernden Seele der Völker getragen werden.

Nach dem kollektiven Lebensgefühl des Mittelalters lag bekanntlich von der Renaissance bis in die ersten Jahrzehnte des zwanzigsten Jahrhunderts der Erlebnis-Akzent der europäischen Menschheit auf dem Ich. Dem Totalitätsanspruch des bewußten Ichs, diesem „cogito ergo sum", entsprach eine Entwertung des Unbewußten. In der Romantik hat dieses einen ästhetischen und darum nicht genügend wirksamen Aufstandsversuch unternommen. In der spätern Hochblüte des realistischen und materialistischen 19. Jahrhunderts kamen nur noch wenige abseitige Geister auf den Gedanken, der Traum könnte mehr sein als nur eine Reaktion auf ungenügende körperliche Verdauung, auf physiologische Erregungen, wie Harnreize, Gehörs- und Wärmeeindrücke, oder gar auf bloße Lageveränderungen des schlafenden Leibes. Erst *Freud* hat, die Erfahrungen einiger zeitgenössischer Psychiater benützend, den Traum als Helfer seines ärztlichen Wirkens wieder ernst genommen. Seine große Leistung, allerdings rasch einmündend in eine sehr einseitige und dogmatische Auffassung vom Traum, führte zum Kultur-Phänomen der *Psychanalyse*.

DIE PSYCHOANALYSE SIGMUND FREUDS

Forschung und Praxis des Wiener Arztes *Sigmund Freud* haben zu Anfang unseres Jahrhunderts den Traum und seine Bedeutung nach einer Zeit der Nichtbeachtung oder Verachtung wieder als einen psychischen Wert ins Bewußtsein gerückt. Vorher herrschte, nach einem mehrdeutigen Worte *Jungs,* auf dem Gebiete der Traumpsychologie „das gehörige nächtliche Dunkel". Wie es sich immer ereignet, wenn ein wichtiger Inhalt aus der menschlichen Psyche heraufgeholt wird, sei es in religiöser, künstlerischer, in sozialer oder wissenschaftlicher Hinsicht, so ging auch von der Tat Freuds eine nachhaltige Erschütterung aus. Vom neuartig gesehenen und gedeuteten Traum aus erhielt das seelische Geschehen einen neuen Aspekt, bot es ein neues Bild. Neue Zusammenhänge wurden gefunden, wobei freilich, um das Wort bildlich zu nehmen, Freud diese Zusammenhänge in einem derben Hauptstrang, auf einer Ebene der Deutung zusammenfaßte. Viel bisher Unbegriffenes erhielt seine freilich zu sehr verengende Begründung.

Wer immer es unternimmt, ernsthaft von Bedeutung und Deutung der Träume zu sprechen, der darf an der Leistung des großen, auch durch seine sprachlichen Formulierungen ausgezeichneten Gelehrten nicht vorübergehen.

Freud kam in der Behandlung von Neurosen, also aus seiner ärztlichen Praxis heraus, auf die besondere Rolle, die das Traumleben in den Gedankengängen seiner Patienten spielte. Er erkannte genial, daß da eine wesentliche Funktion psychischen Lebens sich zögernd offenbarte. Damit sah er nach fast einem Jahrhundert ärztlichen und philosophischen Mißverstehens ein, daß der Traum nicht ein physiologisches, sondern ein seelisches Phänomen ist, **zur Hauptsache ausgelöst durch psychische Erlebnisse.**

In bewunderungswürdiger, fast allzu sehr unablenkbarer Energie hat sich Freud an die Erforschung, an die Aufklärung des Verhältnisses von Traum und Lebensschicksal, besonders bei pathologen Träumern, und an die Erfassung des Traumes als einer allgemein seelischen Erscheinung herangemacht. Er erkannte in ihm die sichtbarste Leistung der im Dunkel liegenden Seite der Seele. Von Freud stammt das vielzitierte Wort: „Die Traumdeutung ist in Wirklichkeit die via regia – die Königsstraße – zur Kenntnis der Seele."

Daß ihm erst Widerstand, hernach ein zu gewaltiger Erfolg und später die Abkehr seiner bedeutendsten Mitarbeiter nicht erspart blieben, liegt an seiner zu sehr vereinfachenden Auffassung vom Wesen des Menschen, von der Struktur und der Funktion des Bewußten und des Unbewußten. Es liegt in der maßlosen Überbetonung des Triebelementes, liegt an der eigenartigen und eigenmächtigen Schau, in der Freud das wesentliche Schicksal des Menschen sieht.

Freud sieht im Menschen vorwiegend zwei mächtige, energiegeladene Tendenzen sich bekämpfen: Den *Lusttrieb* und das *Realitätsprinzip*. Dabei dürfte man, was schon Freud betonte, unter „Lust" nicht nur, wenn auch vor allem, die sexuelle Lust verstehen. Praktisch haben sich allerdings Freud und seine sogenannte „Schule" therapeutisch fast nur auf dieses eine Lusterlebnis bezogen.

Diese *Lust*begierde des Menschen hat drei erogene Zonen des menschlichen Körpers besetzt, denen im Ablauf des Erwachsenwerdens je ihre besondere Rolle zukommt. Das Kleinkind, so glaubt Freud, beginnt mit der erotischen Mundlust (der *oralen* Lust), im vergnügten Saugen und Lutschen sich deutlich äußernd. Es folgt dann die *anale* Lust, die des Enddarms, der Darmentleerung, die bei Kindern und bei erotisch nicht genügend Erwachsenen von großer Bedeutung ist. Endlich wird die Lust *genital* gewonnen in der natürlichen Funktion der eigentlichen körperlichen Geschlechtsorgane primärer und sekundärer Natur. – Es ist selbstverständlich, daß in den Träumen dieser Lustwunsch sich ausspricht und zwar jede, auch die kindlichste Form auf jeder Altersstufe.

Der gewaltigen innern Triebrichtung wirkt nach Freud entgegen das *Realitätsprinzip*. Es ist eine Art seelischen Organs, das die Anpassung an die Wirklichkeit, an die moralische Ordnung, erfordert. Dieses steuernde Organ arbeitet unter dem Zwange des Selbsterhaltungstriebes, der natürlicherweise in jedem Menschen am Werke ist. Er fordert den notwendigen Verzicht auf *den* Teil der Sexuallust, welcher in seiner Maßlosigkeit die moralische Ordnung verletzen und so das Einzel-Ich gefährden könnte. Diese Trieb-Einschränkung fällt, immer nach Freud, jedem Menschen am allerschwersten. So gerät er in den Konflikt zwischen dem Ich-Triebe der Selbsterhaltung, der Anerkennung der allgemeinverbindlichen Moralgesetze und dem unbekümmerten Sexualtrieb. Dieser Trieb hat zudem eine besonders gefährliche Richtung. Die normale erotische Lust hat, nach der psychoanalytischen Auffassung, die wir nicht teilen, zu Anfang das heftigste Begehren nach der Gestalt der Eltern. Die erotische Begierde des Knaben und des Mädchens – bei neurotischen Menschen dauert der Zustand bis tief in die reifen Jahre hinein – ist also gebunden an den gegengeschlechtigen Elternteil. Was wohl dem jungen Menschen am allerfernsten liegt, wird ihm als das Allernaheste, als sexuelle Liebe oder in die Liebe versteckten ambivalenten Haß, zugeschoben: Der junge Sohn hat den einen tiefsten Wunsch, die Mutter sexuell zu besitzen und den Vater, der Hemmnis ist, hinweg, ihm symbolisch den Tod zu wünschen. Umgekehrt haßt das Mädchen die Mutter, welche ihm vor der Liebesbegegnung mit dem Vater steht. Die leicht festzustellende Tatsache, daß Söhne der Mutter, Töchter im Ausgleich der psychischen Natur dem Vater mehr verbunden sind, wird in dieser Theorie Freuds in der therapeutischen Praxis ins Absurde geführt, in einer tödlichen Monotonie abgewandelt.

Freilich glaubte Freud für seine Auffassung die überwältigende Bestätigung gefunden zu haben in der griechischen Sage von *Oedipus*. Diese erschütternde Erzählung berichtet: Das thebanische Königspaar Laios und Jokaste setzte seinen eben geborenen Sohn aus, weil dem König der Tod von der Hand des Sohnes und die Heirat von Mutter und Sohn prophezeit worden waren. Das Leben des Sohnes wird gerettet. Ein Hirt bringt den Findling an einen benachbarten Königshof. Ohne um seine Herkunft zu wissen, wird er dort aufgezogen. Auch er erhält das fürchterliche Orakel, bezieht es aber in selbstverständlichem Irrtum auf seine zweiten Eltern. Er verläßt sie und begibt sich auf Reisen. In einem Engpaß gerät er in Wortwechsel mit einem ihm entgegenfahrenden ältern, vornehmen Mann. Im Streit erschlägt er diesen. Er hat in ihm seinen wirklichen Vater Laios erschlagen. Als ein junger, kluger Held löst er die Rätselfrage der Sphinx und befreit damit Theben von diesem fressenden Ungeheuer. Die Königinwitwe, seine Mutter, reicht ihm zum Dank die Hand, und damit hat sich das Orakel entsetzlich verwirklicht. Was daraus Furchtbares für sein Land und sein eigenes Schicksal entstand, wird ergreifend weiterhin erzählt.

Dieser furchtbare Mythos erschien also Freud als das Grundgleichnis der Beziehung zwischen Sohn und Eltern. Nach unserer Meinung hat Freud das Hauptmotiv, nämlich die Frage der Sphinx nach dem Menschen, diesem Wesen, das am Lebensmorgen auf vier, am Mittag auf zwei und am Abend als Greis am Stock auf drei Füßen geht, übersehen, oder, um seine Sprache zu reden, verdrängt. In der

Psychologie der einzelnen Altersstufen spielt dafür die Sexualität eine umso größere Rolle. Der Sohn begehrt die Mutter und tötet in seinen unbewußten Gedanken, die der Traum verrät, den Vater. Freud – und noch mehr seine Schüler – hat dieses Inzestmotiv theoretisch mächtig ausgebaut. Es ist eine der Grundlagen seiner Traumdeutung. Damit wird das Eltern-Kind-Problem ungeheuer überlastet: der Mutter- und der Vaterkomplex sind die Hauptkomplexe, die Großstörungen im Leben des Kindes und des Erwachsenen verursachen. Den Vater zu ermorden (d. h. weg zu haben), damit er bei seiner Mutter erotisch bleiben – in der dogmatischen Frühauffassung der Psychoanalyse, damit er bei seiner Mutter schlafen kann – ist wohl höchst selten der Wunsch eines richtig heranwachsenden jungen Mannes. *Jung* bemerkt einmal: „Der Inzest kommt nur in den Köpfen gewisser Leute vor. Ich habe dieser Auffassung gegenüber schon lange den Standpunkt vertreten, daß das gelegentliche Vorkommen des Inzestes kein allgemeines Bestehen einer Inzestneigung beweist, so wenig wie die Tatsache des Mordes das Vorhandensein einer allgemeinen konfliktergreifenden Mordlust dartut..." Anderswo weist *Jung* darauf hin, daß die leisen erotischen Gefühle vielmehr von den Eltern zu ihren heranwachsenden Söhnen und Töchtern gehen, als umgekehrt. Freuds Oedipus-Konflikt hat viel Verwirrung geschaffen und manche normale Beziehung zwischen Eltern und Kindern vergiftet.

Im Traume nun sucht sich die allmächtige, aber ins Unbewußte verdrängte Sexualität durchzusetzen. Das ist sozusagen der Hintergrund des Traumes. Konsequenterweise unterscheidet Freud deshalb zwischen dem manifesten und dem latenten Trauminhalt. Manifest ist die einfache Traumerzählung, die *„Traumfassade"*, wie es Freud auch nennt. Wer seinen Traum einfach dahin erzählt, hat nur diesen manifesten Teil veröffentlicht. Das aber ist ein entstellter

Ersatz für den dahinter liegenden unbewußten, die Veröffentlichung scheuenden „Traumgedanken".

Diese Entstellung, diese verhüllende Vermummung ist nötig, damit das Ich nicht von jenen asozialen und unethischen Begehren, von den Triebwünschen, die so mächtig und von unerlaubter Richtung sind, erfahre.

Daß der Traum in erträglichem Bilderkleide und in relativ anständigen Worten erscheint, verdankt er einer besonderen Umbildungs- und Anpassungsstelle. Zwischen den manifesten und den latenten Trauminhalt hat sich, so behauptet Freud, eine kritische Zwischenstation eingeschaltet, die Traumzensur. Sie erlaubt nicht, daß jene, vom Bewußtsein aus gesehen schlimmen Inhalte des Unbewußten, jene sexuellen Wünsche, die Rache- und Todesgedanken denen gegenüber, die unsere Begehrlichkeit hemmen, so wie sie sind, erscheinen. Eine Zensur, nach Freud vergleichbar der Pressezensur, schützt als vorsorgliche Instanz die Gedanken- und Willenswelt des Bewußten gegen den maßlosen Triebanspruch und die nicht gestatteten Inzestverlangen des Unbewußten. Das eigentliche Unbewußte, das „wirksame Unbewußte", gelangt also in den Träumen herauf, und sein Inhalt wird durch die Deutungsarbeit der psychoanalytischen Methode freigelegt, wobei der Widerstand gegen die Zensur auf den Therapeuten übertragen wird.

Von dieser Traumzensur Freuds wissen wir nie recht, dient sie schlauen, betrügerischen Absichten des Unbewußten, das sich die Maske des manifesten Traumes vorbindet, ist sie die strenge Moraltante des Bewußten, oder läßt sie sich, um es so auszudrücken, am Ende als Teil einer leider etwas korrupten Seele Bestechungsgelder von beiden Seiten zustecken!

Beiläufig bemerkt: Freie Passage aus dem Unbewußten ins Bewußte hat das *„Unterbewußte"*, nämlich das, was täglich ins Vergessen der Tiefe fällt an Erlebtem und Erfahrenem. Ihm steht der Rückweg, soweit es nicht „peinliche Erinnerung" ist, frei.

Rank, der seinen Meister später am schärfsten entwertet hat, äußerte einst: „Ein wegen seiner besondern Eignung zur verhüllenden Darstellung des Verdrängten und seiner Zulassung zum Bewußtsein vom Mythos in gleicher Weise wie vom Traum verwendetes Ausdrucksmittel des Unterbewußten ist das Symbol." Auch in der Auffassung Freuds greift der Traum – aber eben in der Absicht der Verhüllung und nicht als Traumsprache an sich – „auf Zustände unserer intellektuellen Entwicklung, die wir längst überwunden haben, auf die Bildersprache, die Symbolbeziehung, vielleicht auf Verhältnisse, die vor der Entwicklung unserer Denksprache bestanden haben." Freud hat mit seinen eigenen Forschungen und Hinweisen das Studium dieser urtümlichen Ausdrücke psychischen Lebens sehr gefördert und nebenbei bedeutende Kulturleistungen angeregt.

Der Traum, wie Freud ihn sieht, leistet eine große Arbeit, indem er die Wünsche in Bilder umsetzt. Er „verdichtet" den ganzen Wunschgedanken und seinen innern Ablauf in ein Symbol oder in eine symbolische Handlung, sei es etwa ein Vogel, eine Mühle, eine Schlange oder ein Haus, ein Kästchen oder ein Degen – alles verkappte Ausdrücke für männliche und weibliche Sexualorgane und ihre natürliche Funktion. Damit kein Anstoß erregt wird, kann das Begehren sich noch tiefer in eine harmlose Traumgeschichte verstecken, die unmöglichsten Verschiebungen vornehmen und doch immer nur das *„Eine"* meinen.

Schon hier darf es ausgesprochen werden: Die psychologische Auffassung Freuds vom Unbewußten, vom Traum im besonderen, geht aus von einem überwerteten Bewußtsein. Sie nimmt unbegreiflicherweise an, das Unbewußte stehe stets vor der Frage: „Wie sag ich's meinem Herrn?" Ist es nicht unglaublich, aus dem kleinen Ich und seinem eingeschränkten und sichtlich beschränktem Weltbilde heraus gedacht, wenn man annimmt, die nächtliche Arbeit des Traumes bestehe in der geschickten Ausführung eines Arrangements der Täuschung, der dann die Traumzensur den Segen und den Durchlaß gibt!

Eine besondere Auffassung von der hygienischen Funktion des Traums soll nicht unerwähnt bleiben. Auf die Frage, warum denn der Traum die Begehren des Unbewußten verhülle und dämpfe, antwortet Freud: „Er stellt sich damit in den Dienst des Schlafes. Die Gewalt der Triebe würde uns wecken, der Traum aber beschwichtigt sie und schafft ihnen einen Ausweg im Symbol. Da der Angsttraum den Schlaf unterbrechen kann, darf er außerhalb der so verallgemeinerten Wunschtheorie bleiben. Da reicht offenbar das Wunschschema, das ja aus der Sprache des Bewußtseins stammt, nicht mehr hin."

Bei der Bearbeitung des Traummaterials zum Zwecke der Deutung bedient sich der Psychoanalytiker Freud der *freien Assoziation*. Nach der Erzählung des manifesten Traumes soll der Klient einfach alles hergeben, was ihm an Einfällen zu diesem Traum in den Sinn kommt. Dabei soll, doch wird darauf nicht besonderer Wert gelegt, die Ausgangsvorstellung – etwa jene Gerätekammer im elterlichen Hause – festgehalten werden. Der Klient darf weiter assoziieren und eben einfach seinen ganzen Sack leeren. Jeder Freudsche Analytiker weiß, welch tränenbegossene, entsetzliche Leere sich bei seinem Klienten einstellen kann, wie er oft auf einer ängstlichen Suche ist danach, was ihm noch weiter einfallen könnte. Dabei hat er das Gefühl, immer weiter von dem abgedrängt zu werden, was ihn hieher geführt hat. Nicht das, was der Traum sagen wollte, sondern die ganze Fülle der Komplexe dieser Seele werden gleichzeitig herbeigezerrt. Wer sollte da nicht ertrinken? Dies um so mehr, als manche Psychoanalytiker schweigend den Klienten mit diesen Gewalten allein ringen lassen. – Daß dabei diese Komplexe sozusagen die Pflicht haben, nur sexueller Natur zu sein, sich in Machtphantasien, Zerstörungsgedanken zu äußern, und dann aus allem Meer des Leidens verzweifelnd sich hinüberzuretten in den Gegenlauf der Lust, nämlich in den *Todestrieb,* kann die Not des Traumes nur noch entsetzlicher machen. Es muß nicht so sein. Denn mancher Träumer nimmt an, was ihm den triebhaften Teil seiner Natur zeigt; er kann ein besseres Verhältnis gewinnen zwischen seiner Triebnatur und der moralischen Ordnung des Lebens, in dem er steht. Vielleicht ahnt er auch, daß selbst das Dunkel seiner Tiefe mehr meint als nur Sexualität, ja daß selbst die ihm sexuell gedeuteten Symbole vielleicht doch noch ein anderes meinen, ihre Mehrdeutigkeit nicht eindeutiges Triebgleichnis ist.

Wenn der Träumer so weit ist, dann hat er die Einseitigkeit der Freudschen Auffassung vom Wesen des Menschen überwunden. Falls ihm die Schriften Freuds bekannt sind, dann ist ihm bald aufgegangen, daß Freud selbst eine absolut integre, von der Leidenschaft des Forschers erfüllte Persönlichkeit war. Es wird ihm, falls er kulturgeschichtlich sehen kann, auch deutlich, wie sehr Freuds Erscheinung das erotisierte Europa um die Jahrhundertwende voraussetzt. Da erschien wirklich beim leisesten Aufkratzen der Schicht, welche das Unbewußte vom Bewußten sozusagen abtrennt, die sonst nur unter Bedingungen angenommene und deshalb undifferenzierte, sich verhüllende Sexualität. Man hielt diese lange Zeit für den einzigen Inhalt des Unbewußten.

Wer um die intellektuelle, extravertierte Haltung des neunzehnten Jahrhunderts in Europa und Amerika weiß, dem mag vielleicht auch der tiefere Sinn des Vater- und Muttermythos in der Lehre Freuds aufgehen. Diese spürte beim Übermaß der intellektuellen männlichen, der väterlichen Gewalten in der westlichen Zivilisation den drohenden Ruf der

Tiefe, in der alle Sehnsucht, aller Drang nach echter mütterlicher Erdnatur bis dicht unter die Oberfläche heraufgestiegen war. Der Gegenlauf begann einzusetzen. Im allzulangen Intellektualismus verdorrte die Seele. Sie bereitete die Erhebung vor gegen den Vater, der sich des Geistes begeben hatte, und ertastete leidenschaftlich den Weg zu den mütterlichen Gewalten unserer Erde. Die Träume, eingebettet ins Schicksal des Einzelnen, redeten damals von dieser Heimkehr. Wer noch tiefer hineinhorchte in ihre Reden und Bilder, der konnte spüren, daß eine Vereinigung des Männlichen und des Weiblichen zu einem höhern Menschlichen sich anbahnte. Daß *Freud* dieses gelobte Land reifen Menschentums, das auch wir noch nicht erreicht haben, nicht mehr sah, sondern im sexuellen Gleichnis blieb, macht seine Tragik aus.

DER TRAUM IN DER INDIVIDUAL-
PSYCHOLOGIE ADLERS

Stellt *Freud* in das Zentrum des einzelmenschlichen Schicksals dessen erotische Situation und verknüpft sie in überlastender Weise mit der Beziehung zu den Eltern und Geschwistern, so sieht die Psychologie *Alfred Adlers* fast alles Handeln des einzelnen Menschen bewegt durch dessen Machtanspruch und den Kampf der asozialen Ichbehauptung. Wo *Freud* – wie bedeutsam ist der Name des Forschers! – den Menschen im Hin und Her seiner Lustbegierde schaut, glaubt *Adler* – wie spiegelt sein Name Wesentliches seiner Theorie! – seinen Menschen verstrickt in die Ansprüche auf Geltung, auf Herrschaft um jeden Preis, auch um den der Neurose. Führt Freud zurück auf die bewußt übermächtigen erotischen Bindungen der individuellen Vergangenheit und erklärt alle Schwierigkeiten *kausal,* so erkennt Adler, nicht ohne den Nachweis vieler Belege, daß alles Handeln des Menschen *final,* auf den zu erreichenden Zweck gerichtet sei. Dieser Zweck ist und bleibt ihm aber allein die Erhaltung des subjektiven Gefühls der Überlegenheit, des „Obenseins", auch da, wo soziale Einordnung in die menschliche Gemeinschaft gefordert werden müßte. Diesem Zwecke wird, so behauptet Adler, alles übrige Streben untergeordnet, am meisten da, wo das Gefühl der Minderwertigkeit zu kompensieren, sein Gegenteil zu verwirklichen ist. Im Notfall wird Hilflosigkeit, welche die Umwelt besorgt dem „Armen" zudienen läßt, wird Krankheit, welche den sonst zu wenig Beachteten zum Zentrum der Besorgnis macht, „arrangiert". Aus „männlichem Protest", wie es Adler nicht sehr geschickt und in einer Verkennung des echt männlichen Wesens nennt, wird jede Fiktion aufrecht erhalten, die den Neurotischen im Mittelpunkt des Umweltinteresses, vor allem der ängstlichen Fürsorge der Familie erhält.

Bei Gesunden und bei Kranken erkennt dieser Forscher immer wieder ein „Arrangement", um bei Adlers Lieblingsausdruck zu bleiben, das den Menschen dahin führt, wo er sich wichtig machen kann. Jedes Versagen wird in ein solches Arrangement eingebaut und dient dazu, an der gesetzten selbstverständlichen Leistung, welche schon vom Kinde und erst recht vom Erwachsenen Anpassung, Einpassung, Bescheidenheit und Hingabe fordert, vorbeizukommen. Der seinem „Machtprinzip" unterworfene Mensch versündigt sich nicht an der konventionellen Moralität, sondern am Gemeinschaftsgefühl. Heilung kann nach dieser Auffassung, die vor allem von pädagogischer Bedeutung ist, nur erreicht werden, wenn man all die versteckten Machtbegierden aus ihren bald anmaßenden, bald rührenden Verkleidungen herauslöst, bewußt macht und mit Hilfe von Einsicht, Willen und freiwilligem Opfer überwindet.

So sehr das Ethos dieser Erziehung des Menschen zum sozialen Wesen beeindruckt, so deutlich wird auch, daß Adler den ursprünglichen Menschen sehr negativ sieht. Verhält sich nun schon das Bewußtsein, auf dem der Lebensakzent in dieser Psychologie liegt, recht minderwertig, so ist das Unbewußte ein noch minderwertigerer Diener dieses Bewußtseins. Das Unbewußte hat nämlich die etwas dubiose Rolle zugewiesen bekommen, den Machtansprüchen Versteck zu gewähren, bis sie zu passender Zeit hervorbrechen können. Auch das Unbewußte ist für Adler ein Arrangement, ein „Kunstgriff" der Psyche. Die bedeutendste Ausgestaltung des Unbewußten, der Traum, begibt sich erst recht in diesen Dienst der Aufrechterhaltung der Machtansprüche.

Wir wissen schon, daß der Traum dem Menschen seine Kleinheit, die Schwierigkeit seiner Unternehmung, sein Gefährdetsein aufzeigen kann. Nach unserer Auffassung gibt er dem Menschen damit die Möglichkeit, sich nach außen und nach innen auszugleichen, zu orientieren. Bei Adler geschieht der Traum, damit der Träumer mit seiner ängstlichen Traumerzählung einen Gefahren- oder Krankenschein vorzuweisen hat, der ihn der geforderten Leistung enthebt. Das Bewußtsein kann sich auf die Aussage des Traumes stützen und sich darauf berufen, es habe ja der Traum selbst gesagt, man möchte sich besser nicht ausgeben, ja nichts aufs Spiel setzen. Damit verstärkt, immer nach Adler, der Traum die Ausweichetendenz und die hernach einsetzenden, sich selbst beruhigenden Täuschungsversuche des Menschen.

„Jeder Traum hat die Aufgabe, jene Stimmung zu erzeugen, die zur Erreichung des vorschwebenden Zieles die geeignete ist." Oder anderswo: „Insbesondere werden sich auch im Traume jene beiden Faktoren geltend machen und sich wenigstens in Spuren erkennen lassen, die den Träumer auch in der Wirklichkeit bei seiner Stellungnahme zur Umwelt beeinflussen: das Gemeinschaftsgefühl und das Streben nach Macht." Das Ziel des natürlichen Menschen, so wie Adler ihn offenbar immer wieder in seiner Praxis erlebt hat, ist der Wille zur Macht. Durch die Endabsicht sind „der Traum wie der Charakter, das Fühlen, der Affekt, das nervöse Symptom arrangiert." (Man verzeihe die Wiederholung des Grundgedankens in den stets gleichen Formulierungen. Das geht bei Adler durch ganze Bücherreihen hindurch!) Weil sich nun schon früh, nämlich ausgesprochen in der Kindheit und hier besonders in der Eltern- und Geschwisterbeziehung, das Problem der eigenen Durchsetzung stellt, verwendet der Traum nach der Behauptung Adlers gerne Jugendsituationen, läßt auf der Traumbühne den Menschen in einer Kindheitslandschaft sein nicht ganz ehrliches Spiel aufführen.

Es ist nicht viel und wenig Bedeutendes, was Adler zur

Rolle des Traumes im gesamtseelischen Leben zu sagen weiß. Die Schmalheit seiner Auffassung, die Entwertung des Traumes zeigt sich schon in der Meinung dieses Forschers, daß das, „was sich während des Schlafes in unserer Gedankenwelt in so sonderbaren Formen abspielt, nichts anderes ist als die Brücke vom Vortag zum nächsten Tag".

Gegenüber der Behauptung, die Träume stellten sich in den Dienst des Bewußtseins und liehen Zuzug allem infantilen Anspruch, ist darauf hinzuweisen, was vom Ethos des Traumes in anderen Kapiteln gesagt worden ist. Gerade im Traume wird ja der Überanspruch des Ichs reduziert, muß es sich in seiner relativen Unbedeutendheit erkennen. Wie wird das Ich im Traume zerzaust, wie kommt die Schar seiner üblen Schatten herauf! Im Traume wird Gerichtstag gehalten über die Aufblähungen des eitlen, sich gewichtig fühlenden Menschen. Wie oft muß man Menschen, die sich verletzt von dem, was sie über sich selbst geträumt haben, vom Spiel ihrer Seele abwenden, sagen: „Sie selbst haben dies geträumt, in Ihnen scheint unter anderem auch diese Meinung über Sie selbst verbreitet zu sein." Freilich, der Träumer, die Träumerin, welche auch das ungünstige Urteil noch in ein für sie günstiges Urteil zu drehen wissen, sie, die alles in die von ihnen gewünschte Linie einmünden lassen können, sie stehen in besonderer Gefahr, wenn sie ihre Träume selbst deuten. Denn sie deuten auch diese sich selbst zu, zu ihren Gunsten. Daran sind die Träume aber nicht schuld.

Die allzu knappe Darstellung Adlerscher Psychologie mit ihrem Seitenblick auf die Funktion des Traumes möge eine Traumdeutung beschließen:

Adler führt nämlich, seine Theorie zu belegen, einen Traum aus der Antike an und gibt dessen Deutung. Dies der Traum: „Der Dichter Simonides, der einst den Leichnam irgendeines Unbekannten unbeachtet am Straßenrand angetroffen und für anständige Bestattung gesorgt hatte, wurde, als er später im Begriffe war, eine Schiffsreise zu unternehmen, von dem dankbaren Toten im Traume gewarnt. Wenn er nämlich übers Meer fahre, würde er im Schiffbruche umkommen. Er fuhr nicht, und alle andern, welche die Fahrt unternahmen, kamen um." Dazu meint Adler, daß in jener Zeit wohl sehr oft Schiffe untergingen und deshalb wohl sehr viele Menschen jeweils träumten, von einer Schiffsreise besser Abstand zu nehmen. Das Zusammenfallen von Traum und Wirklichkeit habe dann auf die Nachwelt besondern Eindruck gemacht. „Wir verstehen den Traum nüchtern dahin: Unser Dichter hat in der Sorge um sein leibliches Wohlergehen wohl nie besonders Lust gezeigt, die Reise zu machen. Als die Entscheidungsstunde nahte, griff er zu einer Verstärkung. Er ließ sich gleichsam den Toten kommen, der sich ihm nun dankbar erweisen sollte. Daß er jetzt in der von ihm erzeugten Stimmung nicht fuhr, ist selbstverständlich."

Adler nimmt also an, daß ein Mensch seine Träume herbeirufen kann, damit sie in der von ihm gewünschten Haltung seine Absichten unterstützten. Er übersieht, daß man Träume gar nicht bewußt erzeugen kann, und daß das Unbewußte nicht daran denkt, sich den Sicherungs- und Geltungswünschen des Bewußten zu unterwerfen.

DIE METHODE DER DEUTUNG IN DER KOMPLEXEN PSYCHOLOGIE JUNGS

Die Psychologie *C. G. Jungs* hat sich eine bestimmte Methode der Deutung geschaffen, die selbstverständlich ausgeht von der von ihr gewonnenen Einsicht in das Wesen des Unbewußten und dessen Verhältnis zum Bewußtsein. In ihr wird mehr als in der Psychologie *Freuds* und *Adlers* die Tatsache der psychischen Energie und ihrer Gesetze berücksichtigt.

Die bisherige Darstellung unseres Buches hat den Leser, wie nebenbei, in vielen Bemerkungen und in der Ausdeutung einiger in anderm Zusammenhang angeführter Träume erkennen lassen, in welcher Weise die Psychologie Jungs, innerhalb derer der Autor selbständig arbeitet, deutet.

Dennoch muß auf einige besondere Sachverhalte, auf bestimmte Deutungsprinzipien und Deutungsschwierigkeiten, die man als Deuter nicht außer acht lassen darf, hingewiesen werden.

Vor allem hat man den Sinn eines vorgelegten Traumes stets als unbekannt vorauszusetzen. Man begegnet ihm zwar mit dem Instrumente unseres Wissens und dessen Erfahrung, aber ohne Vorurteil. Er ist ein seelisches Gebilde, das seine eigentümliche, nämlich die für die Äußerung des Unbewußten bezeichnende Sprache hat. Diese Sprache gilt es in der Deutung zu verstehen, ihr Bild und Symbol, wie den eigenartigen, scheinbar unlogischen Ablauf des Traumgeschehens umzusetzen in die logische Sprache des Bewußtseins, in kausale Zusammenhänge.

Der Traum ist zu Beginn der Deutung ein *Fremdtext* unbekannten Inhaltes und unbekannten Sinnes, verfaßt in einer nur zum Teil vertrauten Bilderschrift. Uns bekannt und vertraut sind bloß die freilich noch eigenwillig genug verknüpften Tatsachen aus der Welt unseres persönlichen Erlebens. Auch diese haben zudem, wie übrigens im Leben auch, sehr mehrdeutigen Charakter.

Die Deutung beginnt mit den Elementen des Traumes, die bekannt sind, wendet sich also den Stellen des Traumes zu, für die man sofort eine Beziehung findet, weil man glaubt, sie vom eigenen Erleben her deuten zu können.

Auch einzelne Symbole, etwa der Garten, der Krieg, die Brücke, die Prüfung oder das wilde Tier, geben ihren Sinn leicht her. Von diesen, nach ihrem Sinn begriffenen „Inseln" aus versucht man, den schwieriger zu erfassenden Text aufzuhellen.

Auf jeder gewonnenen Deutungsstufe hat man sich dennoch bewußt zu bleiben, daß man vorerst bloß zu einer sich verfestigenden *Vermutung* über den Sinn des Traumes gelangt ist. Einzelne Abschnitte des Traumes sind klarer geworden, und sie werfen ihr Licht auf die dunkeln Stellen. Manchmal geht man vor, wie bei der Lösung einer Gleichung mit mehreren Unbekannten. Da wird bekanntlich erst einmal *ein* unbekannter Wert, x genannt, gesucht und, wenn gefunden, in seinem Wert in die Rechnung eingesetzt. Ähnlich kann man im Traumtext etwa die Bedeutung einer der Traumgestalten erkennen und dieses Bekannte in die ganze Traumhandlung neu einsetzen. Der Mathematiker sucht nach Bestimmung des x das unbekannte y, und in immer weitern Reduktionen wird der genaue Wert einer Unbekannten nach der andern gewonnen und an den entsprechenden Stellen eingesetzt. Die Aufgabe des Mathematikers ist gelöst, wenn alle Unbekannten in ihrer Funktion erkannt sind. Seine Lösung ist eindeutig.

Auch der Deuter des Traumes kommt auf eine Lösung, nämlich an *einen* Sinn des Traumes. Wenn er sehr wach arbeitet und mit dem Träumer die noch zu besprechenden

Hilfen des *Kontextes* und der *Amplifikation* geduldig um den Traumtext fügt, kommt er vielleicht sogar zum Hauptsinn des Traumes.

In der Deutung der Träume ist sorgfältig darauf zu achten, in welcher Beziehung und Reihenfolge die Traumelemente zueinander stehen. Man spürt im allgemeinen, worauf der Hauptton des Traumes liegt; aber man wird nicht vergessen, daß eine kleine Einzelheit zum Eckstein und Ausgangsort der Deutung werden kann. Vor allem aber ist zu beachten, was aufeinander folgt; denn es ist das Vorangehende irgendwie eine Bedingung des Nächsten. Weil beispielsweise in einem Straßenbahntraum der Träumer das Bild einer Geliebten hervorholte, blieb der Wagen stehen! Erhebt sich im Traume ein Wind, dann weiß man: jetzt wird etwas besonderes geschehen! Es gibt eine Reihe solcher Ankündigungen, Schwellenfiguren und Schwellenereignisse. Oder man muß etwas Bestimmtes akzeptieren, ehe etwas anderes, das ohne Zusammenhang mit dem ersten zu sein scheint, in seine Richtigkeit kommt. Weil jene Träumerin sich weigerte, das armselig dunkle Brot, das ein Bauer ihr reichte, anzunehmen, fand sie hernach den Schlüssel zu ihrem Hause nicht mehr.

Es ist auch bedeutsam, welche Personen im Traume neu herzutreten, und was daraus Unerwartetes geschieht. Diese herzutretenden, unerwartet auftauchenden Gestalten bringen mit sich einen neuen Inhalt in die Situation und verändern sie. Auffällig ist der *Aufbau* der Träume, die man als Ganzträume zu erinnern glaubt. Sie haben die Gliederung eines Dramas, eines in Akte gegliederten Bühnenstückes. Wie bei der Betrachtung einer dramatischen Dichtung stellen wir vorerst *Ort* und *Zeit,* sowie die *handelnden Personen* des Traumes fest. Der erste Traumakt gibt die Eingangssituation und deutet das Traumproblem an. Nach dieser Exposition tritt ein Neues hinzu, das eine besondere Richtung und Entwicklung des Geschehnisses bewirkt. Dies führt zum Höhepunkt, der oft durch ein Gefahrenmoment besonders betont wird. Dann steigt das Geschehen hinab, um im Schlußakt in ein gutes oder schlimmes Ende zu führen.

Ein besonders einfaches Beispiel mag dies erläutern: Der Träumer sitzt in einer Art griechischen Rennwagens. Er fährt die große Straße hinunter, der Klinik zu, an der er Arzt ist. Plötzlich steht auf der kleinen Plattform seines Wagens ein herrlich schönes Mädchen, nimmt die Zügel der beiden Pferde entschlossen auf und führt das Gefährt. Der Wagen fährt sehr schnell und hat nun die Kurve um die Klinik zu nehmen. Der Träumer macht die Lenkerin darauf aufmerksam, daß der Wagen stürzen könnte. Sie beugt das Haupt zurück und lacht ihn strahlend an. „Es ist schon gut!" So gelangen sie in herrlicher Fahrt auf den Hauptplatz der Stadt.

Ort: die Stadt des Träumers. Zeit: nach seiner Vermutung früher Nachmittag. Personen: der Arzt und diese junge Frau, offenbar eine Animagestalt, welche in seinem Leben nun die Führung übernimmt. Ausgangssituation: der Träumer ist auf der Fahrt nach seiner Arbeitsstätte. Etwas Neues tritt hinzu, die schöne Lenkerin, welche die Führung übernimmt. Nun droht Gefahr an der Straßenbiegung. Der Träumer muß um den Ort, in den er bisher all seine Kräfte hineingelegt hat, herumkommen, soll er den Anschluß an das allgemeine Leben wieder zu finden. Im dritten Teil folgt das kleine Gespräch. Der vierte Akt führt den Träumer auf den Hauptplatz der Stadt, der auch sein inneres Zentrum bedeuten könnte. Der Traum ist günstig, weil er ein klares gutes Ende bringt.

Manche Träume sind drei- oder fünfaktig aufgebaut. Man muß annehmen, daß die Aufteilung in drei, vier oder fünf Akte beim Bühnendrama, auch wenn man die historische Entwicklung berücksichtigt, auf die viel ältere, einem psychischen Ordnungsgesetz entsprechende Traumgliederung zurückgeht.

Es bleibt von höchster Wichtigkeit, wie der Traum endet. Das banale Wort: „Ende gut, alles gut" gilt auch für den Traum. Aber er darf nicht immer an ein gutes Ende heranführen. Er kann auch in der Katastrophe enden. Als Ausdruck innerer Wirklichkeit und Wahrheit wird er sich nie die Unwahrheit eines erzwungenen Happy-Ends gestatten. Denn er steht ja nicht unter der Diktatur seines Zuschauers, des Träumers.

Dennoch: Den einzelnen Traum darf man, wie er auch ende, nicht endgültig deuten. Ob er einen guten oder einen bedrückenden Sinn ergibt, stellt erst die Kontrolle fest, welche nicht nur den einzelnen Traum deutet, sondern den Sinn einer ganzen zusammenhängenden Traumgruppe findet.

DEUTUNG DER TRAUMSERIE

Eine Hauptregel methodischer Traumanalyse geht also dahin, nicht einzelne verstreute Träume zu betrachten, sondern jeweils eine Gruppe von Träumen, die zeitlich sich folgten, nach ihren Motiven, nach ihrem Sinn durchzugehen. Denn es hat sich gezeigt, daß Träume der gleichen Epoche um dasselbe Thema kreisen, mögen auch die einzelnen Traumbilder und ihr Ablauf unter sich noch so verschieden sein. Sie ordnen sich um die gegenwärtig wichtigste innere Angelegenheit, um einen Komplex, einen Konflikt, der zur Bewußtwerdung und zur Lösung reif ist.

Wohl werden die Träume nacheinander geträumt, nacheinander erzählt. Aber man gewinnt oft den Eindruck, daß sie eigentlich gleichzeitig da sind, bezogen auf einen seelischen Erlebniskern, auf ein Bedeutungszentrum, und nur nacheinander ins Bewußtsein kommen.

In der Traumreihe liegen Mitteilungen verschiedener Färbung und von wechselndem Akzent über dasselbe derzeitige Grundproblem vor. Es wird dieses also von verschiedenen Seiten angesehen, nach mehreren Richtungen hin erwogen. Als Deuter ist man immer wieder erstaunt darüber, wie wissend, wie sorgfältig die innere Instanz ihrem Träumer die verschiedenen Aspekte einer Lebenssituation klar zu machen sucht. Sie läßt längere Zeit nicht ab, den Menschen immer wieder drauf hinzuweisen, wie vielschichtig sein Problem in Wirklichkeit ist. Die Traumserie trägt das Für und Wider eines geplanten Unternehmens vor. Es verrät sich in einem Traume ein berechtigtes Zögern, und gleichzeitig kann ein anderer Traum aus gleicher Zeit höchst eindrücklich darauf hinweisen, daß man um das endliche Handeln nicht herumkommt. Natürlich kann eine ganze Traumserie in immer neuen Traumhandlungen stets die eine, nämlich die hier einzige Lösung vorschlagen. Da verstärkt ein Traum den andern; sie weisen alle nach derselben Richtung.

Auch der nicht sehr differenzierte Träumer merkt, nachdem er in analytischer Beratung rasch das Bilddeuten wieder erlernt hat, daß in den Träumen „aus letzter Zeit" stets vom Gleichen gesprochen wird.

Es *muß* offenbar vom Gleichen gesprochen werden, weil eine Weiterentwicklung erst die Bearbeitung dieses vorliegenden Problemes zur Voraussetzung hat. Oft scheint es, als habe sich das Unbewußte fast zwängerisch auf ein einziges Thema konzentriert und verlange unerbittlich, daß der Mensch sich mit dieser einen Angelegenheit befasse. Wie oft bricht der Erzähler seiner Träume in die ärgerliche Klage aus: „Wann hören die Träume endlich auf, von dieser abgetanen Sache zu reden?" Es ist eben nicht abgetan, was unser Ich gern erledigt hinter sich sähe. Träume reden nach unserer Erfahrung solange – und oft wie lange! – von einer Sache, bis sich der Träumer ihrer ernsthaft annimmt, oder aber bis – darf man so sagen? – sich das Unbewußte vom Nichtwollen des Ichs überzeugt hat und hier resigniert.

Da Träume aus gleicher Zeit zwar fast immer von den gleichen Dingen handeln, jeder Traum aber einen besonderen Aspekt, eine besondere Seite der Angelegenheit bewußt macht, stehen die Träume zueinander im Verhältnis gegenseitiger Aufhellung. Sie bilden für einander eine Art Kontext.

Der Deuter, dem eine Gruppe von Träumen vorgelegt wird, dem bei der Deutung des einen Traumes gleichzeitig die typischen Vorgänge und Symbole der andern bewußt sind, wird viel eher vor Fehlleistungen bewahrt, als wenn er nur einzelne auffällige Träume analysiert. Dem Träumer aber wird in der Zusammenschau der mehrfachen Traumergebnisse eindrücklicher, worum es seiner Seele zur Zeit geht. Er wird sich leichter entschließen, seine bewußte Einstellung, seinen Willen in Einklang zu bringen mit der Richtung des innern unbewußten Lebens. Wird dem Ich nur ein Traum gegenübergestellt, dann scheint die Partie eins zu eins zu stehen. Mehrheit hat aber berechtigterweise etwas Überzeugendes.

Großträume freilich sind in ihrer überragenden Eigenart, obwohl seltene und vereinzelte Erscheinungen, von überwältigender Eindrücklichkeit.

Wer über eine gewisse Deuter-Erfahrung verfügt, merkt rasch, wenn in den mitgeteilten Träumen ein neues Thema anhebt, wenn die Seele sich um eine Stufe ihrer Entwicklung – die freilich nicht immer in die Höhe führen muß – zu bemühen beginnt. Dieses Weiterschreiten erfolgt, wenn jene frühern Probleme, die den Kern einer Traumserie bildeten, von der Deutung im Wesentlichen erreicht, dem Bewußtsein angenähert und in einer neuen seelischen Haltung realisiert sind.

Naiv möchte man es so darstellen: Die Seele reicht dem

Bewußtsein in ihren Träumen eine Aufgabe nach der andern zur Bearbeitung herauf, Inhalte, aus denen man wenigstens eine Aufgabe herauslesen könnte. Sie hat dabei ihre eigene, sehr selbständige Reihenfolge. Diese Reihenfolge wird rückblickend am ehesten erkannt, wenn der Träumer die gute Gewohnheit hat, ein Traumtagebuch zu führen. In ihm heben sich die einzelnen Motive unseres Lebens, unserer innern Biographie als entsprechende Traumserien sehr deutlich von einander ab. An der Abfolge dieser um das wechselnde Lebensthema kreisenden Traumgruppen, denen vielleicht die in der Analyse gewonnene Deutung beigefügt ist, erlebt man beim Wiederlesen des Traumbuches noch einmal den Weg, den man in innerer Wandlung zurückgelegt hat. Zu unserm Erstaunen erweist dieser sich oft als ein Kreis, der sich um die paar Grundtatsachen legt und die für unser persönliches Wesen bezeichnenden Probleme umschließt.

DER TRÄUMER

Man kann und darf Träume nicht deuten, ohne den Träumer zu kennen; mehr noch, man wird ohne dessen Mitarbeit kaum zu einem wertvollen Deutungsergebnis kommen. Davon machen Großträume, die sich nur aus allgemeinen Symbolen aufbauen, insofern eine Ausnahme, als die allgemein menschliche Situation des Träumers, von dem wir wenigstens das Alter und das Geschlecht wissen müssen, sich auch ohne weitere Mitteilung im Traume abzeichnet.

Männer und Frauen können sehr ähnliche Träume haben. Aber meist bedeuten sie nicht das Gleiche. Das wird sofort klar, wenn man bedenkt, daß der Traum vor allem das herbeiholt, was unser Ich nicht ist und nicht hat, also etwa die in uns unbewußt vorhandenen Möglichkeiten des Gegengeschlechts.

Wo einer Träumerin beispielsweise eine unbekannte Frau begegnet, ist diese ihrem weiblichen Ich nicht sehr fremd; stammt sie doch aus der Schicht gleichen, vertrauten Geschlechts. Es handelt sich für die Träumerin offenbar um das, was wir den Schatten, die gleichgeschlechtige Hintergrundsfigur nennen. Im Traume des Mannes aber auftauchend ist dieselbe unbekannte weibliche Gestalt etwas ganz anderes, ein Wesen von der „andern Seite", nämlich aus einer sehr tiefen, gegengeschlechtigen Schicht seiner Seele. Für ihn handelt es sich um eine Begegnung mit der weiblichen Seelenfigur, der Anima, deren Auftreten von sehr eigenartiger, bedeutsamer Wirkung ist.

Umgekehrt wird ein Mann den Traum von einem Freunde anders deuten müssen als die Frau, die mit einem unbekannten Freunde im Traume sich verbunden fühlt.

Es ist auch notwendig, das Alter des Träumers zu kennen. Hat doch jede Lebensstufe die ihr eigene Hauptaufgabe. Von dieser reden die Träume. Deshalb ist das, was dem jungen Menschen in seinen Träumen recht ist, dem alternden Menschen nicht mehr billig. Liebesträume, Träume sexueller Natur können beim alternden Menschen sexuell gemeint, auf einen gegengeschlechtigen Partner bezogen sein – aber es muß der Traum nicht das bedeuten. Es kann sich um ein anderes seelisches Geschehen im Gleichnis des Sexuellen handeln. Wenn das Kind große Träume hat, so ist dies ein Zeichen dafür, daß es noch nicht recht in dieser unserer alltäglichen Wirklichkeit steht. Großträume jüngerer Erwachsener aber sind, wenn sie sich häufen, ein nicht ungefährliches Anzeichen.

Der Mann und die Frau jenseits der Lebensmitte stehen in der Kulturzeit ihres Lebens; sie haben, nachdem die Naturziele einigermaßen erfüllt sind und das Schicksal ihnen den Schutz und die Pflege des Erreichten gestattet, nun an der Aufgabe ihrer Persönlichkeitswerdung zu arbeiten. Wie weit sie darin fortschreiten, welche innere Schulung zu leisten, welche Wege der Reifung zu erwandern sind, darüber gibt ihr Traum hinweisende und hilfreiche Auskunft. Dieser Traum ist notwendigerweise, auch wenn er sich ähnlich ausspricht, doch von anderer Artung, als der Traum der Jugend.

Dafür ein kleines, eindrückliches Beispiel: Jene Dame um die vierzig war sehr irritiert darüber, daß sie nach der Aussage mehrerer Träume ein Kind zur Welt bringen sollte. Schmerzlich bewegt fügte sie bei: „Damals, ja, als ich eine junge Frau war, wartend auf Ehe und Mutterschaft, damals wäre mir dieser Traum ein günstiges Vorzeichen gewesen, die Erfüllung eines heißen Wunsches. Als ich mich den Grenzen der Möglichkeit näherte, noch zur Ehe zu kommen, als ich jenem verheirateten Manne begegnete, da habe ich in heimlicher Kühnheit wenigstens das Kind begehrt – sollte ich schon auf die Ehe verzichten, wollte ich doch Mutter werden! Wir erlaubten uns aber auch dieses schmerzliche Glück nicht, – und nun dieser sinnlose Traum!" Dennoch ist diese leidgeprüfte, aber noch nicht lebensgereifte Frau „in Erwartung", wie es die Sprache an der Tür des schöpferischen Lebenswunders so intensiv formuliert. Sie ist in Erwartung eines Kindes; nur erwartet sie noch immer etwas anderes als das, was ihr das Leben zu schenken bereit steht, nämlich ihre innere Reife, ein Leben im Geiste und in Gefühlen, die nicht mehr naturgebunden sind. Vielleicht ist es ihre eigene Persönlichkeit, die unter Schmerzen geboren werden will. Wie viel einfacher, im natürlichen Bezirke jungen Weibesglückes verweilend, wäre die Deutung des gleichen Traumes für eine junge Frau! Dieser selbe Traum kann zu dessen größtem Erstaunen auch vom Manne geträumt werden. Oft ist es originellerweise eine Geburt aus dem Hals, aus dem Kopfe oder aus der Brust.

Jeder Träumer hat seine bestimmte psychologische Wesensart. Ein anderes ist es, wenn der extravertierte, nach

Außen gerichtete Mensch, der sich sein Schicksal in der Außenwelt glaubt holen zu müssen, sein „Genug ist nicht genug!" auch noch träumt. Wie viel verständlicher ist dieser Ruf als Sehnsuchtsschrei bei dem so introvertierten Dichter C. F. Meyer! Wie häufig ist die Traumwelt höchst belebt, während die Tagwelt des Träumers arm ist selbst an einfachstem Lebensgeschehen. Derselbe Traum bedeutet für den Introvertierten also etwas anderes als für den Extravertierten. Ebenso wichtig ist es für den Deuter, zu wissen, welchem Funktionstyp der Träumer zugehört. Er begreift dann leichter, daß beispielsweise die Blumen, bestimmte Farbenträume, wie auch das Auftauchen von Frauen im Traume des Denktypus mit seiner vernachlässigten, unbewußt gebliebenen Gefühlsfunktion zu tun haben. Man wird auch vom Funktionstypus her die oft derben Träume der Intuitiven, wie deren Geldphantasien besser verstehen können. — Manche Träume sind ohne die betont erlebte Leiblichkeit des Träumers — vor allem ohne deren Mängel — nicht denkbar.

Es ist nicht unwichtig, über die soziale Position des Träumers im klaren zu sein. Vor allem wird dieser in den Erläuterungen zu seinen Träumen sehr rasch von seinen Berufsanliegen, seiner wirtschaftlichen Situation, seinen Wünschen und Geltungszielen sprechen müssen. Selbstverständlich wird die Mitteilung der erotischen Situation, der Beschaffenheit der Ehe etwa, manche Träume erst verständlich machen.

Der intuitive Deuter wird im Gespräch mit dem, der ihm seine Träume vorträgt, bald erkennen, was für diesen wertvolles Lebensgut ist, woran ihm besonders gelegen ist. Erst indem man die bewußte Lebenseinstellung, bei entwickelten Menschen die Weltanschauung kennt, wird man die Bedeutung bestimmter Traumsymbole aus dem Bereich des Religiösen gerade für diesen Menschen verstehen.

Hier muß bemerkt werden, daß es nicht von der größern

oder kleinern Intelligenz abhängt, ob man häufig oder selten träumt; ebensowenig ist das nach außen einfache Leben eines wenig durchgebildeten Menschen dem Unbewußten ein Anlaß, die symbolischen Träume bloß dem sogenannt Gebildeten zukommen zu lassen.

Dagegen hat die Deutung, hat der Deuter sich in seinen Darlegungen selbstverständlich an die Fassungskraft des Träumers zu halten. Es ist auch wenig ratsam, mit Menschen, die nicht in einem starken Bewußtsein verankert sind, während einer analytischen Behandlung immer tiefer in die Traumwelt einzudringen. Häufig vermag ein unentwickelter Geist die Fülle dessen, was ihm in seinen Träumen zuströmt, nicht zu fassen. Er wird vom Unbewußten überströmt. Das kann zu geistigen Störungen führen. – Beiläufig bemerkt: In einer ausgedehnten, einer therapeutischen Traumanalyse von Menschen, welche in ihren Konflikten auf die Darstellung und den Rat der Träume nicht verzichten möchten, zeigen die ersten Träume sehr oft an, wie sich die Behandlung entwickelt. Ist sie von Gefahr begleitet, verschweigen die einleitenden, die Initialträume dies nicht.

Hier mag auch die Frage beantwortet werden: Wer soll sich mit seinen Träumen beschäftigen?

Sicherlich nicht das Kind. Es hat wirklich anderes zu tun! Niemals darf der psychologische Berater oder irgend ein Psychotherapeut ein Kind oder einen noch jungen Menschen in eine intensive Traumanalyse hineinziehen, die mehr will, als möglichst rasch den Weg zu den nächsten Zielen in der Außenwelt freizulegen. Bei Kindern entsteht sonst die Gefahr, daß sie zurückgerissen werden in die Unbewußtheit, aus der herauszukommen gerade die Hauptaufgabe ihres jungen Lebens ist. Man soll Kinder ruhig ihre Träume erzählen lassen, sich mit ihnen wundern über das Originelle und Seltsame, dann aber die Kinder möglichst rasch in die morgendliche Helle ihrer beginnenden Bewußtheit entlassen.

Auch der junge, halberwachsene Mensch darf seine Träume nur inhaltlich rasch zur Kenntnis nehmen. Hat er psychisch bedingte Schwierigkeiten in der Bewältigung seiner derzeitigen Lebensaufgabe, dann kann man zwar auf die Träume nicht verzichten. Doch wird man in der Beratung nie mit der Traumanalyse beginnen, sondern mit der Erörterung bewußter Probleme, mit Fragen nach dem, was der junge Mann, das Mädchen in seiner Umwelt erlebt, was er oder sie darüber gedacht hat. Dann erst läßt man sich die erinnerten Träume erzählen. Sind diese blaß, undeutlich, dann dränge man nicht weiter. Es wäre ein Kunstfehler, würde man ausgeführte Zeichnungen der Träume erbitten. Vom Traume aus erörterte man die vorläufig noch schwierige Tagessituation des jungen Träumers. Setzen dann die normalen Träume junger Menschen ein, dann weiß man auch diesen Träumer auf dem richtigen Weg. Hier, wie übrigens bei den meisten Menschen, wird man das beraterische Gespräch mit der Anknüpfung an die nächsten Tagesziele abschließen. Zu den gegenwärtigen Aufgaben des bewußten Lebens führt der in der Deutung gefundene Traumsinn ja auch meistens von selbst hin.

Vom Erwachsenen mittlerer Jahre ist ein Verweilen beim Traume zu fordern. Er darf Träume nicht überfliegen. Wer sich sehr ernstlich damit abgeben will, soll freilich darob seine Tagesaufgabe nicht vernachlässigen; er muß sie noch besser erfüllen als vorher. Er schafft damit ein Gegengewicht zur Begegnung mit seinem Unbewußten.

Zu dieser Begegnung gehört nach der Deutung das Annehmen dessen, was der Traum mitgeteilt hat. Auch davon wird noch ein Wort zu sagen sein.

DER DEUTER

Die Deutung der Träume ist, selbst wenn man viel Erfahrung hat und mit den Träumern Hunderte, ja Tausende von Träumen nach ihrem Sinn durchwanderte, ihre Ausdrucksmöglichkeiten und Symbole sich ansah und sie für die Träume anderer sich einprägte, doch eine beschwerliche, wenn auch beglückende Arbeit. Beschwerlich deshalb, weil das im Traume vorgebrachte persönliche Erlebnismaterial so vielschichtig und oft fast unübersehbar ist, die Symbole aber in ihrer Tiefe und Mehrdeutigkeit sich nie ganz ausschöpfen lassen. Beglückend ist diese Arbeit, weil man im Traume an die Quellen des schöpferischen Lebens selbst gerät, weil man dem Sinn des Daseins begegnet.

Die Traumdeutung ist Gemeinschaftsarbeit zwischen dem Ich und dem Unbewußten, wenn man die Träume selber deutet – zwischen dem Deuter, dem Träumer und dem Unbewußten des Träumers, sowie den kollektiven Lebensmächten, die aus den Träumen des andern Menschen sprechen, wenn man die Träume deuten läßt.

Jeder Traumdeuter, sei er nun Arzt, psychologischer Berater oder einer der wenigen auch tiefenpsychologisch ausgebildeten Seelsorger, hat die Funktion eines Geburtshelfers. Das Kind, welches geboren wird, ist der Sinn des Traumes. Träumer und Deuter suchen in sorgfältiger Arbeit ein Drittes zu verstehen, nämlich die Botschaft der Seele.

Hier ein Wort zur Persönlichkeit des Deuters. Er steht unter derselben Forderung wie jeder, der glaubt, aus Beruf oder Berufung dem Mitmenschen, der seinen Rat sucht, Helfer sein zu können. Der Deuter soll eine ausgesprochene Persönlichkeit besitzen, er soll ein wissender Mensch sein, dem wenig Menschliches fremd geblieben ist. Gerade in das Gebiet der psychologischen Praxis, die so viel Intuition und einen beweglichen Geist verlangt, drängt es oft den Nur-

Intuitiven von mangelndem charakterlichen Halt, ihn, der bei gelegentlich erstaunlicher Witterung für das innerseelische Geschehen leider so oft selbst gar nicht in Ordnung ist. Ein Deuter aber, der nicht nur auf Zufallstreffer abstellt, muß in sich seinen festen Grund gefunden haben, ehe er andern zu helfen vermag. Er selbst muß selbst in Ordnung, in seiner Ordnung angelangt sein. *Albertus Magnus,* der mittelalterliche fromme Gelehrte, verlangt vom Traumdeuter ein reines, innerliches und unabhängiges Leben. Wir sind der Meinung, daß der Deuter, um im Bilde des modernen Geburtshelfers zu bleiben, sich erst selbst seelisch „aseptisch" gemacht haben sollte. Es darf von ihm verlangt werden, daß er eine fruchtbare Auseinandersetzung mit sich selbst, was vor allem durch eine Analyse geschehen kann, hinter sich habe. Er soll seine eigene Struktur und die für seinen Charakter typischen seelischen Schwierigkeiten und Schwächen kennen, damit er nicht mit dem „Unreinen" seiner unentwickelteren Seite, des Minderwertigen in ihm, den Träumer auf dem Wege der Traumauslegung infiziere. Die Forderung, erst sich und seine eigenen Träume gut zu kennen, bewahrt ihn davor, den Träumen des andern seine eigenen persönlichen Wünsche und Absichten zu unterlegen, seine eigene Psychologie und das, was ihm selbst not tut, in die Seele seines Klienten zu projizieren.

Er hat geduldig darauf zu warten, was dem andern durch dessen Traum gesagt werden will. Es ist dem Deuter nicht erlaubt, sich hastig auf fremde Träume zu stürzen; vielmehr soll er sich den Gebilden der Seele sorgfältig nahen, wie denn auch kein Gärtner sich hinter seine Pflanzen hermacht, der rechte Erzieher seine Kinder nicht anfällt und der Arzt nicht von der Schwelle ans Krankenbett rast. Er soll sich auch keine Phantasien über die zu erwartenden Träume gestatten. Das Wort des *Paracelsus* gilt dem Träumer wie dem Deuter: „Einer, der seine Träume ernst nehmen, auslegen und sich darnach richten will, der muß mit dem siderischen (geistigen) Wissen um das Licht der Natur gesegnet sein und sich nicht mit seinen losen Phantasien abgeben, nicht hochmütig mit Träumen umgehen, denn solcher Art ist mit ihnen nichts zu erreichen."

Durchaus verwerflich ist eine Haltung, welche durch eine erzwungene Mitteilung der fremden Träume die Distanz zum Mitmenschen verletzt, Geheimnisse aus ihm herauszulocken versucht. Wie der Traum nicht erzwungen werden kann, so darf man auch nie einen Menschen zwingen, diese Gabe seiner Seele uns auszuliefern. Der Deuter hat wohl sein Interesse auf die Träume zu richten, aber dieses Interesse darf nicht zur Neugierde werden, die in ihrer Ungeduld das feine Gespinst dieses seelischen Kunstwerkes, Traum genannt, zerreißt.

Von ein paar Grundsätzen richtiger und deshalb fruchtbarer Einstellung zu seinem Tun darf der Deuter nicht abweichen. So soll er nie etwas voraus wissen wollen, nicht vorher verkünden, wovon der Traum nun wahrscheinlich reden werde. Ohne Vorurteil, ohne sein ganzes wissenschaftliches Rüstzeug zu einer Sektion, genannt Analyse, bereitzuhalten, ohne Kategorien und ohne das Besteck glänzender wissenschaftlicher Begriffe hat er einfach einmal hinzuhören mit der Achtsamkeit und der natürlichen Intelligenz, mit der wir an alle Lebenserscheinungen bewußt herangehen. Freilich erwarten wir einen Sinn; dieser Sinn aber kommt nach allem Erfahren nur zu dem, der bereit ist, im Traum, wie in allem psychischen Leben, einen Sinn zu finden. Es muß also eine innere Bereitschaft da sein, deutlich zu vernehmen, was der Traum sagen möchte.

Der Deuter darf ganz natürlich sein; er legt den Wissenschafter, soweit er Wissenschafter ist, ruhig ab, um besser zuhören zu können. Bei diesem Zuhören läßt er seine Vorstellungskraft, seine Phantasie mitarbeiten, um ein lebendiges Bild des Erzählten zu gewinnen; bei aller Wachheit begibt er sich in das Traumgeschehen hinein. Er wehrt denn auch seinen eigenen Einfällen zu den Fremdträumen nicht, obwohl er sie erst, um nicht zu stören, für sich behält. Wo seine eigene Vorstellungskraft nicht recht mitkommt, oder wo der Erzähler undeutlich wird, läßt sich der Deuter durch eine kleine Skizze darüber belehren, wie es mit jener Kreuzung von Straße, Fluß und Bahngeleise stand, wie die Gäste im Traum um den Tisch saßen, was für ein originelles Mosaik farbig den Boden deckte. Dabei muß er es auch hinnehmen, daß gewisse Traumpartien dunkel bleiben, daß der Träumer überraschenderweise etwas anderes betont, als er eben selbst es erwartet hatte. *Jung* glaubt geradezu, daß es ein Grund zu Mißtrauen wäre, wenn der gefundene Traumsinn sich mit dem erwarteten Sinne deckte.

In einer psychologischen Beratung, in welche hinein die Traumanalyse sich baut, haben die ersten mitgeteilten Träume meist ein besonderes inneres Gewicht. Es sei nicht verschwiegen, daß man, ohne es auszusprechen, ohne dem Klienten begierig das Traumgepäck zur Durchsicht abzunehmen, doch besonders achtsam hinhört auf das, was einem diese ersten Träume zutragen. Sie bringen zumeist das seelische Hauptproblem, den wesentlichen Konflikt des Träumers, ja, sie enthalten oft den ganzen Weg sozusagen skizzenhaft angedeutet, welchen die zu leistende gemeinschaftliche analytische Arbeit zu begehen hat. Sie sagen sogar in dem Praktiker relativ rasch verständlichen Bildern und typischen Traumgeschehen, welches die Schwierigkeiten dieser analytischen Beratung sein werden, und wie der Erfolg aussehen wird. *Jung* äußert einmal, er sei jedesmal gespannt, was der „alte Mann", nämlich der große Wissende im Träumer, zur Situation zu sagen habe.

Dennoch gilt es, mit jedem Traum Neuland zu erwandern, gemeinsam mit dem erzählenden Träumer. Dabei hat man sich vom Träumer öfters belehren zu lassen; denn dieser hat, ohne sich selber darüber klar zu sein, eine feine Witterung dafür, ob man mit dem Versuch der Deutung auf richtiger Fährte ist. Ist man auf dieser richtigen Fährte, dann begleitet ein leises Wohlgefühl die Deutungsarbeit. Verrennt man sich, oder wird man dogmatisch, ja, behauptet man, dieses oder jenes müsse dem Traum zugrundeliegen, dann macht der Träumer wohl noch mit, aber so, als wäre das ganze eine technische Manipulation, die ihn im Grunde nichts angeht – eben weil sie seinen Seelengrund nicht „angeht".

Ist man aber auf rechter Spur, dann hilft der Klient wieder kräftig mit. Das ist sehr wichtig, ist es doch seine Sache, sein Erkenntniskind, das geboren werden soll. Man ist wieder in der Nähe der Objektivität des Unbewußten und das hat immer etwas Befreiendes. Auf dem scheinbaren Umweg des Traumes ist man tiefer in die schöpferische Mitte der Seele des Träumers gekommen.

Paul Bjerre weist darauf hin, daß es in der beraterischen Behandlung „viel leichter ist, über eine Sache zu sprechen, wenn sie im Traum vorkommt, als wenn man direkt darüber ausgefragt" wird. Der ausgezeichnete schwedische Psychiater fügt bei: „Die denkbar schlechteste Form der Zusammenarbeit zwischen Arzt und Patient scheint mir diejenige der dogmatischen Psychoanalyse – also die Methode *Freuds* – zu sein: Der Patient liegt auf einem Sofa und assoziiert – er holt Einfälle um Einfälle hervor – während der Arzt hinter ihm sitzt und eventuell über die Assoziationen Protokoll führt. Dabei ist es streng verboten, in irgend einer Beziehung die Führerrolle zu übernehmen und überhaupt in irgend einer Richtung auf den Analysanden einzuwirken." Wir selbst kennen Fälle, da die Patienten Stunde um Stunde Träume erzählen, unaufhörlich Einfälle projizieren müssen, ohne daß der Arzt überhaupt ein Gespräch einschaltet. Wir wissen auch um die entsetzliche Leere, die nach Monaten oder Jahren solcher Behandlung den verzweifelten Patienten erfüllt.

Traumdeutung ist Gemeinschaftsarbeit. Am fruchtbarsten hat sich das gründliche Gespräch erwiesen, das sich, wie noch auszuführen bleibt, an den genauen Traumtext, an die nötigen Erläuterungen dazu und die auf Text und Erläuterungen sich beziehenden Einfälle hält. Dabei hat freilich der mitarbeitende Deuter insofern eine zwar zurückhaltende, nie ins Herrisch-Belehrende fallende Führerrolle, als er ein großes Wissen um viele Träume, eine genaue, persönlich gewonnene Kenntnis der modernen Tiefenpsychologie und ihrer Methoden besitzen muß. Dazu sollte er verfügen über eine möglichst umfassende Kenntnis der Welt der Mythen, Sagen und Märchen, dieser herrlichen Gefäße ewig jugendfrischer Menschheitssymbole. Zudem ist er kaum denkbar ohne Sinn für mindestens eine der Künste. Da der Traum als Material jede Erscheinung der Welt, alles, was es gibt und was sich erdenken läßt, benützt, hat der Deuter auf sehr vielen Gebieten der Naturwissenschaften, der Technik, der sozialen und kulturellen Verhältnisse soweit wie möglich zu Hause zu sein. Dazu muß er selbst in einem starken, reichen und geistig konzentrierten Leben stehen. Er kann nie genug wissen, kaum genug erlebt haben! Zu diesem Wissen gehört auch die Kenntnis der religiösen Erscheinungen, der Kulte und Riten. Aber noch wichtiger als das Wissen um die Sichtbarmachungen des Glaubens in Wort, Bild und religiöser Handlung bleibt dies: Er bedarf neben der Menschenliebe, um es klar zu sagen, einer eigenen, ursprünglichen religiösen Erfahrung.

Wo dagegen der Deuter im Laufe seiner vorurteilslosen Beschäftigung mit dem Traum und dessen Sinn nicht zu einer oft erstaunt und erschüttert erlebten Gewißheit einer großen und schöpferischen Ordnung des Lebens gelangen konnte, da wird ihm, der vom Tiefsten, das diese Ordnung bewirkt, unangerührt und deshalb ungesegnet blieb, ein wirkliches Helfertum auf die Dauer versagt bleiben.

VOM SELBERDEUTEN

Die bisherige Darstellung hat wohl die Gewißheit vermittelt, daß es ein besonders schwieriges Unternehmen bleibt, ohne fremde Hilfe sich die eigenen Träume selbst zu deuten. Die meisten Menschen kennen sich selbst, entgegen ihrer gelegentlichen Behauptung, nur ungenügend; denn im Erfahren des Lebens kommt man zuallerletzt an sich selbst heran. Ist es doch eine Tatsache der Kulturgeschichte, daß die Völker in ihrem wissenschaftlichen Bemühen mit dem Allerfernsten begonnen haben, nämlich mit dem Studium der Gestirne. Sehr langsam hat sich dann der Mensch in seinem Forschen auf jahrtausendlangen Wegen sich selbst genähert. Jetzt stehen wir im großen Versuche, endlich das Wesen der menschlichen Psyche und ihre Erscheinungen zu erkennen.

Der Mensch von allgemeiner Bildung, der nicht in einer dem Selbstbewußtsein sehr schmerzhaften Persönlichkeitsanalyse sich mit seiner bewußten und unbewußten Struktur auseinandergesetzt hat, ist über sich selbst weitgehend unbewußt geblieben und möchte doch seine Träume selbst deuten. Wohl erfuhr er nach und nach seinen Charakter und, wie er zu den Lebenswerten steht, an sich selbst und in den Reaktionen der andern. Hat er schon ein großes Wegstück seines Lebens hinter sich gebracht, dann ist er natürlich sich selbst des öftern begegnet. Vielleicht hat eine wissenschaftlich fundierte graphologische Begutachtung – es gibt noch andere aufschlußreiche Untersuchungsmethoden – ihm manche Vermutung über seine extravertierte oder introvertierte Grundhaltung bestätigt und ihm auch Aufschluß darüber gegeben, welches seine psychologische Hauptfunktion ist. Damit hat er für die Traumdeutung schon einigen festen Boden gewonnen. Eine Hilfe bedeutet es ferner, wenn er nicht identisch geblieben ist mit seiner männlichen oder weiblichen Geschlechtsrolle. Zudem hat er vielleicht Einsicht in das, was die einzelnen Alters- und Entwicklungsstufen besonders auszeichnet. Jedenfalls hat der Selbstdeuter, der mit seinem Bemühen wirklich in die Nähe des Traumsinnes gelangen möchte, auch die Ergebnisse der modernen komplexen Psychologie zu kennen, die jetzt beginnen, langsam Allgemeingut des wirklich gebildeten Menschen zu werden. Dies alles erlaubt ihm, sich an die Selbstdeutung seiner Träume in aller Bescheidenheit heranzuwagen. Denn zur Zeit haben nur wenige die Möglichkeit, ihre Träume einem Psychologen vorzulegen.

Es ist selbstverständlich eine Erleichterung für den Selbstdeuter, wenn er eine disziplinierte Phantasie und einen ausgesprochenen Sinn für das Gleichnishafte allen Lebens hat, wenn er eine rasche Intuition besitzt, der es selbstverständlich ist, hintergründige Zusammenhänge zu schauen. Eine gewisse Vertrautheit mit den Inhalten der allgemein menschlichen Symbole muß er sich nach und nach erwerben. Der dritte Teil unseres Buches möchte ihm dabei Handreichung tun.

Der Selbstdeuter wird manche Träume leichter deuten können als andere. So merkt er wohl recht den Sinn der Gefahr- und der Warnungsträume. Badeträume sprechen ihren Sinn selbst aus, während Träume von Gefängnis und Strafe erst sinnlos zu sein scheinen. Viel näher liegt das, was sich in Träumen von allerlei Fahrzeugen zu Wasser, zu Lande und in den Lüften ausdrückt. Schulträume erregen erst Befremden, hat man aber den naheliegenden Schlüssel, so geht uns das Licht einer oft bittern Erkenntnis unseres Ungenügens in der Lebensschule auf. Rasch begriffen werden

Träume der Orientierung. Wo nicht moralischer Hochmut Abwehrstellung bezieht, werden Tierträume in ihrer Gewichtigkeit erkannt. Kurz, es gibt eine Reihe von Traumelementen und ganzen Träumen, die ihren Sinn, ihre Beziehung auf die Persönlichkeit des Träumers dem, der sich um sie bemüht, ziemlich rasch freigeben. Fremdartig und ohne viel Zugang sind dagegen für den psychologisch Ungeschulten die Träume der Individuation. Sie tauchen auf, bevor noch das Bewußtsein des Menschen eingesehen hat, daß ein zweiter innerer Weg anhebt.

Wer ein wacher und kluger Mensch ist, wem es nicht fehlt an einer Witterung für die Zusammenhänge zwischen bewußt und unbewußt, wem von religiösen Vorstellungen und bildgewordenen Glaubensinhalten her große Symbole erlebbar sind, wem Dichtung und bildende Kunst nicht fremd sind, der wird, wenn er auch nicht den ganzen Traumbaum ohne fremde Hilfe abzuernten vermag, doch manche nährende Frucht der Seele staunend und erkennend in dankbaren Händen halten.

DER TRAUMTEXT

Grundlage aller Deutung ist selbstverständlich der möglichst genau wiedererzählte Traum. Dieser Traumtext hat nichts anderes zu enthalten als das reine Traummaterial. Er ist für uns ein Urtext der unbewußten Seele.

Es gibt Menschen, die mit ihren Träumen gleich sorglos und unachtsam umgehen wie mit ihren übrigen Erlebnissen. Wer aber seine Träume ernstlich nach deren Wissen um seine Situation befragt, der muß auch die Antwort der Träume genau festhalten. Er darf also das Vernommene nicht nur so im ungefähren sich notieren. Denn jedes Element jener erstaunlichen Verdichtung innerseelischen Lebens, welche das Wesen des Traumes ausmacht, hat sein bestimmtes Aussehen und seinen bestimmten Platz und kann in der Wiedergabe nicht einfach durch Ähnliches ersetzt werden. Sonst wird die Traumwiedergabe verwischt, wir haben nicht das Original des Traumes vor uns, sondern eine schlechte und undeutliche Reproduktion.

Es war also im Traume nicht irgend ein Haus, vor dem jene zwei Männer diskutierten, sondern es war jenes kleine Gebäude an der Gerbergasse, in dessen unterm Stockwerk sich ein Tabakladen befindet, in dessen Garten die abdorrende Ulme steht. Es waren übrigens nicht irgend zwei Männer, sondern ein Jüngling und ein älterer Herr. Es war in jenem andern Traume nicht irgend ein Kleid, das plötzlich auf dem Bette lag, sondern eine sehr schöne Abendtoilette mit einer kleinen goldenen Rose. Man befand sich nicht auf irgend einer Brücke, sondern es war die Themsebrücke, in deren Nähe man einst gewohnt. Man war nicht einfach krank, sondern hatte eine Wunde an der Hüfte, die sah mondförmig aus... So könnte man weiterfahren und darauf hinweisen, daß nicht irgend eine Schlange uns bedrohte, sondern ein schönes dunkelrotes Tier mit grünem Leib und blauem Kopf. Die Traumstimme rief uns nicht irgend etwas zu, sondern sie nannte uns mit unserm eigenen Namen und fügte ein Wort bei, das wie „Leso" oder „Ledo" tönte. Nicht irgend ein Ibsen-Stück wurde im Theater aufgeführt, sondern es war Ibsens „Baumeister Solneß", und man wunderte sich im Traum darüber, daß dieses Stück noch modern sei – noch tiefer aber darüber, daß ein Mädchen solche Gewalt über einen gereiften Mann zu haben vermag.

Besondere Sorgfalt verlangt bei der Niederschrift des Textes die kleine Traumeinzelheit, das Drum und Dran, welches die im Gedächtnis fester verwurzelte Haupthandlung begleitet. Aber gerade diese kleinern Dinge sind Hinweis darauf, wohin das größere Geschehen des Traumes zielt. Man wird bei der Wiedergabe des Traumes nie vergessen, daß er uns nicht als geschriebener Text übergeben wurde. Wird doch das meist wortlose Geschehen des Traumes erst von Bewußtsein und Willen in die gesprochene und geschriebene Sprache umgesetzt und damit in einem anderen Medium ausgedrückt, das freilich erst die Bearbeitung und die Deutung ermöglicht. Gelegentlich hat ein Erzähler den hier nicht angebrachten Ehrgeiz, den Text seines Traumes stilistisch auszufeilen, an diesem Naturprodukt der Seele seine schriftstellerischen Fähigkeiten zu erweisen. Das aber bekommt weder dem Traum noch seiner Deutung gut. Gerade in seiner Natürlichkeit ist der Traum von so großer Wirkung. Als Deuter merkt man meist sofort, ob die vorgelegten Träume bewußt erfunden, also literarisch hergestellt wurden – obwohl auch diese Erfindungen das Material ihrer oft etwas magern Phantasien aus der Gegend des Unbewußten bezogen haben.

Es kann vorkommen, daß man den Träumer bittet, den Traum durch eine verbindende Phantasie zu ergänzen; denn sehr oft besteht eine große Erinnerungslücke zwischen den einzelnen Teilen des Traumes. „Es ist dann etwas passiert, aber ich kann mich einfach nicht mehr darauf besinnen." Da bittet man nicht ohne Vorteil den Träumer, die beiden Teilstücke des Traumes mit Einfällen darüber, was da wohl passierte, auszufüllen. Bleibt man sich bewußt, daß dieses Füllsel uns eben jetzt vorgeträumt wird, und bedenkt man, daß auch diese kleine Phantasie aus dem Unbewußten kommt, in welchem die Träume zur Zeit um ein Hauptproblem kreisen, dann wird man auch diese sozusagen „punktierte" Verbindung doch nicht missen wollen. Auch sie sagt einiges aus.

Sehr häufig greift der Erzähler, wie schon gesagt, von sich aus zum Hilfsmittel einer kleinen Skizze. Solche Verdeutlichungen sind eine große Hilfe. Oft begreift man erst nach dieser kleinen Unterstützung die Traumvorgänge. Größer ist die Hilfe, wenn in sorgfältig ausgeführten farbigen Bildern eine wichtige Traumepisode festgehalten wird. Ist schon die Niederschrift ein sehr treues Nacherleben des Traumes und damit ein ahnendes Erfassen dessen, was er meint, so hält die farbige Illustrierung, die aber auf jede sogenannte künstlerische Ausschmückung zu verzichten und ohne darstellerischen Ehrgeiz zu sein hat, den Traum besonders intensiv zusammen. Auch die bescheidenste farbige Zeichnung hinterläßt, da sie zugleich ein Geschenk des Willens an das Traumgeschenk des Unbewußten darstellt, das Gefühl einer schönen Beglückung.

ERLÄUTERUNGEN UND EINFÄLLE

Der Mitteilung des Traumes fügt der Träumer von sich aus meist einige Erläuterungen bei; er gibt die notwendige Erklärung zu den Teilen des Traumes, welche Personen, Dinge und Geschehnisse anführen, die sich auf sein gegenwärtiges Leben, auf seine Erlebnisse oder auf irgendwelche ihm bekannte Vorgänge beziehen. Er trägt also in diesen zusätzlichen Mitteilungen, im *Kontext,* all das herbei, was die geträumten Personen uns klarer vorstellen könnte; er stellt fest, was sie ihm bewußt bedeutet haben oder noch bedeuten, in welchem Zusammenhange sie in Wirklichkeit mit ihrer ihm bekannten Umwelt stehen. Von den vorkommenden Dingen wird der Träumer vielleicht eine Beschreibung geben, berichten, wie er zu ihnen kam, wem sie gehören, wie es sich mit ihnen überhaupt verhält. Dabei ist das Erstaunen oft groß darüber, daß längst vergessene Gegenstände, oft aus frühester Jugend, wieder heraustauchen. Besonders eifrig verweilt der Kontext bei der Schilderung von Landschaften und Örtlichkeiten, die mit dem Traumort offenbar in Zusammenhang stehen. Da manche Träume sehr lebhafte Erinnerungen wachrufen, führt der erläuternde Kontext, besonders in der gesprochenen Mitteilung, zum oft weitausholenden Erzählen von Erlebnissen, die jetzt plötzlich zu einer gewissen Bedeutung zu kommen scheinen.

Der Traum wird also umgeben von einem Kranze bewußt gesehenen Materials, das zur nähern Bestimmung und Deutung des Trauminhaltes beizutragen vermag. Dabei wird man nie vergessen, daß im Traum von entscheidender Bedeutung sein kann, was im Bewußten bloß ein Nebenbei geblieben ist, und umgekehrt.

Wir sprachen anderswo davon, daß die innere Instanz, der Schöpfer und Bildner des Traumes, eigenmächtig in einem ursprünglichen Sinn des Wortes über den ganzen Erlebnisinhalt unserer bisherigen Existenz verfügt. Wir verglichen ihn mit dem Leiter eines Archives, dem neben den umfassendsten Abbildern der ganzen Erscheinungswelt, dem ursprünglichen Geschehen der Zeiten, auch unser ganzes erinnertes oder vergessenes persönliches Erleben samt den Erfahrungen des gegenwärtigen Lebenstages zur Verfügung steht.

Auf dieses persönliche Material bezieht sich der Kontext in seinen Erläuterungen. Er begeht dabei einen Weg der Aufhellung, der, verglichen mit jenem Unternehmen des Traumschöpfers, in umgekehrter Richtung verläuft. Jener hat für seinen Traum sich aus dem Leben des Träumers heraufgeholt, was immer ihm als Gleichnis der innern Situation seines kleinen Herrn dienen konnte. Gleichzeitig hat er auch die Atmosphäre jener Erlebnisse mit in seine Traumfigur hineingebracht. Der Kontext nun nimmt sozusagen das entsprechende Erlebnis zurück und stellt es bewußt in die Zusammenhänge unserer heutigen Lebenslage. Die Bedeutung dieses durch den Traum erinnerten Erlebnisses wird bewußt erfaßt und wieder in den Traum zurückgebracht. So entstehen im Traumtext verstandene „Inseln", von denen aus nach und nach der ganze Text sich erhellt. Aus der Zusammenstellung der Dreiheit: Traum, zugehörige Erinnerung und gegenwärtige Lebenssituation des Träumers, ergibt sich in der Bearbeitung als Viertes: der *Sinn des Traumes*.

Ein in seiner Art nicht seltenes kleines Traumstück belege diesen Sachverhalt: Ein Mann träumt, er wandere auf einer erst endlos scheinenden Gebirgsstraße; endlich erreicht er die Paßhöhe. Hier aber hat er sich vor Grenzoffizieren auszuweisen; es kommt ihm dabei in den Sinn, daß er im letzten Quartier einen Teil seines Gepäcks unachtsam liegen gelassen hat. Er muß deshalb im Traume oben warten, bis das Gepäckstück nachkommt. Der Kontext lautet: Ich war vor bald acht Jahren in der Schweiz; eine Wanderung über den San Bernardino schien mir endlos zu sein. Auf der Paßhöhe angelangt, war ich sehr erstaunt, daß man hier italienisch sprach. – Die bewußte Situation des Träumers besteht zusammengefaßt darin, daß er sich, nach sehr viel Bemühen, endlich einem Erfolg nahe weiß. Er hat sich diesen Erfolg auch offensichtlich verdient. In letzter Zeit hat er aber, eine gewisse Sorgfalt außer acht lassend, seine Arbeit sehr beschleunigt und ist dabei auch in eine gewisse Rücksichtslosigkeit hineingeraten. Der Traum, die Erläuterung des Kontextes und die gegenwärtige Situation besagen, daß er bald „oben" sein wird, daß er sich aber dort über seine jetzt ein wenig bedrohte, ein wenig anfechtbare Persönlichkeit ausweisen muß, und daß er im neuen Lebensgebiete (es handelte sich um eine wissenschaftliche Stellung an einer Hochschule) erst weiter kommt, wenn er nachgeholt hat, was er im Kampf um den Endanstieg zurückließ. Der Sinn des Traumes enthält sowohl die Ankündigung eines nahen Erfolges – er ist auch eingetroffen – als auch eine gewisse Warnung vor unrichtigem Verhalten in dieser Endphase des beruflichen und wissenschaftlichen Aufstieges.

Zu jedem Kontext gehört auch die Mitteilung der Traumstimmung. Hier setzt sie sich zusammen aus der Freude am Erreichten, einer leisen Ängstlichkeit vor der Prüfung der eigenen Persönlichkeit (im angeführten Falle vor der Wahlbehörde), der Ungeduld, mit der auf das Liegengebliebene gewartet wird; dazu gehört auch die Einsicht, fortan eine etwas andere Sprache sprechen zu müssen.

Es wird hier nur *eine* Bedeutung des Traumes, die bewußtseinsnaheste, gegeben. Da auch dieser Traum innerhalb einer Serie geträumt wurde, ergaben sich noch einige andere Aspekte, die mit dem Schaffen und mit den weltanschaulichen Problemen des Träumers zu tun hatten. Auch seine undifferenzierte Gefühlsfunktion kam im Traume zur Sprache. Andere hieher gehörende Träume aus gleicher Zeit, sowie einige Einfälle zum Kontext deuteten auf den warnenden Charakter der Traumserie. Es wurde klar, daß dieser Wissenschafter nicht ohne neue Mühe sich auf der Höhe werde halten können.

Jeder Traum ist mehrschichtig und daher auch mehrdeutig. Ein sorgfältiger Kontext, dazu Einfälle und der gewonnene Sinn anderer Träume aus gleicher Serie lassen aber doch vermuten, was zur Zeit der Hauptsinn der Träume und damit das Großproblem des Träumers ist.

In der psychotherapeutischen Beratung entsteht bei der Behandlung der Träume die Gefahr, daß der Erzähler vom Kontext aus immer weiter abschweift, abschweift in sein ganzes übriges Leben! Er vergißt den Ausgangsort, den Traum, und hängt Berichte und Einfälle aneinander, die mit diesem seinem Traume nichts mehr zu tun haben. Freilich sind diese „Ergüsse" in ihrer Art aufschlußreich. Da es aber der Traum, die Traumserie ist, die von den gegenwärtig wichtigen Problemen redet, hat man immer wieder zu Traum und Kontext zurückzukehren. Die psychoanalytische Methode *Freuds* ließ allzulange uferlos einen Einfall dem andern folgen, es wurde immer weiter assoziiert, und dabei kam man fast ideenflüchtig auf alle möglichen Komplexe und Eigenheiten des Träumers, aber eben nicht genügend tief in das Problem hinein, aus welchem heraus der Analysand den Anschluß an die bewußte Lebensführung suchte. Freilich ist zu bemerken, daß diese Psychologie ja annimmt, es handle sich höchst wahrscheinlich stets um die *eine* sexuelle Frage. Man bleibt also bei dieser einförmigen Auffassung sowieso in dem einzigen Großproblem drin, das dieser Schule wichtig zu sein scheint.

Dennoch darf man nicht verzichten auf die Einfälle, die sich zum Traume und seiner Erläuterung einfinden. Sie verfeinern und verdichten das Beziehungsnetz zwischen der Tagwelt des Träumers und seinem Traum. Wenn der Träumer dem Deuter erklärt, diese oder jene Einzelheit sei sicher sehr unwichtig und hinzufügt, er begreife nicht, warum ihm eben jetzt etwas einfalle, das wirklich keinen Zusammenhang habe mit den bisherigen Berichten, dann ist zu vermuten, daß man auf ein ganz besonders wichtiges Stück der im Traum vorgebrachten Problematik gestoßen ist.

Kontext und einzelne Einfälle zu einem längern Traume, dessen Bedeutung der Leser sich dann selbst zusammenreimen mag, mögen hier mitgeteilt werden. Der Träumer erklärte: „Jener Herr, den ich im Schalterraum einer Bank antraf, war mein erster Chef, damals, als ich in Brüssel als Volontär arbeitete. Wir hatten ein gutes Verhältnis zueinander; nur wünschte er, daß ich verbindlicher, dem Geselligen mehr geöffnet werde, – man muß doch auch leben! sagte er immer." – Solch ein Chef ist also im Traume wiederum da und zwar in der Halle einer Großbank, d. h. im Raume konzentriertester Energien. – „Die Bahnstation, an der mein Traumzug hielt, weil die Lokomotive, obwohl es ein elektrisches Fahrzeug war, Wasser aufnahm, erinnerte an den kleinen Bahnhof am Genfersee. Ich war dort vor meiner Maturitätsprüfung in den Ferien; dort bin ich mit Yvonne, der Tochter eines Arztes, bekannt geworden, wir fuhren einmal zufällig zusammen nach Genf; ich wagte leider nicht, sie zu einem gemeinsamen Gange oder zu einer Tasse Tee zu bitten. In letzter Zeit denke ich oft an sie zurück, sie war gleich alt wie ich. – Die Sache mit dem Geld, das ich im Traum in meiner Schublade fand, begreife ich nicht, sie hängt vielleicht mit einer Zeitungsnotiz zusammen; dort wurde berichtet, beim Umbau eines Hauses sei eine Geldkassette mit Maria-Theresiatalern bloßgelegt worden." Der Träumer fügte bei: „Nur weil es Silber war, hatte dies Geld noch einen Wert, Silber bleibt eben Silber." – „Die gesuchte Adresse in meinem Notizbuch ist mir nicht mehr in Erinnerung, nur ein Teil des Straßennamens und die Hausnummer. Die Straße trug den Namen eines Generals, und die Nummer des Hauses war sicher 39. Das erklärt sich leicht, denn ich überlege mir in den letzten Tagen immer, daß ich nun die Vierzig überschreite. Im Traume habe ich über die 3 und die 9 nachgedacht und gefunden, sie gehörten zusammen. – Die Badenden erinnern mich wieder an den Aufenthalt am Genfersee. Ich begegnete einmal der Tochter jenes Arztes, sie war auf dem Rad, hatte ihr Badezeug bei sich und fuhr an den Strand. Sie fragte mich: ‚Vous venez avec?' Ich sagte, ich käme später, doch ließ ich mich durch einen längern Brief nach Hause abhalten. Das hängt vielleicht mit dem Brief im Traum zusammen. – Ob ich, wie im Traume, schon am Meer war? Ja, öfters, aber die Traumgegend sah ganz anders aus als der Strand in Holland oder Schweden, wohin ich auf großen Einkaufsreisen kam. Es war ein südliches Meer mit viel Sonne. Da waren braungebrannte Burschen, sahen aus wie Neger, waren aber Pfadfinder. Dazu fällt mir ein Bild aus meiner Jugendzeit ein, dort trugen Schwarze einen weißen Mann, einen Kranken, an die Küste." Der Träumer schämte sich fast dieses Kontextes, er war dabei sichtlich ergriffen; möglicherweise wurde in ihm selbst ein Mann aus dem Dickicht des Unbewußten an eine hellere Küste getragen. – Erst nach einer Mitteilung fiel unserm Träumer zu der Straße, die nach einem General genannt wurde, vielleicht im Zusammenhang mit dem amerikanischen Sezessionskriege das Bild des Malers Frank Buchser ein: „The Song of Mary Blane". Offenbar ging es in dieser Zeit beim Träumer um eine dunkle und eine helle Seelenfigur, um eine Annäherung an die eigne dunkle und an die eigne helle Anima. Vielleicht war in ihm selbst eine Art Sezessionskrieg zwischen Nord- und Südstaaten. – Die Zeitungsnotiz vom zerstörten Haus war von einer Bemerkung begleitet, daß auch er sich zur Zeit wie verstört vorkomme. – Mit den Maria-Theresiatalern, dem Silber mit eingeprägtem Frauenbild, konnte er nichts anfangen, und doch war es weibliches Silber, das ihm aus dem Umbau seines psychischen Wesens zufiel. – Von der Tochter des Arztes behauptete er, er könne sich im Berufe ihres Vaters geirrt haben; doch wenn er an sie denke, sei sie stets die Tochter eines Arztes. Offenbar hat sie mit Ärztlichem zu tun und ist ihm aus schöner Erinnerung zur Heilung gesandt, aus der Tiefe der Seele, eine Art Nausikaa am Badestrande, nach deren Begegnung er sich vielleicht zu sich selbst zurückfinden wird.

Es handelt sich bei diesem Träumer um einen Mann um die Vierzig, eher nach innen gewendet, der sich einen extravertierten Sekundärcharakter geschaffen, sein ethisches Problem nicht sehr gut gelöst hatte, und dem alles Weibliche außer und in ihm unbewußt geblieben war. Er war selbst nun eine Art Pfadfinder; ihm tönte der Gesang der noch nicht Einheit gewordenen Negerinnen um Mary Blane, die dunkle Anima, entgegen, und er suchte nun in Traum und Kontext an das hellere innere Wasser und in die Nähe einer geformten Anima zu kommen.

Der Kontext und die Einfälle versuchen jedes Traumelement anzureichern und zu erweitern nach der bewußten Seite hin. Wir nennen diese Erweiterung wissenschaftlich *Ampli-*

fikation. Eine solche Amplifikation wird z. B. der undeutlich gesehenen Gestalt des Bruders im Traume nicht nur beifügen, was für diesen leiblich besonders bezeichnend ist, nicht nur von der eigenen Beziehung zum Gefährten der Jugend sprechen, sondern sich auch überlegen, was jeder Bruder an sich dem andern Bruder bedeuten kann. Dieser wird dann auch als innere Gegenfigur erkannt, und die Gegensätze, die Ergänzungen werden zum Ausdruck dessen, was als Ergänzung so gegensätzlich in uns selbst drin wohnt.

Oft tauchen in den Träumen *historische Persönlichkeiten* auf. Der Kontext besteht natürlich selten in persönlichen Erfahrungen, es wird sich vielmehr darum handeln, festzustellen, was der Träumer von diesen Persönlichkeiten ungefähr weiß. Diese hundert oder zweihundert historischen Persönlichkeiten, die im Gedächtnis der Menschheit haften bleiben, etwa die Künder einer neuen Weltanschauung, die Eroberer, die paar ganz großen Forscher und die Künstler, von denen jeder ein Weniges weiß oder gesehen hat, bezeichnen, im Traum erscheinend, etwas allgemein Menschliches, Typisches. Ihr Bild ist geformt aus dem Urteil der Geschichte und der Schule. Von ihnen reden immer wieder Bilder, Schriften und Vorträge.

Natürlich haben sich Träumer und Deuter zu fragen: Für welche seelischen Inhalte des Träumers selbst steht diese Gestalt? Wo der Name eines großen Mannes genannt wird, von dem der Träumer aber kaum etwas auszusagen weiß, hat er einmal nachzulesen, was ein Nachschlagewerk über ihn berichtet. Er wird bald merken, daß er mehr wußte, als ihm bewußt war, und daß aus dem unbewußten Wissen diese Gestalt aufgestiegen ist.

Es gibt Träume sehr knappen Inhalts und auch solche, die, ohne Großträume zu sein, sehr wenig biographisches Material zu ihrem Aufbau verwendet haben.

„Ich war in den Bergen und ging am Hang entlang, weiter

oben sah ich einen hohen Offizier in sehr gefährlicher Lage. Dann hatte ich eine Zeitung in den Händen, sie gehörte einer Frau namens Edith. Sonst ist mir nichts geblieben. Doch, ich sah den Mond am Himmel, obwohl es Tag war, genau gesagt, war es nachmittags ein Viertel vor drei Uhr. Man, ich weiß nicht wer, befürchtete eine Überschwemmung."

Der Kontext weiß von keiner Edith, außer von einem kleinen, ungezogenen Mädchen, einer Freundin; sie ist jedoch nach Ansicht der Träumerin viel zu klein, um etwas zu bedeuten. Alle andern Traumelemente müssen nun von Einfällen umgeben werden. Die Träumerin hat sich zu fragen, was heißt „am Hang sein"? Sie selbst kennt persönlich keinen Offizier von höherm Range, offenbar ist er also eine innere Figur; ihre Einfälle müssen versuchen, diese innere Figur und ihren Ort zu umschreiben. Sie wird nun auch erkennen, daß die Zeitung stets das Neueste bringt, aber auch reich ist an Skandalmeldungen. Bei dem Offizier könnte es sich um eine Animusfunktion in ihr selbst handeln, um ein wertvoll Männliches, vielleicht um eine geformte geistige, aber noch konventionelle Haltung. Offenbar ist etwas geschehen; die innere Zeitung bringt es als das Neueste. Es handelt sich um einen Zusammenhang zwischen dem kleinen, ungezogenen Mädchen, ihrer Persönlichkeit, die am Hange geht, und der übergeordneten – er ist oben – Funktion des Offiziers. Zum Mond, der am Tage scheint, fällt der Träumerin ein, daß ihr Kind sie erstaunt darauf aufmerksam gemacht habe, daß man ja den Mond sehe, obwohl die Sonne scheine. Unter welchen Bedingungen dies geschieht, wußte sie nicht. Es handelt sich dabei wohl um den zunehmenden Mond, um eine zunehmende unbewußte Weiblichkeit, mitten in den Tag hinein. Die Anfrage brachte sie denn auch auf den Zusammenhang zwischen dem Mond und dem physiologischen Mondwesen der Frau. Die Symbolik des Mondes gibt weitere Aspekte und neue Betrachtungsmöglichkeiten.

Offensichtlich haben ihr weibliches Wesen und der Mond, der hohe bedrohte Offizier und die Sonne am Himmel etwas miteinander zu tun. Die dritte Nachmittagsstunde holt Tageserinnerungen herbei: Einladungen, Besuche, das Kind muß in die Schule, sie war letzthin um drei Uhr besonders müde; aber das Gefühl einer befriedigenden Deutung stellt sich nicht ein. Dennoch bestand die Träumerin darauf, daß es dreiviertel drei Uhr gewesen sei. Der Deuter mußte amplifizierend bemerken, daß diese Stunde oft geträumt wird, wenn etwas Wichtiges geschieht, wenn es sich um einen Übergang handelt, oft um ein erstes Eintreten des Abends. Daß Überschwemmung stets eine Gefahr darstelle, fiel sofort ein. Daß eine Überschwemmung auch aus der Tiefe der Seele heraufkommen kann, und was damit angedeutet sein möchte, wurde von der Träumerin nicht ohne Unruhe erkannt. Es war eine Gefahr ansteigender Dämmerung, eine Bedrohung durch das betont Weibliche, eine Situation, in der Wertvolles in Frage gestellt schien.

DIE DEUTUNG AUF DER OBJEKTSTUFE

Man wirft der psychologischen Seelsorge, die den Menschen sich auch um seine Träume kümmern heißt, vor, sie ziehe eben diesen Menschen von seinen beruflichen und sozialen Aufgaben weg, steigere dafür seine Ichbezogenheit; sie verführe ihn dazu, sich zu wichtig zu nehmen. Selbst wenn man davon absieht, daß eine echte und gehorsame Beschäftigung mit den Äußerungen der Seele das Ich eben über sich hinaus zur Arbeit an der viel größern Ganzpersönlichkeit führt, muß man als Antwort auf jenen Vorwurf betonen: Es gibt für den Einzelmenschen wie für die Gemeinschaft, deren Glied er ist, nichts Notwendigeres, nichts Wertvolleres als dies, daß jeder Einzelne das wird, was er seiner Anlage gemäß ist. Er selbst ist sein Beitrag an das allgemeine Leben; er erfüllt sich nach innen und nach außen, weil dies die Aufgabe ist, die der Gott des Lebens damit, daß er ihn schuf, ihm auferlegt hat. Wie der Mensch bewußt sich und seine Welt wichtig zu nehmen hat, so nimmt die Seele ihren Menschen, dessen Lebensplan sie von Anfang an in sich zu tragen scheint, dessen Entelechie und Lebenskern sie ist, ungemein wichtig. Es scheint dieses ihr großes Bemühen in höherem Auftrag zu geschehen.

Die bisherige Darstellung hat längst klar gemacht, daß die Seele für diese Bewußtmachung sich jeder Erscheinung des Lebens völlig frei bedient. Selbstverständlich wird sie im Traume, da, wo die Beziehung zur Umwelt, zum Lebenspartner, zu Freund oder Feind, zu Beruf und Interessen jeglicher Art steht, die Gestalten dieses Du's der Außenwelt, die Dinge und die Geschehnisse unseres äußern Lebenstages verwenden. Der Traum, der von diesen Dingen spricht, scheint vorerst auch nur diese uns umgebende Außenwirklichkeit und unser Verhältnis dazu, soweit es uns nicht recht bewußt ist, zu klären. Der Traum mit solch vertrautem Inhalte ist in der Deutung auch auf diese Gegebenheiten unseres täglichen Lebens zu beziehen, er ist, wie wir es psychologisch nennen, auf der *Objekt*stufe zu deuten.

Das scheint den meisten Menschen selbstverständlich zu sein! Ein psychologisch naiv denkender Mensch, der von seinem Kinde, seiner Gattin, seinem Nachbarn oder Vorgesetzten träumt, nimmt ohne weiteres an, es handle sich ganz wörtlich und konkret um diese mit ihm schicksalsmäßig verbundenen Mitmenschen. Höchstens ist er befremdet darüber, daß sie im Traume oft so ganz anders handeln als in Wirklichkeit, daß er sich mit ihnen in Situationen befindet, wie sie nie vorkommen könnten. Auf der Objektstufe deutend müssen wir sagen: Offenbar handelt es sich wirklich um diese Menschen. Aber wir haben wohl fast immer einschränkend beizufügen: Nicht diese Menschen sind so, handeln so, wie wir von ihnen geträumt haben – freilich kann in selteneren Fällen auch dies richtig sein, und der Träumer erfährt dann eben, wie diese andern auch noch sind, wie sie in Wirklichkeit handeln – vielmehr wird die äußere *Beziehung* zu diesen Menschen durch das Bild und den Ablauf der Traumhandlung dargestellt. Jede Deutung auf der Objektstufe hat also zu fragen: Sind die bekannten Personen des Traumes und das, was im Traume geschieht, wirklich so beschaffen, wie dieser Traum es erzählt? Erfahren wir also durch ihn ein Mehreres über diese für uns wichtigen Mitmenschen, damit wir ihr Wesen besser erkennen und uns angepaßter einstellen? Wo ein Träumer von seinem Vorgesetzten oder Untergebenen, eine Frau vielleicht auch von einer Mitarbeiterin, Freundin oder Angestellten träumt, da hat man selbstverständlich sich in den Erläuterungen zum Traume im Kontext ein möglichst scharfes, differenziertes Erfahrungsbild von diesen Menschen geben zu lassen. Traumbild und Erfahrungsbild sind dann sehr sorgfältig miteinander zu vergleichen, und es wird sich herausstellen, daß das Unbewußte von jenen Andern mehr weiß als auch das schärfst beobachtende Ich. Gewöhnlich eilen, nachdem man ein Bild gewonnen hat aus Traumgestalt und dem, was man bewußt über jenen andern weiß, auf einmal eine Menge kleiner Einfälle herbei – es geht dem Träumer nicht nur *ein* Licht auf, sondern jetzt sieht er diesen Menschen, zu dem er eine etwas komplexhafte Einstellung hatte, von verschiedenen Seiten angeleuchtet; er sieht dessen Wirklichkeit nun klarer. Damit kann er von nun an eine dem Tatsächlichen entsprechendere Einstellung finden und – eines der großen Geschenke aller Traumbetrachtungen – von nun an auch gerechter sein. Dasselbe gilt natürlich auch für all das, was mit unserm Tun in der Außenwelt zusammenhängt.

Auf der Objektstufe betrachtet ist der Bruder des Träumers der wirkliche Bruder, die Mutter wirklich die Mutter, Herr Bühler ist identisch mit Herrn Bühler, der Arzt ist eben jener uns bekannte Arzt, und selbst jene minderwertige Person, die wir nicht gut kennen und deren Auftreten in unserm Traume uns wenig paßt, könnte zur Not jene stadtbekannte liederliche Person sein, mit der wir einmal einen ärgerlichen Auftritt hatten. *Könnte* – denn diese eben angeführten Personen haben in jenen Träumen Züge, die man nie an ihnen findet. Sie sehen, genau besehen, auch etwas anders aus! Es ist manchmal noch etwas in oder an ihnen, das einem ganz andern Menschen zugehört, an jemanden erinnert, der mit ihnen in keiner Verbindung steht. Nach und nach überzeugt sich der Träumer, der etwa seinen Freund in minderwertiger Situation träumt, es könnte am Ende gar nicht sein Freund sein, der so üble Figur macht, sondern die Freundschaft zwischen ihnen, also die Beziehung zum andern, nicht der andere selbst. Zu einem ähnlichen Schlusse mußte recht widerwillig jener junge Mann kommen, der träumte, seine Braut sei krank. In Wirklichkeit fehlte ihr nichts als mehr Liebe und Vertrauen von Seite ihres Geliebten. Dessen Gefühle aber waren, in der Unfähigkeit, sich von einem frühern Erlebnis erotischer Art zu lösen, wieder zwiespältig geworden. Seine innere Beziehung zu seiner Braut litt an einer „Erkältungskrankheit". Für ihn war sie wirklich krank. Typischerweise hatte sie selbst einen ähnlichen Traum von ihm, nur handelt es sich um einen häßlichen Ausschlag, durch den sie sein Gesicht und vor allem die Hände entstellt sah. Sie fragte sich im Traume, ob man so heiraten dürfe.

In den Träumen, die von Menschen unseres Schicksalsraumes reden, sind besonders die Größenverhältnisse, sind Kleidung und typisches Tun zu beachten. Wo der Träumer von einem andern beschenkt wird – es mag in Wirklichkeit solch ein Geschenk ganz ausgeschlossen sein –, da hat sich die innere Beziehung zu diesem „Du" bereichert, hat an beglückender Kraft gewonnen. Denn Kleinerwerden kann, worauf schon hingewiesen wurde, einer Überwertung im Tagesleben entsprechen, die korrigiert werden muß. Aber es kann dieses Kleinerwerden auch einfach besagen, daß die Beziehung zum andern an Bedeutung abnimmt. Das Trauerkleid der geträumten geliebten Gestalt teilt uns eine bisher nicht beachtete innere Trauer jener Frau mit – aber es ist vielleicht auch der der inneren Wirklichkeit einzig entsprechende Ausdruck für die gemeinsame Beziehung.

Alle Umstände des Traumes, und dazu gehören, es ist dasselbe Wort, auch die Umstehenden, geben der Beziehung jene Eigenart, die der Traum eben bewußt machen möchte. Wo die Außenwelt vorläufig das Objekt, das Ziel der Hauptenergien der menschlichen Psyche sein muß, also bei jüngern Leuten, die in der Eroberung der ihnen zustehenden Welt sich befinden, ebenso bei Menschen um die Lebensmitte, die im äußern Daseinskampfe ihren Ort, ihre „Stellung" noch nicht gefunden haben, wird man die Träume vor allem auf der Objektstufe deuten. Erst in zweiter Linie geht man dem nach, was rein inner-seelische Angelegenheit ist.

Für die Deutung auf der Objektstufe gilt der Hauptsatz: Nicht das Objekt ist gemeint, wovon man träumt, sondern die eigene *Beziehung* zum Objekte, von dem man träumt.

DIE DEUTUNG AUF DER SUBJEKTSTUFE

Der Versuch, die Trauminhalte konkret auf das Außenleben zu beziehen, etwa auf die tatsächliche Gemeinschaft mit den geträumten Personen, wird bei vielen Träumen nicht befriedigen, führt zu keinem annehmbaren Ergebnis. Denn die Traumerzählung hat keinen Zusammenhang mit unserm Handeln und Erleben in der Außenwelt; sie ist offenbar weder deren Spiegelung, noch deren Ergänzung. Die Bekannten, die als Traumfiguren auf unsere nächtliche Bühne geraten sind, führen sich da ganz anders auf als im Leben. Wohl kann jener Vater, der träumt, sein Kind gerate beinahe unter einen auf nie gesehenen Geleisen daherbrausenden Zug, annehmen, es drohe seinem Knaben in Wirklichkeit große Gefahr. Er wird diese beängstigenden Möglichkeiten sorgfältig überdenken. Dabei spürt er aber, daß es gar nicht um sein Kind geht, sondern daß er zur Zeit selbst in einer gewissen psychischen Gefahr drin steht. Damit wird sein Kind eine sehr wesentliche Gestalt seiner eigenen Seele. Kommt er zu dieser Deutung seines beunruhigenden Traumes, dann hat er diesen instinktiv richtig auf der *Subjekt*stufe gedeutet. Die Unmöglichkeit, Träume, in denen Geschwister, Kameraden, Nachbarn oder selbst wenig bekannte Leute vorkommen, stets auf der *Objekt*stufe zu deuten, hat zur notwendigen Annahme geführt, daß diese Gestalten vor allem gleichnisweise etwas über uns selbst aussagen. Besonders klar ist dies, wenn in unsern Träumen Menschen und ihre Schicksale aus Büchern, Bühnenstücken oder aus dem politischen Geschehen in fremden Ländern auftreten. Das berühmte „Das bist Du" indischer Selbsterkenntnis gilt für die Einstellung, welche diese Figuren und Begebenheiten des Traumes auf die eigene innere Persönlichkeit bezieht. Auf der Subjektstufe ist alles Ausdruck unserer innerseelischen Tatsächlichkeit. Die geträumten Menschen (und die tierischen und pflanzlichen Lebewesen, welche unsern Traum bevölkern) sind Verkörperungen, Sichtbarmachungen unserer innern Wesenszüge; die Traumhandlung wird zum Ausdruck unserer psychischen Funktionen und Entwicklungen.

Auf der Subjektstufe ist man jenes sich in geformte Teilwesen auflösende Personenbündel, das im Bewußtsein durch unser Ich, soweit wir nicht geisteskrank oder in irgend eine Besessenheit geraten sind, zusammengehalten wird. Diese

Teilpersönlichkeiten unserer im Traume auseinander-differenzierten Ganzheit sind gewöhnlich projiziert auf Bekannte. Solange wir unbewußt sind über die verschiedenen Seiten unseres Wesens, werden diese unsere Charakterzüge an Personen der Umwelt gesehen und erlebt. An diesen erleiden wir, was noch wenig beachtet in uns wohnt, an ihnen, die sich aus irgend einem Grunde zu Abbildträgern unserer Teilnatur eignen, hassen wir, was in uns selbst minderwertig ist. Unbegreifliche Anhänglichkeit, maßlose Verliebtheit, welche ohne das andere „Du" glaubt, nicht mehr leben zu können — weil eben dieser andere einen Teil unserer Seele verkörpert — beruhen ebensosehr wie nicht zu verstehende Abneigung auf dem Gesetze der Projektion. Alles Unbewußte ist, solange man es nicht als solches durchschaut, projiziert. Dies zu betonen wird die komplexe Psychologie nicht müde. Man wird im Werke *Jung*s sowie in Darstellungen seiner Psychologie durch andere manche Belege dafür finden, wie entscheidend für das menschliche Zusammenleben diese seelischen Vorgänge sind. (Der Verfasser darf hier auf die drei Kapitel: „Von der seelischen Projektion", „Der dunkle Bruder", „Glück und Gefahr des Seelenbildes" in seinem Buche *„Lebenskonflikte"* sowie auf sein Werk: *„Psychologie des Bewußten und Unbewußten"* hinweisen.)

Jede Person, die wir träumen, kann, wenn wir die Projektion in uns zurückgenommen haben und nur die verfeinerte Projektion auf innere Gestalten geblieben ist, in der Traumbetrachtung als ein unter dem Namen eines andern gehendes Gleichnis eigener innerer Haltung erkannt werden. Um selbst gleichnishaft zu reden: Die „chemische" Verbindung unserer Persönlichkeit wird bei der Traumanalyse in ihre Elemente aufgelöst. Wohl tragen diese Elemente noch die Namen von Bekannten und haben ungefähr ihre Erscheinung, oder sie heißen in allgemeinern Begriffen „das Kind", „der Bruder", „die Schwester", „der Bauer", „der Offizier", „das junge

Mädchen", „der weise Mann" und so weiter. Im Kontext zum Traume haben wir, das Erfahrungsmaterial des bewußten Lebens um diese Gestalten zusammentragend, mitzuteilen, wofür diese bekannten Gestalten und die allgemein menschlichen Symbole stehen könnten. Erscheint beispielsweise in den Träumen mehrmals ein Kaufmann, uns kaum bekannt, von dem wir wissen, daß er sich aus dem Zusammenbruch seines Geschäfts tätig und ehrenhaft herausarbeitete, dann sagt der Traum nichts über diesen Kaufmann oder unsere kaum vorhandene Beziehung zu ihm aus, sondern er weist tröstlich darauf hin, daß in uns selbst noch eine Kraft am Werke ist, aus großen und gefährlichen Nöten den Ausgang zu finden. Zeichnet sich die im Traume mehrmals erscheinende Kollegin durch eine schlaue Art aus, wesentlichen Verpflichtungen zugunsten billiger Vergnügen zu entweichen, dann ist wohl anzunehmen, daß wir eine solche Schwester oder Kollegin in uns haben, die von einer solchen menschlich wenig fruchtbaren Lebenseinstellung besessen ist. Im Traume begegnen wir unserm *Schatten* und werden uns, falls es uns um eine echte Persönlichkeit geht, mit diesem auseinander zu setzen haben. Als „Schatten", als eine Hintergrundsfigur wenig entwickelten Charakters, bezeichnen wir jene eigenen Wesenszüge, welchen wir in unserm bewußten Leben nicht genügend Raum geben können zu wertvollerer Gestaltung. Die Schatten haben Eigenschaften, die wir an uns noch nicht erkannt haben, die sich dafür unbewußt um so wirksamer in der Beziehung zum Mitmenschen betätigen. Statt an uns zu leiden und durch das Leiden an dem Dunkeln in uns reifer zu werden, erleben wir diese Eigenschaften an den andern, bekämpfen sie – etwa den Geiz – an diesen andern. Und nun begegnen uns diese andern als Teil unseres eigenen Wesens im Traume, eben beispielsweise als der eigene Geizhals. „Die Subjektstufe interpretiert alle Traumfiguren und -situationen symbolisch, d. h. als Abbilder innerpsychischer Faktoren und Situationen des Träumers", formuliert *Toni Wolff* diesen Sachverhalt.

Schon in den Träumen junger Menschen, welche man stets erst, weil der junge Mensch naturgemäß auf Außenobjekte bezogen ist, auf der Objektstufe zu deuten versuchen sollte, finden sich Elemente, die nur in der Deutung auf der Subjektstufe begriffen werden können. Es sind besonders jene Traumfiguren, die als Kameraden der Ausdruck des eigenen Schattens sind; ferner müssen Tiere, die selbstverständlich einfach über Art und Intensität der Triebrichtung etwas aussagen, auf dieser Stufe gedeutet werden. Je weiter der Mensch in sein viertes, fünftes Lebensjahrzehnt hineinwandert, desto mehr ist es angezeigt, seine Träume auf der Subjektstufe zu deuten. Zuletzt wird ja die ganze Lebensführung des alternden Menschen – in Beibehaltung der gewonnenen Anpassung an die noch immer berechtigten Forderungen der Außenwelt – zu einer innern Angelegenheit. Da werden Gestalten und Handlungen zu reichen Symbolen der innern Wandlung, wenn diese angenommen wird; zu Symbolen von erschreckendem Gehalt, wenn sich der Mensch den Forderungen der Persönlichkeitsreife entzieht. Manchmal werden die menschlichen Gestalten ausdrücklich als Verwandte bezeichnet; sie sind eben unseres Blutes. Es fällt leicht, dem Träumer zu erklären, daß er unter anderem dieser ihm Verwandte ist.

Manchmal sind es urtümliche Gestalten, in denen man den Werten des innern Gegengeschlechtes begegnet. Dann handelt es sich um Anima und Animus, um die gegengeschlechtliche Figur in uns. Anima und Animus tragen selten das Antlitz eines uns bekannten Menschen, sie sind einfach „das schöne Mädchen", „die Herrliche", „die Strenge", „die kalt verführende Frau"; oder im Traum der Mädchen und Frauen: „der schöne Jüngling", „der Offizier", „der Arzt" oder „Geistliche", „ein großer Sänger", „ein alter Weiser". Doch kann es auch geschehen, daß ein uns bekanntes Mädchen oder eine Frau, die uns Eindruck machte, als Anima, als Seelenbild uns erscheint. Es ist dann erst zu prüfen, ob es nur um die Klärung unserer seelischen Beziehung zu dieser wirklichen Frau geht, oder ob am schönen, oft auch gefährlichen Bilde ihrer Erscheinung sich einfach die Begegnung mit unserm eigenen, noch sehr unbewußten weiblichen Wesen vollzieht. Den Traum des Mannes jenseits der Lebensmitte wird man nach kurzer Prüfung der objektiven Bedeutung dieser geträumten wirklichen Frau doch vor allem auf der Subjektstufe deuten müssen, um damit dem Träumer den Zugang zum innern Reichtum seiner eigenen Seele freilegen zu helfen.

Dasselbe gilt natürlich auch von den Männern, die in den Träumen von Frauen jenseits der Lebensmitte als Traumgestalten auftauchen. Mehr und mehr werden es unbekannte Männer sein, welche die verschiedenen Stufen der innerseelischen Entwicklung der Träumerin bezeichnen.

Es gibt Gestalten, die noch tiefer hineinführen, Ausdruck sind noch tieferer Schichten unserer Seele; sie sind schon in der Nähe jener letzten Instanz, jener innersten Führung unseres Lebens. Von dieser aus wird unsere menschliche Ganzheit, bei aller Achtung und Respektierung einer gewissen Willensfreiheit des Ichs, geleitet. Von diesem innersten Zentrum kann der Traum nur in Gleichnissen, allein zu deuten auf der Subjektstufe, reden. Er tut es in den Symbolen des Selbst, etwa dem König, einem höchsten Priester; moderner erscheint etwa der höchste General, in zeitbedingter Färbung der Diktator, dem zeitlos der „große Mann" gegenübersteht; bei Frauen sind in der Nähe dieses Zentrums die Nornen, welche das Schicksal spinnen oder weben. Auch hier ist wechselndes Gleichnis. So kann dieses Innerste sich im Traum auch geben als Quelle, als kostbarer Stein, als goldene Blüte, abstrakt als Lebenskreis und seine Mitte, im Tiergleichnis sogar als Schlange. Hie und da leuchtet im Traume selbst ein Antlitz Gottes auf.

Selbstverständlich sind auch Begebenheiten und Orte sowie Zeitangaben manchmal auf der Subjektstufe zu deuten. In uns selbst ist Krieg. In unserer Seele vereinen sich manchmal in kühnen sexuellen Bildern die Gegensätze. In uns selbst treten wir aus der Wirrnis des Waldes auf eine helle Straße hinaus, Ströme fluten voll Kraft durch unsere innere Landschaft. In uns selbst sind wir Gefangene unser selbst. Es könnte gerade dies nicht bezeichnender ausgesprochen werden, als es im Traume eines Mannes geschah, der, weil er seine seelischen Kräfte in falscher Richtung ausgegeben, zu einem halben Jahre Haft verurteilt wurde. Dabei war er im Traume der unglückliche Häftling, der wohlwollend kühle Gefängnisarzt und der strenge Gefängnisdirektor selbst. „Dies alles bist Du", sagt der Traum – „das ist deine innere, deine subjektive Situation." Einzig die Zeitangabe hatte in diesem Traume mit der objektiven Zeit zu tun: Genau nach einem halben Jahre oft bedrückender Introversion setzte im Leben dieses Träumers eine erstaunlich produktive Epoche ein.

Abschließend ergibt sich die Erkenntnis: Die objektive äußere Welt um uns herum steht, wie die objektive Welt des kollektiven Unbewußten in uns, stets in engster Verbindung mit unserer Seele, die in beide Bezirke hinein erlebt, von beiden Bezirken offenbar berührt wird. Sie benötigt die Erscheinung beider Bezirke, um sich selbst ihr Wesen, ihr Tun, ihre Gegenwart und ihre Zukunft im Traume zu versinnbildlichen. Liegt der Akzent unseres Lebens noch auf dem Außen, dann sind die Träume erfüllt vom Erlebnismaterial der Außenwelt, bezogen auf dieses Außen. Sie sind deshalb zu deuten auf der Objektstufe. Liegt der Akzent auf der Entwicklung nach innen, dann besteht das Material der Träume aus Gleichnissen. die nur noch das Kleid des „Außen" benützen, und aus den urtümlichen Bildern der Symbole. Diese Träume sind zu deuten auf der Subjektstufe. Zwischen äußerer und innerer Großwelt wohnt unsere individuelle Seele. Beide Welten reichen dieser die Bilder ihrer Erscheinungen, damit sie zum Gleichnis ihrer selbst kommt.

NACH DER DEUTUNG

Die beendigte Deutung hat die Traummitteilung des Unbewußten, welche erst wegen ihres symbolischen und vorlogischen Bildcharakters nur teilweise verstanden worden war, umgesetzt in die logische Sprache unseres Bewußtseins. Der fremdartige Text aus dem dunklen Lande der unbewußten Seele wurde nach und nach entziffert und ergab, selbst wenn einige Textstellen nicht ganz klar wurden und die Mehrdeutigkeit mancher Symbole sowohl in ihrem Gehalt an sich als auch in ihrem Bezug auf den Träumer noch leise beunruhigte, als ganzes den *Sinn* des Traumes. In diesem durch die Deutung erfaßten Sinne haben wir die Meinung unseres Innern zu bewußten und unbewußten Problemen unseres persönlichen Seins gewonnen. An uns ist es nun, die Folgerung aus dieser Mitteilung zu ziehen: das Ergebnis der Deutung fruchtbar zu machen. *Binswanger* stellt in seiner kleinen, klugen Schrift über die Träume fest: „Die wissenschaftliche Traumdeutung ist ohne Gewissensforschung nicht mehr denkbar." Man kann hinzufügen: Wer sich ernstlich mit seinen Träumen befaßt, wer ihre Bedeutung wirklich vernehmen will, der muß auch bereit sein, in seine erweiterte Lebensauffassung wie auch in sein bewußtes Handeln das aufzunehmen, was dem Sinne des Traumes entspricht. Das Traumergebnis, der erdeutete Sinn, vermag den Menschen zur Selbstbesinnung zu führen, aber gerade dies ist, nach einem Worte *Jungs*, „dem vorwiegend unbewußten Menschen das Schwerste und Widerwärtigste". Den Traum annehmen, das heißt, die eigene innerpsychologische Ordnung annehmen, bedeutet, sich in die Haltung und in die Bahn des Handelns hineinwagen, welche unser Leben an sein Ziel, in die Verwirklichung unserer Persönlichkeit führt. Es ist ein anderes, seine Träume ansehen und deren Deutung annehmen, ein anderes aber, das Erdeutete in der eigenen Lebensgestaltung verwirklichen. Wie oft würden wir uns am liebsten der im Traume gewonnenen Einsicht verschließen, zum Beispiel derjenigen, daß bestimmte Beziehungen zur Umwelt uns zum Schaden gereichen, daß wir lassen müssen von Menschen, Unternehmungen oder Auffassungen, an denen wir bisher aus Angst, sie zu verlieren, festhielten. Wir schließen gerne die Augen vor der nun erkannten Tatsache, daß wir im Grunde viel ärger und von geringerer Gesinnung sind, als wir es bisher gerne wahrhaben wollten, und daß es also an der Zeit wäre, sich des minderwertigen Bruders in uns anzunehmen. Wir wollen es nicht eingestehen, daß in uns so vieles wohnt, das von ungebändigter und ungeformter Triebhaftigkeit und Lebendigkeit ist. Nicht annehmen, ja nicht einmal vernehmen möchte der, welcher vor den Aufgaben der Außenwelt und ihrer Gesellschaft stets zurückweicht, den strengen Traumbefehl, endlich in diese ebenso gefürchtete wie entwertete Welt zu treten. Unser Gewissen wird vom Traume aufgerufen, und es hat zu antworten auf die Frage der Tiefe: „Wenn es so um dich steht, was tust du fortan, du traumbelehrter Mensch, damit es anders und du ein anderer wirst?"

Wir erfahren, daß wir die Welt genossen haben, fast allzu lange an ihrem Tische saßen, und daß nun Fastenzeit gekommen ist, die Zeit der Hingabe an andere Werte. Welches ist unsere Antwort? Was werden wir sagen auf die erschütternde Mitteilung, daß der gegenwärtige Konflikt, die Last eines fast nicht zu bewältigenden Lebens den einen Sinn hat, uns durch ein Sterben hindurch an eine innere Wiedergeburt heranzuführen?

Es fällt dem Menschen oft schwer genug, den Einsichten des Verstandes zu folgen, das zu tun, was sich eigentlich von selbst versteht. Wieviel mehr ist er geneigt, dem auszuweichen, was die ichfremde Stimme des Traumes zu fordern scheint. In seiner nächsten Nähe liegt der Einwand, Träume könnten ja Verschiedenes bedeuten, es könnte nicht gerade *der* Sinn gemeint sein, der dem Träumer so mühsame Verpflichtungen auferlegt. Wo jemand so spricht, da mag in seinem Ich umfassendste Intelligenz wohnen, aber es ist noch nicht erreicht vom Geist der Tiefe, vom Bewußtsein des Unbewußten. Bei der kleinsten Schwierigkeit, in der dieses Ich ein Opfer zu bringen hat, und sei es nur die im Traum angedeutete neue Bewertung seines Lebenspartners oder der Kampf gegen eine moralische, gesellschaftlich festgesetzte Verengtheit, beruft es sich auf seinen freien Willen, seine sogenannte Selbständigkeit. Wie oft hat der Deuter, wenn sich sein Träumer wehrt gegen Verpflichtungen aus dem zwar anerkannten Sinn der Träume, wenn er sich beleidigt fühlt vom andern in sich, diesem Träumer zuzurufen, der Traum zwinge ihn ja nicht, es bleibe die Freiheit bestehen, das oder jenes zu tun, so oder anders zu handeln. Es kann in einem solchen Falle freilich auch geschehen, daß die Abwehr nun auf den Deuter übertragen wird, der dem Träumer die betreffende Erkenntnis vermittelt hat. Dieser muß mitunter betonen, daß nicht er, sondern der Ratsuchende den peinlichen Traum gehabt hat. Ist aber dieser Träumer vom echten Willen erfüllt, seinen Weg klar zu erkennen und selbst unter Widerständen sein Bestes zu tun, dann wird der Kampf mit der Forderung des Unbewußten eine sinnvolle und fruchtbare Auseinandersetzung mit dem bisherigen Ungenügen. Dabei wird zuletzt doch eine tapfere Antwort gegeben auf den Situationsbericht der Seele.

Diese Antwort gelingt nicht jedem. Oft ist der Träumer zwar vom völlig klaren, aus mehreren Träumen sich ergebenden Sinn des innern Geschehens umstellt. Jeder neue Traum besagt, in wechselndem Ausdruck das Problem von allen Seiten beleuchtend, stets dieselbe eine Notwendigkeit, richtig zu handeln. Und doch entschlüpft der schwache Mensch scheinbar der unausweichlichen Pflicht; denn das Leben läßt dem Menschen die Freiheit der Wahl, aber es entläßt ihn nicht aus deren Konsequenzen.

Können wir in dieser Weise nicht akzeptieren, was die Seele mit uns vorhat, verschließen wir uns ihren größeren Zielen, dann gehen bewußte und unbewußte Lebensrichtung auseinander, und der Mensch gerät in einen Kräfte verzehrenden Konflikt mit sich selbst. In solcher Lage sind sehr viele Menschen, ohne Klarheit darüber zu haben, was in ihnen anders will. Der aber, welcher seinen Träumen die Absicht des Unbewußten abzugewinnen versteht, der also, um ein wenig altertümlich zu reden, „das Gute weiß, aber nicht tut", der steht auch in größerer Schuld. Dabei gleicht das „Gute" manchmal so gar nicht dem, was eine moralische Auffassung darunter versteht.

Übrigens: Die Seele ist in ihren Forderungen nicht unbillig; sie weiß, was sie ihrem Menschen zumuten darf. Man ist in der psychologischen Beraterpraxis immer wieder darüber erstaunt, mit welcher Gerechtigkeit und wie großzügig sie die Gewichte des Lebens verteilt, wie unparteiisch sie sich an den großen, letzten Lebensgesetzen und Lebenswerten orientiert. Wer sich dieser Tatsache einmal bewußt werden durfte, dem wird das Annehmen dessen, was der Traum verlangt, nicht mehr ganz so schwer fallen.

Dazu kommt, daß mit der Annahme der geoffenbarten innern Situation und der Bejahung dessen, was zu geschehen hat, meist eine ganze Flut neuer seelischer Kräfte frei wird. Die bejahte Seele läßt ihren Menschen nicht im Stich. Etwas von diesem Zuströmen seelischer Kräfte hat der Träumer schon in dem Augenblicke erlebt, als sich der Sinn des Traumes in der Deutungsarbeit mehr und mehr erhellte. Man weiß, woher dieser Energiebetrag stammt; er entströmt dem Kraftfeld des Symbols, fließt uns zu in der Bewußtmachung des Traumes. Wir haben schon darauf hingewiesen, daß psychische Kollektivkräfte das allgemein verbindliche menschliche Symbol geformt haben. Gleichzeitig haben sie sich in das Gefäß dieser erschaffenen Bilder ergossen, es ist und enthält verdichtete psychische Energie; im technischen Vergleich könnte man von einem gewaltigen Akkumulator sprechen. Um im technischen Gleichnis zu bleiben: Gleichzeitig ist das Symbol ein großer Transformator dieser psychischen Kräfte, und die Verbindung mit ihm stärkt uns. Wird das Symbol richtig gedeutet, das archetype Geschehen in seine Elemente auseinandergelegt, die Traumhandlung in der Analyse richtig aufgelöst, und werden Traumsinn und Bewußtsein einander angeglichen, dann hält das symbolische Traumgeschehen die Kräfte, die es formten, nicht mehr zusammen. Nachdem der Traum „gelöst" ist, gibt er seine psychischen Energien frei, und sie strömen dem Bewußtsein des Träumers zu.

In der beraterischen Praxis wird man immer wieder Zeuge der Dankbarkeit dafür, daß in uns eine höhere Instanz wohnt – die komplexe Psychologie nennt sie das „*Selbst*" –, die unsern Lebensweg klarer, als wir es tun können, miterlebt, an seinem Gelingen mitarbeitet und durch das Mittel des Traumes immer wieder meldet, wo wir uns auf der Schicksalsfahrt befinden, was uns bedroht, wessen wir bedürfen und wohin wir zu steuern haben. Durch das erlebte Vertrauen in das Wissen seines Selbst, aus dem Erfahren neuer Kräfte gewinnt der Mensch eine bisher nie gekannte Ruhe. Er weiß, wo immer er vor neuen Problemen steht, in Konflikten nicht weiter kommt, in die große Auseinandersetzung mit sich selbst geraten ist, da schickt ihm die Seele das Gleichnis ihres Traumes. Er kann nicht in der Verwirrung bleiben, denn er steht in der tiefer und umfassender geschauten Wirklichkeit des Lebens, hat höhere Bewußtheit gewonnen; er lebt in der Gewißheit, den Weg immer offen zu finden, der nach Hause führt. Manchmal scheint uns, wenn wir ergriffen sind vom tiefen Sinne eines großen Traumes, als seien wir jetzt schon in diesem großen Zuhause, dessen Herr sich auch der Träume bedient, damit wir ihm stets nahe bleiben.

TRAUMSYMBOLE

EINLEITUNG

Dem vorliegenden, in kleinere zusammenhängende Texte verarbeiteten Symbolkatalog sind notwendigerweise ein paar Bemerkungen vorauszuschicken. Sie sollen verhindern, daß er in derselben Weise benützt wird wie irgend ein dubioses „Traumbuch", das sich orientalischer oder ägyptischer Herkunft rühmt und im besten Falle ein armer, mißverstandener Rest antiker und orientalischer Traumdeutung darstellt. Bekanntlich wird in solchen populären Büchlein zu jedem Symbol eine einzige, nach dem Gesichtspunkt des Günstigen oder Ungünstigen ausgerichtete, oft völlig unpsychologische nackte Deutung beigefügt.

Die Benützung unserer Zusammenstellung, welche die häufigst vorkommenden Traumsymbole mit ihrer *vorwiegenden* Bedeutung vereint, wird dem Leser nur dann dauernd eine Hilfe in der Betrachtung seiner Träume sein können, wenn er die grundsätzlichen Erwägungen im Hauptteil dieses Buches in sich aufgenommen hat. Denn nur dann bleibt ihm bewußt, wie selten man mit der Eindeutigkeit eines Symboles rechnen kann. Auch bleibt er sich klar darüber, daß er sich vor jedem Symbol, auch wenn dessen allgemeiner Sinn sich aus der Deutung von Tausenden von Träumen gleichen symbolischen Ausdruckes herauskristallisiert hat, dennoch fragen muß: „Was bedeutet dieses Symbol für mich selbst? Welches ist sein Sinn inbezug auf meine individuelle Lebenssituation?" Wenn sich der Träumer und Leser dauernd der Tatsache seiner persönlichen Eigenart bewußt bleibt, dann darf er auch zugeben, ja erstaunt erkennen, daß diese seine Eigenart im allgemein Menschlichen wurzelt. Er hat das Recht, anzunehmen, daß die Symbole seines Traumes, solange nicht persönliche Sondererlebnisse im Kontext vernehmlich dagegen sprechen, vermutlich einen sehr ähnlichen Sinn haben, wie er in den gedeuteten Träumen so vieler anderer Menschen sich ausspricht. Diesen Sinn versucht unsere Zusammenstellung zu umschreiben. Dabei ist die Meinung, auch wenn sie nicht fortwährend wiederholt wird, daß sowohl das Symbol wie der Traum, in dem es auftritt, vielschichtig und mehrdeutig bleiben. Im übrigen steht man hier einmal wieder vor der Frage, ob begrenztes Erkennen und Wissen gefährlicher ist als das einfache Nichtwissen. Aber hat nicht alle Bewußtwerdung damit begonnen, daß man erst wenig erkannte, eine Schicht der Bedeutung der Dinge sich erst erarbeiten mußte, ehe man größere Einsicht in die Zusammenhänge erlangte?

Der harmlose Leser, von seinem Traum in wenig mehr als in Neugier versetzt, wird selbst diese bewußt sehr einfach gehaltene Symbolzusammenstellung mit ihren Sinn-Erwägungen schwierig und verwirrend finden. Für ihn ist Traumdeutung ein unverbindliches Rätsellösen. Der psychologisch und kulturgeschichtlich geschulte Kenner der Symbolik dagegen wird uns den Vorwurf zu großer Vereinfachung machen können. Diesem sei versichert, daß dem Autor Hintergründiges, das in ein weites, noch halbdunkles Feld mythologischer Forschung hinüberdrängt, nicht ganz unbekannt ist. Er hat aber sein Buch nicht für den Fachwissenschafter geschrieben, auch wenn es vor diesem bestehen soll.

Ein kluger Mensch, welcher über die Dinge, die in seinem Traum eine Rolle spielen, nachdenkt, um zu erfassen, was diese seit alters den Menschen bedeuten, bedarf mancher unserer Mitteilungen nicht. Andere vermag unsere Nachzeichnung des Symbolgehaltes vieler im Traume auftauchender Lebenserscheinungen dahinzubringen, seine Welt von diesen Symbolen her neu zu erleben und aus diesem ursprünglichern Erfassen der Lebensdinge zu neuer Erkenntnis zu kommen. Vieles kann er freilich nicht wissen, wenn ihm die Ergebnisse analytischer Psychologie und ihrer Traumdeutung nicht zu Hilfe kommen. Eine solche Hilfe und Handreichung soll der vorliegende Symbolkatalog dem Leser sein, der mit seinen Träumen trotz manchem Bemühen nicht viel anzufangen weiß. Es kann nun sein, daß er, den hier mitgeteilten Sinn der Symbole in seinen Traum einsetzend, diesen seinen eigenen Traum plötzlich sinnvoll findet. Damit vernimmt er etwas von dem, was die Seele, begriffen in ihrem dauernden Selbstgespräch, dem verstehenden Zuhörer nicht vorzuenthalten gedenkt.

TRÄUME VON BEKANNTEN UND UNBEKANNTEN

Der Mensch lebt vor allem in der Welt der Menschen. Dies ist auch in seinen Träumen so. Ihm begegnet da der bekannte oder unbekannte Einzelne wie die engere oder weitere menschliche Gesellschaft. Und kein Träumer wundert sich, wenn er von dem oder jenem Mitmenschen seiner Umwelt oder seiner Erinnerung träumt. Er wundert sich höchstens, daß jener Andere *jetzt* in seinen Träumen erscheint, und begreift nicht, was dessen Erscheinen ihm besagen könnte.

Der nachdenkliche Beobachter seiner eigenen Träume nimmt heute ohne weiteres an, daß jede Traumgestalt ihre Bedeutung habe. Diese Bedeutung aber zu finden, bleibt ihm oft unmöglich. Besondere Schwierigkeit bereitet es ihm, den Unbekannten, der in seine Träume getreten, mit dem eigenen Leben in Verbindung zu bringen. Auch jener Halbbekannte, der dem Träumer bewußt niemals etwas bedeutet hat, wird ungern im Traume gesehen. „Was habe ich mit dem zu tun?"

Es ist schon dargetan worden, daß die Traumfiguren auf der *Objekt-* oder auf der *Subjektstufe* gedeutet werden können. Noch einmal möge man festhalten, daß in der ersten Lebenshälfte, in jenen Jahrzehnten der kleineren oder größeren Auseinandersetzung mit der Außenwelt und ihren Forderungen, man vorteilhaft auf der Objektstufe deutet. Da hat der geträumte und bekannte Mensch wirklich zu tun mit unserer Beziehung zu ihm. Diese Beziehung wird durch den Traum ins richtige Licht gerückt, ihre Bedeutung im Vergleichen der bewußten und der unbewußten Beurteilung erkannt.

Auf der Subjektstufe ist, um dies zu wiederholen, jede Traumgestalt ein Gleichnis unseres eigenen Wesens. Dieses erscheint als der Andere. Dabei ist das, was man allgemein als das für ihn Bezeichnende hält, nun für uns bezeichnend.

Unfreiwillig und meist ohne Mitwissen wird so jeder Mensch dem andern als Gleichnis zur Verfügung gestellt, damit jener andere sich selbst tiefer erkennt.

Die Gestalt der *Mutter* ist sowohl als Erlebnis des einzelnen Menschen wie als überzeitliches, urtümliches Symbol der Menschheit von großer Eindrücklichkeit. Das Erleben unserer persönlichen Mutter steht groß und weithin dauernd am Aufgange unseres Lebens, es erfüllt unsere Kindheit. Die Gestalt dieser Frau, der wir mehr zugehören als jeder andern Frau, begleitet uns durch unsere kurzen oder längern Lebenstage. Leiblich von ihr abgelöst, blieb der Mensch jahrelang genährt von ihrer Mühe und Hingabe, beeindruckt von der Art, wie sie der Wohnstube vorstand. Es ist daher nicht zu verwundern, daß die wirkliche Mutter eine der bedeutendsten Erscheinungen des Traumes ist. Immerhin ist zu bemerken, daß da, wo das Verhältnis zwischen Eltern und heranwachsenden, erwachsenen Kindern richtig ist – wo also weder die einen noch die andern ungehörige Ansprüche aneinander stellen –, von den Eltern, vor allem von der Mutter, wenig geträumt wird. Das ist dann durchaus in Ordnung. Wo aber die Mutter das Kind nicht ins Leben entläßt, da wird ihr vom Gefahr witternden Unbewußten viel Ehrerbietung entzogen, ihr Bild erscheint dann in negativer Deutung. Wo anderseits vom Träumer dem Vater und der Mutter ihr natürlicher Rang nicht zugebilligt wird, da erscheinen die Eltern in den Träumen kompensatorisch gesteigert. Wo immer die Gestalt der Mutter im Traume sehr häufig auftritt, da kann man vermuten, daß seitens des Träumers die notwendige Selbständigkeit noch nicht erreicht worden ist. Bei solchen

Träumen längst Erwachsener muß das Thema der Elternbeziehung sehr ernstlich durchgearbeitet werden.

Auch die Frage ist zu erwägen, welche Elterneigenschaften in uns bewußt zu pflegen sind. Frauen können durch Träume, in denen ihre gute und hingebende Mutter sie immer wieder zu erreichen sucht, darauf hingewiesen werden, ihr eigenes Muttertum, das noch immer bei der Mutter statt bei ihnen selbst ist, zu verwirklichen. – Die Eltern erschienen uns in der Jugend groß, und wir glaubten als kleine Kinder an ihre Allmacht. Doch mehr und mehr mußten wir erkennen, daß sich diese Allmacht nur auf einen sehr kleinen Kreis erstreckte; die Eltern wurden dazu auch körperlich „kleiner". Junge Menschen, die nicht zur Einsicht kommen wollen, oder denen die anmaßende Haltung der Eltern diese Einsicht verwehrt, erfahren im Traume die tatsächlichen Verhältnisse. Vater und Mutter sind dem Träumer zur Belehrung klein und kommen nicht herbei, auch wenn sie gerufen werden. Mit zunehmender Reife ist die Ablösung vom Bild der Mutter und des Vaters oft so weit erfolgt, daß sie in manchen Träumen wie von der Erde aufgenommen verschwinden. In Zeiten der Not, der plötzlichen Lebensbedrängnis erwacht das Vater- und Mutterbild wiederum. Das Gefühl sucht bei Frauen meist den Vater, bei Männern die Mutter auf. Es wäre falsch anzunehmen, die Mutter habe, weil der Vater für die intellektuellen Beziehungen, die Auseinandersetzungen mit der Umwelt zeichnet, die kleinere Bedeutung. Vielmehr ist sie eines der mächtigsten archetypen Bilder überhaupt. Mag auch die Fülle der Aspekte noch so verwirrend sein, so darf hier doch ein Abschnitt aus einer Abhandlung *C. G. Jungs* über den *Mutterarchetypus* stehen. Er erwähnt als „Mütter": „die persönliche Mutter und Großmutter; irgend eine Frau, zu der man in Beziehung steht, auch die Amme oder Kinderfrau; die Ahnfrau; in höherem, übertragenen

Sinne die Göttin, speziell die Mutter Gottes, die Jungfrau..., Sophia...; als Ziel der Erlösungssehnsucht...; in weiterem Sinne die Kirche, die Universität, die Stadt, das Land, der Himmel, die Erde, der Wald, das Meer und das stehende Gewässer; die Materie, die Unterwelt; in engerem Sinne als Geburts- oder Zeugungsstätte, der Acker, der Garten, der Fels, die Höhle, der Baum, die Quelle...; im engsten Sinne die Gebärmutter, jede Hohlform...; der Backofen, der Kochtopf; als Tier die Kuh und das hilfreiche Tier überhaupt. Alle diese Symbole können einen positiven, günstigen oder einen negativen, nefasten Sinn haben." Jung führt dann weiter an: die Schicksalsgöttin, die Hexe, der Drache, jedes umschlingende Tier, das Grab, die Wassertiefe, der Nachtmahr und der weibliche Kinderschreck, und fährt dann fort, diese Aufzählung mache keinen Anspruch auf Vollständigkeit, sie gebe nur die wesentlichen Züge des Mutterarchetypus. „Seine Eigenschaften sind das „Mütterliche" schlechthin, die magische Autorität des Weiblichen, die Weisheit und geistige Höhe jenseits des Verstandes; das Gütige, Hegende, Tragende, Wachstum-, Fruchtbarkeit- und Nahrungspendende; die Stätte der magischen Verwandlung, der Wiedergeburt...; das Geheime, Verborgene, das Finstere, der Abgrund, die belebte Unterwelt, das Verschlingende, Verführende und Vergiftende, das Angsterregende und Unentrinnbare." Die Gegensätzlichkeit der Eigenschaften formuliert der Forscher als die *„liebende"* und die *„schreckliche Mutter"*.

Es werden wirklich schreckliche Mutterträume geträumt. In diesen ist betont jene oft so primitive, egoistische Kraft, die alles zusammenrafft, die auch die Kinder und deren Seele an sich preßt. Sie läßt nicht los, ist stets das Fordernde und enthält das, was bis in ein spätes Leben den Sohn im Manne ängstigt, die Tochter der Mutter entfremdet.

Ihr steht gegenüber die liebende, gütige, die sich bescheidende Mutter, die das Kind um seiner Entwicklung willen gehen lassen kann, sie, die nicht das Ihre in den Kindern sucht, sich selber weiter entwickelt, zur persönlichen Menschlichkeit reift.

Jede Frau enthält in einem individuell eingeschränkten Umfange in sich beide Wesensformen der „Mutter". Welche Form gewählt wurde, gewählt werden konnte, darüber geben die Träume der erwachsenen Kinder später ergreifend Auskunft. Denn die persönliche Mutter ist über ihren Tod hinaus von großer Bedeutung für das Leben des Einzelnen.

Aber nicht diese vielleicht liebe, bescheidene, geistig lebendige Frau von persönlicher Eigenart, dieser feste, ernste oder heitere Charakter, auch nicht jene andere vielleicht engherzig borniert, verschwenderische, unruhige oder gar böse Frau, die unsere Mutter war, enthält all das, was man als „Mutter" bezeichnet. Ein großer menschlicher Seeleninhalt, gesammelte Urerfahrung all dessen, was die Mutter in jeder Beziehung war, hat sich in das Bildgefäß des, ach, so sterblichen, eingeschränkten Menschenwesens ergossen, das wir Mutter nannten. Durch ihr Wesen hindurch sind wir dem Urmütterlichen begegnet. Nach und nach vermögen wir diesen Mutterarchetypus von der Mutter abzulösen, die uns geboren hat. Jede Traumbegegnung mit dieser größeren Mutter befreit uns aus Bindungen an die leibliche Mutter, die im Grunde nicht ihr gehören. So löst sich, wenn wir unterscheiden lernen, der Mutterkomplex und wir gewinnen ein natürliches Verhältnis zur persönlichen Mutter.

Jene andere Mutter aber wird zum Leben selbst, das uns in seinen Armen hält. Es wird zur Erde, an die wir gebunden sind. Sie ist als mütterliches Prinzip der Gegensatz des väterlichen Prinzips, das in seiner höchsten Form ein Symbol des Geistes sein kann. Mutterträume von Frauen können zur Bewußtwerdung ihres echten weiblichen Wesens führen. Es handelt sich um eine relativ einfache Beziehung zur Mutter als der ältern, erfahreneren Geschlechtsschwester, damit zum eigenen werdenden Muttertum. Oft findet auch eine Auseinandersetzung oder anderseits eine Identifizierung mit dem Machtwillen der Mutter statt.

Der Muttertraum des Mannes hat viel größeres Gewicht als derselbe Traum der Frau. Die Beziehung Mutter-Sohn geht schon deshalb tiefer, weil die Mutter in einer nicht antastbaren Gestalt das ganze Gegengeschlecht verkörpert, also das ganz Andersartige ist. Der Mann ahnt, daß sie, die ihn aus ihrem Schoß entließ, ihn als großes, ungewöhnliches Symbol immer wieder zurückführt zur Tiefe des erdhaften Lebens, der unbewußten Bezirke des Seelischen. Er spürt, daß er vor jeder neuen Lebensfahrt als ein Faust zu den Müttern herabsteigen muß, und daß ein Mütterliches einmal zuletzt den müden Leib in seinen dunklen Schoß aufnehmen wird. Das christliche Bekenntnis fügt bei: damit die Seele zu ihrem Vater zurückkehren kann.

Die Gestalt des *Vaters* hat im Traume selten die umfassende Bedeutung, die dem Bilde der Mutter zukommt. Das liegt wohl daran, daß der Vater dem heranwachsenden Menschen vor allem als der Vertreter des Rationalen, der Außenweltsbeziehung erscheint. Der Vater wird in der Familie die Funktion des tätigen Bewußtseins und die des Willens übernehmen. Von ihm wird Übersicht über das Familiengeschehen und die Einsicht in die Welt außerhalb der Familie erwartet. Der Erzeuger ist mit dem Aufwachsen des Kindes weniger innig und weniger unbewußt verbunden als die Mutter, mag auch der einzelne Fall dagegen sprechen. Kulturgeschichtlich war der Vater stets der Vermittler der verstandeshaften und der geistigen Inhalte des Lebens; nicht zu unrecht ist in den Sprachen, welche den Begriff Geist kennen, dieser männlichen Geschlechtes.

Der einfachere Geist wohnt im Hause der Tradition, und deshalb verkörpert der Vater in manchen Träumen das Element des Traditionellen, dessen, was sich in der Welt vor allem der Schulung und des Berufes abspielt. Es ist nicht erstaunlich, daß gerade junge Leute während ihrer Ausbildungszeit viele Träume vom Vater haben, dann, wenn sie in Konflikte mit dessen Schulungsabsichten geraten, dem Vatergesicht in sich selbst untreu werden wollen. Da wird der Kampf gegen die Autorität aufgenommen, der den jungen Menschen zu neuer Einstellung, aber auch in Schuld gegen sich und sein Vaterhaus führen kann.

Es wird übrigens stets so sein, daß die einen Menschen in ihrem Unbewußten den Vater, die anderen die Mutter betonen müssen, wie bei den einen die Ablösung von der Vaterwelt, bei den anderen das Verlassen des mütterlichen Lebensgrundes die Forderung einer bestimmten Lebensepoche ist. Selbstverständlich ist bei allem Wissen, daß der „Vater" im Traume eine seelische Potenz in uns selbst, einen Wesensteil unserer Persönlichkeit darstellt, das Erlebnis unseres wirklichen, leiblichen Vaters von großer Bedeutung im Versuch, den Sinn von Vaterträumen zu finden. Darüber gibt der Kontext seine gewichtige Auskunft.

Bei der Deutung von Vaterträumen ist zu beachten, ob wirklich die Gestalt und das Antlitz jenes Mannes sichtbar werden, dessen Kind wir werden durften oder werden mußten. Die Deutung ist nicht dieselbe im Traume des Mädchens, der Frau, wie die im Traume des Knaben und Mannes. In den Träumen der Mädchen wie der Knaben kann der Vater ein Führer sein; man geht noch an seiner Hand; wenn er dabei ist, erfährt man im Traume unbekannte Dinge. Später wird die Gestalt des Vaters und damit auch des „Väterlichen" bei Mädchen und jungen

Frauen oft ersetzt durch das Bild des Lehrers, des Pfarrers; es verjüngt sich im Bilde eines ältern Kameraden. Der Vater wechselt im Traume häufig in den Vatergeliebten, einen Animus des jungen Mädchens, hinüber, um normalerweise dann in das Bild und in die Wirklichkeit des Geliebten, des eignen jungen Gatten zu münden. Erfahrungsgemäß taucht der Vater später in manchen Träumen wieder auf, wenn der Individuationsprozeß der Frau beginnt, in wenig glücklicher Ehe oder in einem Leben, das nicht weiter Ausschau hält nach einem Liebes- oder Ehepartner. In sich selbst sucht die Seele nun Anschluß an die väterliche, an die traditionelle Welt des kleineren oder größeren Geistes. Häufig wird der Vater erneut projiziert, etwa auf den Arzt, auf einen lebenssicheren ältern Mann körperlicher oder vor allem geistiger Kraft — bis auch diese Projektion zurückgenommen wird und die gereifte Träumerin in sich selbst nicht nur das Männliche, sondern auch das Väterliche ihrem Frauen- und seelischen Muttertum eint.

Im Traum des jungen Mannes verkörpert der Vater die durch das Leben des Sohnes überwachsene Generation. Die Auseinandersetzung mit dem Vater ist deshalb eine Auseinandersetzung der Generationen. In dieser Konfrontation des Bisherigen und des Werdenden, dargestellt im Traume, können tiefe Einsicht in das Wesen der Welt, in die Kulturzusammenhänge gewonnen werden. Rührend ist es, in Träumen von Männern, welche innerlich gereift sind, eine Versöhnung zwischen dem Lebensprinzip des Vaters und dem des Sohnes zu erkennen. Wer seine Form erreicht, den ihm gesetzten Inhalt erfüllt hat, der darf zu Inhalt und Form anderer Generationen wieder ja sagen. Das tut die Seele mancher Männer um vierzig und gibt im Traume davon Kunde. Dann ist der Träumer von jenem diskreten Glücksgefühl erfüllt, das seinen feinen Schimmer auch im täglichen Leben auf so manche zurückhaltend zärtliche Beziehung zwischen Vätern und Söhnen legt.

Kinder in den Träumen der Eltern wird man erst für das nehmen, was sie diesen in Wirklichkeit bedeuten. Die Eltern werden sich zu überlegen haben, was ihre innere Meinung, die Einstellung zu ihren Kindern ist, werden hie und da somit auf Schwierigkeiten eines Kindes aufmerksam gemacht. Ihr Unbewußtes weiß eben, was ihrem vielleicht sehr sorglichen Verantwortungsbewußtsein fast unbekannt geblieben ist. Wenn ein Elternteil hartnäckig von einem seiner Kinder träumt, dann hat er gut hinzuhorchen. Häufiger als auf die Objektstufe ist jedoch ein solcher Traum von einem Kinde auf eine innere eigene Gestalt, auf das innere Kind zu beziehen. Manche Väter haben immer wieder Träume von ihren jungen Söhnen, in denen das gemeint ist, was im Vater selbst noch jung ist. Manchmal nimmt solch ein Sohn, im Traume wieder ein unbewußtwissendes Kind, den Vater bei der Hand, um ihm etwas zu zeigen, das von besonderem Sinn für diesen ist, sei es ein verborgener Weg, eine Kostbarkeit, ein Tier oder irgend eine Not.

Träume von eigenen *Geschwistern* können sehr wohl auf die objektive Beziehung zu diesen gehen. Die Beziehung, die Einstellung zu diesen ist dann neu zu überprüfen.

Auf der inneren Stufe sind Träume von Schwester und Bruder zusammen oft ein Ausdruck der Relation: Ich-Schatten-Anima beim Manne; bei der Frau ist die Schwester ein Schatten, der Bruder aber ein Vertreter der inneren männlichen Animuswelt.

Manchen Menschen ist in dem einzigen gegengeschlechtigen Geschwisterteil eine hübsche Gelegenheit gegeben, sich entweder mit ihrer andern innern Wesensseite auseinander zu setzen, oder dann diese auf einen wirklichen Partner zu projizieren. Das Letztere ist die Ursache sehr vieler Streitigkeiten.

Im Leben des Mannes taucht der wirkliche Bruder, der ja häufig ganz anders ist, ja eine gegensätzliche psychische Struktur verkörpert, meist als Schatten auf. Es ist dieser das Schwache, das Ganz-Andere, auch das unbewußt gebliebene Wertvolle und stellt, um es zu wiederholen, das dar, was wir *auch* noch sind. Dasselbe gilt für die Schwester der Frau.

Das unbekannte *„göttliche Kind"* wird in Zeiten, da ein Neues aus der Seele aufbricht, ein Werdendes unter Schmerzen sich in der Seele des Menschen Raum schafft, öfters geträumt. Das Kind als der Bringer eines neuen Heils, einer tiefern Lebenseinstellung, ist eines der urtümlichsten Erlebnisse der Menschheit im Westen wie im Osten. Wer das nicht begreift, möge sich überlegen, was vom Bilde jenes göttlichen Kindes in der Krippe des armseligen Stalles an Wirkung ausgegangen ist und bei der Wiedererzählung der Weihnachtsgeschichte die Menschen immer wieder tief beeindruckt. Wir wiesen schon auf die Rolle des unbekannten Kindes hin. Manchmal wird dessen Armut, seine Verlassenheit, sein wunderbares Auftauchen betont. Oder es geht als ein kleiner Führer dem Träumer auf unbekanntem Wege voran, es nimmt uns bei der Hand, es steht einsam da und wartet auf unsere Bereitschaft, es anzunehmen. So liegt in einem Traum ein wunderbar schönes Kind auf Stroh am Boden. Es möchte sich erheben, schlägt aber, wieder zurückfallend, sein kleines, reifes Haupt am Boden auf. Der Träumer unterlegt ihm eines seiner eigenen Kleidungsstücke. Das Kind lächelt ihm zu, und er erfährt, was in all diesen Träumen vom göttlichen Kinde erfahren wird: es ist hilflos und klein, und gleichzeitig ist der dunkle Raum (in dessen Schatten hier eine fiebernde Frau liegt) vom hellen Lichte dieses Kindes erfüllt. Es ist das **Kleinste** und das **Größte** zugleich. In einer Untersuchung des Archetypus vom Kinde bemerkt *Jung* zur Deutung derartiger Träume: „In der Psychologie des Individuums handelt es sich in einem solchen Moment immer um eine leidensvolle Konfliktssituation." Die Begegnung mit diesem Kinde, das nicht verwechselt werden darf mit all den kleinen Menschen, die wir Kinder nennen, sondern nur deren Gestalt als Gleichnis benötigt, um das Werdende, die Möglichkeiten, die Nähe des schöpferischen Urgrundes anzudeuten, vermag den Menschen zu wandeln, wenn er diesem seinem Werdenden beispringt.

Die vom Träumer fast immer als außerordentliches „Kind" erlebte kleine Traumgestalt ist ein Anfang und enthält zugleich schon alle Reife in sich. Ihm huldigen in manchen Religionen die Fürsten und die Weisen. In den Träumen unserer Tage kann es an dem vom hochmütigen Menschengeiste verachtetsten Orte liegen. An anderer Stelle wird auf den Traum eines sehr gescheiten Mannes hingewiesen, der sich fürchtet, am Hundehaus vor einem Bauerngehöfte vorbeizugehen. Ein Unbekannter heißt ihn, in das Hundehaus hineinzuschauen. Da liegt im engen, reinlichen Häuschen ein großäugiges, wohlgeformtes Kind – eben am Wege zu einem naturnaheren Leben des Träumers. Es ist ein Kind des Heils, beschützt, wie so oft in den Legenden der kleine Held, durch Tiere, durch die Instinkte. Am allerbedrohtesten ist das Kind bekanntlich durch ein traditionelles Wissen, durch einen Hochmut der Macht, wie es schon die Weihnachtsgeschichte erzählt.

Wo im Traume ein leidendes, ein verlassenes Kind auftaucht, da ist ein Teil, und zwar der werdende, auf die Zukunft weisende, uns heilende Teil der Seele bedroht. Noch schlimmer ist es, wenn das Kind tot daliegt. Doch gibt es manche Träume, in denen das tot geglaubte Kind wieder zum Leben erwacht. Solches geschieht allerdings nur in großen, bedeutsamen Träumen.

Dieses „Kind" ist weder Knabe noch Mädchen; doch vermuten die meisten Erzähler solcher großer Träume, selbst noch eingespannt in den Gegensatz der Geschlechter, es sei ein Knabe. Das Kind ist aber als ein geistiges Wesen jenseits dieses Gegensatzes hineinversetzt in die Natur und bringt so heilende Einigung. In manchen Träumen sind es mehrere Kinder. Da ist diese Einung in der Seele des Träumers noch nicht vollzogen, da gehen die schöpferischen Kräfte noch auseinander.

Wenn im Traume des Erwachsenen das unbekannte, das göttliche Kind auftaucht, dann steigt aus dem Schoß des Unbewußten eine neue Lebensmöglichkeit in das konfliktschwere Bewußtsein. Deshalb kann *Jung* feststellen: „Indem das Symbol des ‚Kindes' das Bewußtsein fasziniert und ergreift, tritt die erlösende Wirkung ins Bewußtsein über und vollführt jene Abtrennung von der Konfliktsituation, deren das Bewußtsein nicht fähig war. Das Symbol ist die Antizipation einer erst werdenden Bewußtseinslage."

Der alte Mensch, *der Alte* ist in einer natürlichen Ordnung, und diese herrscht ja im Traume als das Gefäß großer Erfahrung, die Verkörperung eines langen Lebens. Der unbekannte Alte, die unbekannte alte Frau unseres Traumes, sie sind gestaltet worden vom Ablauf der Zeit und damit der Zeit entwachsen, zeitlos geworden, das uralte Leben selbst. In ihnen vermutet man das gereifte Wissen um alle Lebensdinge. Dem Rat der Alten war in manchen Staaten die letzte Entscheidung vorbehalten. Man nahm auch an, der zurückgezogene Greis, sitzend an der Brücke zwischen Zeit und Ewigkeit, könne den am besten beraten, der im Strudel seiner jungen Jahre nach festem Land sucht. – In unserer modernen Gegenwart sprechen wir kaum noch positiv von den Alten; nur in einem etwas weh- oder mitleidigem Sinne einer notwendigen sozial-fürsorglichen Amtspraxis ist von ihnen die Rede. Wir unterschlagen heute sozusagen den alten Menschen; er unterschlägt sich selbst und behauptet mit sechzig noch, ein Junger zu sein. Der Greis und die Greisin existieren nur als Insassen von Altersasylen. Im übrigen sprechen wir von „ältern Leuten".

Im Traume aber sind der Alte, der Greis, und die alte Frau wirklich alt. Wo in einer Traumhandlung – wie unbeteiligt – eine sehr alte Frau, ein edles oder verschrumpeltes Weib am Geschehnisrande sitzt, da ist sie das Symbol des uralten Lebens. Sie ist die dunkle Erdmutter, und was jetzt im Traum sich ereignete, hat sich immer ereignet. Unter diesem Gesichtspunkte haben wir dann zu betrachten, was wir für unser ganz besonderes, nur uns angehendes Erlebnis hielten. Oft sind, auch bei Leuten, die keine Ahnung von Mythologie haben, drei Frauen da – es sind die drei Nornen, es sind die Parzen, die den Schicksalsfaden auf ihre kühle Weise spinnen.

Der Alte aber kann, weißhaarig und oft von erschreckend großem, unbewegtem Antlitz, die ernste Weisheit des Lebens selbst sein; er kann auch, als eine archetype Gestalt, die Vollendung männlicher Kraft und männlichen Geistes darstellen. Wo er so erscheint, ist die Seele des Träumers in der Nähe einer großen reinen Kraft. Dieser Alte ist Geist vom Ahnengeist, er ist der Vater vieler Generationen, der „pater familias", er ist der uralte, scheu verehrte Häuptling der Primitiven. Er mag auch – die Traumerzählung gibt darüber Auskunft – ein Zauberer sein, ein Wesen, das „Mana" hat, dem Magie zur Verfügung steht. Da ist eine gewisse Gefahr für den Träumer. Uraltes fasziniert ihn, könnte ihn verführen, sich selbst für groß und bedeutend zu halten. Aber man darf sich selbst nie mit seinen Traumgestalten identifizieren.

Der Traum vom Alten ist ein bedeutsamer Traum. Hie und da meint er auch das uralt Böse, das in alten Menschen, die ihren eigenen Sinn nicht fanden, dafür aber in egoistischen Eigensinn gerieten, besonders bösartig ist. Da begegnet man der Figur des Quälers und Querulanten, in der Frau der Gestalt der Hexe. Diese Gestalten können Bezug haben auf tatsächliche alte, böse Menschen unserer nächsten Umwelt. Noch häufiger aber verraten sie ein Bösartiges in uns selbst, so alt, daß es vererbt erscheint. — Dennoch bleibt der Aspekt des guten Alten und der nicht weiter bezeichneten nornenhaften Frau das häufigste Traumbild von den „Alten".

BERUFSGESTALTEN

Es tritt im Traum manche Gestalt auf, von der wir vor allem deutlich vernehmen, welches ihr Beruf ist. Sie ist um dieses Berufes willen, der typisch oder gar symbolisch sein kann, zum Traumelement geworden. Aus irgend einem Grunde ist ihr vielleicht uraltes Tun, ist ihre besondere Berufshaltung in uns selbst wach. Denn diese Berufsgestalten sind fast immer auf der Subjektsstufe zu deuten. In ganz seltenen Fällen entspricht die Berufsbezeichnung, etwa Schäfer, Schmied, Bäcker, einer Beziehung zu Leuten dieses Familiennamens.

Jeder typische Beruf verkörpert eine bestimmte Welt, betont eine besondere Lebensaufgabe, hat seine bestimmte, oft seit Jahrhunderten festgelegte Beziehung zur Natur, zu notwendigem häuslichem und handwerklichem Tun, zur Welt des Heilenden, Lehrenden und Künstlerischen. Der Traum vom Berufe besagt, daß etwas von dieser Welt zur Zeit für uns wichtig ist; er mahnt uns, etwas zu tun, was im Gleichnis dieses Berufes ausgedrückt werden könnte, führt uns innerlich in einen bestimmten Lebensbezirk. Die meisten Berufsgestalten sind, wenn nicht Jugenderinnerungen, im Kontext herangeführt, etwas anderes besagen, positiv zu werten. Es bleibt zu erwähnen, daß auch diese Gestalten – es handelt sich fast immer um Männer – für den Träumer und die Träumerin nicht dasselbe bedeuten.

Es können hier nur einige Berufsleute aufgeführt werden. Im Traume des Städters ist der *Bauer* der Vertreter einer naturnahen Welt, welcher der Träumer vielleicht zur Zeit entfremdet, die unbewußt geworden ist. Um sich der Natur, die auch in ihm wohnt, zu nähern, wird er eben vom Bauern aufgesucht, oder er trifft ihn auf dem Acker, bei den Tieren, im Hofe. Damit kommt er zusammen mit dem Gesetz eines natürlichen Lebensgeschehens, das auch in ihm, dem Bodenentfremdeten wirksam bleibt.

Die Rolle des *Gärtners* ist ähnlich der Rolle des Bauers. Hier aber handelt es sich mehr um einen Ordner, um den sorgfältigen Pfleger der pflanzlichen Natur. Der Mann mit der grünen Schürze ist bezogen auf seine Blumen, auf seine Fruchtbäume, auf seine Kulturpflanzungen. Im Traum ist es der innere Gärtner, der den Garten der Seele nicht verwildern lassen darf. Deshalb erschrak jene Träumerin so sehr, als sie heimkehrend erkennen mußte, daß ihr Garten voll Unkraut, die Bäumchen verwildert und die Büsche formlos geworden waren; Dornzeug wuchs über den Weg, und der Brunnen war eingetrocknet. Man mag sich erinnern, daß die betrübten Frauen, welche an Ostern den toten Jesus suchten, ihm als einem „Gärtner" begegneten. Deshalb, und weil es sich um den Garten der Seele handelt, ist Christus oft als solcher dargestellt worden. — Traumgärten finden sich selbst in Kirchen, und der Gärtner ist dann ein Mönch, ein Geistlicher oder eine himmlische Gestalt. Anderseits kann der Gärtner im Traume etwas sehr Erdhaftes an sich haben. Er verbindet sich dann mit der Realität eines im Garten konzentrierten erdverbundenen Daseins. Wo der Gärtner im Traum auftaucht, da ist Seelisches in Ordnung zu bringen; wenn man selbst symbolischerweise ein Gartengerät in Händen trägt, hat auch das Bewußtsein an dieser Ordnung mitzuarbeiten.

Wie mancher sitzt als *Fischer* im Traume am Wasser. Er „fischt" nach Inhalten seiner Seele, die er aus dem Wasser, einem Symbole des noch unbewußt gebliebenen Geistes, heraufholt, und die ihn als Fische nähren sollen. Der Fisch ist ein Seelentier. Er ist zur heiligen Speise geworden; denn wenige Fische wurden durch das Speisewunder Jesu zur Nahrung für viele Tausende. Der Papst trägt als Nachfolger

Petri den Fischerring. Parzival trifft den Gralskönig als einen einsamen Fischer.

Aus dem unbewußten, dunkeln und kühlen Grunde werden die seltsamsten Fische heraufgebracht; jeder besagt etwas über die Seele. Es kann ein großer, mächtiger Fisch sein, ein vielfarbiges Wesen, auch ein Goldfisch, der so gar nichts zu tun hat mit jenem unglücklichen Wesen in kleinen Glasbehältern. Wer als fischender Träumer zu bequem ist, den Fisch von seiner Angel zu lösen, aus dem Netze zu nehmen, der bringt sich um den Gewinn seines Tuns. Ein Maler überwand seine Neurose, konnte erst wieder zu malen beginnen, nachdem er im Traum einen herrlichen großen Fisch gefangen hatte.

Der *Schmied* hat eine besondere Bedeutung: Er ist ein Herr des Eisens und des Feuers. Beide Elemente dienen ihm in seiner Arbeit. Er ist so ein Hephäst, ein Gestalter dessen, was in uns besonders hart und unbeugsam ist. Er steht, eine dämmerige Gestalt, im Feuerscheine der Seele. Schmiedeträume sind, wenn keine persönliche Beziehung zu diesem angesehenen Handwerke oder zu Trägern dieses Namens vorhanden sind, Träume der Wandlung. Unser Wesen liegt im Feuer des Leidens, und das Schicksal, eine innere Gewalt, die weiß, was für uns gut ist, schlägt sehr hart zu. Geschmiedet wird unsere innere Persönlichkeit. Der Schmied selbst in seiner dunkeln rußigen Werkstätte kann aussehen wie ein dämonischer Gott, aber auch verwandt sein dem Herrn der „untern Feuer".

Die Rolle des *Bäckers* ergibt sich aus dem, was an anderm Ort über das Brot bemerkt wurde.

Bei uns selten und dann nur in großen Träumen kommt der *Töpfer* vor. Wer mit religiösen Legenden vertraut ist, weiß, daß Gott als ein Former der Menschen aus dem Lehm der Erde unter dem Gleichnis des göttlichen Töpfers geht. Auf ihn wird in solchen Träumen, da das Gefäß unseres

Lebens im Feuer des Ofens gehärtet wird, hingewiesen. Sind wir selbst der Traumtöpfer, dann haben wir uns selbst zu formen und ins Feuer zu stellen.

Die Bedeutung des *Kapitäns* ist dem Leser wohl sofort klar. Er ist jene innere Gestalt, die unser Lebensschiff lenkt und um das Ziel der Fahrt weiß. Auf sein Geheiß fährt das Schiff, dem jede Richtung frei steht, dorthin, wo unser innerstes Schicksal uns haben will. Der Kapitän steht als Gestalt der Träume dem innersten Führer, dem „Selbst", schon sehr nahe.

Kräftiges, oft derbes Wesen verkörpert sich im *Wirt,* vor allem in der *Wirtin,* die oft wie eine große erdhafte Allmutter ist. Sie beide sind die Spender der natürlichen Lebensspeise, und wir sitzen innerlich am Tische eines einfachen und starken Lebens. Der Wirt und die Wirtin stehen als Gleichnis für gesunde und nährende Kräfte, und doch ist auch um sie als Gestalten des Unbewußten oft etwas Unheimliches, Dämonisches. Die Märchen erzählen vom Waldwirtshaus, das auch im Walde unseres Unbewußten steht und mit den finstersten Gewalten einen gefährlichen Zusammenhang haben kann. Denn das Unbewußte hat einen gütigen wie einen wilden Charakter.

Auf der Stufe unserer Zivilisation dagegen steht das sehr häufig geträumte Hotel. Auch hier handelt es sich meist nicht um ein bestimmtes Hotel. Sind wir in diesem unbekannten Hotel Gast, dann wohnen wir auf unserer Lebensreise zur Zeit in einem sehr allgemeinen, unpersönlichen Raume. Wir erhalten dabei die übliche Speise vorgesetzt, welche „der Reisende" eben verlangen kann. Die Verantwortung für unser Wohlergehen hat der *Hoteldirektor,* ein zweitrangiger innerer Leiter des Unbewußten. Häufig ist das Hotel, entsprechend der Beschaffenheit des Seelenraumes, in dem wir uns zur Zeit aufhalten, recht dubios; es steht oft in dunkler Gasse. Die Mitgäste können bedenkliche

Schatten unseres eigenen Wesens sein. Bei der Deutung ist es wichtig, an diese innern Figuren heranzukommen, darüber klar zu sein, was in uns auf unbewußter Reise ist. Gelegentlich hat das Hotel einen der üblichen Namen. Besonders häufig sind die bekannten Tiernamen Löwe, Adler, Ochsen. Dann hat unser Aufenthalt mit dem zu tun, was diese als Symbol umschließen.

Im Traume kommt man sehr oft mit dem *Coiffeur* zusammen. Es ist Zeit, daß man ihn aufsucht, man ist bei ihm bestellt. So träumen Leute, die am folgenden Tage durchaus anderes zu tun haben. Offenbar bedürfen sie innerlich einer Pflege ihrer Haare, d. h. ihrer Nur-Natur. Denn davon reden die Haarträume. Die wilden Haare müssen gebändigt, in Ordnung gebracht, das Derb-Männliche, oder das Mänadenhaft-Weibliche hat sich der Zivilisation zu unterwerfen. Sie sollen in eine Anpassung, in eine konventionelle Ordnung kommen. Jede Behaarung, auf die ein Traum hinweist, meint unsere Triebseite, meint ganz ursprüngliche Kräfte. Man denke an Simson, der stark war, solange er seine langen Haare trug! – Die Haarfarbe hat in diesen Träumen ihre besondere Bedeutung. Der Coiffeur ist ein kleiner Disziplinierer und Former des natürlichen, „haarigen" Menschen. Er hat in uns selbst sein gefälliges Gewerbe zu treiben.

Andere Disziplinierung drückt der *Polizist* aus. Er geht durch unsere Traumstraßen, steht auf den Plätzen des Unbewußten und weist unserer Fahrt die richtige Bahn. Heutzutage ist er in der Tagwelt nicht mehr die gefürchtete Gestalt, ist kein Kinderschreck mehr. Der Traumpolizist meint es ebenfalls gut mit uns. Seine Pflicht ist es, dafür zu sorgen, daß wir die nötigen Anpassungen an die kleinern Gesetze der Moral, an das, was geboten oder verboten ist, richtig vollziehen. Das Auftauchen des Polizisten im Traum läßt vermuten, daß in unserm innern oder äußern Handeln

Ungehöriges, Unanständiges, d. h. das, was uns nicht ansteht, im Spiele ist. Man ist in Konflikt gekommen mit den konventionellen Vorschriften der allgemeinen Lebensführung. Es gibt auch Träume, da die Polizei gegen die innern Vaganten, Betrüger oder Einbrecher vorgehen muß, gegen jenes Gesindel, das, von uns nicht erzogen und in Dürftigkeit gehalten, einen Teil unserer Kräfte beansprucht. In den Polizeiträumen ist man vor allem in der Nähe des Unerlaubten, viel seltener aber in der Welt des Verbrechens.

Selbstverständlich haben jene Gestalten in uns, denen die Führung in einer bestimmten Epoche unserer Lebensfahrt anvertraut ist, besondere Bedeutung. So kann uns auf mühsamem Lebenswege ein *Bergführer* oder auch nur ein Wegkundiger beigegeben sein. Beide sind positive Traumgestalten und ein wenig vergleichbar dem Lotsen in den Träumen der Küstenbewohner.

Wir bedürfen auch dessen, der uns innere Unterweisung gibt, des innern *Lehrers*. Dieser ist freilich selten eine ganz unbekannte Gestalt. Vielmehr holt sich diese die Erinnerung an Erscheinung und Wesen eines Lehrers unserer Jugend herbei, bleibt aber dennoch durchaus auf der Subjektstufe zu verstehen. Von seinem Tun und von unserer Prüfung berichtet der Abschnitt über *Schulträume*. Die Figur des Lehrers kann sich steigern zur Gestalt des *Weisen*. Häufig ist er, „der alte Mann", oft etwas fremdartig gekleidet. Er tritt aus der Höhle, aus dem Wald, aus der Pforte eines kultischen Ortes. Er wohnt schon in der Nähe unseres innersten, allwissenden Seelenzentrums. Diese Nähe und symbolkräftige Gestalt machen den Traum vom Weisen bedeutend. Man höre ihn an! Aber es ist gleichzeitig eine gewisse Gefahr da; denn nicht jeder verträgt die Wahrheit, nämlich die Mitteilung von unserer eigenen Wirklichkeit. Und nicht alle könnten die tiefen Ratschläge, die im Traum, vom Weisen seltsam geformt, rätselhaft zu uns kommen, auch wirklich annehmen. Ihr Bewußtsein und die zur Verfügung stehende geistige Kraft sind zu klein.

Noch nicht solcher Tiefe angehörig ist die Gestalt des *Geistlichen,* des *Pfarrers.* Durch ihn wird das religiöse Problem angerührt. Noch steht dieses in Verbindung mit den kirchlich traditionellen Formen des religiösen Lebens. Im Traum von Frauen ist der Pfarrer, der Prediger eine häufige Animusfigur. Positiv meint sie religiöse Vertiefung, negativ bedeutet sie als Animustraum vor allem predigen, moralisieren, Recht haben wollen, eine allzu billige Heilsverkündigung. Pfarrerträume erinnern sich gerne positiv oder negativ jener wirklichen Seelsorger, die uns im Leben begegnet sind.

Nach der Diagnose unserer Seele sind wir vielleicht krank und des *Arztes* bedürftig. Wohl uns, wenn er in unsern Träumen auftaucht. Zwar betont sein Erscheinen, daß es uns nicht sehr gut geht, aber gleichzeitig naht sich in ihm die Kraft der heilenden Funktionen unserer Seele. In ihm steht das bereit, was aus eigener Tiefe uns zu Hilfe kommt, auf unsere Gesundung bedacht ist. Auch der Traum vom Arzt kann sich der Figur eines uns im täglichen Leben bekannten guten Arztes bedienen, aber gemeint ist der innere Helfer. Hauptsache bleibt, daß wir uns des Sinnes dieser Träume bewußt werden und ihm beistehen, eine neue, richtige Einstellung zu unsern Lebensproblemen, zu den Konflikten, die uns krank machen, zu gewinnen. Der praktische Psychologe, der Analytiker, der von seinen Klienten häufig geträumt wird, hat trotz der wichtigen Tatsache der „Übertragung" den Träumer immer wieder darauf hinzuweisen, daß mit der Gestalt des Psychotherapeuten vor allem der innere Seelenführer gemeint ist.

An manchem Krankenbett steht die *Krankenschwester.* Sie ist auf der Subjektstufe bei Männern eine nach bestimmter Richtung hin differenzierte Erscheinung der

Anima. Im Traum der Frau ist sie innere Schwester im doppelten Sinne. Im Traume des Mannes tritt die Schwester-, die Magd-, die Mutterseele an das Bett des Kranken und pflegt ihn. Solche Träume wiederholen sich nicht sehr lange. Beiläufig bemerkt sei, daß die Gestalt der Krankenschwester, deren Name schon etwas Mehr-Deutiges hat, als Traumfigur oft von einer hintergründigen Atmosphäre umgeben ist, die gelegentlich nicht ohne Gefahr für den Kranken ist.

IM GLEICHNIS
DES MENSCHLICHEN KÖRPERS

Die Gestalt des Menschen hat ihre besondere Symbolik. Darüber ist schon viel geschrieben und sehr Wesentliches gesagt worden. Hier beschäftigt uns nur, was der Traum, um einen Ausdruck *Nietzsches* zu brauchen, Seelisches am „Leitfaden des Körpers" dem Träumer nahebringt. Ehe wir diesem Leitfaden nachgehen, sei wiederholt, daß unsere Leiblichkeit, unser Körper, wenn wir ihm im Traume begegnen, unser Wesen überhaupt spiegeln kann. *So* sind wir also – so klein, so groß, so anmaßend, so dürftig! Gerade *Badeträume* als Symbol der Selbstreinigung offenbaren nebenbei den Körper und seine Mängel, unsere psychische Gestalt und ihre Fehler.

Es kann vorkommen, daß man sich oder andere, die aber unser eigenes Gleichnis sind, bestimmter Körperteile verlustig dahergehen sieht. Sie haben vielleicht ein Bein verloren. Es kann selbst vorkommen, daß sie kein Gesicht haben, d. h. ihrer offiziellen Persönlichkeit verlustig gingen. Eine unverheiratete junge Frau erkennt, daß ihr unterer Leib wie ein Schatten ist, daß also ihre weibliche Existenz sich noch nicht verwirklicht hat. Sie muß hier noch Körper werden, dieses ihr leibliches, weibliches Wesen annehmen. Kopflose Menschen erscheinen hie und da im Traume. Wenn es sich nicht um ein Symbol der Umgeburt, in welcher der „Kopf" mit seinen Meinungen auf einige Zeit zu verschwinden hat, handelt, kann es die Wiederkehr einer Märtyrerlegende sein.

Um dem „Leitfaden" entlang zu gehen: Die *Haare* sind, wie erwähnt, als Kopf- oder Körperhaare ein Zeugnis unserer Verbundenheit mit der tierischen Natur, oft einfach unsere animalische Natur. Fülle oder Dürftigkeit, die Frage, ob die Haare gepflegt oder in Unordnung sind, äußern sich über diese Natur und die Pflege, die wir ihr angedeihen lassen. Wir haben auf Simson schon hingewiesen.

Das *Auge* ist das Organ des Lichtes, der Bewußtheit. Nach ägyptischer Mythologie entsteht aus ihm die Welt; denn es läßt uns diese durch sein Medium gewahr werden, und damit wird sie ernst. Augenträume haben mit diesem Akte der Erfassung des Da-Seins zu tun.

Mancher bedarf eines zusätzlichen Instrumentes. Er trägt deshalb eine *Brille*. Gelegentlich sitzt sie nicht recht. Man erhält ein schiefes Bild; sie ist zu dunkel, und so sieht man auch die Welt. Man setzt die Brille eines andern auf und hätte doch mit eigenen Augen, durch die eigene Brille zu sehen. Dies alles kann uns im Traum vorgeführt werden. Wer dabei augenleidend ist, der wird erwachend verstehen, woran es ihm fehlt. – Daß das Auge auch als weibliches Organ gedeutet werden kann, sei nebenbei erwähnt. – Von den ernsten Augen, von den vielen Tausend Augen, die uns im Traume schwerer Krankheit ansehen, ist schon berichtet worden. *Ohrenträume* sind dem Verfasser kaum bekannt, und *Nasen*träume sind äußerst selten. Der *Mund* als solcher wird kaum erwähnt, höchstens bei der Schilderung eines Gesichtes. Doch kann er erotische Bedeutung haben, erotisch funktionieren.

Fast eindeutig sexuell sind *Zahnträume*. Sie haben bei kräftigen, gesunden Zähnen zu tun mit der natürlichen Fähigkeit, Nahrung zu erfassen, zu zerkleinern; das Tier packt lebendige Speise mit seinen Zähnen. Bezeichnend sind Beißgelüste in der erotischen Liebe. Man möchte den andern vor Liebe „auffressen". Träume vom Ausfallen der Zähne – manche Träumer tragen davon die ganze Hand voll – haben, wie das Zahnweh selbst, mit dem Problem der

Potenz und der Impotenz zu tun. Vor allem erzeugt Onanie Träume des Zahnverlustes, als Ausdruck der Energieschwächung. In seltenen Fällen scheint es sich auch um das Opfer des „natürlichen" Menschen zu handeln.

Eine indische Auffassung vom Wesen des Menschen läßt die aktive Lebensintensität, die Kundalini-Schlange, aufsteigen vom Damm des Gesäßes über die Blasengegend nach dem Zwerchfell, von da nach der Herz- und Atmungszone und über den Kehlkopf nach der Stirne, dem Sitz menschlichen Geistes. Sie steigt auf in Windungen und senkt sich, die genannten Orte kreuzend, nach ihrem Anfang. So entstehen Lebenszentren: Die dumpfe Wurzelgegend des Erdhaften, der Ort der körperlichen Zeugung, die Wasserzone, die Feuerzone des Zwerchfelles, bei den Griechen einst der Sitz der Seele, weil der Ort des Gefühls und der Leidenschaft, dann, als vierter Ort, die Atemzone eines ersten geistigen Impulses, der im Kehlkopf zur Sprache werden kann. Das sechste Zentrum wird sichtbar auf der Stirn. Gekrönt wird der, welcher all diese Stufen durchlebt, ihnen *allen* als ein Meister des Lebens angehört. Er darf den göttlichen Lotos tragen. Manchmal scheint uns, als kenne auch der europäische Traum diese sechs Stufen.

So konnte jemand im Traume nicht mehr sprechen, bis er merkte, daß ein Kind aus seinem Halse geboren wurde. Offenbar ein Kind der Sprache, dieses kostbaren Gutes wertvollen Menschenseins. Besonders häufig sind Traumschmerzen und Traumverwundungen in der Zwerchfell- und in der Lendengegend. Meist sind es Erosschmerzen.

*Genital*träume sind selbstverständlich sehr häufig. Sie können nur angedeutet sein oder aber, höchst drastisch, manchen Träumer nach seinem Erwachen beleidigen. Ihr Sinn ist klar und doch nicht so eindeutig, wie manche glauben. Ist doch das Geschlechtliche in seiner Organfunktion selbst wieder ein Symbol für die Vitalität seines Trägers überhaupt.

Was hinter unserm *Rücken* geschieht, geschieht eben „hinter unserm Rücken". Wir wissen nichts davon. Dort ist unser Hintergrund, aus dem selbst der Feind hervorbrechen kann. Der Rücken liegt im Schatten des Bewußtseins. Und dort gerade haben wir unsere verwundbare Stelle, gleich einem Siegfried. Dort sind wir den Gefahren des Unbewußten ausgesetzt. Erstaunlich häufig kommt der Schlangenbiß in die *Ferse* vor – die Verfluchung des Paradieses mit der Erzählung von der Achillesferse vereinend.

Träume von der *Hand* meinen eben unser „Handeln". Dieses kann übel sein, und unsere Hand ist schmutzig. Vielleicht gelingt es uns so wenig wie der Lady Macbeth, das Blut unserer Schuld von ihr zu waschen. Von Triebtieren können wir auch in die Hand gebissen werden und dort eine Zeitlang handlungsunfähig werden.

Mit den *Beinen,* dem *Fuße* ist symbolisch verbunden, was unsern „Lebensgang" betrifft. Die phallische, also sexuelle Bedeutung, welche die Psychoanalyse dem Symbol des Fußes mit Recht auch zuspricht, tritt hinter jenen allgemeinern Gehalt des Fußsymbols als ein Zeichen dessen, womit wir weiterschreiten, zurück.

VON KRANKHEIT UND VERWUNDUNG

Zu seinem Erstaunen und nicht ohne eine gewisse Beunruhigung erfährt man im Traume, daß man *krank* sei. Ja, man liegt vielleicht schon in einem Krankenhause und sieht etwa neben sich einen Bekannten, der offenbar „im gleichen Spital krank ist", wie die Redewendung lautet. Dieser andere ist in Wirklichkeit gesund, doch weiß man, welche psychischen Schwierigkeiten er hat; damit ist am Leidensbruder festgestellt, was einem selbst fehlt. Es kann aber auch geschehen, daß wir uns in einem Krankensaal vorfinden, inmitten lauter unbekannter Mitleidender. Da ist die Deutung nicht abwegig, daß in uns selbst sehr vieles „krank", also heilungsbedürftig ist. Man wird auch etwa zur *Operation* vorbereitet – in unserem psychischen Leben ist offenbar etwas zu entfernen oder in „einschneidender" Weise zu ändern. Es muß eben eine Operation vorgenommen werden, im vieldeutigen Sinne dieses Begriffes. Dabei wiegt der Gedanke der Wegnahme eines gefährdenden oder gefährdeten Organes vor.

Häufig wird dem Träumer mitgeteilt, er sei *herzkrank*. Diese Diagnose ist sehr selten physisch, dagegen meist psychisch zu interpretieren. Einen hübschen Scherz leistete sich das Unbewußte, als es einer Träumerin, die im Mikroskop nach Krankheitserregern suchte, ein schönes rotes Herz-Aß vorführte. Erst jetzt wurde ihr bewußt, was sie all die Zeit hindurch so unruhig und krank gemacht hat. Die Diagnose des unbekannten Traumarztes ärgert uns und entspricht gelegentlich dem Unmut über die Kühle eines wirklichen Arztes. Wer z. B. glaubt, es besonders schwer zu haben, wer die Leiden seines Lebensweges unerträglich und unerhört findet, der sieht sich im Traume ohne Schmerzen, ja sorglos eine hübsche Straße ziehen. Die Korrektur der Seele wird freilich oft ungern angenommen. Anderseits muß manchem Menschen sehr ernstlich gesagt werden, daß er sich gefährlich in Überarbeit, in der Verschwendung seiner Kräfte verzehrt. Er erfährt auch, daß jene scheinbar unbedeutende Begegnung schmerzhaft in ihm nachwirkt, daß jenes scharfe Wort des Vorgesetzten, die lieblose Bemerkung seines Ehepartners ihn tief „gekränkt", d. h. krank gemacht hat.

Wohl kommt das Unbewußte ohne den gelehrten Krankheitskatalog der Ärzte aus. Es benützt auch selten deren griechisch-lateinische Kunstsprache, dieses wohl notwendige Kauderwelsch; aber es ist in seiner Diagnose dennoch erstaunlich sicher und weiß in seiner besondern Traumsprache, welche der Kontext, die bewußten Einfälle des Träumers und die Hilfe eines Traumkundigen entziffern, erstaunlich klar um die Ursachen dieses psychischen, im Gleichnis körperlicher Erkrankung sich ausdrückenden Leidens. Es läßt etwa seinen Träumer in *Fiebern* liegen, weil dieser, ohne es recht zu merken, in die Glut der Leidenschaften geraten ist. Selbst das Gleichnis vom Kinde, das sich an einer sehr heißen Sache die Finger verbrannt hat, wird mitbenützt.

Vom Traume aus gesehen, sind alle die *magenleidend,* welche eine harte Lebenstatsache, einen großen Schicksalsbrocken, nicht zu verdauen vermögen. Es liegt ihnen etwas auf dem Magen, oder sie müssen etwas unverdaut wieder hergeben. Gleich einem Arzte soll man sich ohne Ekel das, was man zurückerhält, ansehen. Es kann beispielsweise ein Verlobungsring sein oder die Fetzen der im Zorne zerrissenen Entlassung aus einer Stellung, was man einfach nicht schlucken will.

Manchen Menschen geht erst im Traume auf, wie sehr

sie leiden – ihr nervöser Tagesbetrieb überlärmte allzu lange die leise Klage der Seele, die ohne viel Hoffnung in einer kranken Gestalt, die nichts anderes ist als ein Teil von uns selbst, darnieder liegt.

Es beeindruckt den Menschen tief, wenn er im Traume *gelähmt* nicht weitergehen kann; denn er hat geglaubt, über jene Lebensniederlage rasch hinweg und wieder vorwärts zu kommen. Vielleicht erlaubt er sich jetzt endlich, sehr stille zu halten, in seinem Schmerz zu bleiben, darin zu wachsen, bis neue Türen sich öffnen.

Der Betrachter seiner Träume darf, man verzeihe die stete Wiederholung, auch Krankheitsträume *nicht wörtlich* nehmen. Vor allem hat die so häufige Diagnose auf *Krebs* nach aller Erfahrung nicht mit einem echten Karzinom zu tun, sondern mit jenem Tiere, das rückwärts geht, zurückführt auf vergangene Wege, die noch einmal im tiefern Sinne zu begehen sind. Es bleibt anzumerken, daß dieser Traum fast ausschließlich zwischen dem 40. und 50. Jahre geträumt wird.

Der Träumer findet sich auch etwa in einem *Höhensanatorium* vor, ohne daß er deshalb befürchten muß, tuberkulös zu sein. Meist hat seine Traumkrankheit zu tun mit einer psychischen Atmungsschwierigkeit; das Organ der luftförmigen, also der geistigen Ernährung funktioniert offensichtlich ungenügend. Hie und da wird im Traumlazarett ein unbekannter Kranker, also ein Teil von uns selbst, von den Ärzten aufgegeben. In einem Falle war man daran, einen Kranken ins Sterbezimmer zu rollen. Wie schön war es, zu sehen, daß zu den Häupten des Kranken ein kleiner grüner Baum sich aus den Kissen erhob – sichere Heilung versprechend.

Im Traume entsetzt sich der Schläfer, wenn er mit der Hand eine bisher nicht beachtete *Wunde* ertastet und aus ihr das Blut strömen spürt. Diese Wunde blutet ohne Schmerzen; denn man war ihrer bis jetzt unbewußt. Man weiß aus dem Erzählen schwer verwundeter Soldaten, daß es oft geraumer Zeit bedurfte, bis sie ihrer Verwundung inne wurden, weil das Blut aus den zerfetzten Kleidern rann. Immer wieder gibt es Menschen, deren Seele tiefste Wunden empfangen haben. Es blutet und blutet in ihnen, sie aber haben nur gelegentliche Zustände des Müdeseins, der nicht begriffenen Ängste, weil ihr Leben allzu bewußt, oft auch allzu diszipliniert und gefühlsverdrängt abläuft. Unterdessen verbluten sie fast an jener auch für sie selbst geheimen Wunde.

Die Wunden des Traumes schmerzen im allgemeinen, auch wenn sie festgestellt sind, nicht; denn sie sind ja nur Gleichnisse, die besagen, daß unser Leben aufgerissen, daß unsere psychische Ordnung verletzt ist und wir deshalb in Lebensgefahr sind. Die Mitteilung der Verwundung ist im Traume notwendig, damit wir zum Bewußtsein der gefährlichen Situation kommen.

Die Träume von Krankheiten können wenig beängstigend sein, wenn man im Traum Arzt und Pflege nahe weiß. Sehr oft sind auch geliebte Menschen oder Unbekannte da, die einem tiefstes Vertrauen schenken. Aber diese Träume können auch höchst drastisch von schwerstem Leiden sprechen. So betrachtet ein Träumer, ähnlich jenem antiken Krieger, der, niedergebeugt, sein Verbluten nicht fassen will, den Stumpf seiner abgeschlagenen Hände. Das ist ein sehr ungünstiger Traum. Der Träumer wird auf lange Zeit hin nicht mehr zu rechtem Handeln kommen. Oder da ist ein Schatten, eine innere Gegenfigur, der ein Bein weggerissen oder *wegamputiert* wurde; der Seelenteil, der in der unglücklichen Traumfigur sich darstellt, wird längere Zeit nicht mehr richtig gehen können. Häufig ist man von einem äußern Erlebnis getroffen worden, wie jener Mann, den ein Mädchen in die Hüfte schoß, in die Gegend zwischen Gefühls- und Geschlechtsgegend.

Uralt ist das Motiv von der Schlange, die uns in die Ferse sticht. Da ist, wie anderswo erwähnt wurde, der Mensch am unbeachtetsten Orte von einem erotischen Inhalte getroffen und vergiftet worden.

Augenleiden sind im Traume nicht selten. Sie haben natürlich mit der komplexhaft eingeschränkten psychischen Sehfähigkeit zu tun, der Unmöglichkeit, in diesem Zustande das Leben richtig zu sehen. Daß das Auge, wie auch der Mund, gelegentlich für weiblich Sexuelles stehen kann, wurde schon angedeutet. Mit Sexuellem haben, wie erwähnt, auch die häufigen Träume der *Zahnerkrankungen* und Zahnbehandlungen zu tun. *Kastrationsträume* sind in den Träumen jüngerer Männer fast stets ein Zeichen zwangshafter falscher, meist zu introvertierter Lebensführung. In den Träumen derer aber, die weit über der Lebensmitte stehen, scheint es sich um einen Hinweis zu handeln, aus der kräftigen überbetonten Nur-Natur der männlichen Potenz unter einem symbolischen Opfer zu einem höhern geistigen Menschensein zu gelangen. Daß man in der Zeit solcher Träume durch eine Gefahrsituation hindurchgeht, die nicht immer überstanden wird, ist klar.

Hier darf angedeutet werden, daß manche religiöse Mythen nicht nur die Kastration eines den Menschen vertretenden Lebewesens, etwa des Stieres, sondern auch die *Zerstückelung* des Gottes oder des nach Göttlichem hinstrebenden Helden kennen. Durch ein Wunder wird, was sich opferte oder geopfert wurde, wie Osiris neu geschaffen; der Geheilte wird oft zum Heilenden.

Krankheitsträume sprechen von der innern Situation. Sie verlangen Beachtung, wenn man seelisch gesund bleiben will.

Nicht um eine Krankheit, sondern um den unter Schmerzen sich vollziehenden Vorgang der *Geburt* handelt es sich in manchen Frauenträumen. Wenn ein Mann in einem

Gebärsaal liegt, wenn er selbst ein Kind bekommt, wird es ein Kind sein, wie es sich für den Mann geziemt: nämlich eine neue Idee, ein Werk, eine außerordentliche Tat.

Träume der *Genesung* gehören zum schönsten Traumerleben. Sie besagen tröstlich, daß eine schwere Zeit des Leidens zu Ende ging; aber sie verlangen auch, wie man es als Gebot an die Rekonvaleszenten kennt, ein Stillehalten, ein vorsichtiges Heranreifen an das Leben, das einem aus der Seele neu geschenkt wurde.

SPEISE UND TRANK

Manchen Träumern fehlt es nicht an Speise jeder Art; in andern Träumen aber bleibt auch der Träumer hungrig, dem im Leben sonst nichts abzugehen scheint. Speisung im Traume ist selbstverständlich ein symbolischer Ausdruck dafür, daß unser Wesen irgendwoher seelisch ernährt wird. Ein solcher Traum teilt uns mit, daß uns seelische Kräfte, daß uns Lebensenergien zugeführt, der Traum vom leeren Tisch aber, daß uns solche vorenthalten werden. Bei der Deutung ist darauf zu achten, von welcher Art die Speise ist. Ferner hat man sich daran zu erinnern, daß bei primitiven Völkern das Essen überhaupt ein Aufnehmen von Seelenstoff, „Mana", darstellt.

Wir alle sitzen am Tische des Lebens; aber oft scheint uns, die Speise werde sehr ungerecht verteilt. Der Traum einer Dame, die wohl das Anrecht gehabt hätte auf ein volles weibliches Lebensglück und doch von diesem ausgeschlossen war, stehe bezeichnend hier: „Ich kam eine Treppe hinauf und betrat einen großen Raum. Es stand ein sehr langer Tisch da, der gedeckt war, und eine Gestalt machte sich am Tische zu schaffen. Erfreut trat ich zu ihr hin und bat sie, auch für mich noch ein Gedeck aufzulegen, da ich Hunger hätte. Kopfschüttelnd schlug sie meine Bitte ab. Da erklärte ich ihr, daß ich sehr großen Hunger hätte; wiederum schüttelte sie den Kopf. Ganz eindringlich bat ich nun, mir doch etwas zu geben, da mein Hunger sehr groß sei und ich wirklich etwas benötige, und wiederum schüttelte sie nur den Kopf."

Es kann umgekehrt vorkommen, daß der Träumer die ihm vorgesetzte Speise verweigert; sie ist ihm zu wenig wertvoll, sie scheint unrein zu sein, sie erregt Widerwillen. Ein Mensch, der wirklich vor der Reife seiner Persönlichkeit steht, hat nach dem bekannten indischen Worte der zu sein, „der die Welt gegessen hat." Diese Welt, die der Mensch verdauen muß, kann ihm im Traume als bittere oder als ekle Speise vorgesetzt werden. Dafür gibt es sehr viele Traumbeispiele. Der Widerwille ist besonders heftig gegenüber *Fleisch-* und *Wurstwaren,* dann, wenn sie das Gleichnis des „Fleischlichen", der Sexualität sein könnten. In manchen Träumen sieht die Situation so aus, daß in einem großen Warenhause – es ist die Außenwirklichkeit der Welt mit ihren tausend Dingen – an der Fleischbank gewaltige Mengen oft noch blutigen Fleisches verkauft werden. Manche introvertierte junge Frau von sehr behütetem Wesen findet sich im Traume auf der Flucht vor solch einer Waren- oder Schlachthauswelt, und doch wird sie auch diese Seite des Daseins annehmen müssen, das Leben wird ihr das Derbe nicht ersparen. Es kann ihr oder einem Träumer sogar befohlen werden. *Erde* zu *essen,* das Irdische in sich aufzunehmen, sich an die Gewöhnlichkeit des Lebens hinzuopfern, um zu dessen Werten zu gelangen.

Umgekehrt erweist sich im Traume ein wenig beachtetes persönliches Erlebnis des Tages oder irgendein kleines geistiges Unternehmen als eine rechte Lebensspeise; das Verachtete wird zum Lebensbrot.

Es ist nicht gleichgültig, was uns vorgesetzt wird, ist bedeutsam, von wem wir es vorgesetzt bekommen. Ist es kräftige, natürliche Speise, dann ist der Traum meist positiv zu werten. Noch positiver ist er, wenn wir nicht allein speisen, sondern eingeladen werden an den Tisch der Gemeinschaft, zu einem vielleicht rituellen Mahl. An diesem Tische können Bekannte sitzen, zu deuten auf Objekt- und Subjektstufe. Vielleicht aber sind es Unbekannte, Gestaltungen unserer eigenen Innenwelt, mit der wir in einer tiefen „Kommunion", einem Abendmahl, verbunden sind. Dieser Tisch wird nicht ohne wertvolle Speise sein, hat doch die Seele für ihren Menschen reichlichste Speisung bereit.

Vielen Träumern stellen sich Gefühlserlebnisse jeglicher Art als *Süßigkeiten* wie Früchte, Kuchen, Nachspeise oder Schokolade dar. Gelegentlich muß ein Preisschildchen darauf aufmerksam machen, welchen seelischen Aufwands es bedurfte, um zu diesem süßen Erlebnis zu kommen. Eine Dame, die einem sehr schmerzhaften Erlebnis zuviel geheime Süße abgewonnen hatte, wurde im Traume in jenes Zimmer der Kindheit zurückgeführt, wo sie einst zur kleinen Schokoladetafel, die sie mit den Geschwistern erhalten hatte, eine zweite kleine, aber entwendete Schokoladetafel, gegessen hatte. Das Übermaß an Gefühl erschien der Seele als ein Diebstahl am Gefühlsvorrat. Es kamen denn auch in dieser Zeit ihre Mitmenschen zu kurz. – *Konditoreiträume* sind häufig, und ihre Deutung ist klar. In Speiseträumen darf man die persönlichen Innenerlebnisse nicht unbeachtet lassen. Der Kontext erläutert da vieles. Es ist wichtig, ob man seine Lieblingsspeise erhält oder etwas essen muß, das man nicht kennt oder nicht gern hat. Man hat sich zu fragen, woran die Traumspeise erinnert, bei wem man schon Ähnliches unter ähnlichen Bedingungen vorgesetzt erhielt. Die persönliche Erfahrung ist auch da zu konsultieren. Plötzlich kann es dem Träumer einfallen: „Das muß mit jener Einladung zusammenhängen, von der aus manches weiter wirkte. In jenem Restaurant in Z. geriet ich, als dieses bestimmte Traumgericht auf dem Tische stand, in ein sehr wichtiges Gespräch." Manche Traumspeise erinnert an Jugendgeschehnisse, an Kindheitserinnerungen; indem wir diese Speise zu uns nehmen, nehmen wir etwas in uns auf aus schöner oder bitterer, heute noch lebendiger vergangener Welt.

Die wesentliche Nahrung des Menschen ist nicht eine Rohfrucht, sondern das unter viel menschlicher Mühe aus Korn gewonnene und kunstvoll bereitete *Brot*. Das Brot ist die allgemeine Speise und damit das Gewöhnlichste und gleichzeitig ein Geheiligtes. Der Weg vom Weizenkorn, das in die dunkle Ackerfurche gesenkt wird, vom zart ergrünenden Feld, vom golden wogenden Ährenmeer über die Arbeit des Schnitters, des Dreschers (mag noch so vieles heute mit Maschinenhilfe geschehen), der Prozeß des Mahlens, des Aussiebens, der Teigzubereitung, des Durchganges durch die Glut des Ofens und dann endlich die gemeinsame Verteilung am Familientische — jede Station des Werdens dieser Speise ist symbolträchtig und macht Aussage, auf den Menschen bezogen, über das Werden seines Wesens, über den Weg der menschlichen Kultur'. Es gibt deshalb keine negativen Brotträume. Mit dem Ackerbau, dem Anbau des Kornes, ging kulturgeschichtlich die Nomadenzeit zu Ende, wurde der Mensch in einer bestimmten Nährlandschaft festgehalten. Diese Seßhaftigkeit, eine Leistung des Brotes, erzeugte die Möglichkeit kultureller Entwicklung. Idealisierend hat *Schiller* diese Tatsache in seinem „Eleusischen Fest" hinreißend dargestellt. Den Übergang vom Nomadentum zur Ackerbau-Epoche haben die Mythologien der Völker festgehalten, am großartigsten der alt-ägyptische Mythos von Isis und Osiris. Aber auch in allen europäischen Legenden und Märchen wird auf das grundlegende Erlebnis von Saat und Ernte, auf das Wirken des „Korngeistes" hingewiesen. Der Nomade war auf die zufälligen Früchte angewiesen, er nahm, ohne vorher gegeben zu haben. In der Getreidekultur aber arbeitete bewußter Verstand auf weite Sicht hin. Damit aber mußte das Schweifende sich zähmen und in geduldiger Arbeit die kommende Frucht erwarten. Der Ackerbau gab, aber er nahm auch. Träume von Saatfeldern, von Getreidefluren sind, weil sie einen Weg innerer Leistung bezeugen, stets beglückend dem, welchem sie geschehen, eine Bejahung seiner innern Fruchtbarkeit. Das geerntete Korn wird zu Brot. Dieses hat auch in den Träumen seine große, urtümliche Bedeutung als eine Grundspeise, die als ein ausgesprochenes Kulturprodukt das Endergebnis sorgfältiger Mühe ist. Brotträume des nicht physiologisch hungrigen Menschen reden von der Lebensspeise, sei sie geistiger Art, etwa im Abendmahl, oder seelisch-naturhaften Wesens. Von der Gottheit des Lebens erbitten wir als wichtigste Nahrung unser tägliches Brot: all das, was uns wirklich not tut. Damit steht Brot für vieles, aber es steht immer für das, was wirkliches Bedürfnis, nicht Luxus ist. So erhält eine Frau im Traum ein dreifach gefaltetes, schön gebackenes Brot. Es war offensichtlich ihre kleine Familie, die sie nach seelischen Schwierigkeiten innerlich wieder fand. Brot und Brotleib können auch einen geliebten menschlichen Körper meinen. Man hat auch wohl zu beobachten, welch sexuelle Formen kleine Brote haben. Alle einfachen lebenswichtigen Werte, die uns nähren, können im Traum als Brot in unsere Hände gelegt werden. Wer dieses Brot erhält, hat einen positiven Wert erhalten, den zu vergeuden ihm nicht erlaubt ist.

Träume vom *Wein* bedeuten – wenn es sich nicht um einen an eine Wirtshaus-Geschichte anknüpfenden kleinen Traum handelt – stets die Begegnung mit einem geistig-seelischen Inhalt. Der Traum kennt keine Alkoholfrage. Ist der Träumer im Leben durch seine Unmäßigkeit bedroht, dann wird die Seele das rechte Bild finden für die Gefahr, in der er, ein Kulturgut mißbrauchend, steht. Es ist aber unseres Erfahrens nie ein Weintraum, der ihm dies verkündet.

Als ein Kulturgut, als einen sehr hohen Wert erlebt die

Seele den Wein, dieses geistvolle Ergebnis so vieler Faktoren, wie günstiges Klima, sonnige Lage, gesunde und vieltragende Rebstöcke, Schweiß und Müdigkeit des Rebbauern im Frühjahr und Herbst, süße Frucht der Trauben, richtige Behandlung des Traubenmostes, dessen Verwandlung im Gärungsprozeß, die sorgfältige Lagerung in der dunklen Kühle – dieser ganze Weg ist ein Weg zu einem Kulturgetränk. Der Weinbau ist nur in Kulturlandschaften möglich. Ja, er ist mit dem Korn und dem Gartenbau deren höchstes Zeichen.

Das religiöse Erlebnis hat den Wein zum Gleichnis göttlichen Blutes erhoben. Im Wein ist das Erregende, ist die Kraft des Geistes, welche die Erdschwere überwindet, die Phantasie beflügelt. In seinem Zeichen entstehen stille Gemeinschaft und bacchanalische Lust und der tiefste Einigung vermittelnde Ernst des Sakralen im Abendmahl.

Wo im Traume sich ein Rebgelände an die Hänge der Traumlandschaft baut, wo Trauben am Spalier hangen oder dem Träumer geschenkt worden – „ich bin der Weinstock, Ihr seid die Reben" –, wo goldener oder dunkelroter Wein im Kelchglase des Traumes leuchtet, da ist positives und bedeutendes Leben. Das Weinwunder ist von der Seele aus gesehen ein göttliches Lebenswunder der Wandlung von erdhaft vegetativem Sein zum beflügelnden Geiste.

Der Traum vom *Ei* ist fast immer positiv zu deuten. In seiner schönen Form, oft schimmernd weiß, enthält das Ei in sich das Wunder kommenden Lebens. Im Eisymbol ist das Nährende weniger betont als das Werdende, das seine eigenen Mittel bei sich trägt, schon selbst Vorrat des Kommenden ist. Wer in seinen Träumen unerwartet auf ein weißes oder farbiges Ei gerät, hat etwas Gutes gefunden. Sehr häufig ist es ein ganzes Nest voll Eier, ein Körbchen oder eine Schale. Solch ein Körbchen finden etwa

Menschen, die aus seelischer Bedrückung in die Bejahung der Daseinsmöglichkeiten zurückgekehrt sind. Ihnen ist damit eine Art Ostern passiert. Die Ostereier versinnbildlichen, vom legendenhaften Hasen, einem Fruchtbarkeits-Symbol, gelegt, Frühling und eine werdende Welt helleren Tages.

Ein Mann fand im Traum unter den Sträuchern auf dem Grabe seines Großvaters eine Schale, gehäuft voll schneeweißer Eier. In dieser Zeit begann sich wirklich eine außerordentliche Begabung des längst Verstorbenen in dem noch jüngern Manne mehr und mehr durchzusetzen; vermutlich wurde in den Eiern symbolisch das Erbe des alten Mannes weitergegeben. Andere haben plötzlich ein Ei in der Hand, ein spontanes Geschenk des Lebens. Wieder andere lesen Eier von der Straße auf wie in einem verschwundenen Frühlingsbrauche; das Neue kann ja auch aus der Kollektivität der Straße kommen.

Glücklicherweise selten ist der Traum vom schwarzen Satansei, aus dem Schlimmes, Finsteres entstehen wird.

Das Ei ist selbst zum Gleichnis der Welt geworden. Vom großen Weltei sprechen die Mythologien. Auch dieses wird einmal ein gewaltiges Neues aus sich entlassen. Über das Eisymbol hat wohl *J. J. Bachofen* das Tiefste und Schönste geschrieben.

KLEIDERTRÄUME

Nicht ohne hinterherige Verwunderung, ja mit Beschämung, stellt mancher fest, er habe im Traume ein ganz ungewöhnliches, unpassendes Kleid getragen. Oder er sei, was besonders peinlich, sehr notdürftig bekleidet, im Hemd durch die belebtesten Straßen gegangen. Erstaunlich war dabei nur, daß die Umwelt der Passanten, daß die vielen Leute auf dem großen Hauptplatz daran keinen Anstoß genommen, sich um den Halbnackten überhaupt nicht gekümmert haben. Es ist eben nur der Träumer vor sich selbst gemeint. In irgend einer Beziehung ist er unrichtig angezogen, also nicht in Ordnung, oder er hat sich eine große Blöße gegeben.

Der oder jener Träumer trägt im Traum eine veraltete Tracht; er ist festlich angezogen oder sieht sich in einem sonderbar zusammengefügten, oft männliche und weibliche Kleider vermischenden Anzuge am unpassenden Ort. Sehr oft ist auch das Kleid beschmutzt. Die Bedeutung der Kleiderträume wird sofort klar, wenn man die Funktion des Kleides bedenkt. Abgesehen davon, daß es uns primär schützt, die Körperwärme zusammenhält, ist das Kleid sekundär ein besonders sinnfälliger Ausdruck der sozialen, der gesellschaftlichen Stellung. Noch vor wenigen Jahrzehnten hatte jede soziale Schicht, hatte auch die einzelne Berufsgruppe ihr besonderes Kleid, ihre Tracht.

Der Kleidertraum hat wirklich mit dem zu tun, was wir in der Psychologie *Persona* nennen, nämlich mit dem, was wir selbst nach außen oder nach innen darstellen und vorstellen. Der gut Angezogene ist, wie der Mann im entsprechenden Berufskleide – etwa als Mechaniker, als Verkäuferin, als Arzt oder als Geistlicher – gesellschaftlich an seinem Ort. Wenn nun die Anpassung, von der Seele aus gesehen, ungenügend ist, wenn wir uns Blößen gegeben haben, dann sind wir eben ungenügend oder schlecht bekleidet und bestreben uns im Traume oft sehr ängstlich, unsern Mangel zu verdecken. Ähnliche Träume können uns geschehen, wenn wir nach außen überangepaßt sind, d. h. uns zu wichtig vorkommen, identisch geworden sind mit unserer Rolle in der Welt. Dann zeigt uns die klarer blickende Seele, wie dürftig im Grunde unser Lebenskleid geblieben ist. Sie kann auch das gegensätzliche Bild verwenden. Unsere Übertreibung, unsere Eitelkeit läßt uns dann in einem geschmacklosen, grellfarbigen Aufzug einherwandeln. Häufig sucht der Mensch im Traum ein Bekleidungshaus auf, und da werden ihm nun Gewänder und Gewandteile angeboten, über die er sich oft sehr verwundert. So muß er, wenn es ihm im Leben an Tradition fehlt, ein altertümliches Kleid kaufen. Anderseits spielt die Farbe als Bezeichnung der psychischen Funktion eine gewaltige Rolle. Der Denktypus bedürfte eines Kleides oder Mantels, der auch das Rot der Gefühle enthält; der Intuitive darf nicht ohne das Grün einer natürlichen Realitätseinstellung bleiben, indessen der übersteigerte Gefühlstypus, zu dem erfahrungsgemäß mehr Frauen gehören, nicht ohne ein wenig Blau des Denkens sein sollte.

Nicht selten kommt es vor, daß wir noch das Kleid aus unserer Jugendzeit tragen, obwohl wir erwachsen sind. Dann ist eben noch nicht Umgeschaffenes, ja Kindisches in uns. Oder wir sind im Kleid, das an eine bestimmte Lebenssituation erinnert, an jene Reise- oder Ferientage, jenes Fest. Aus den Einfällen zu diesem Traum ergibt sich sehr oft, daß das, was damals geschah, wieder in uns lebendig geworden ist.

Gelegentlich muß ein Mensch, dem es an einer gewissen Feinheit des Empfindens für das Häßliche und Unfaire fehlt, durch den Traum belehrt werden. Er kommt von einem Geschäft mit beschmutzten Kleidern heim oder hat unbegreiflicherweise unsaubere Hände. Eine andere Variante der Bewußtmachung liegt im Traume jenes Studenten, der vergeblich seine Bücher sucht. In seinem Büchergestell findet er nur Wäsche von jungen Mädchen. Eine ältere Dame, die sich gerne viel jünger gab, trug im Traume kompensatorisch das graue, vornehme Kleid ihrer Großmutter, die es verstanden hatte, in Würde alt zu sein. Sie aber trug jenes Kleid unordentlich und hatte es mit farbigen Bändern lächerlich ausgeschmückt.

Kleiderträume sind von unendlicher Variation. Versteht man sie grundsätzlich, dann wird auch die unerwartete Einzelheit sich deuten lassen. – Von dem was zur Ausstattung, was zur Garderobe gehört, sind hier vor allem noch der *Hut,* der *Mantel* und die *Schuhe* zu erwähnen. Den Hut hat die Psychoanalyse in üblicher Einseitigkeit als Sexualsymbol deklariert; sie hat vor allem den Hut des Mannes bald in eine annehmbare, bald in höchst gesuchte Beziehung zum männlichen Organ, zu Potenz und Impotenz und zu bestimmten Mitteln gebracht, welche die Empfängnis verhindern sollen. Dennoch darf man dem Huttraum nur dann diese sexuelle Bedeutung geben, wenn Kontext und Amplifikation auf diesen Erlebnisbezirk hinweisen. Viel wichtiger aber ist die Tatsache, daß der Hut den Kopf schützt, ihn umfaßt, daß er und mit ihm die Mütze sozial auszeichnend sein kann (Offiziersmütze, Helm, Doktorhut, Berufsmütze). Bei Mann und Frau verhält sich der Kopf mit seinen Ideen im Traume nach Art des ihn umschließenden Hutes. Jener überernste Mann, der im Traume ein Clown-Hütchen tragen mußte – er wollte es auf die Karikatur in einem Witzblatt zurückführen –, ging nach diesem Traume an eine wirklich ernsthafte Änderung einer nur von ihm bisher nicht gesehenen lächerlichen Haltung. Besonders häufig muß ein

Mensch darauf aufmerksam gemacht werden, daß er eigentlich ein Wanderer des Lebens ist, indem er etwa zu seinem Erstaunen einen *Pilgerhut* trägt. Wenn eine Dame von betont kühler Art zu ihrem Ärger im Traume unter einer Riesenscheibe von Hut geht, auf der ein ganzer wilder Blumengarten in leidenschaftlicher Farbe wuchert, dann weiß man, welch ein von Gefühlssehnsüchten und Triebphantasien erfülltes Wesen, dessen forcierte Kühle nur Sicherung ist, dieses wilde Unding trägt.

Ein Mann hatte auf Befehl eines mächtigen Unbekannten für ein Jahr seine Offiziersmütze stets zu tragen. Offenbar hatte er eben die mit dem Offiziersein ideell verbundene Haltung besonders nötig. Nach seiner Erzählung war der zeitweilige militärische Dienst für ihn moralisch immer die beste Zeit gewesen – was bekanntlich nicht für jeden Angehörigen der Armee zutrifft. Nun sollte sich diese Haltung zur Dauereinstellung einspielen.

Beigefügt sei, daß man nicht unter, aber in der Hut eines andern stehen kann, was sich ebenfalls durch das Hutgleichnis darstellt. Die Redewendung „unter die Haube kommen" ist hie und da durch ein fast humoristisches Bild ausgedrückt; denn es fehlt der Seele nicht an einem liebenswürdigen Humor.

Die Deutung der *Mantel*träume ist klar. Der Mantel ist das, was uns einhüllt, warm gibt und manchmal verhüllt. Man wird etwa feststellen, daß man ja den Mantel oder Überzieher eines andern trägt; mehr als einmal ging ein junger Mann im Mantel der Mutter. Da war offenbar die zweite Geburt aus der Mutterwärme in die kühlere Welt seelisch noch nicht geschehen.

Ganz besonders häufig sind *Schuh*träume. Die Forschung der psychoanalytischen Schule machte es sehr wahrscheinlich, daß ein Teil der Fuß- und Schuhträume wirklich sexueller Natur ist, und daß mit dem Hineinschlüpfen in den Schuh ein anderer Akt gemeint ist. Dabei — es ist immer wieder zu betonen — betrachtet die Psyche jede sexuelle Wirklichkeit ohne alles Moralisieren.

Aber man darf die andern Bedeutungen der Schuhträume nicht übersehen. Jeder Mensch hat bekanntlich von Jugend an seine bestimmten Schuherlebnisse. Die Kinderschuhe werden zu klein. Im Traume aber trägt ein erwachsenes Mädchen noch immer diese zu klein gewordenen und deshalb rissigen Kinderschuhe — es will offenbar, wohnend in glücklichen elterlichen Verhältnissen, ein Kind bleiben. Im Traum nun erhält es den Befehl, diese Schuhe zu verbrennen, sein infantiles Wesen zu opfern. Mitzuverbrennen ist ein längst verdorrter Weihnachtsbaum, den es im Traum, obwohl ihm alle Nadeln fehlten, mit sich herumtrug. Eine andere Frau hatte einen schweren Bergweg (den Weg ihrer Schwierigkeiten) zu gehen; leider trug sie dazu völlig ungeeignete Tanzschuhe. Noch hatte sie sich nicht in die richtigen Schuhe gestellt.

DAS HAUS UND SEINE RÄUME

Es ist selbstverständlich, daß sehr viel Traumgeschehen vom *Haus* und seinen Räumen umschlossen wird. Verläuft doch in unsern Breiten das tägliche Leben nicht so sehr im Freien, auf der Straße, als im geschützten Bezirke des Hauses. Der einfache alltägliche Traum erzählt von bestimmten Häusern, wohlbekannten Räumen und verändert diese nicht allzusehr; wichtigere Träume reden vom Hause schlechthin.

Aber auch das bekannte Haus wird vom Traumarchitekten seinen Absichten gemäß verändert und umgebaut. Sein souveränes Tun fügt Teile verschiedenster Häuser, unter freier Erfindung verbindender Stücke zusammen. Solch ein Traumhaus, bestehend aus Elementen der Wirklichkeit und der Phantasie, ist eine Verbindung von Erlebnisbildern und Symbolen. Im Traumhause sind also mehrere Inhalte unseres Lebens, auch werdende, zu einer psychischen Einheit verbunden.

Zum Aufenthalt im bekannten Hause liefert der Kontext und die weitern Einfälle meist genügend Hilfe, um zu erkennen, warum gerade dieses Haus unsere Traumherberge war, ja werden mußte. Wir haben es schon oft erfahren: Die meisten Räume und Häuser, in denen wir einst kürzere oder längere Zeit geweilt, sind auch in unserer Erinnerung noch erfüllt von einer gewissen Lebensatmosphäre, geschaffen von den Schicksalen derer, die sie bewohnen. Diese Atmosphäre kehrt im Traume wieder und schafft damit eine besondere Traumstimmung.

Vom bekannten Hause als Traumelement erschöpfend zu reden ist offensichtlich gar nicht möglich. Man kann nur höchst banal sagen: „Wenn ich mich im Traume dort in dem mir bekannten Hause vorfinde, dann bin ich eben dort, in einer seelischen Wirklichkeit, die sich offenbar am treffendsten durch jene erfahrenen Räume ausdrücken und umschreiben läßt."

Was „im Hause" geschieht, geschieht in uns drin. Wir selbst sind sehr oft das Haus. Man weiß freilich, daß die *Freud*sche Psychologie das Symbolhaus dem Weibe, der Mutter zugeordnet hat und zwar in einem sexuellen und „geburtlichen" Sinn. Es liegt auch im Wesen des Hauses wirklich mehr Fraulich-Mütterliches als Männliches. Dennoch kann jeder Träumer selbst das wohlgeordnete, das verlotterte, das alte oder erneute Haus seines Traumes sein. Das Hausgleichnis gibt uns Aufschluß über unsern Zustand, kann sagen, wie wir außen und innen beschaffen sind. Auch unser Körper und damit das, was in ihm geschieht, wird von der bildernden Seele als Haus und Haushaltung dargestellt.

Einige Räume des Hauses gelten nicht als erstrangig und liegen in ihrer Bewertung im Schatten der Hauspersönlichkeit; und doch sind sie besetzt von ganz besonderen Wahrnehmungen und Gefühlen, sind die Räume spezieller Erinnerungen und mancherlei Komplexe. Dagegen wird von den Räumen, welche wir sehr bewußt benützen, etwa das Wohnzimmer, das Arbeitszimmer, im Traume wenig gesprochen. Sie gehören ganz der bewußten Sphäre an und ihr Symbolgehalt scheint klein zu sein.

Um so mehr scheint der Traum eine Vorliebe zu haben für ambivalent, zweideutig erlebbare Räume. Dazu gehört der *Keller*. Dieser ist im psychologischen Vergleiche ein Raum des persönlichen Unbewußten (es wird auch manches, das wir nicht mehr benötigen, dort verstaut). Gleichzeitig ist er schon in der Nähe dunklerer kollektiver Tiefe, ist er doch in die Erde eingebaut. Im Keller sind Vorräte aufgestapelt, dort liegt der Wein, und der Keller nimmt uns selbst auf, wenn wir bedroht sind. Ursprünglich war er dunkel, man trug das Licht von oben in ihn herab, und nicht nur das Kind fürchtete, Gefährlichem zu begegnen. Wie hie und da im Leben versteckt sich im Traume der Dieb oder der Verbrecher in den dämmerigen Kellerräumen, um uns zu überfallen, wenn wir im Schlafe, also unbewußt sind. Im Keller – man darf dabei allerdings nicht an die hygienischen durch einen Handgriff überbeleuchteten Keller der modernen Häuser denken – lebt Unerlaubtes. Mäuse nagen an unsern Vorräten; in alten feuchten Kellern gab es einst Kröten und Molche und allerlei häßliches Kleingetier.

Der Traumkeller ist wie der wirkliche Keller erfüllt von geheimer Lebensdichte und umwittert von Gefahren. In ihm sind die Vorräte der Seele, die Möglichkeiten des Unbewußten, auch das, was noch nicht ausgepackt wurde und uns damit noch nicht zur Verfügung steht. Wer träumt von einem Gang in den Keller, der geht hinab in diese Tiefe, um Speise zu holen, um den Wein heraufzutragen, oder er muß die Begegnung tun mit dunklen Wesenszügen seiner Seele. Darum ist der Keller ein Ort des Reichtums, aber auch ein Ort der Angst. Er umschließt alles, was „unten" ist, damit auch den dunklen Teil unseres Leibes. Viele Menschen begehren freilich nicht zu wissen, was im dunklen Kellergeschoß vorhanden ist, was in diesem geschieht.

Zum Keller- wie zum Küchentraum zieht man vorteilhaft Jugenderinnerungen heran. Diese beiden Räume werden vom Kind bekanntlich sehr eindrücklich erlebt. Doch wird man bald erkennen, daß sie auch allgemein gültigen Symbol-Charakter haben. Nur darf man nicht ausgehen von Küche und Keller, wie sie sich, durchtechnisiert, der befriedigten Hausfrau darbieten.

Eine echte *Küche* ist der Ort des häuslichen Herdes, ein Ort des Feuers. Hier wird die Speise unter allerlei Manipulationen genießbar gemacht (ähnlich wie im mittleren Verdauungstrakt des Darmes). Darum wird der Bauch oft die

Küche des Leibes genannt und haben Küchenträume u. a mit unserer seelischen Verdauung zu tun.

Die Küche ist der Ort weiblicher Herrschaft. Weibliches hantiert da oft laut und eigenwillig aus überlieferten Instinkten heraus. Deshalb meint die Mutter, eine Köchin oder irgend eine kräftig in der Traumküche hantierende Frau einfach das ernährende mütterliche Leben in uns selbst. Wie mancher Mann projiziert sein undifferenziertes Wünschen, das teilhaben möchte an primitiver Lebensspeise und das er ins Nur-Sexuelle mißversteht, auf das „Küchenpersonal".

In alten Küchen ist Dämmerung, flackert gespenstiger Feuerschein, in ihr hat weiblich geisterhaftes Handeln seine Wohnung, dem Manne unbegreiflich. Und doch muß er als ein Faust von Zeit zu Zeit hinab an den Lebensherd zu den heißen Grundmächten des Lebens – die Küche ist besetzt von den eigenartigsten Phantasien: von den höchsten Intuitionen eines alchemistischen Wandlungsprozesses, den die Seele durchzumachen hat, bis zu den handgreiflichsten Vorstellungen sexueller Art (Pfanne, Feuerloch, schwarzer Kamin, Mörser und Stößel usw.).

Manche Traumhandlung wählt sich das *Schlafzimmer* zu ihrer Bühne. Schlafzimmerträume machen viel Intimes bewußt. Häufig wird dabei, was gegenwärtig Problem ist, zurückverlegt in das einstige Elternschlafzimmer, vielleicht weil von dort aus heute wirksames Schicksal seinen Anfang genommen hat. Im Schlafzimmer ist man in der persönlichen Sphäre, ist man, weil man dort schläft, auch im persönlichen Unbewußten. Mit uns teilt das Schlafzimmer, wer zu uns gehört und zu dem wir gehören. Schlafzimmerträume verkünden deshalb unausgesprochenes Glück und Leid einer innigst liebenden, einer tiefst verfeindeten Gemeinschaft. Sie werden aber nur geträumt, wenn etwas, das mit dem Schlafzimmer und seinem Geschehen zusammenhängt, nicht in Ordnung ist.

Der Traum nimmt hier das *Bett* besonders wichtig; „wie man sich bettet, so liegt man". Damit ist unsere unbewußte Lage symbolisiert. Im Bett hat man Ruhe, man ist geborgen, an den Schlafenden werden keine Anforderungen gestellt. Im Traume wird der Schlafende häufig beunruhigt. Es ist eine Unruhe, die sein Bewußtsein nicht erreicht hat, und man soll ihr nachgehen. Das Traumbett steht am besten zur linken Hand, auf der unbewußten Seite. Im Augenblick, da eine Frau ihr Traumbett nach rechts verschob, erschien ihr ein Gespensterwesen. Gespenster aber tauchen auf, wenn eine natürliche Ordnung gestört ist. Wenn Ungehöriges geschieht, wird es „ungeheuer". Eine andere Frau sah, wie ihr Bett den größten Teil des Zimmers auszufüllen begann. Dazu wurde der Bettüberwurf flammend rot: Ein leidenschaftliches Begehren erfüllte ihre unbewußte Seite. Bettgeschichten wollten zuviel Raum einnehmen.

Sehr zahlreich sind die *Abort*-Träume. Dieser kleine Raum hat im Leben der Menschen eine viel größere Bedeutung, als man gerne zugibt. Neugierig und erstaunt lernt das Kind dort Vorgänge seines Körpers kennen, die es interessant, die es aber, wohl erzogen, auch sehr unanständig findet. Im Abort ist auch der geistbetonteste Mensch ein armseliges und ein wenig klägliches tiernahes Naturwesen. Dort ist er zur notwendigen Entlastung von zu Ballast gewordenen Stoffen mit seinem Körper zusammen. Er ist mit sich allein und reinigt sich von dem, was als Gemeinstes gilt. Trotzdem sind Abort-Träume nicht unanständig. Sie, die so häufig geträumt werden, sprechen in einem auffälligen und etwas peinlichen Gleichnis von der Entlastung, vom *seelisch* Erledigten. Man schafft in diesem Traum Ordnung, entledigt sich dessen, was verbraucht ist und deshalb vom Menschen von jeher leicht als Schmutz oder Dreck empfunden wurde. Abort-Träume haben viel seltener, als man glaubt, mit einer infantilen Sexualstufe, mit der sogenannten

Anal-Erotik, zu tun. Beiläufig: Die Alchemisten glaubten immer wieder, gerade aus dem Kot müsse das Herrlichste zu gewinnen sein, das Gold – aus dem Verachtetsten das Edelste. Menschliche Erfahrung ist es, daß aus Niedrigem Hohes werden kann.

Zum gut eingerichteten Hause gehört das Bad. Von ihm ist aber in anderm Zusammenhang zu berichten.

Vom symbolischen Sinn des *Estrichs,* des Dachbodens, war schon die Rede. Er ist ganz oben über der ausgebauten Welt; er ist unser Ober-Stübchen, in dem das Gebälke unserer Gedankenstruktur sichtbar wird. Auf dem Dachboden sollte Ordnung sein wie in unserem Kopfe. Hier darf es nicht „spinnen", darf sich nicht Gerümpel anhäufen. Träume vom Dachboden sind stets etwas verdächtig. Sie haben viel mit Jugenderinnerungen zu tun, Erinnerungen der Neugier, des verbotenen Durchstöberns und früher erotischer Erlebnisse. Der dämmerige oberste Raum ist für manches Kind, gleich dem untersten dunklen Raum, ein Angstort. In diesen projiziert es die Ahnung finsterer Lebensgewalten. In den Träumen vom Dachboden stößt man oft auf komische, altertümliche und auf unerlaubte Inhalte, auf Phantasien und mancherlei Querulieren. Außerordentlich gefährlich ist es, wenn „Feuer im Dache", unter dem Dache des Hauses ausbricht. Dann bricht ein Brand im Kopfe aus, meist zu spät bemerkt. Solche Brandträume können beginnende geistige Störungen ankünden.

Auffällig oft spricht der Traum von *nicht benützten Räumen* in der Wohnung; man entdeckt plötzlich solche. Das ist ein Teil unseres Wesens, der von uns nicht bewohnt wird; unsere Wohnung ist also größer, als wir denken. Da kann im Traume selbst die Aufforderung an uns ergehen, diese Zimmer zu benützen, zu möblieren. Wie schon bei Gelegenheit des Kompensationstraumes erwähnt wurde, haben diese Zimmerträume meist mit den psychologischen

Funktionen zu tun. Hier kann nur noch einmal darauf hingewiesen werden, daß der Mensch die innere oder äußere Umwelt mit den Funktionen der Wahrnehmung, des Denkens, des Fühlens und der ahnenden Intuition erfaßt. Jeder dieser Funktionen scheint nun ein Raum zu entsprechen. Bei jedem Menschen ist eine Funktion führend, mit Bewußtsein und Willen verbunden. Die Gegenfunktion in dieser Vierheit ist unbewußt, wenig entwickelt, primitiv. Im Laufe der persönlichen Entwicklung können auch die beiden benachbarten Funktionen bewußt herbeigezogen werden. Es tritt dann beispielsweise zum Gefühl eine verfeinerte Wahrnehmung und eine gewisse intuitive Fähigkeit. Unbewußt bleibt die vierte Funktion, hier das Denken. Es ist projiziert auf Menschen der Umwelt, wird an ihnen erlebt.

Es haben nun manche Menschen Träume, in denen zwei Zimmer bewußt ordentlich eingerichtet sind. Das erste Zimmer ist der Hauptraum, da lebt man. Das zweite wird häufig benützt. Im dritten Zimmer ist man selten, man weiß nicht recht, wie es aussieht. Gelegentlich gerät man dann in einen vierten dunklen Raum, von dem nicht einmal klar ist, wem er gehört. Er kann leer stehen oder mit unbekannten und seltsamen Dingen angefüllt sein. Es wohnen auch etwa im dritten und vierten Raume des Traumes gegengeschlechtliche Personen. Man spricht wenig mit diesen, fürchtet sie ein wenig, diese Schatten. Mehrfach wird auch erzählt, ein oder zwei Zimmer gingen nach der dunkeln Hofseite.

Diese und ähnliche Träume, hier zusammengefaßt, sind kaum anders zu deuten als von der Funktionenleere der komplexen Psychologie her. Das erste Zimmer ist Ort der Hauptfunktion. Das zweite die erste Nebenfunktion. Das dritte Zimmer, bei einem Mann etwa vermietet an eine Frau, enthält die dritte kaum mehr recht bewußte Funktion. Das vierte Zimmer ist der unbeachtete, nicht als zugehörig empfundene Ort der vierten Funktion. – Beiläufig:

Hie und da ist das dritte Zimmer in völlig anderer Bedeutung ein dritter Mensch, den man in die eigene Wohnung, etwa in die Ehe, aufgenommen hat. Es ergibt sich eine Dreieck-Situation.

Wer von Häusern, vom Haus und seinen Räumen häufig träumt, wird gut tun, die Anordnung und Lage der Räume zu skizzieren. Man macht dabei erstaunliche Entdeckungen!

Von Bedeutung sind selbstverständlich auch die *Treppen*. Sie sollen gepflegt und ganz sein, von gleichem Abstand der Stufen. Sie verbinden als Symbol die verschiedenen Stockwerke unserer Persönlichkeit. Wo im Traum eine Stufe fehlt oder das Geländer brüchig ist, da besteht in uns eine Unsicherheit, ein Stück „Haltlosigkeit". Zu manchen Räumen führen verwickelte, sehr umständliche Treppen oder Leitern; besonders häufig ist der Abstieg in den Keller oder der steile Aufstieg in die Dachräume nicht in Ordnung. Hier ist noch eine besonders eindrückliche Treppenkonstruktion zu erwähnen, die *Wendeltreppe*. Davon wird viel geträumt – es gibt auf der ganzen Welt nicht entsprechend viele Wendeltreppen! Um eine feste Achse sich windend, steigt sie in schmalem Raume über einem Grundkreis steil in die Höhe. Das hat sie nun zu einem Symbol der Entwicklung nach oben gemacht. In ihrer Spirale ist jede Stufe über einem Sektor des Grundkreises gelegen, d. h. über einem Teil unserer Grundlage, Grundpersönlichkeit. Über diesen steigt man, nie den eigenen Umfang verlassend, sich immer wieder über den gleichen Inhalten, d. h. denselben Struktureinheiten, den gleichen Komplexen und Erlebnisanlagen sich befindend, immer höher empor. Wir haben keine andere Möglichkeit als eben über unsern Grundgegebenheiten, eine feste Achse unseres Lebens umwandelnd, in die Höhe zu kommen. Die Träume von der Wendeltreppe setzen ein um die Mitte unserer Lebensjahre.

Das Haus als Ganzerscheinung – groß, klein, weiträumig,

winklig, Bürgerhaus, Palast oder Hütte, in der Stadt oder auf dem Land – umzeichnet eine bestimmte Lebensgröße, Lebenshaltung, bezeichnet den Ort, wo wir uns seelisch befinden. Jeder Erwachsene bedarf einer gewissen Persona, d. h. einer gewissen Geltung nach außen. Man muß wissen, wer er in der Beziehung auf die Umwelt eigentlich ist. Diese Persona wird im Traume durch die Hausfassade dargestellt. Die *Fassade* kann übertrieben sein, bei Manchen aber ist sie ungepflegt, es wird kein Wert darauf gelegt, richtig auszusehen. Ein Mann erlebt im Traume, daß man eine Fabrik baut. Wie er näher tritt, bemerkt er, daß es sich nur um großartige Fassaden handelt, die einen Großbetrieb vorzustellen hatten. So war es bis jetzt auch in seinem Leben gewesen, leerer Betrieb, auf den Schein berechnet. Ein Anderer bemerkt, daß man die Fassade seines Hauses, das wohl seine Ehe darstellt, in schweren, schönen Steinen erneuerte, dahinter aber war das ganze Haus von Bomben zerstört. Die Ehe ist also bloß formell, aber desto betonter als Fassade noch vorhanden, der großartige Schein trügt – vor allem den Träumer selbst.

Die Haltung von Mitmenschen, wie sie unserm innern Wahrnehmen bewußt wird, verdeutlicht sich in der Veränderung ihres wirklichen Hauses in unserm Traume. Es sieht aus wie eine Festung, abweisend, grau, und wir ahnen, daß es keinen Sinn hat, da einzudringen. Oder wir entdecken plötzlich, daß jener scheinbar wenig zugängliche Mensch in einem hellen aufgelichteten Hause mit offenen Türen und unverschlossenen Veranden wohnt. So ist er eigentlich. Man spürt, zu ihm hat man Zutritt, von ihm wird man aufgenommen. Häufig haben wir selbst umzuziehen oder wir finden uns in einem größern und schönen Hause, in weiten Räumen vor. Das Leben scheint sich darauf vorzubereiten, uns mehr Atemraum zu schenken. Dann aber müßten wir selbst heller und bewußter sein, wissen, wer wir eigentlich sind. Dies hatte jene Träumerin noch nicht erfüllt: „Ich sollte in ein neues und besser eingerichtetes Haus umziehen. Als alles bereit war, fand ich meinen Personalausweis und meinen Paß nicht mehr. Darauf wurde mir der Umzug nicht erlaubt." Außerordentlich günstig ist es, wenn in unsern Träumen neu gebaut wird. Da entsteht in uns ein *Neubau,* der nichts anderes darstellt, als eine Erneuerung unserer selbst. Welchen Fortschritt wir dabei machen, können wir am Baufortschritt jenes Hauses ablesen. So kann beispielsweise das Haus eben aufgerichtet sein, und das kleine Tännchen mit den farbigen Bändern steht über dem Giebel. Noch wohnen wir nicht darin, und noch ist viel zu leisten. Dieser und ähnliche Träume sind außerordentlich günstig. Sie besagen, daß wir eine neue Lebenseinstellung und damit ein neues Heim, einen sichern Ort unseres künftigen Lebens gefunden haben.

FAHRZEUGE UND EINRICHTUNGEN

Träume von Bahnhöfen, von Geleisen und Zügen, von Abschied und Verspätung, vom Gepäck und von Mitreisenden sind besonders häufig. Diese Häufigkeit begreift man aus der Erlebnisverdichtung um all das, was mit Reise zusammenhängt. Dahinter steht eine Reihe von urtümlichen Handlungen, die sich aber ausdrücken in den Erscheinungen des modernen Verkehrs. Selbst bei kleiner Reise geschieht eine Veränderung des seelischen Ortes; es ist immer ein wenig Abschied, Spannung des Kommenden und Interesse für alles Technische, das man benützt, mit dabei. Man begegnet fremden Leuten, hat mit seinem Gepäck zu tun, vertraut sich einem Fahrzeug an, das auf von uns unabhängigen Lebensgeleisen an ein Ziel führt.

Jeder Mensch hat große oder kleine *Eisenbahn*erlebnisse; ihrer bedient sich der Traum als Material seiner Aussage. Dazu kommen die Jugenderinnerungen des Kindes; wo die lange, dunkle Wagenreihe, gezogen vom kräftigen Ungetüm der Lokomotive, in wachsender Geschwindigkeit aus der Halle des Bahnhofes gleitet oder mit stöhnenden Bremsen in diese hineindonnert, da hat fast jedes Kind das Erlebnis der Großgewalt des bewegten Lebens selbst. Freilich scheint dies eher ein männliches Knabenerlebnis zu sein; Mädchen und Frauen interessiert mehr das menschliche Drum und Dran, interessieren mehr die Gefühls- als die technischen Bezüge.

Bahnträume reden von all dem, was zwischen dem Weggang von zu Hause bis zur Ankunft am Ziel nach beendeter Fahrt geschehen kann. Übersieht man Hunderte von Bahnträumen, dann stellt man fest, daß jede mögliche Einzelheit im Traum auftauchen kann; und jede Einzelheit hat ihre besondere Bedeutung.

Bei der Deutung von Eisenbahnträumen ist nicht zu übersehen, daß es sich, anders als auf einer Wanderung oder auf einer Radfahrt, um ein Fortgeführtwerden auf den allen zustehenden, üblichen Geleisen handelt, also mehr um die allgemeine als um die individuelle Lebensfahrt.

Als Bahnreisende liefern wir uns freiwillig dem Fahrplan und der Führung des Zuges aus; wir sind auf der menschlichen Lebensreise, die ihre bestimmten Stationen, ihre bestimmten Verhaltungsweisen hat.

Diese Lebensreise führt durch die allgemeinen Altersstufen hindurch nach unserm einzelmenschlichen Ziele. Die Züge haben ihre bestimmten Abfahrtszeiten – wer nicht rechtzeitig den Zug erreicht, kommt nicht mit. Welch ausgezeichnetes Gleichnis ist damit geschaffen für das „Zuspätkommen", für das „Verpassen des Anschlusses" im Leben überhaupt. Jedes Tun hat seinen günstigsten Augenblick, seinen „Kairós"; dort, wo das für uns Notwendige bereit ist, hat man selbst bereit zu sein. Allzu viele kommen im Leben zu spät, und der Gründe dafür sind auch nur allzu viele. Man hat die Gemütlichkeit des Heimes ungern verlassen, man war noch mit tausend Dingen beschäftigt. Psychologisch ausgedrückt: der Zustandswechsel, etwa der Übergang von Jugendzeit zum Erwachsensein, verzögert sich, oder man ist noch gebunden an mancherlei Komplexe, sie lassen uns nicht los. Viele Menschen verspäten sich auch, weil sie erst zuviel Sicherung haben wollen, sie möchten von der höchsten Lebensinstanz eine Bescheinigung dafür erhalten, daß sie bequem, ohne eigene Leistung, leicht und glatt, sehr angenehme Ziele erreichen. Am Bahnhofe kann man noch einmal sich verspäten, d. h. den Zug nicht mehr erreichen, weil zuviele Leute am „innern Schalter" stehen: in uns will zuviel mitreisen, es ist zuviel des Lebensgedränges. Andere erscheinen mit ihrem ganzen seelischen Hausrat schwer atmend am innern Bahnhofe; sie können nichts zurücklassen. Es war durchaus nicht nötig, daß beispielsweise jener Mann im Traume seine Kindertrompete mitnahm – man muß nach einiger Zeit auf sein jugendliches Gelärm verzichten können. Es war eine Verkennung der Lebensmöglichkeiten von seiten jener Frau, die glaubt, ihre Puppenküche mit hinaus ins Leben retten zu können.

Es wird immer Menschen geben, die sich allzu viel kümmern, um das, was sie wenig angeht; vor allem scheint ihnen das Schicksal der andern wichtiger zu sein als das Eigenschicksal. Sie erleben sich eben nur im andern und erheben damit große Ansprüche an die andern als Teile ihrer selbst. Darum verzögern sie die eigene Lebensfahrt. Dies begriff jener Traumreisende, der beinahe nicht mehr auf seinen Zug gekommen wäre, weil er sich zu sehr um die rechtzeitige Abfahrt eines Bekannten auf einem anderen Bahnsteig bemüht hatte; erst im letzten Augenblicke konnte er auf den eigenen, schon fahrenden Zug aufspringen, hilflos hängend am Griff der sich öffnenden Türe. So läßt uns das Schicksal eine Zeitlang in übler, doch wohlverdienter Situation zappeln. In diesem Traume erschien dann als Retter ein Bekannter, den der Träumer wegen seiner zuverlässigen Genauigkeit achtete, aber nicht leiden mochte. Jener Helfer war offensichtlich eine eigene, bisher unterbewertete Funktion.

Unser Lebenszug steht im *Bahnhof;* in wichtigen Fällen ist es ein mächtiger Kopf- oder Zentralbahnhof, mit großen, dämmrigen Geleisehallen. Solche Bahnhöfe sind wichtigste Traumgebäude, sie sind Ausgangsort für unsere verschiedenen Lebensunternehmungen; weil alles Leben im Unbewußten beginnt, wird der Bahnhof gelegentlich zum Unbewußten schlechthin. Die oft erwähnte, überpersönliche Instanz, die unser Schicksal dirigiert, erscheint oft als

Bahnhofvorstand, als Bahninspektor mit goldumrandeter Mütze; haben wir uns zur Reise entschlossen, bestimmt dieser, nicht wir, was geschehen soll.

Wir haben auch unsern *Fahrschein* zu lösen, psychologisch ausgedrückt: wir haben mit Energien, das ist in der Tageswelt mit Geld, zu bezahlen, denn keiner lebt gratis, kommt ohne Opfer vorwärts; nur Kindsköpfe möchten alles geschenkt kriegen, wollen jeder Eigenleistung enthoben sein.

Es wären eine Menge Träume zu erzählen, deren Problematik sich um den Fahrschein, um das Billett, dreht. Aus der Fülle nur dies: Fast in allen Ländern führen die Bahnen mindestens zwei Fahrklassen, nach der Bequemlichkeit der Sitze meist als Holz- oder Polsterklasse bezeichnet. Der Fahrpreis richtet sich nach der Höhe des Komfortes. Wer das Geld hat, fährt auch im Traume besser. *Geld* ist aber zu übersetzen mit verfügbarer Energie, Leistung, Persönlichkeitswert. Zudem weiß aber der Traum auch, daß dem einen vom Schicksal mehr gegeben ist als dem andern, und es fährt mancher sonst wohlhabende und verwöhnte Mann im Traume in einem häßlichen und verlotterten Wagen. So sieht seine Fahrt von innen gesehen aus!

Mehrfach wird erzählt, daß man mit der Fahrkarte für die Holzklasse sich, man weiß selbst nicht warum, in die Polsterklasse eingeschmuggelt hat – bekanntlich ein Vergnügen, das sich Leute in überfüllten Sonntagszügen gerne leisten. Hier aber ist der *Klassen*wechsel nicht so harmlos; deshalb auch die Angst, der Sachverhalt werde entdeckt, man hole sich vor den Mitreisenden eine beschämende Niederlage. Denn man sitzt ja im Lebenszuge, im Zuge des Lebens nicht da, wo man seinem Wesen und seiner Leistung nach hingehört. Man hat sich selbst erhöht, lebt über seinem Niveau. (Wie schon gesagt, handelt es sich nie um die äußere, materielle Position. Auch sehr besitzende Leute, die für jede ausgedehntere Fahrt ihr schönes Auto oder dann die beste Wagenklasse der Bahn benützen, haben diesen beschämenden Traum.)

Umgekehrt kommt es in der Welt des Traumes auch vor, daß man in der niedern Wagenklasse sitzt und dabei die bessere Karte bei sich trägt. Meist holt uns der *Schaffner,* dieser Vertreter der innern Kontrolle, an den richtigen Ort.

Die moderne Symbolik der Eisenbahnfahrt ist außerordentlich reich in der Betonung von Einzelheiten. So streckt ein Träumer seine sehr kotigen Schuhe auf den Sitz gegenüber, auf dem eine Fremde Platz nehmen möchte; oder es wird erzählt, daß man wider gewohnte Übung „rückwärts" sitzt mit dem Blicke nach der enteilenden Landschaft. Da geht eben der Blick der Seele nach dem Enteilenden, Vergehenden.

Die *Mitreisenden* sind nach unserer Auffassung eigene Seelenteile, sich verkörpernd in Bekannten und Unbekannten. Zu Unrecht beklagt sich deshalb der Träumer darüber, daß soviel niederes Volk mitfährt. Der Traumregisseur greift heraus, was für die derzeitige Lebenssituation besonders bezeichnend ist, eben das, was uns begleitet, und man hat auf dieser Traumreise sein Gegenüber einmal fest ins Auge zu fassen, es ist ein Spiegel unserer selbst. Manchmal sitzt auch ein Mensch in unserem Wagen, von dem wir bisher noch nicht wußten, daß er mit in unser Schicksal gehört. In Männerträumen kann es auch eine sehr fremdländisch aussehende Dame sein, der wir hier zum ersten Male begegnen, obwohl sie als Anima tief in uns drinnen wohnt. Bei Frauen sind es, je nach dem Niveau dieser innern Gestalten, derbe Männer, Ärzte, Schauspieler, Offiziere. Sind sie Unbekannte, dann gehören sie jener schwer ergründbaren Welt der Animi an.

Zu wem setzt man sich, wer sitzt neben uns, wer uns gegenüber? „Zuerst wollte ich mich zu Hartmann setzen." (Kontext: Hartmann ist robust, gesund, prahlerisch und schlau, ein Dickhäuter.) „Dann aber setzte ich mich zum Arzte Vuilleumier." (Kontext: Sehr fein, differenziert, tüchtiger Arzt aus schlichten Verhältnissen.) Traum und Kontext ergeben die Deutung: Der Träumer stand zu dieser Zeit innerlich nicht ganz gesund am Scheidewege zwischen derbem, robustem Lebensgenusse und einer Lebensführung differenzierterer und noblerer Art. Dabei ist nicht zu vergessen, daß in ihm beide Gestalten sind.

Der Traum kennt sich aus in den verschiedenen *Bahntypen:* Er läßt uns im großen Überlandexpreß nach weiten Lebenszielen fahren. Es kann aber auch geschehen, daß ein Mann, der sich auf besonders bedeutender Lebensfahrt glaubt, im Gleichnis des Traumes erfahren muß, daß er in einem geschwätzigen Lokalbähnchen sitzt. Ein Mann vor fünfzig war offenbar in eine für diese Jahre bezeichnende Depression gefallen. Im Traume nun gedachte er, nach seiner kleinen Heimatstadt zu fahren, seine Mutter aufzusuchen und längere Zeit bei ihr zu bleiben. Am Bahnhof aber ist die Karte nach dieser Station vergriffen, das gibt es offenbar für ihn nicht mehr! Dafür händigt man ihm eine Fahrkarte nach der Hauptstadt ein. Die Hauptstadt aber ist unser Selbst, ist konzentrierte Persönlichkeit. Zu seinem Erstaunen erkennt er als Fahrtgenossen Flüchtlinge, Emigranten und Kriegsverwundete und sieht sich selbst als jungen Mann, damals, vor einer bedeutenden Leistung. In dieser Situation steht er; was er in sich bis jetzt wenig gut behandelt hat, muß gepflegt, muß gleichberechtigt werden. Dann kann eine neue Epoche, nämlich seine Persönlichkeit erreicht werden.

Aufschluß über die zur Verfügung stehenden Kräfte ergibt sich aus dem Typus der *Lokomotiven*. Ein anderswo erwähnter Traum sei hier noch einmal angeführt: Am Bahnhof erwartet eine größere Menge die doppelt gekuppelte, gewaltige Lokomotive der Gotthardbahn. Der Träumer steht auch da; es ist ein Mann, von dem man nach langem Zögern nun Bedeutendes erwartet. Die Lokomotive erscheint nicht, dagegen ein kleines Lokomotivchen mit Holzfeuerung: das ist die Energie, welche diesem Manne augenblicklich zur Verfügung steht. Weder er noch die andern durften ihn also überfordern.

Zum Reisenden gehört sein *Gepäck:* unsere Kraft, unsere Fähigkeiten, Lebensinhalte und Pläne – und, um beim Gleichnis des Gepäckes zu bleiben – was als Kleid unser entsprechendes Auftreten ermöglicht. Das Gepäck ist die erweiterte Persönlichkeit des Träumers. Auf dessen Verlust nun stehen hohe Strafen, denn man darf nicht verlieren, was noch zu einem gehört, was die nächsten Bedürfnisse unseres Lebens enthält, was Reserve ist, was eben einen Teil unserer Persönlichkeitspotenz in jedem Sinne ausmacht.

Die meisten Träume reden von der Abfahrt, die wenigsten beginnen mit einer Ankunft. Da ist man unbewußt an einem Ziele angekommen und hat nun den Weg aus der Halle des Unbewußten zu finden, den Weg mit unserem Gepäck, unserer gewonnenen Reiseerfahrung hinein in den bewußten Tag. Wiederum ist bedeutsam, wer oder was uns abholt, wichtig, zu welcher Tages- oder Nachtzeit man ankam, zu überlegen, was man nun vorhat nach diesem Stück Lebensfahrt.

Ein Blick geht nach dem Führer der Maschine: Er ist in den Träumen selten deutlich, wie ja auch unser innerer Zugsführer sehr undeutlich bleibt. Dennoch müssen wir von ihm erwarten, daß er kräftig, ernst und zuverlässig sei, **die Steuer** gut kenne, wohlvertraut mit der ihm anvertrauten **Maschine**, unserm innern Kräftwesen sei. Taucht er im Traume auf und wird anders, nämlich als dubios geschildert, dann sind wir übel dran.

Der moderne Träumer fährt viel *Auto*. Wenn man dieses Fahrzeug aus eigenen Kräften und ohne Geleise als ein

Symbol betrachten darf, dann muß man ihm das Prädikat eines ausgezeichneten Symbols zuerkennen.

Für manchen Träumer scheint es das ihm passende fahrbare kleine Haus, ja es scheint ein Ausdruck seiner selber zu sein – sei es der elegante Luxuswagen, sei es der schäbige alte Kasten, der nur noch eine Tugend hat: wenigstens zu fahren. Bezeichnend für das Wesen des Autos wie auch des Traumes ist die Möglichkeit, daß der Träumer selbst steuern kann – anders als im Bahnzug, der auf vorbereitetem Geleise, besetzt von Menschen, die einander wenig angehen, vom unbekannten Führer manipuliert wird. Beiden gemein ist, daß eine unpersönliche Kraft das Fahrzeug vorwärts treibt, während das *Fahrrad* die persönliche physische Kraftleistung seines Fahrers verlangt. Im Auto, auch nur dem des Traumes, hat man selbst die Verantwortung für die Führung, das richtige Fahren, man hat bei großen Möglichkeiten, sich einzurichten, doch auch auf die Benutzer der Straße Rücksicht zu nehmen. Die Beherrschung des Wagens erfordert Schulung und einige Gewöhnung an die Handhabung der Instrumente und Vorrichtungen. Wer im Traum richtig fährt, selbst wenn er in der Wirklichkeit Nicht- oder Kaum-Fahrer ist, der leistet offenbar in irgend einem Betracht gute Lebensfahrt. Er kommt, sagt der Traum, vorwärts.

Bezeichnend ist auch das Äußere des Autos, seine Erscheinung. Sie ist oft Ausdruck der Persona des Träumers, das heißt dessen, was er nach außen vorstellt. Öfters muß solch eine Fahrt im schönen Wagen ein Mißgeschick und eine ungerechte Ansehensverminderung des Träumers in seinem Außenleben kompensieren. Oft aber sitzt er zu Unrecht in einem schönen Wagen, der ihm gar nicht gehört. Er bemächtigt sich also eines ihm nicht zukommenden Wesens.

Viel häufiger als die Traumberichte von sicherer, rascher Fahrt durch schöne Traumlandschaften sind jene Träume, da der Wagen plötzlich nicht mehr weiter will. Auf seiner Lebensreise ist der Träumer auf ein Hindernis gestoßen – welcher Art besagt oft der Kontext –, oder er selber hat versagt. Nicht selten sind Angstträume, die Bremsen könnten aussetzen – oft tun sie es! – oder man überfahre jemanden – es kann das eigene Kind, dieses Werdende in einem sein, über das man im Lebensschuß hinwegsetzt. Oft wird auch erzählt, man sei in einen Graben, in eine Lache, an einen Grenzstein geraten – meist ist es nicht schwer, herauszufinden, was im Erleben des Tages diesem Gleichnis entspricht.

Es ist ebenso klar, was damit gemeint ist, wenn der Fahrer das falsche Pedal bedient, wenn das Licht, das die vorliegende Wegstrecke bewußt zu machen hat, nicht funktioniert. Auf einem Unternehmen begriffen, können dem Träumer die Kräfte ausgehen, und dann mangelt ihm der Treibstoff. Vielleicht hat es mit den vier Funktionen zu tun, wenn ein Rad abfällt – es kann sich aber auch auf familiäres Geschehen beziehen. Es ist bezeichnend für den Träumer, wenn er sich zu viel auflädt, wenn er eine wilde Schar im Fahrzeug, wenn er eine traurige Einzelperson im Schatten des Wagens bei sich hat. Der Variation des Autotraumes, der auch dem Zusammenstoß nicht ausweicht oder in ein ihm bekanntes Haus unnötigerweise hineinfährt, sind unendliche. In der Deutung dieser Träume kommt mancher Träumer auf die Frage, ob „Auto" nicht selbst heiße und damit auch um des Wortes willen im Traume auftauche. Die Frage ist nicht zu verneinen. Doch handelt es sich mehr um das Ich als um das Selbst. Auch darf im Gleichnis die Verbindung von Intelligenz und mechanischer Apparatur nicht übersehen werden.

Vom bescheidenen *Fahrrad* träumen vor allem junge Leute. Obwohl ein Massenartikel, hat es in den Träumen doch etwas Individuelles und dient auch dem Träumer zu Fahrten nach allen Richtungen und auf den schmalsten Pfaden. Man kann mit ihm wirklich auf „Seitenpfaden" ziemlich unverantwortlich in allerlei kleine Erlebnisse kommen. Schon betont wurde die eigene Kraftanstrengung, zu betonen ist ferner der leichte, fast lautlose Gang. Radträume vernahm der Verfasser häufig von jungen Leuten, die versuchten, um die ihnen auferlegte Arbeit in Lehrzeit und Studium nicht sehr bekümmert, heiter ins Leben hinauszufahren. Einer zerbrach dabei die Barriere der Bahnlinie, auf der ein Zug nach der Universität fuhr – er hat sein Studium nicht beendet. Das Element des Heiteren, Glücklichen ist oft in diesen Träumen. Gelegentlich fährt man mit seinem Lebenspartner aus, und der eine hat dann eine Panne. Diese deutet manchmal eine sexuelle Schwierigkeit an.

Im *Omnibus* wie auch in der *Straßenbahn* ist man Gast unter vielen. Es können dies die Teilpersönlichkeiten sein, die uns ausmachen: es können auf der Objektstufe jene sein, die irgendwie an unserer Lebensfahrt mit teilhaben, und bei deren kleiner „Stadtreise" wir mit dabei sind. In solchen Träumen – selten sind es wichtige Träume – betrachte man, wer mitfährt, und übersehe nicht, wo das Fahrzeug hält. Es handelt sich bei diesen Träumen meist um das kollektive Erleben. Deshalb muß mancher Einzelgänger des Lebens im Traum in einem überfüllten Straßenbahnwagen stehen oder er wird in einen Omnibus gepfercht. Denn unter anderem haben wir sehr gewöhnliche, aber allgemein verbindliche Ziele.

*Schiff*sträume können sehr groß und bedeutend sein, wenn die Fahrt über die großen Wasser geht. Für die innere Beziehung ist wichtig, daß dieses geschlossene Fahrzeug über das Meer des Unbewußten führt, an neuer Küste landen kann. Es ist, um im Ausdruck des chinesischen Weisheitsbuches „*I Ging*" zu bleiben, oft „gut, das große Wasser zu überqueren".

Das Schiff bedeutet sehr oft unsere eigne Persönlichkeit mit all ihren hellen und dunkleren Räumen, und schon früh hat man deshalb vom „Lebensschiff' gesprochen. Man weiß, was ihm auf der Fahrt geschehen kann an Glück und vor allem an Unglück. Auch dieses erlebt der Träumer, und die Bedeutung ist ihm meist selbst klar. Vom Kapitän sprachen wir schon, aber nicht davon, daß das Schiff ein Segler sein kann – vielleicht um die Möglichkeit anschaulich zu machen, daß das Schiff vom Winde, also Geistigen getrieben wird.

Wenn eine ältere Frau träumt, ein farbiges Boot liege am Strande und darin ein papierenes Skelett, dann mag dies zusammenhängen mit der Tatsache, daß sie das farbige Leben mit seinen Möglichkeiten als für sie zu Ende gegangen empfand, und daß das viele Papier, auf das sie nun ihre Sehnsüchte aufschrieb, doch nie Lebendig-Menschliches werden konnte. Das kleine Boot entspricht sonst zu Lande ungefähr dem Fahrrad. Freilich kann im Boote auch ein dunkler Mann über das nächtliche Meer kommen. Wird dieser Charon uns schon einladen, sein trübes Boot zu besteigen? Wie aber, wenn der Träumer nicht aus seinem Kinder-Leiterwagen hinübersteigen will, er, der innerlich sein Kindsein nie aufgab?

*Flugzeug*träume sind dem Verfasser noch nicht in der Zahl zu Gesicht gekommen, daß er von diesen eine allgemeine Deutung zu geben wagte.

ZAHLENTRÄUME

Eine der großartigsten Erfindungen des menschlichen Geistes, die Zahl, wird von uns allen höchst selbstverständlich benützt. Es ist allgemein bekannt, daß sie nicht nur eine Bezeichnung von Quantitäten und deren Beziehung untereinander ist, sondern, besonders in den Grundzahlen 1–12, einen vielschichtigen Charakter hat, zu einer Persönlichkeit, einem Symbol geworden ist.

Zahlenträume sind ebenso häufig wie schwer zu deuten. Das gilt, ob es sich nun um Mengenbezeichnungen, um Ziffern, Nummern oder eigentliche Zahlenangaben handelt. Jeder Mensch begegnet dem Leben unter anderem in den mannigfaltigsten, durch Zahlen ausdrückbaren Beziehungen. Es kann also jede Zahl geträumt werden, und jede Zahl kann einem höchst persönlichen Erlebnis zum Gefäße werden, eine Beziehung herstellen zu dem, was irgendwo geschah. Denn was kann eine Traumzahl nicht alles besagen? Welche Hintergründe, wie viel Vergessenes, wie manches, das uns umgibt, wird durch sie bewußt gemacht! Über ganzen Erlebnisräumen kann eine sehr bezeichnende Zahl stehen, sei es eine Hausnummer, eine Jahreszahl, ein bedeutsames Datum oder die Telephonnummer, über welche beglückende oder belastende Worte gehen.

In einem längern Traum tauchte die Zahl 22 735 auf. Es war nun die Frage, was bedeutet die ganze Zahl, was bedeuten die einzelnen Ziffern dieser Zahl, welchen besonderen Sinn stellen sie zusammen? Im Kontext ergab sich, daß die Braut des Träumers 22, er selber 35 war. Die 7 könnte, meinte der Träumer, den heiligen verbindenden Ernst unserer Liebe bezeichnen. Doch hatte er vor dieser Verbindung in einem Hause Nr. 7 gewohnt, und etwas von seinem Gefühl war dort geblieben, stand als 7 zwischen 22 und 35. 73 müsse auch etwas bedeuten; diese Zahl könnte mit einem ältern Verwandten zusammenhängen. Ebenso die 27 der innern Zahl. Die Quersumme ergibt 19, auch sie kann alles Mögliche bedeuten. Der Träumer gibt an, mit 19 Jahren das Elternhaus verlassen zu haben, sozusagen selbständig geworden zu sein. Steht er jetzt im Begriffe, auch selbständig zu werden, oder am Anfange eines eigenen Elternhauses?

Ein anderer träumt die Zahl 934; sie kam in wichtigem Zusammenhange vor, schien aber undeutbar. Erst ein Fahrplaneinfall zeigte, daß es sich um die Abfahrtszeit des Zuges handelte, mit dem der Träumer vor drei Wochen nach B. gefahren war. Dort hatte er sich für einen nicht unwichtigen Posten vorzustellen. Es war noch keine Antwort von B. eingetroffen, der Träumer hatte die Hoffnung auf diese gute Anstellung schon aufgegeben. Zwei Tage nachher kam der Bericht, er sei nach B. gewählt worden. Der Träumer fuhr mit dem Zug 9 h 34 glücklich in die Stadt seines neuen Wirkens.

Ein kleiner Traum möge die Schwierigkeiten solcher Deutung an einem andern Beispiel darlegen. Ein Mann träumt kurz vor dem 48. Lebensjahr, er habe die Matur mit der Notensumme 43,5 oder 42,5 bestanden. Es fällt ihm ein, daß in diesem Traum sein Alter stecken könnte, wenn er zu 42 oder 43 die Fünf der Dezimale addiert. Übrigens hat er zwischen 42 und 43 etwas sehr Bedeutsames erlebt. Es wird nun in einem südlichen Traum-Dorfe abgestimmt, welche Zahl gelte: die vier Parteien des Dorfes halten aber die Notensumme 45,2 für die richtige. Also etwas, was mit 47 zu tun haben könnte. Das südliche Dorf hat mit der Gefühlsbetonung zu tun. Mit diesen Anmerkungen ist der Sinn dieses Traumes natürlich längst nicht erfaßt.

Bei kleineren Zahlen tut man gut, nach dem zu fragen, was vor ebensoviel Jahren geschah. was sich ereignete, als man so viele Jahre zählte; man wird dabei fast immer an ein nicht unwichtiges Geschehnis herankommen. Dennoch darf man bei Zahlenträumen sich nicht dauernd auf schon bestehende Manipulationen festlegen. Man hat nur das Recht, auf die oder jene Weise sich an den Sinn einer auf uns bezogenen Zahl heranzuarbeiten. Unser Unbewußtes weiß, warum es jene Zahl sagte; wir können hie und da erraten, was es damit gemeint.

Zu den einzelnen Zahlen ist zu sagen, daß die Geraden von jeher als weiblich empfunden wurden, allen voran aus Körperanalogen die Zwei. Alle ungeraden Zahlen gelten als männlich, besonders die Drei aus ähnlichen Gründen.

Die kleineren Zahlen zwischen eins und zwölf stellen jede sozusagen eine Persönlichkeit mit ihr eigentümlichen Kräften dar. Weil bei der Deutung der Zahlenträume auch diese historische Tatsache beachtet werden muß, sei ein weniges kulturgeschichtlicher Art angemerkt:

Die *Eins* ist an sich keine Zahl, sie wird es erst in der Beziehung zu andern Zahlangaben. Eins ist die ursprüngliche, ungeteilte Einheit, das Einfache, Feste, als Ordnungszahl der Anfang, die Ausgangssituation, das Ranghöchste.

Da der Mensch einer Umwelt gegenüber steht, hat er die *Zwei,* die Zweiheit, die Partnerschaft, den Gegensatz früh erfahren. In eine Zweiheit zerfällt der Ganztag, in Sommer- und Winterhälfte das Jahr. Das Helle und das Dunkle, Licht und Finsternis, Gut und Böse sind erlebte Gegensätze. In Lauf und Gegenlauf vollzieht sich das Leben. In zwei Geschlechter zerfällt die Menschheit – sie suchen sich, wollen Einheit werden, sie fliehen sich in der „Urfeindschaft der Geschlechter". Auf dem Yin- und auf dem Yangprinzip, dessen einer Aspekt das Männliche und das Weibliche ist, das Harte und das Weiche, der Tag und die Nacht, das Statische und das Dynamische, beruhen die wichtigsten Lebensauffassungen Chinas.

Im Traume sind es oft zwei Brüder oder Schwestern, zwei Häuser, zwei Eingänge, das Oben und Unten, das Süße und das Bittere, die Symbole des Bewußten und des Unbewußten, die einander gegenüberstehen. Oft halten sich zwei Erscheinungsformen, zwei Lebenskräfte die Waage, und dann herrscht das Statische vor. Im negativen Falle ist es, als ob das Leben im Gegensatz erstarrt sei.

Lösung und neues Strömen bringt die *Drei*. Wie das Kind, das Zukunft ist, wird sie von der Zwei als Drittes erzeugt. In der Drei ist ein Element des Willens, der Idee; die Drei hat etwas Kämpferisches, Männliches. In dreifacher Gestalt erscheinen häufig die Götter. So wohnt im indischen die Allgewalt des Göttlichen in Brahma, dem Schöpfergott, in Vishnu, dem milden Erhalter, und in Shiva, dem großen Zerstörer. Im Christentum ist die Trinität in Vater, Sohn und Heiligem Geist, die dreifaltige Erscheinung des Allmächtigen; er ist Drei und doch Eins.

Drei Schicksalsfrauen, die Nornen, weben, was geschieht und was vergeht. Drei Parzen sind ihre Entsprechungen in der Antike. Drei königliche Weise suchen den kleinen Heiland auf; am dritten Tage aufersteht Christus. Drei Schwestern, drei Brüder, drei Tiere bringen im Märchen Wichtiges daher. Dreimal pocht man ans Holz, um Unheil zu verhindern; erst dreimaliger Ruf bannt die Geister, holt ihre Hilfe herbei. Der Lebensablauf in der Zeit gliedert sich in Vergangenheit, Gegenwart und Zukunft.

Wo die Drei auftaucht, da geschieht etwas, kommt die Energie in Fluß, gewinnt das Leben Richtung. Die Drei ist eine wirksame, eine heilige und eine gefährliche Zahl. Sie meint Werdendes, nach dem Guten oder dem Schlimmen hin. Deshalb ist es in vielen Träumen, wo sich Neues andeutet, Viertel oder zehn vor drei Uhr.

Als Zahl zielt die Drei nach der *Vier*. In dieser scheint eine nach und nach gewordene, nicht eine ursprüngliche

Ganzheit zur Gestalt zu werden. Die Vier ist im Traume nach unserer Erfahrung fast immer von positiver Bedeutung.

Vier Jahreszeiten machen das Jahr, also das Ganzjahr aus. Vier Elemente: Wasser, Erde, Feuer, Luft sind Material und Erscheinungsweise der Welt. *Pythagoras* sieht in der Vier den Ursprung und die Wurzel der ewigen Natur.

Vier psychologische Funktionen scheinen im Menschen zur Verfügung des Bewußten und des Unbewußten zu stehen. Nach vier Himmelsrichtungen orientiert er sich, und sein Tag entfaltet sich in den Morgen, den Mittag, den Abend und die Nacht.

Im Quadrat ist die Vierheit zum geschlossenen Ort gleichmäßiger Ordnung geworden. In ihm kann sich nach der Symbolik der Träume die Wandlung der menschlichen Persönlichkeit vollziehen. Welche Bedeutung die Vierheit für die Alchemie hatte, die ja selbst, wie wir nun wissen, im Dienste der Individuation stand, mag man in *Jungs: Psychologie und Alchemie* nachlesen.

Der Fromme gewinnt, um noch eines anzuführen, das Bild und erfaßt die Lehre Jesus aus dem Bericht der vier Evangelisten. Um an den Anfang zurückzukehren: Nach biblischer Legende flossen die vier Ströme des Paradieses nach den vier Richtungen der Welt.

Noch vieles ließe sich anführen. Es würde dem Träumer, der in seinem Traum der Vierheit begegnete, bestätigen, daß er Wichtigem und Positivem begegnet ist.

Die *Fünf* wurde sicher zuerst „an den Fingern" abgezählt. Sie ist die Zahl eines natürlichen frischen Lebens. Kommt sie in den Träumen vor, dann wendet sich das Antlitz der Seele einem beruhigten, kräftigen und hellen Leben zu. In China ist sie eine ausgesprochene Glückszahl. Sie hat offenbar mit den fünf Planeten der Antike bei uns zu tun.

Die *Sechs* wird viel seltener betont. Auch sie spricht eine gewisse Totalität aus. Zu den vier Hauptrichtungen der

Ebene kommt noch die Richtung nach oben und nach unten. **Sechs Richtungen bilden die Totalität des Möglichen.** Die sechs Quadrate des Würfels umschließen dessen Regelmäßigkeit.

Die *Sieben* trägt einen Heiligenschein. Sieben Hauptgötter kennt die griechische Mythologie, sieben Metalle verwendet die Alchemie, sieben Engel und sieben Gemeinden werden in heiligen Schriften aufgeführt. Sieben Tage zählt die Woche, und diese sieben hängen zusammen mit den achtundzwanzig Tagen des Mondmonats. Die katholische Kirche kennt sieben Todsünden. Sieben Tugenden sind deren Gegensatz. Sieben Jahre bilden einen besonders eindrücklichen Lebensabschnitt. Sieben Jahre lang klagt die Geliebte um den Verlorenen. Im Banalen muß der Mensch seine „sieben Sachen" zusammenhalten.

Die *Acht* hat mit der Vier zu tun, deren Verdoppelung sie ist. Auch sie scheint eine Glückszahl zu sein. In Träumen, welche „deutsch sprechen", hat sie oft den Sinn von achtgeben oder Achtung.

Die *Neun* ist eine potenzierte Drei. In frühgermanischen Liedern taucht sie etwa auf, wenn von bewegtem Leben die urtümliche Rede ist. Auch die Neun ist in der Nähe des Schöpferischen.

Die *Zehn* kommt in den Träumen nicht häufig vor, es sei denn in kleinen alltäglichen Träumen, deren Bewußtseinsnähe sich nach dem dekadischen System der Münzen und Maße richtet. Hie und da scheint sie mit der Eins und der dahinterstehenden Null Einsamkeit anzudeuten.

Die *Elf* wird hie und da geträumt, ihre Deutung ist nicht leicht. Das Ungünstige, das ihr sonst zugeschrieben wird, ist in den Träumen nicht zu erkennen. Gelegentlich deutet sie auf einen illegalen Zusammenhang von zwei einzelnen Menschen, sich stützend auf das graphische Bild der Zahl.

Die Bedeutung der *Zwölf* stammt aus den babylonischen

Kulturkreisen. Sie ist verbunden mit der Zahl der Tierkreisbilder und hat als Zahl der Monate den Sinn des geschlossenen Jahres. Im christlichen Raume ist sie als Zahl der Jünger Jesu unvergeßbar. Als Stunde ist sie ein Ende. Ist es fünf vor Zwölf im Traume, dann ist es „höchste Zeit"!

DIE BEDEUTUNG DER FARBEN

Die Farbensymbolik des Traumes war immer schon Gegenstand mancher Überlegungen und Deutungsversuche; denn der farbige Anteil der Traumelemente wurde stets besonders deutlich erlebt. Selten wird beim Nacherzählen eines Traumes vergessen, von welcher Farbe dieser oder jener Gegenstand gewesen ist. Wenn wir nicht schon von unserm bewußten Leben her wüßten – der Traum würde es uns eindrücklich machen, wie sehr die Farben Träger psychischer Beziehungen und Werte sind. Es liegt außerhalb unserer Aufgabe, die Meinungen der verschiedenen Farbentheorien hier aufzuführen. So sind wir mancher Auseinandersetzung enthoben, wie sie die Beschäftigung mit einem Gegenstand, der mit persönlichen Tiefenerlebnissen verbunden ist, nur allzuleicht hervorruft. Es ist bekannt, wie sehr *Goethe* hoffte, mit seiner „Farbenlehre", einem besonders geliebten Kinde seiner Schöpferkraft, Recht zu haben. Es war ihm bewußt: „Es hatte von jeher etwas Gefährliches, von Farben zu handeln..." Farben sind psychische Erlebnisse, und damit stehen sie in der Nähe unseres Schicksals, machen sie Aussagen über sehr wesentliche innerseelische Verhältnisse. Aus der Erfahrung ergeben sich für die im Traum auftretenden Farben – wobei stets der Träger dieser Farbe, ihre Intensität, das Verhältnis der Farben zueinander mit zu beachten sind – folgende Hauptbedeutungen:

Das *Grün* ist in den Gegenden mittlerer Breite die Farbe des vegetativen Lebens. Wo Grünes aufsprießt, da ist einfach Natur, da ist selbstverständliches Wachstum. Die Farbe ist verbunden mit dem Erlebnis des Frühlings. Wenn etwa der Teufel als der „Grüne" erscheint, dann ist er im Kleide eines antiken Vegetations-Gottes geblieben. Das Entwertete wird dann durch ein „giftig"-grün ausgedrückt. Maßloses Auftreten des Grünen im Traume bedeutet eine Überschwemmung von vegetativen Naturgewalten. Schön aber ist es, wenn nach Schneewanderung der Träumer auf apern. aufgrünenden Boden gelangt, tröstlich, wenn dem Träumer ein Saatfeld im lichten Schimmer ersten Grüns erscheint.

Grün ist die Farbe der Empfindungsfunktion. Deshalb bedeuten grüne Traumerlebnisse, daß im bewußten Leben zu wenig Wahrnehmung geschieht, daß das einfache, gewöhnliche „grüne" Leben von uns zu wenig beachtet wird. Im katholischen Kirchenkalender sind die gewöhnlichen Kirchenfeste, sind Advent und Fasttage als Vorläufer von dem, was bedeutsam sein wird, „grün".

Rot ist eine außerordentlich wirksame, ist eine aktive Farbe. Sie ist die Farbe des Blutes, des Feuers, sie ist leidenschaftlich und enthält Angriffiges. Gemildert ist sie die Farbe der Liebe, des Herzens, aber auch der Barmherzigkeit. Die Märtyrerfeste der Kirche sind rote Gedenktage. Gerade das Rot ist inhaltlich sehr verbunden mit dem Farbträger. Es ist wichtig, ob ein rotes Tier, etwa eine rote Schlange oder ein rot eingebundenes Buch im Traum erscheint. Besonders bedeutsam ist das rote leidenschaftliche Kleid, das man trägt. Rot ist die Farbe der Gefühlsfunktion. Wo Rot aufleuchtet, ist die Seele aktionsbereit, setzt Eroberung und setzen Leiden ein, ist Hingabe, aber auch Bedrängnis, ist vor allem Gefühlsbeziehung.

Das *Blau*, wohl vom Erlebnis des blauen Himmels dazu geworden, ist zumeist mit geistigen, mit spirituellen Erlebnissen verbunden: es ist die Farbe der Denkfunktion. Als solche steht sie im Gegensatz zum Rot, sie hat etwas Kühles, Überlegenes. Als weiches, zartes Blau ist es eine weibliche Farbe. So ist der Mantel der Maria, die auf der Mondsichel steht, oft blau. Das Blau findet sich stets in der Nähe einer seelischen Gelöstheit, einer milden, leichten und überlegenen Lebensgestaltung.

Vom *Gelb* sagt Goethe: „Es ist eine heitere, muntere und sanfte Farbe; aber sie gleitet leicht ins Unangenehme, durch die leiseste Beimischung wird sie entwertet, unschön und schmutzig." Gelb ist die Farbe der so leicht irritierbaren Intuition, des Ahnens, Witterns, in welchem ja eine eigenartige Sonnenkraft steckt, eindringend und erhellend.

Braun ist die Farbe der Erde. Sie ist warm, ruhig, mütterlich den einfachen Tatsachen nah. Wer im Traume ein braunes Kleid anzuziehen hat, der hat sich in ein einfaches, naturnahes Leben zu begeben. Es ist bezeichnend, daß ein Träumer, der noch in innerer Gegensatzspannung stand, das braune Pferd, das man ihm anbot, nicht haben wollte.

Schwarz ist die Farbe der völligen Unbewußtheit, des Versinkens im Dunkel, in der Trauer, der Finsternis. In Europa ist das Schwarz eine negative Farbe, auch im Traume nie primär positiv zu werten. Der schwarze Mann, das finstre Haus, die dunkle Schlange – alles düstere Dinge von wenig Hoffnung. Kirchlich sind die Trauerfeste und die Seelenmesse für die Toten „schwarz".

Eine Farbe der Resignation, aber auch der Vereinigung von roter und blauer Seelenhaltung ist das *Violett*. Es ist eine Farbe der Einkehr. Kirchlich hat sie mit Buße und Sühne zu tun.

Das *Weiß* ist noch keine Farbe. Im Traume hat es als völliges Weiß nicht nur günstige Bedeutung. Sie kann Reinheit meinen – aber eine Reinheit jenseits des Lebens. Das weiße Pferd ist oft mit dem Erlebnis, der Ahnung des Todes verbunden. Der „Schimmelreiter" taucht auf, wo Tödliches geschehen kann. – Sicher enthält das Weiß des Traumes die Aufforderung, es aufzulösen wie das weiße Licht in die Spektralfarben, die Farben des lebendigen Lebens.

Nur der Hinweis stehe noch hier: In jenen alchemistischen Praktiken, welche, wie *Jung* überzeugend nachgewiesen hat, von der Entwicklung der Seele, vom Werk an ihr reden, haben die Farben eine besondere Bedeutung. Da führt der Weg aus der Schwärze des dunkel Stofflichen, also aus der *Nigredo,* über die Weißung, die *Albedo,* an die Gelbung, *Citrinitas* genannt, um in der Rötung, der *Rubedo,* vor einem hohen Ziel zu münden. Das Blau hat erst später seine besondere Rolle erhalten.

VON WASSER UND FEUER
ENERGIESYMBOLE

Es ist das *Wasser* eines der vier Elemente und damit von höchstem Range unter den Dingen, aus welchen die Welt für den einfachen Sinn des Menschen von jeher bestand. Kein organisches Leben ist denkbar ohne das Wasser, obwohl es an sich keine Nahrung darstellt.

Seine Bedeutung als Lebensspender und Lebenserhalter, seine sich gleichbleibende und doch verschiedenartige Erscheinungsweise kommt in den Wassersymbolen des Traumes zum stärksten Ausdruck.

Das Wasser ist vor allem ein Symbol des Unbewußten selbst. Denn wie dieses entsteigt es dem Dunkeln. Als Quelle bricht es aus dem Schoß des Bodens, aus dem verschlossenen Fels. Als unbewußte Energie strömt es im Gleichnis großer oder kleiner Wasserläufe durch die Landschaft der Seele, dehnt es sich als abgrundtiefes Meer in die fernste Weite.

Es hat auch mit dem Oben zu tun; denn vom Himmel strömt es nieder. Für das einfache, große Erleben der Menschheit bringt es etwas vom Himmlischen als befruchtender Regen mit herab. Es ist die durchsichtige und doch fließende Materie und hat in seiner Durchsichtigkeit mit dem Lichte zu tun. In dieser Beziehung des Oben und des Durchsichtigen ist das Wasser auch ein Ausdruck des Geistes. Deshalb erneuert sich in ihm der Mensch, wird in der *Taufe* dem Geiste dargebracht.

In den verschiedenen *Bade*träumen reinigt der Mensch sich, ehe er seine Lebensreise weitersetzt. Von solcher Reinigung sprechen die Träume sehr ausführlich. Oft muß erst ein Bad eingerichtet werden, oder man stößt unerwartet auf einen Baderaum. Es wird auch geträumt, das Bassin, das sehr bedeutsam oft ein quadratischer oder kreisrunder Badeteich ist, müsse erst gereinigt, im Traume einer Frau von Herbstblättern gesäubert werden. Das Vergangene ist also wegzuschaffen, manchmal nicht ohne Mühe. Das Hausbad steht etwa im Keller, damit man weiß, daß man im eigenen Unbewußten, aber im hellen Wasser einer geistigen Haltung, zu baden hat. Das Wasser des Bades ist ein Element der Wiedergeburt, es macht rein, nimmt weg, was uns beschmutzte.

Im Traum wie im Leben ist das Bad oft in der Nähe der Bäume. Oft steht groß und herrlich ein Lebensbaum da. Auch er bedarf des Lebenswassers. Zu seinen Füßen aber sprudelt die *Quelle*. Wo Baum und Quelle im Traume rauschen, da ist der Träumer in der Nähe sichern Lebens, da ist ein Jungbrunnen.

Das Traumgeschehen begibt sich oft in die Nähe der *Brunnen*. Schlimm ist es, wenn diese ohne Wasser sind, schön, wenn der Wasserstrahl aus vier Röhren bricht, wenn unerschöpflich die kühle Labung fließt.

Das Wasser als ein Symbol des Unbewußten kann wie das wirkliche Wasser ein gefährliches Element darstellen, wenn es seine Grenzen überschreitet, wenn das Gleichgewicht der Elemente gestört ist. So gehört es sich nicht, daß es den Fußboden des Traumzimmers kniehoch bedeckt. Der Träumer steht in Gefahr, vom Unbewußten überschwemmt zu werden. Solche *Überschwemmung* kann sich ausbreiten, kann unsere ganze Seelenlandschaft überfluten. Wo immer ein Gefühl allzu mächtig ist, kann es im Gleichnis der Überschwemmung seine Maßlosigkeit und seinen gefährdenden Charakter aussagen. Es gibt solche Sintfluten, und die Arche des Geistes muß froh sein, irgendwo warten zu können, bis die Wasser des Unbewußten in ihre Tiefe zurückgeflutet sind. Überschwemmungsträume sind, ob klein oder groß, Gefahrenträume.

Das Wasser ist auch ein Zeugendes. *J. J. Bachofen* hat darüber Tiefstes geschrieben. – Volkstümlich gesehen, kommen die Kinder, kommt überhaupt das junge Leben aus den Brunnen. Eine Träumerin, die auf dem Weg der Persönlichkeitsreifung die Begegnung mit den unbewußten Inhalten gemacht hatte, erzählte: „Ich kam an einen großen Brunnen. Aus dessen Schale sprangen ein grüner Hase, ein roter Widder, ein blaues Pferd." Aus dem Quell des Unbewußten entstiegen der einst seelisch Gelähmten das fruchtbare, harmlose grüne Leben im Hasen, die rote Frühlingsleidenschaft im Widder und eine geistige Triebkraft im Pferde.

Das Wasser ist Lebenswasser. Wo es an seinem Orte strömt oder ruht, ist der Traum von ihm gut zu nennen.

Es ist bedeutsam, ob man vom „*Feuer*" träume oder von einem „*Brande*". Das Feuer wird als ein großes Element der Natur erlebt, das sich der Mensch nicht ohne Ehrfurcht und Schuldgefühl, wie alle Mythen vom Feuerraub erzählen, in seinen Dienst gezwungen. Das Feuer steht am Anfang aller menschlichen Kultur. Dieser Wert strahlt aus seiner Glut im Feuertraum.

Ein solcher Traum führt immer in die Nähe großer seelischer Gewalten. Denn eine der Qualitäten der Seele ist ihr Feuer. Deshalb ist die Feuererscheinung im Außen für alle Menschen so anziehend, heranziehend. Das Feuer ruft herbei – der Brand erzeugt Panik, läßt fliehen. Wo mit Feuer hantiert wird, bleiben die Leute stehen, wo die Glut eines technischen Ofens oder einer Schmiede – häufige Traumsymbole – sich offenbart, ist man von einem Ort, da Wandlung der Materie und Formung des Harten geschieht, ergriffen.

Allgemeine Freude lodert in Freiheits- und Frühlingsfeuer empor, allgemeines Zerstören wirft die Fackel des Brandes in die Häuser, läßt Brände schauerlich von drohenden Flugzeugen fallen.

Feuer als ein Gleichnis ewigen Lebens brennt vor dem Altar, verzehrt auf den Altären der Götter die menschliche Opfergabe: in ihr begegnet der Opfernde im Feuer selbst dem Gotte. Das Feuer spricht, wo immer es aufleuchtet, zum Menschen, also auch im Traume. Zu seinem Wesen gehört der helle Schein – man bedenke, was dies in einer nicht elektrifizierten Zeit gegenüber der Nacht mit ihrer vom ursprünglichen Menschen so intensiv erlebten Gefahr bedeutete. Seine Wärme machte das Feuer ursprünglich zur Mitte der Familie, zum häuslichen Herde, seine Hitze wandelt die Speisen, die Metalle, und in übertragener Bedeutung schmilzt in der Glut seelischen und geistigen Feuers das Härteste: das menschliche Herz. Das Feuer reinigt vom Zufälligen, von allen billigen Unwerten, die sich an uns hängen.

Wo man im Traume sich einem großen Feuer nähert, wer Feuerschein am Himmel heraufziehen sieht, der ist in der Nähe göttlicher Gewalten. Viele Religionen sprechen nicht ohne Scheu vom Feuer, in dem Gott Auserwählten begegnet. – Hie und da versperrt auch dem Träumer ein gewaltiges Feuer den Weg. Er hat auszuhalten. Einige wagen, hindurchzugehen – sie unternehmen höchstes Lebenswagnis.

Ein helles Feuer brennt im Traum, wo jemand von einer Idee, von einem Neuen ergriffen ist. Auch das erotische Ergriffensein äußert sich etwa – wie in volkstümlichen Reden vom Feuer der geheimen Liebe, der Glut erotischen und sexuellen Begehrens – ähnlich auch im Traum. Wo Feuer ist, da geschieht etwas, da ist Leben. Darum umgekehrt die Trostlosigkeit der Träume, in denen nur Nacht und Finsternis herrscht!

Das Feuer der Leidenschaft wie der Ideen-Ergriffenheit ist aber auch Flamme, in der man verbrennen kann. Das Feuertier ist der Löwe; herrisch und wild fällt er sein Opfer an. Der Feuerstrahl kann aus heiterm und verdunkeltem Himmel mächtig treffen.

Feuerträume sind nie kleine Träume; wo sie aufflammen, ist gesteigertes, großes, aber auch gefährdendes Leben.

Eindeutig ist die Gefahr in Träumen vom *Brande*. Falls es sich nicht um Erinnerung an wirkliches Geschehen handelt – auf die europäische Seele hat sich in unserer Generation eine fürchterliche Brandschicht gelagert, welche auf weite Zeiten hinaus unvergeßlich und damit wirksam sein wird – da ist in der Seele ein Brand ausgebrochen. Er kann sich nur nähren vom Besitz der Seele und ist damit ein Feuer der Zerstörung. Wo es in einem Menschen nach Aussage der Träume brennt, da hat er äußerst vorsichtig zu leben. Behutsam soll er dem Brandgeruch nachgehen. Hie und da entdeckt der Träumer entsetzt, daß rote Glut unter dem Fußboden sich ausbreitet. Da mottet vielleicht schon lange eine heimliche Leidenschaft, bereit, zum wilden Feuer aufzulodern. Solche Entdeckung eines Brandherdes erfordert Gewissens- und Gefühlsforschung. Es kann sich im Brand auch um unterdrückte Affekte der Erbitterung, der Rache handeln. Hie und da sind diese Träume Anzeichen geistiger Erkrankung.

Wie man weiß, bedeutet es eine besondere Gefahr für die seelische Gesundheit des Menschen, wenn Feuer im Dache ist. Denn dann bedroht – für kurze oder für leider sehr lange Zeit – eine affektive, eine neurotische oder gar psychotische Erregung die Klarheit des Bewußtseins, ja die Souveränität unseres Geistes. Der Geist ist Feuer, nie ist er schwelender Brand.

Selbstverständlich ist es wichtig, festzustellen, woher der Rauch kommt, wo es brennt. Vielleicht im Zimmer der

Gattin, einer Hausangestellten; es können Vorräte brennen oder es brennt in der Bücherei. So brannte bei einem Träumer nur ein Buch – es war ein Buch, das von seinen eigenen, hier „brennenden" Problemen redete. Für die natürliche Ordnung unseres Lebens bedeutet es eine ganz besondere Gefahr, wenn es im „Stalle", in unserer Triebwelt, zerstörerisch brennt, wenn man die „guten Haustiere" nicht mehr retten kann.

Brandträume müssen sehr ernst genommen werden. Zu diesem Gleichnis greift die traumschöpferische Seele nur, wenn sie ernste Gefahr sieht. Entfacht durch inneres oder äußeres Erleben, ist hier seelische Energie zerstörerisch geworden. Das Traumbewußtsein davon haben aber nicht immer die Menschen, die in unmittelbarer Gefahr sind, sondern jene, die mittelbar in die Katastrophe hineingezogen werden können, Angehörige, Kinder. Denn oft merkt der Nachbar den Brandausbruch vor dem Besitzer des bedrohten Hauses.

Über die Symbolik des Feuers, dieses großen Gleichnisses höchst positiv und verderblich negativ wirkender Lebensenergie, besteht eine umfangreiche Literatur. Hier konnten nur auf einige wenige Hauptbedeutungen des Traumsymbols Feuer und Brand hingewiesen werden.

Jedes Traumsymbol ist ein Gefäß *psychischer Energie,* eine wirksame und bedeutsame geformte Verdichtung psychischer Kräfte. Manche Symbole und Traumelemente betonen den energetischen Charakter selbst und weisen darauf hin, daß sie besonders in dieser Hinsicht zu beachten sind.

Das leuchtendste und größte Energiesymbol ist die *Sonne.* Wo sie in einem Traume aufgeht, ist stärkste Wirkung, ist ein tätiger Morgen zu erwarten. Nur in den Wüstenträumen kann die sengende Glut dem Wanderer den Tod bringen. Sonst aber ist sie die Bringerin des Lebens, des Schöpferischen, Befruchtenden. Sonnenuntergänge aber sind im Traume meist von negativer Bedeutung, eine Bewußtheitsphase geht zu Ende.

Ein großes Energiesymbol ist vor allem auch das strömende Wasser. Auf ihm kann man bei seiner Lebensreise in die ersehnte Ferne getragen werden. Wo ein solcher *Strom* durch die Seelenlandschaft fließt, da ist auch ein Strom, freilich vom Bewußtsein oft nicht genützt, großer Kräfte vorhanden. In modernen Träumen wird die Flut von großen Kraftwerken aufgefangen, die sich in seinem Lauf stellen. Träume, die mit *Elektrizitäts*werken zu tun haben – ihr Sinn ist sofort erkennbar –, werden häufiger geträumt, als man denkt. In Verbindung damit wird der Träumer darauf aufmerksam gemacht, daß die direkte Berührung, die direkte Beziehung mit diesen Kräften tödliche Gefahr bedeuten kann. Gelegentlich stößt ein Träumer beim Aufgraben der Erde auf ein *elektrisches* Kabel, oder eine Hochspannungsleitung zieht sich durch die Traumlandschaft. Wohin führt sie? Ist man daran angeschlossen?

Von der Energie des *Feuers* ist nach soviel Hinweisen kaum mehr zu reden. Wo Feuer ist, da ist Bedeutendes, da ist die Möglichkeit der Wandlung, da ist Helle und Wärme, aber auch Energie der Vernichtung.

In vielen *Tierträumen* wird die dumpfe Triebenergie betont. So, wenn eine Herde Stiere oder gar dunkler Büffel daherdonnert. Dann ist besonders das Mißverhältnis der Kräfte des einzelnen Menschen und dieser wilden Kollektivität seiner Triebe zu beachten. Gelegentlich ist es auch eine Herde von Elephanten oder eine Hundemeute. Als Energie-Symbol menschlicher Natur wirkt auch der geschlossene Trupp *Soldaten* oder der organisierte Menschenumzug.

Geistige Energien symbolisieren sich im großen *Licht* und, weniger bekannt, als *Wind*. Wo eine große Bewegung des

Geistes oder der Geister einsetzt, da naht der Sturm. Nach religiöser Erfahrung kann die Gottheit im sanften Säuseln oder im Sturmwind daherkommen. Paradoxerweise und scheinbar nur dem östlichen Menschen verstehbar ist die *große Leere* ein ganz besonders großes Energiesymbol.

Von den technischen neuern Energie-Gleichnissen sei die *Maschine* genannt. Mancher Träumer gerät in seinem eigenen innern Hause in große Räume, die er vorher nicht bemerkt hatte. In diesen ist die mächtige Bewegung der Räder, Riemen und Krane, der Maschinen, die offenbar am bedeutenden Werke sind. Erst durch den Traum vernimmt der Mensch, daß es in ihm arbeitet. Das ist oft ein beglückendes Erlebnis. Die Begegnungen mit diesen innern Energien stärkt das Ich.

Neben dem *Auto* und der *Straßenwalze* – in Kriegsträumen ist es der *Tank,* sind es Geschütze und Flugzeuge – ist vor allem die *Lokomotive* eines der bekanntesten und häufigsten Energiesymbole. Wegen des Kolbengestänges, des dumpfen Tones, der Hitze in der Dampflokomotive hat die Psychoanalyse dieses technische Symbol stets sexuell gedeutet. Es kommt auch häufig in dieser Bedeutung vor, besonders in Pubertätsträumen und bei jüngern Leuten. Aber man übersah allzusehr, daß die Lokomotive ein Instrument der Kraft ist, welche seinen großen Inhalt vorwärtszubringen hat. Sie spannt sich vor Lebensinhalte, die weitergebracht werden müssen. Die Lokomotive macht in der Wirklichkeit noch immer auf die meisten Menschen Eindruck. Sie wird als Symbol der Kraft, der Leistungsfähigkeit sehr positiv bewertet. Größe und Modernität einer solchen Lokomotive sind bezeichnend für die unbewußte und die bewußte Willensenergie, die dem Träumer zur Verfügung stehen. Lokomotivträume sind deshalb meist positiv zu werten.

DIE WELT DER GESTIRNE

Die Lichter des Himmels leuchten auch über der Landschaft des Traumes. Da tut die Sonne ihren großen, strahlenden Lauf durch den Tag und vom Morgen zum Abend. Silbern steht der Mond am dunklen Gezelt des Nachthimmels. Seltsamerweise scheinen aber die Sterne nur selten in die Traumnächte hinein.

Das Weltbild des Traumes ist vorkopernikanisch: noch ist die Erde die Mitte der Welt. Dafür wird der Sonne jene Verehrung gezollt, die von allen naturnahen Völkern und Religionen dargebracht wurde. Wie in den meisten Sprachen hat die Sonne im Traume männliche Qualität.

Die *Sonne,* der „Sol", ist als Traumsymbol der Bringer der Bewußtheit. „In meinem Traume schien die Sonne" – das heißt immer höchste dem Traum mögliche Bewußtheit, heißt, es war alles klar, wer sehen wollte, der konnte sehen. Wo sich im Traume die Sonne über dem Horizont erhebt, da beginnt es psychisch zu tagen – wo es Abend wird und Dämmerung beginnt, da setzt Unbewußtheit wieder ein. Die Sonne bringt es an den Tag! Die Nacht nimmt, was deutlich war, in ihren Schoß zurück oder gibt, was die Seele im Dunkeln behalten will, nicht aus sich heraus. – Wie wichtig ist es, wenn ein junger Träumer aus dämmrigen Waldschluchten in besonnte Landschaft hinaustritt, wie bedeutsam, wenn der Träumer erzählt: „Es ist dann endlich Morgen geworden."

Der Träumer schaut nicht in die Sonne selbst – wir selber tun es ja auch nicht –, er lebt vielmehr im hellen Raum ihrer Kräfte. Majestätisch fährt die Sonnengewalt in ihrem Feuerwagen durch das Blau des hochgewölbten Himmels. Sie ist das mächtigste, das strahlendste Energiegleichnis. Wo ihr Licht hinflutet, herrschen männliche Bewußtheit und männliche Kraft. Umgesetzt in das Tiergleichnis ist sie als Löwe mächtig. Damit ist aber auch gesagt, daß eine zu rasch gesteigerte Bewußtheit für manche Menschen nicht ohne Gefahr ist. Wohl gibt es kaum ein Wachstum ohne Sonne, ohne Bewußtheit, in beiden ist aber ein überhelles heißes Feuer. Darum gehören zu ihm auch die Nacht und das Unbewußte. Wer dauernd im grellen Lichte geht, wird geblendet und dürstet nach den Quellen, die aus der dunklen Tiefe brechen. Solche Träume der Gefahr einer übergroßen Bewußtwerdung sind sehr sorgfältig zu beachten. Vom Sonnengotte fühlte sich *Hölderlin* zu Beginn seiner Geisteskrankheit vernichtet: „Mich hat Apoll geschlagen."

Dennoch – wenn die Sonne nicht mehr schiene! Immer wieder haben sich die Menschen dies Schrecknis ausgedacht, ein Schrecknis gleich dem Leben ohne Nacht und Schlaf. Solche Angst findet man hie und da in den Träumen, die große Angst, man könnte eines der kostbarsten Güter des Menschentums, die Bewußtheit wieder verlieren. Da wo in einem Traume die Sonne untergeht, sichtbar ins Meer hinabsinkt, da ist wirklich Untergangsstimmung, ist Nähe des Todes; denn damit ist mächtigste, bewußte Energie unbewußt geworden.

Der Sonnengang bestimmt den Zeitablauf in unserer Tageswelt. Die Stellung der Sonne im Traume besagt für den Träumer, wo er in seinem Lebenstage steht, am Morgen, im Mittag, im Abend seines Lebens.

Die Sonne wird im Traume etwa in ihren Nachbildungen gefunden. Etwa als Scheibe von Gold (das ist ihre metallische Entsprechung), als goldene Kugel, oder man erhält eine sonnenblonde Brotscheibe oder eine ähnliche herrliche Frucht. Auch Berge, Höfe, Gasthäuser werden wichtig, wenn die Sonne in ihrem Namen vorkommt.

Wo im Traume von der Sonne die Rede ist, da sind positives Licht und positive Kraft in der Seele wach. Wo aber ein Mensch leuchtet wie die Sonne, da ist er Träger einer höchsten, schöpferischen männlichen Energie.

Der *Mond* beglänzt die Nächte vieler Träumer. Er steht am Himmel als schmale Sichel oder als schimmernde runde Scheibe von Silber (denn das ist seine metallische Entsprechung). Ist die Sonne, „der Sol", der große Herr des Tages und seiner klaren Bewußtheit, bleibt der Mond – in den meisten Sprachen weiblich – als „luna" die milde Herrscherin der Nacht, das Licht des Unbewußten. Seit Menschenzeiten ist sie verbunden mit dem ursprünglich Weiblichen. Sie hat den Frauen ihren eigenen Rhythmus von achtundzwanzig Tagen ins Blut gelegt. In der Antike ist der Mond der Artemis geweiht, und im christlichen Raume steht die Madonna auf der Sichel des Mondes.

Die Sonne manches Mannes ist nur ein kleines, trübes Gestirn ungenügender Geisteskraft – bei mancher Frau bleibt vom milden wissend-gütigen Glanz der Luna nur die Laune – es ist dasselbe Wort.

Wo es der Frau an echter Weiblichkeit gebricht, wo das Gewebe weiblichen Seelentums zu derb oder zu verstandesmäßig geworden ist, da träumt sie kompensatorisch etwa vom Monde. Am nächtlichen Gestirne ihres Geschlechtes soll sie sich stärken. In der reifern Frau aber steigt am Horizont der Seele das Gestirn des Geistes, die Sonne auf.

Weil der Mann der spätern Jahre zusätzlich auch seiner innern Weiblichkeit bedarf, hat er in dieser Zeit oft den Mond an seinem innern Himmel stehen, das Gestirn der Anima. Ein Mann im letzten Lebensdrittel träumte folgendes: Er trug plötzlich in seiner linken Hand eine Mondsichel, das Stück Mond war von dunkelm, altem Silber und sah aus wie eine Schnitte Brot, silbernes weibliches Lebensbrot. Eine Stimme sagte: „Nur mit diesem Brote wirst du weitergehen können, laß es nicht fallen!" Offenbar mußte ihm ausdrücklich gesagt werden, er, der sehr intellektuelle Jurist, dürfe das Weibliche nicht aus seiner Linken (das ist beim Mann die unbewußte, weibliche Hand) fallen lassen. Es ist das Brot der Anima, und ohne diese gibt es keinen Weg der Reife.

Der Mondtraum gehört in die erste Lebenshälfte der Frau, in die zweite Lebenshälfte des Mannes.

Sternträume sind selten. Höchstens wird bemerkt, daß es Nacht war und viele Sterne am Himmel standen.

TRAUMLANDSCHAFT

Ein Großteil der Träume bettet sich ein in eine am Morgen erinnerte Traumlandschaft. Diese Umwelt des Traumgeschehens hat auch, wenn sie nicht direkt zur Handlung gehört, ihre besondere Bedeutung.

Die Traumlandschaft kann einer *vertrauten Welt* entsprechen: etwa jenem Bergdorf, in dem wir Ferien erlebten, der Landschaft jenes Hofes, auf dem wir längere Zeit verweilten. Vielleicht ist es die Umgebung der Stadt B., in der wir einst studiert oder längere Zeit in Stellung waren. In Kriegsträumen kann es eine besonders schmerzlich erlebte Landschaft in Feindesland oder in eigener verheerter Heimat sein. Sehr oft schieben sich zwei Landschaften wie zusammenkopierte Filme übereinander. Offenbar hat dann der Traum zu tun mit etwas, das mit beiden Landschaften zusammenhängt. Die zweite Landschaft ergibt die Nüancierung des Traumerlebens.

Zur bekannten Landschaft oder zu ihrem Teilstück hat man aus der Erinnerung oder aus dem gegenwärtigen Erleben zusammenzuholen, was sich auf sie bezieht.

Eine Träumerin war in mehreren Träumen in den Dünen ihrer heimatlichen Meeresküste. Der Kontext zeigte, daß sie dort als junges Mädchen ein zartes Liebeserlebnis gehabt hatte. Etwas von dieser Landschaft und der Atmosphäre jenes Erlebnisses ist offenbar in den gegenwärtigen seelischen Vorgängen wirksam, oder läßt sich eben durch jenes Geschehen am besten ausdrücken. Die Erlebnisbeziehungen zu einer bekannten Traumlandschaft fallen dem Erzähler seiner Träume oft erst hinterher ein. „Es war ja eine Gegend ähnlich wie bei meinem Freunde in der Nähe von

Grenoble. Mein Traum hatte auch zu tun mit einem Kloster, und ich habe an die Chartreuse gedacht." Natürlich hat man nach diesem Freunde zu fragen, die Vorstellung vom Kloster und dem zugehörigen Einfall der Chartreuse zu untersuchen.

Sieht man im Traume die Silhouette der bekannten Stadt, in dieser aber ein Gebäude, etwa eine Kirche, die sonst nicht vorhanden sind, dann hat sich in das Erlebnis ein neues Motiv hineingebaut. Der Baumeister der Träume hat es für nötig gefunden, eine religiöse Erlebnismöglichkeit in unsere Stadtlandschaft zu setzen. Vielleicht legt er auch eine Brücke da über einen Strom, wo in Wirklichkeit kein Übergang vorhanden ist. Offenbar handelt es sich darum, gerade hier auf die andere Seite zu kommen. Dieses „hier" ist zu untersuchen. Dabei vergesse man nie: Der Ort der Brücke ist, wie die Furt oder der Paßübergang, ein besonderer Gefahrenort.

Der Träumer gibt oft sehr klar an, auf welcher Straße er sich befindet, welches sein Ziel war. Dann ist er eben auf der innern Straße nach der Bedeutung und dem symbolischen Gehalte jenes erwähnten Ortes.

Ebenso oft wie in bekannter oder teilweise bekannter Gegend findet man sich mit seinem Traumunternehmen in einer fremden, in einer *allgemein unbekannten Landschaft*. So geht es durch dunkle Wälder, über große Ebenen, oder man ist auf einer Wanderung durch das Gebirge. Hier ist die Landschaft immer symbolisch. So träumt sich ein Mann nach einer großen geistigen Leistung, verbunden mit einer mehrjährigen Schaffenseinsamkeit, auf dem Abstieg aus kühler Gletscherwelt hinab ins Tal. Er begegnet wieder Menschen und erfährt von ihnen, daß er sehr lange in der Höhe, in Einsamkeit und Kälte gelebt hat. Man weiß von *Nietzsche* her, wie erschreckend und wie gefährlich solch einsame Höhenzeit sein kann.

Vielleicht ist diese Landschaft dennoch nicht so furchtbar wie die *Wüste* in der Wirklichkeit und in unsern Träumen. Da geht das Lebenswasser aus, da droht das Versengende, da wimmelt es in manchen Träumen von Schlangen. Es ist Wüstenzeit in diesem Träumer, und sie holt die gefährlichen Einsamkeits-Phänomene herauf, das Stimmen-Hören, die Halluzinationen und Visionen, kurz, den Verlust der lebendigen Wirklichkeitsbeziehung. Dem Träumer können auch sehr liebwerte Landschaften geschenkt werden. Dazu spiegelt sich in der Landschaft die Jahreszeit, nämlich die Lebenszeit, in der der Träumer steht.

Zum geschehenen Hinweis auf die Gefahren der Winterlandschaft bedarf es kaum der besondern Erwähnung, daß eine *Frühlingslandschaft* mit frischgrünen Wiesen, jungen Kornfeldern und blühenden Bäumen positiv zu deuten ist. Mancher Träumer fragt sich freilich, wieso es in ihm grünen und blühen mag, da er bewußt so schwer durch die Dunkelheit, durch den „Winter seines Mißvergnügens" *(Goethe)* zu gehen habe. Dann ist eben der Aufbruch des Neuen, des Frühlings, sozusagen erst in einem unbewußten Geschehen angelangt. *Ernte- und Früchtelandschaft* ist selbstverständlich gute Landschaft. Schwer fällt es manchem ältern Träumer, bewußt anzunehmen, daß er im *Herbste* seines Lebens steht. Dann müssen die Träume ihm sagen, daß sein Sommer dahin ist. In solch einem Traume bewegt sich etwa ein Zug struppiger Bergpferde mit Blachewagen durch eine Landschaft, deren Hänge gelb und rot sind vom Herbstlaub der Wälder. Das ist jener auf rauher Lebensreise, und das Gepäck ist sein Gepäck, mit dem er an seinen Ort hinkommen muß.

Daß dem Träumer das Erlebnis herrlicher Landschaften geschehen kann, besagt nichts dagegen, daß solche Großträume nicht nur Freude und Trost, sondern auch, vom diesseitigen Leben her gesehen, tödliche Gefahr andeuten können. Darauf wurde im Kapitel von den Träumen aus schwerer Krankheit hingewiesen.

Auch der Träumer aus Gebieten fern der Meeresküsten kann sich in eine *Landschaft am Meer* träumen. Wo nicht persönliche Erinnerungen vorwiegen, da handelt es sich um unsern Anteil am Urmeer des kollektiven Unbewußten. *Jung* sagt in seinem neuesten Werke: „Das Meer ist das Symbol des kollektiven Unbewußten, weil es unter spiegelnder Oberfläche ungeahnte Tiefen verbirgt." Und: „Das Meer ist ein beliebter Entstehungsort für Visionen, d. h. Einbrüche unbewußter Inhalte."

Das Meer hat in Wirklichkeit und hat als Traummeer immer etwas Faszinierendes, in Stille und Sturm. Es ist in ihm die Verzauberung durch helle Weite und dunkle Tiefe, die Faszination, die vom gewaltigen Unbewußten ausgeht. Eine Gestaltung dieses Unerforschlichen, menschenähnlich, sind die Meerjungfrauen, die in männlichen Träumen als sehr ichferne Inhalte im Traume an der Küste des Bewußtseins erscheinen. Man weiß, daß nicht jeder ihren Sirenengesang aushält, daß diese Loreleien und Undinen manchen Mann in ihre Tiefe, nämlich in die gefährliche Unbewußtheit herabholen.

Wer im Traume am Meere geht, der geht, auf der Subjektstufe, innerlich am Rande seines kollektiven Unbewußten. In solcher Situation geschieht im Traume und im Leben fast immer etwas Neues, das für die Ganz-Persönlichkeit des Träumers wichtig ist.

Erfahrungsgemäß wird ein seelischer Vorgang, der sich nicht allzu fern der vom Ich beherrschten Atmosphäre abspielt, in den *Wald* verlegt. Der Wald ist ein bevorzugter Ort der Traumhandlung. Denn in ihm ist die grüne, bald aufgelichtete, bald fast finstere Dämmerung des unbewußten, von außen nicht sichtbaren Lebens; er enthält, wie der Wald ursprünglich, vielfältige, harmlose oder gefährliche

Wesen, und in ihm kann sich sammeln, was vielleicht einmal in die taghellen Bezirke unserer seelischen Kulturlandschaft treten kann.

Im Walde springen aus feuchten Gründen die Quellen, im Walde wohnt, selten sichtbar, großes und kleines Getier – in den Träumen sind es Hirsch, Reh und Bär –, aber auch unter Mißachtung der tatsächlichen Verhältnisse die Wildheit des Tigers, die breite Gewalt des Elephanten, in manchen Träumen sieht man auch Wolf und Löwe, diese nördlichen und südlichen Steppentiere. Der Waldgänger kann auch plötzlich von der großen dunkelgrünen Schlange gestellt werden.

Setzt man die Bedeutung dieser Tiere in den Traum vom Walde ein, so wird man erkennen, was bewußtseinsnahe und doch verborgen in unserm innern Walde wirksam ist. In ihm wohnen auch Menschen und menschenähnliche Wesen. Die Märchen, diese Träume der Menschheit, wissen davon viel zu erzählen. Denn in unserm Unbewußten wohnt als Schatten, was nicht im Tageslicht, was nicht durch die Dörfer und Städte unserer bürgerlichen Existenz gehen darf. Da hat sich der „Räuber" in die sichere Waldhöhle zurückgezogen – nämlich ein sehr asozialer, primitiver und doch gefährlicher Teil unseres Wesens, das ja nicht nur gut ist. Kinder, das sind Möglichkeiten, Pläne, die man nicht leben durfte, werden im Walde ausgesetzt und nach den Mythen vom wilden Getier – weniger hartherzig, als das stolze, konventionelle Bewußtsein es ist – rührend aufgezogen. Schöne Mädchen und Frauen wohnen verfolgt im Walde – Gleichnis unserer schlechten Beziehung zu den innern Seelenfiguren, zu Genoveva, zum Schneewittchen, Gestalten, die nicht so sehr die Kinder, als die Erwachsenen angehen. Manche werden böse, zu Waldhexen und Waldriesen, oder sie sind auf sehr primitiver Kulturstufe stehen geblieben. Auch ihnen begegnet mancher.

Der Wald hat für den jungen Träumer nicht die gleiche Bedeutung wie für den älteren Menschen. Der junge Mensch muß sich einen Weg bahnen aus dem Lebensdickicht seiner Nur-Natur ans Licht einer bewußten, kulturhaften Existenz. Deshalb der Traum jenes höhern Schülers, der sich als Pfadfinder durch einen gewaltigen Wald voller wilder Tiere und lärmender Primitiver, die um ihre Feuer saßen, einen Weg bahnte und aufatmend schließlich auf einer sonnenbeschienenen Bergkuppe ankam. Gut war der Traum jenes Studenten, der eine Straße durch den Wald anlegte.

Ältere Menschen, zu ihrem Erstaunen in die Wälder ihrer Träume geführt, haben allen Grund, dem, was im Dickicht ihres unbewußten Lebens haust, erst einmal nachzugehen, wenn es auch mühsam ist. Es kann ein großer Wert, ein verlorener Teil ihres Wesens dort Wohnung genommen haben, sich nährend von den Früchten, an denen auch der Seelenwald nicht arm ist.

Weder dem jungen, noch dem ältern Träumer ist es gestattet, dauernd im Walde zu bleiben; denn wir sollen nicht Waldmenschen sein noch wieder zu solchen werden, auch nicht zu Zwergen oder Kobolden. Selbst der frömmste Klausner, verläßt er seine grüne Schlucht und arme Hütte nie, und wird er nicht in seiner Einsamkeit aufgesucht, verliert sein Menschentum, wird selber Baum und altes Tier, wird zum Walde selbst und damit Nur-Natur.

An keinen Ort, in keine geographische oder seelische Landschaft kehrt der Traum häufiger zurück als in das *Land der Jugend*. Wie viele Träume beginnen: Ich war daheim, in unserem früheren Haus, auf dem Dorfe, in der Stadt, da ich aufgewachsen. Manchmal ist es, als ob die Träume diesen Ort der Kindheit fast nicht mehr verlassen könnten. Da steckt offenbar ein Teil der Seele des erwachsenen Träumers in einer innern Situation, welche entweder mit Geschehnissen der Jugendzeit zusammenhängt oder sich in deren Bilde am besten aussprechen kann.

Niemand wird die Bedeutung der Jugendzeit für das spätere Leben des Menschen verkennen. Dennoch darf man nicht in den Fehler derer verfallen, die jede positive oder negative Gestaltung des späteren Schicksals, jede Charakterschwierigkeit und jedes Unternehmen vereinfachend auf Jugendverhältnisse, etwa auf die Eltern-Geschwisterkonstellation zurückführen.

Die innere Intensität der Jugendträume Erwachsener kommt unter anderem daher, daß das Kind die Welt in den ersten Jahren fast magisch, als ein Zauberland, erlebt; es ist mit ihr unbewußt noch eins. Aber auch die wertende Bewußtheit empfängt sehr starke Eindrücke in einer jungen und frischen Seele. Da geschieht die erste und deshalb „ergreifende" Begegnung mit der Welt. Man ahnt deren Ordnung und Unheimlichkeit, das Beängstigende, Verwirrende und all die Fülle und Schönheit. Jugendzeit ist persönliche Mythenzeit, symbolkräftiger Morgen des Lebens. Leerer oder mißhandelter Jugend entwächst auf Jahrzehnte hinaus eine besonders bittere Lebensnot.

Die Jugend ist, üblicherweise ohne viel eigene Verantwortung, bei den meisten Kindern noch enthoben schwerer Lebenssorgen. Auch steht diese Zeit nicht unter den Göttern und Dämonen des Triebglückes und der Triebanfechtungen; noch scheint der junge Mensch alle Möglichkeiten vor sich zu haben, selbst seine Enge und Not sehen nie endgültig aus. Dies ist mit ein Grund der rückwärtsschreitenden Sehnsucht alternder Menschen, die ihre schmalen Möglichkeiten längst ausgenützt haben. Das Kind wohnt auch in einer Umwelt, die es liebt; es ist noch beschützt, eben daheim.

Dies alles ist bei der Deutung von Träumen, die in der Jugendlandschaft, im Einst des Kindheitsgeschehens sich abspielen, in Erwägung zu ziehen. Träume, die sich im Jugendland abspielen, können einen positiven oder auch negativen Sinn haben. Im Laufe unserer persönlichen Entwicklung wird von uns nicht alles benützt, was uns das Leben an Fähigkeiten von Anbeginn mitgab. So bleibt ein Teil davon latent in dem Bezirk unserer Seele, welcher die Bilder der Kindheit enthält. Man träumt häufig eine bestimmte Straße von damals, die man längst vergessen. Wir haben uns nun zu fragen: Wer wohnte dort, was geschah dort, um wohin zu gelangen passierte man diese Straße in mehreren aufeinanderfolgenden Nächten? Man hat diese Frage zu beantworten und wird mit Hilfe des Kontextes und der Einfälle auf Zusammenhänge kommen, die etwas wiederbeleben, was zurückgeblieben ist, zurückgeblieben in jener Straße und ihren Bewohnern. Dieser Inhalt soll sich nun unserm Wesen assimilieren.

Wir können auch anderswo, in einer Stube, auf einem Hofe, in vergeßnen Gärten, am Kanal, etwas von unserm Wesen liegen gelassen haben. Zur Zeit kommen wir innerlich nicht recht vorwärts, wir sind in Stagnation und haben nun aus dem Traum heraufzuholen, was an jenem Ort, in einem einstigen Kameraden, in einem Buche unserer Jugendlektüre investiert ist. Geräte, Tiere, Örtlichkeiten, verwandte, längst dahingegangene Menschen der damaligen Umwelt tauchen auf und mit ihnen das, wofür sie ein Gleichnis sind. Dies wird nun in die Nähe unseres Bewußtseins gerückt, wird greifbar und kann zu unserm neuen, vertieften Besitz werden.

Wenn wir uns als Erwachsene am Ort unserer Jugend vorfinden, dann sind wir bei unserem „Ursprünglichen" angelangt, da wo etwas wachsen, erwachsen kann. Wenn ein Mann einen Mitmenschen, eine neue, wichtige Beziehung im Traum in den Straßen seiner Heimat, in seinem elterlichen Hause, begegnet, dann hat er das Neue in sein ursprüngliches Wesen aufgenommen oder ihm gegenübergestellt; was daheim geschieht, geschieht bei mir! Solche Träume, da wir als Erwachsene mit Erwachsenen unserer Gegenwart im Jugendland uns treffen, sind wohl positiv zu deuten.

Ebenfalls positiv ist die Anknüpfung heutigen Geschehens an eine Erinnerung damaliger glücklicher Reisevorbereitung oder an einen Erfolg des damaligen Knaben oder Mädchens in der Schule, an eine erste Liebe. Man ist wieder in den eigenen Persönlichkeitsanfängen drin, und das Neue ist überglänzt vom Morgenlichte jener Jugend.

Sind wir aber wieder Kinder in dieser vergangenen schönen oder sorgenbesetzten Zeit, dann ist der Traum kaum günstig zu nennen, dann sind wir eben selbst wieder Kind. Es ist Infantiles, Unentwickeltes in uns oder etwas, das die Flucht nach Hause nehmen möchte, ins Unverantwortliche, Unerwachsene, wir wollen umhegt werden von den andern. Damit entfernen wir uns noch mehr von der Wirklichkeit und den Aufgaben unseres erwachsenen Lebenstages. Es kann vorkommen, daß Menschen, die übertrieben viel leisten, Rastlose des Erfolges, solche Träume kompensatorisch haben müssen; denn ihre Einseitigkeit, etwa die Berufsüberwertung, der Kampf um die Geltung, haben sie eine Seite ihres Wesens nicht entwickeln lassen. Damit ist eine nicht ungefährliche Spannung entstanden zwischen dem unentwickelten Kinde, dem „Kindischen", und dem gerissenen Manne mit seinen Außenerfolgen. Bekanntlich äußert sich dieses Kindische, diese nicht mitentwickelte Seite, besonders lächerlich oder betrüblich im Verkehr mit der eignen Familie, in Krankheiten oder in irgendeiner erzwungenen Stille. Es gibt auch Träumer, die völlig hängen bleiben in einem unbewußten Zustande; sie haben sich heimlich zurückgezogen in eine freilich nur scheinbar weiterbestehende Jugendzeit, um dem Leben mit seinen großen und bemühenden Anforderungen auszuweichen. Die wegleitenden Träume stellen uns dann wirklich als Kinder dar, verlangen aber im ganzen

Traumablauf offensichtlich einen beschleunigten und endlichen Entschluß, erwachsen zu werden.

Gestalten und Ereignisse und vor allem die magische Landschaft unserer Jugendjahre tauchen besonders eindrücklich auf um unsere Lebensmitte. Sie bringen Material herauf, das wir entweder in den Jahren seither nicht genügend verarbeiteten – etwa frühe peinliche Erlebnisse, bestimmte Elternbeziehungen, Erkenntnisse, die damals dem Kinde aufgegangen und die wir haben fallen lassen, oder etwa das Erlebnis des Todes von Eltern, Geschwistern oder Kameraden. Zu ihnen haben wir eine neue Einstellung zu gewinnen, nachdem die bisherige Einstellung und Beurteilung – etwa unserer Eltern – für die ersten zwei Jahrzehnte unseres bewußten Lebens durchaus genügend gewesen waren. Junge Leute, die eben in das Erwachsensein hineingewandert sind, sollen nicht von ihrer Kindheit träumen, denn ihr Leben meint Kommendes und nicht Differenzierung des Vergangenen. Es ist also ungünstig zu bewerten, wenn junge Leute im Traume immer wieder nach Hause zurückkehren. Der Blick auch des Unbewußten darf derzeit nicht nach rückwärts gehen, sonst erstarrt man und vergißt fasziniert vom entweichenden das zukünftige Ziel. Dagegen sind Jugendträume am Platze in der Wandlungszeit der Reife, da diese eben zu ihrem Neubau auch des Materials der Vergangenheit bedarf. Jugendträume alter Leute sind ein Zeichen, daß der Lebensring sich schließt, der alte Mensch tut eine Heimkehr zu seinen Anfängen, hinter denen der erste Frühschein einer viel größeren, ewigen Jugend aufglänzt, oder dann ist es schon wieder der erste Schritt in ein neues Leben.

DER LEBENSWEG UND SEINE
ORIENTIERUNG

Den Ablauf seines Lebens in Raum und Zeit, von der Geburt bis zum Tode, hat der Mensch von jeher unter dem Gleichnis eines Weges gesehen. Auf diesem Wege, auf Pfaden und Straßen, befindet er sich im Traume häufiger als irgendwo.

Es ist nun außerordentlich bezeichnend, wie dieser Traumweg beschaffen ist, durch welche Landschaft er hinführt, woran er vorübergeht, was sein Ziel und was seine Hemmnisse sind. Oft ist es nur ein kurzes Wegstück, in kleinen Träumen irgend eine wohlbekannte Straße, besetzt von den täglichsten und banalsten Beziehungen oder von auftauchenden Einzelerinnerungen. Solche Träume sprechen von unserer täglichen Situation, von dem Teil unseres Lebens, der in Zeitspannen abläuft.

Viel häufiger aber ist es ein unbekannter Weg, der uns, den Wanderer, weithin nach unbekanntem Ziele führt. Wir sind Pilger, wie es einst berühmte Erbauungsbücher darstellten, zwar sentimental, aber eindringlich, sehr ausführlich alle Gefahren und Schrecknisse dieser Fahrt gen Himmel und Hölle schildernd. In manchen Träumen trägt auch unser Wanderer etwas wie eine Pilgertracht, beispielsweise eine lange Pelerine, einen altertümlichen krempigen Hut; er hat eine Feldflasche umgehängt und führt den Pilgerstock.

Von unserer Pilgerreise zu berichten, sie uns in all ihren Einzelheiten bewußt zu machen, wird der Traum nicht müde. Wesentlich ist in der Traumerzählung die *Wegrichtung,* unsere *Ausrüstung* und die allfällige *Begleitung.* Bei der Deutung all dieser Dinge darf man das Gesetz der Kompensation nie außer dem Betracht lassen! Wie anders sieht unser Träumer in Erfüllung seiner Tagesaufgabe aus!

Wie mancher glaubt, bewußt nun auf eine leidlich gute Lebensstraße gelangt zu sein, und hofft, diese reiße nicht mehr ab. Im Traume aber kommt derselbe Mensch auf seinem schmalen steinigen Pfade kaum vorwärts. Zu unserem Erstaunen führt der einsame Weg vielleicht durch große Schmutzlachen. Wir steigen im Gebirge vorsichtig, von Felskante zu Felskante, hüpfen in Sumpflandschaft von Grasbüschel zu Grasbüschel. Anderseits beglückt uns in äußern Notzeiten, da wir glauben, keinen Ausweg mehr zu sehen, eine gute Traumstraße, sich hinziehend durch hohe Gebirge; oder eine sichere Brücke führt über das wilde Wasser. Wo das Unbewußte eine sichere Straße noch nicht vollendet hat, wird im Traume an dieser Straße gebaut – manchmal baut der Träumer mit. Ein ausgezeichneter, sehr günstiger Traum! Denn da wird eine sichere Grundlage, ein tüchtiger Unterbau geschaffen und dem Leben wertvolle Richtung gegeben.

Die Straße wird, wo Unbewußtes aufzuhellen ist, wo man an innere Komplexe herankommen möchte, nicht selten durch den Wald gelegt. An ihrem Ende kann dann plötzlich ein einfaches, freundliches Familienhaus, ein stiller Turm, die Hochschule und bei manchen Leuten, die in kirchlichem Proteste leben, eine Renaissance-Kirche, ein herrliches Baptisterium stehen.

Durch welche Nöte und Gefahren erwandert sich fast jeder Mensch sein ihm eingeborenes Schicksal! Im Traume sind diese Gefahren, wenn es sich um minderwertige menschliche Beziehungen handelt, durch die am Wegerand lauernden Verbrecher, Räuber oder dunkle Wilde dargestellt; wo es um Triebkonflikte geht, bedrohen ihn böse wilde Tiere. Gefahren der Unbewußtheit führen durch finstere Wälder, oder es liegt Nacht auf unseren Wegen – eine besonders gefährdende Situation. All diese Gefahren summieren sich, wie wir wissen, gerade dann, wenn es uns besser gehen will, wenn wir in einem Übergange, wenn wir an einer *Furt* unseres Lebens stehen, wenn wir einen Strom zu überschreiten, eine Schlucht zu überwinden haben.

Wir haben uns, die Wegträume betrachtend, möglichst deutlich zu machen, was uns auf der Lebensfahrt hemmt. Es gehört zum häufigsten Traumerleben, daß man, wie angewurzelt, keinen Schritt mehr weiter machen kann, selbst wenn Schreckliches auf uns zukommt. Nach unserer Erfahrung ist damit nie ein dauerndes Stecken- oder Stehenbleibenmüssen gemeint. Nur in der jetzigen Lebenssituation, im augenblicklichen Zustande, kommen wir nicht vorwärts.

Manchmal hemmt uns im Traum irgendein *Schlagbaum*, eine Barriere. Wir haben, wovon noch zu reden sein wird, *Paß*formalitäten zu erfüllen. So kam ein junger Mann nicht weiter, weil ein solch mächtiger Schlagbaum sich auf die Straße herabgesenkt hat. Beim näheren Zusehen ist es keine Stange, sondern ein großes wildes Pferd, nämlich seine eigene erotische Libido. Ihm stand eine verquere Triebrichtung im Wege. Viel harmloser war ein kleines Blumenkörbchen, nämlich ein kleines Gefühlshindernis, an dem eine junge Frau nicht vorüberkam. Sie hatte sich das Blumenkörbchen selbst in den Weg gestellt. In der Befragung vermutete sie, es seien drin Vergißmeinnicht gewesen. Mancher anderer wird aufgehalten durch Bekannte – wie so oft im wirklichen Leben. Es kann ein Träumer auch, obwohl er sehr eilt, an einem Baum mit Früchten, an einem guten Essen nicht vorübergehen.

Die Traumstraße kann überall hinführen; es kann, was immer möglich ist, dem Träumer auf ihr passieren. Als besonders typisch sei erwähnt: der Träumer gerät an einen *Kreuzweg*, an eine Straßengabelung, oder er wandert ängstlich an einem Steilhange, was meist auch einer äußern sehr heiklen Situation entspricht. Wo ein Träumer an gefährlicher Steinhalde über Felswände die Höhe zu erreichen versucht, wo er durch ein Wasser watet, da tut er gut, in diesen Traumzeiten besonders vorsichtig und bewußt zu leben. Mit Hilfe des Kontextes und der Amplifikation kann man, wenn der Träumer nicht schon vorher weiß, worum es sich handelt, aufdecken, welches der Grund, der Ort und das Ausmaß der Gefahr ist. Er aber wird erst meist eine nebensächliche Tagesangelegenheit mit dem Gefahrentraum in Verbindung bringen.

Es darf nicht jeder Träumer sich vor seinem *Abgrunde* wegwenden. „Ich mußte unter Todesmühen hinabsteigen bis auf den Grund." Diesem Träumer ist nämlich wirklich auferlegt, bis auf den Grund seiner Not niederzusteigen, um ihren „Grund" zu erfahren, um in seiner Not wieder Boden zu gewinnen. Gerade solche Träume sind günstig zu nennen, bezwecken sie doch den Anschluß an die innerste, wenn auch dunkle Tiefe.

Nicht jeder muß da hinabsteigen. Über den Abgrund führt ein Steg, und über den Strom, auf dessen andere Seite wir zu gelangen haben, wölbt sich eine *Brücke*. Kaum ein anderes Symbol ist so beglückend und von so günstiger Vorbedeutung für die kommenden Lebenstage, wie eben der Brückentraum. Die Brücke führt auf die andere Seite, hin über die großen Wasser, die quer unserem Wege dahinfluten. Man ist erlöst von der Angst, endlos warten zu müssen, aber auch von der Gefährdung beim Hinüberschwimmen. Wie gut freilich, wenn dieses mutige Tun gelingt! In der Traumbetrachtung hat der Träumer darüber zu meditieren, was für ihn unter diesem so glücklich zu erreichenden Jenseitigen zu begreifen ist. Ist ihm der Sinn der andern Seite aufgegangen, wird er die Tatsache dieser Brücke als ein kräftiges Element in seinen Alltag tragen: „Warum bist Du heute so froh?" „Ich hatte heute Nacht einen wunderbaren Brückentraum!"

Der Traumingenieur baut die verschiedensten Brücken

aus dem unterschiedlichsten Material. Bei einer Frau sah die Brücke – sie wagte es kaum zu erzählen – aus wie ein Kleinkinderjäckchen: sie war gehäkelt!

Die Brücke kann auch erst im Baue sein, und doch müssen wir hinüber. So klettert der Träumer, stets in der Furcht, zwischen Balken und Träger hinabzufallen, ängstlich über die Brückenkonstruktion. – Gelegentlich ist die Brücke auf der einen Seite geländerlos, links oder rechts ist also der Träumer nicht geschützt. Einem vereinsamten Träumer wurde die Liebe eines klugen und wohlwollenden Mädchens für eine gewisse Zeit zur rechten Lebensbrücke. Doch konnte er nicht begreifen, daß sich auf der Traumbrücke deren Gerüst und besonders rote Eisenbalken auftürmten und sie über Gebühr belasteten. Das Mädchen hatte sich eben, nachdem es erst sehr uneigennützig sich als Helferin erwiesen, im Leben dieses Mannes dauernd anzusiedeln versucht. So wurde sie zu einer Belastung dieses Lebens und der junge Mann selbst allzu lang in der Brückensituation festgehalten. Auf einer Brücke soll man nicht Dauerwohnung nehmen. Man hat dankbar zu sein, daß ein Verbindendes in uns drin entstand, dann aber weiterzugehen.

Vielleicht *barfuß!* Solche Barfußträume werden ziemlich häufig erzählt. Sie können eine Erinnerung an Dorfjugendzeit heraufholen, sie können ein Zeichen der Bescheidenheit und Armut sein, oder aber der Träumer gewinnt in diesem Traum intensivste Beziehung zum Boden. Er muß vielleicht wieder ganz natürlich werden, den Instinkt wiedergewinnen für die einfachsten Realitäten des Lebens – die einfachste Realität ist der uns gegebene Boden.

Mancher Träumer begreift nicht, weshalb sich der Weg, der Pfad durch die Landschaft schlängelt, bald nach links, bald nach rechts ausbiegt. Aber darin liegt eine große schlichte Weisheit der Natur. So laufen die Wege der

Primitiven, bald das Links, bald das Rechts betonend, im lebendigen Rhythmus über weite Strecken hin. Solch ein natürlicher Weg steht im größten Gegensatz an den schnurgeraden, vom Intellekt mörderisch ausgedachten endlosen Straßen, auf die aber gerade unser Kopf besonders stolz ist.

Der so wichtige Wechsel von rechts und links – der Gegensatz jeder Einseitigkeit – geschieht in nicht seltenen Träumen als „Schrittwechsel" des Wanderers. Da hat bald seine „linke", bald seine „rechte" Natur den „Vortritt".

Der Träumer wird oft in die *Enge* geführt. Ja, er hat sich durch ein Loch, eine Spalte hindurchzuzwängen, auf dem Bauche durchzukriechen. Da gerät er in „Angst", aber das Passieren der Gefahr ist vergleichbar einem Geburtsvorgange. Wer aus der Gefahr in neue Lebenswerte geboren wird, der hat viel zugelernt.

An der Wegkreuzung stehen wir vor der Entscheidung: nach *rechts* oder nach *links* gehen? Das Linke ist das Dunkle, das „Sinistre", beim Manne das Weibliche, allgemein das Unbewußte, rechts liegt das Bewußte, das Intellektgemäße, das Männliche. Der junge Mensch und die meisten Frauen werden dann „günstig" träumen, wenn sie, von Natur dem Unbewußten und der Erde näher, nach rechts gehen – der ältere Mann, bewußt, intellektuell vollends zu sehr eingeordnet in seinen beruflichen Lebenstag, hat, wie die zu intellektuelle, vielleicht etwas unweibliche Frau, nach links zu gehen.

Am Scheideweg steht oft ein *Wegweiser,* oder es sind bestimmte benannte Straßen, die nach der einen oder nach der andern Seite gehen. Wo man an einer vollständigen Straßenkreuzung steht, da ist man innerlich eingespannt zwischen die Gegensätze. Mancher hat in dieser Situation auszuhalten; hie und da hat ein Träumer zu warten, bis er die seltsamen Aufschriften am Wegweiserbalken oben zu lesen vermag. Dieser kann aber auch nur in eine Richtung weisen, den Namen einer bestimmten Ortschaft tragen, und dann hat man den seelischen Inhalt, der mit diesem Orte verbunden ist oder verbunden werden kann, durchzuerleben.

Hier wie in den Träumen von Bahnfahrten spielt die *Himmelsrichtung* eine Rolle, die Verankerung vom Zentrum des Achsenkreuzes nach den vier Weltgegenden hin. Die Bedeutung der Himmelsrichtungen kann nur aus vielen Träumen heraus vermutet werden. In Mitteleuropa ist der Weg nach *Süden* meist der Weg nach einem Gefühlsland der Wärme, der Willenskraft. Der Weg nach *Norden* führt offenbar mehr ins Kühle, in das Reich des Ahnens, der frühen Nächte, der Intuition. Ost und West sind weniger klar. Der *Westen* scheint mehr nach einer bewußten Wahrnehmung, einer Gegend extravertierter Ordnung zu führen, indes der Weg nach *Osten* vielfach mit einem intensiven Denken, häufig introvertierter Art, zu tun hat. Wie die Sachlage wirklich ist, kann man nur genau entscheiden, wenn man den Funktionstypus des Träumers kennt. Nicht vergessen aber darf man, daß im Osten das reine Licht des Morgens anhebt, über dem Süden die heiße Sonne des Mittags steht, indessen gegen Abend alles milder, selbstverständlicher wird, wogegen der Norden mit dem Nächtlichen und seinen Ahnungen verbunden sein kann.

Im Traum studieren wir die *Landkarte*. Jeder hat seinen eigenen Weg zu gehen, auch innerhalb einer Ehe, einer Familie; denn es handelt sich vor allem um den innern Weg, der sich auf längerer Strecke ruhig mit dem Weg der Ehe, der Familie fast völlig vereinen läßt. Liebe verlangt ja nicht gleiche Richtung!

Das wurde einem Manne klar, der vor sich zwei Landkarten aufgehängt sah. Darauf waren Wege eingezeichnet, nicht die selben. Er erfuhr, daß die eine Karte seiner Gattin gehöre, auf der andern aber sein Weg eingezeichnet sei. Beide Karten hingen nebeneinander – aber die beiden hatten jeder seinen Schicksalsweg. Beiläufig: *Pfadfinder*träume sind häufig, auch bei jungen Leuten, die nie dieser wertvollen Jugendorganisation angehörten. Dieser Name ist sehr glücklich gewählt, außerordentlich symbolkräftig, enthält er doch eine positive Urerfahrung.

Wenig Träume sind günstiger als die, in welchen uns ein *wegekundiges Tier,* d. h. unser Instinkt, vorangeht, sei es ein Hund oder eine Wegeschlange. Vielleicht ist es gar ein kleines Kind, das Werdende in uns, das so sicher und tapfer vor uns trippelt, oder es begleitet uns eine Art Genius, ein Engelswesen.

Auf unseren Traumwegen gehen wir bald allein, bald haben wir bekannte oder unbekannte *Begleiter.* Über ihre Bedeutung hat das Symbolkapitel von den Gestalten gehandelt. Die Deutung der Wegkameraden geschieht am fruchtbarsten auf der Subjektstufe. Es ist Inneres, das uns begleitet. Aber es geht vielleicht in Gestalt eines längstvergessenen Gespielen, als einstiger Freund oder Freundin, es sind auch plötzlich wichtige Leute, oft historische Persönlichkeiten.

Es gibt nicht nur gute Begleiter. Manchmal ist es unser Schatten, ein Bettler, ein Hausierer, eine unangenehme Frau.

So erzählte eine Träumerin, daß ihre schwachbegabte Schwester – mit der sie bewußt kaum eine Beziehung pflegte – auf mühsamem Aufstiege neben ihr, meist hinter ihr herging. Sie mußte immer wieder auf die wenig geschickte, rasch ermüdende Schwester warten. Aber es ist ihre eigene unentwickelte, minderwertige Seite, die sie mitnehmen muß, der sie Beistand zu leisten hat. Denn nur wenn der Schatten mit einem am Ziele ankommt, ist man am Ziele.

Wir begegnen auf unserer Lebensfahrt, je weiter wir wandern, immer tiefer uns selber. Es kann wohl ein solcher Traum uns bewußt machen, was an Gefahr von fremden

Menschen auf uns in der Wirklichkeit des täglichen Lebens als Neid, Intrigue, Besitzgier uns droht. Viel häufiger aber sind es nicht gelebte oder mißachtete, minderwertig gebliebene Kräfte und Persönlichkeitsanteile, die dem Ich feindselig gesinnt, die uns etwa als geheime Erregungszustände, widerwärtige Charakterzüge unterhalten möchten. Wer zeichnen kann, tut gut daran, dieses Gesindel, das kein Gesindel zu sein brauchte, sich bewußt zu machen.

GEFAHRENTRÄUME

Wohl jeder Träumer ist schon durch große Traumgefahren gegangen. Manche wissen überhaupt nur von solchen Traumerlebnissen zu berichten. In der Nachtzeitung des Traumes nimmt die Rubrik *„Unglücksfälle* und *Verbrechen"* einen nicht geringen Raum ein. Es scheint dabei, daß der innere Berichterstatter sich besonders kräftig des Verstärkers bediene.

Gefahrenträume weisen auf Gefährdung hin. Aber man vergesse nie, daß das Gleichnis des Gefährlichen benützt wird, um eine Lebenssituation, die besonders viel Einsicht erfordert, eindrücklich darzustellen. Darum darf man Gefahrenträume nicht wörtlich nehmen.

Es ist seltener, als man denkt, daß solche Träume prognostisch sind, also ein Geschehnis vorausahnen. Höchstens können sie sagen: „So ist es schon im Unbewußten, und so könnte es dir bewußt ergehen!" Es scheint der Seele wichtig zu sein, sich und damit uns vorzubilden, in welcher Gefahr wir nach ihrer Auffassung stehen, um hinzuzufügen, wie diese Bedrängnis im besondern aussieht. Zu dem, was von der inneren Führung vor allem als Gefahr betrachtet wird, gehören das erneute Unbewußtwerden des Erwachsenen, sein mangelnder Lebensraum, der die eigene Entfaltung nicht ermöglicht, Energieverluste durch verzehrende Bindungen, seelische Inflationen, die Bildung von starren Komplexen, welche auf Kosten der seelischen Totalität gehen. Das Bewußtwerden der Menschheit wie des Einzelnen ist eine so bedeutsame Leistung, daß sie nicht verloren gehen darf. Droht solches, dann träumen wir, im Wasser zu versinken, in einen *finstern Wald* zu geraten, im *Nebel* den Weg nicht mehr zu finden. Wir suchen angstvoll nach dem Lichte des Leuchtfeuers, nach dem Scheine eines hellen Fensters.

Angst bereitet es, nicht auf der uns zukommenden Bewußtseinsstufe stehen zu dürfen. Darum beunruhigt es uns, wieder ein Kind, ein Junge oder ein unerwachsenes Schulmädchen zu sein. Auf gefährlichen Wegen, vor einer bedrohlichen Begegnung muß man sich noch einmal im *Spiegel* sehen, man wird beim Namen gerufen, damit man mit seinem Ich identisch bleibt.

Beispiele dafür, daß Triebkräfte, weil ohne richtigen Raum, in uns zu Gefahren werden, finden sich in diesem Buch mehrfach. *Tier*träume, Träume vom *Kriege,* von Situationen, da wir vom Zug oder einer Maschine überfahren, in sie hineingezogen werden, sind sehr häufig.

Man kann sich auch in Gefahr bringen, indem man sich in Lebenssituationen hineinwagt, denen man nicht gewachsen ist. So versucht man vergeblich, einen schweren Wagen zu ziehen, ihn am Abhang zu bremsen, oder man ist auf einem Dache, spürt in den Felsen des *Hochgebirgs* das Gestein unter sich wanken. Es bricht die Sprosse einer Leiter, man hängt in der Luft. Schlimm ist es in jeder Beziehung, den Boden unter den Füßen zu verlieren.

Zu den Gefahrenträumen gehören neben den beängstigenden Erlebnissen im Naturbezirk die *Einbrecherträume*. Sie machen auf viele Träumer besonderen Eindruck. Oft erzählen sie sich wie die gerissenste, wildeste Verbrechergeschichte. Ein Dieb ist in unser Traumhaus eingebrochen. Noch beängstigender: Es ist jemand da, gefährlich, man weiß im Traum nur um seine Anwesenheit, noch sieht, findet man diesen Unheimlichen nicht. Es ist meistens „einer" aus unserer eigenen inneren Welt. Er ist aufgestiegen aus unkontrollierter Seelentiefe und bricht in unsere bewußte Welt ein, bedroht deren Ordnung und Besitz. Sehr oft ist es ein vermummtes Triebbegehren, gelegentlich auch ein mörderischer Gedanke. Im Traume weiß man, daß ein Verbrechen geschehen ist, und man sucht den *Mörder*. Man sieht ihn undeutlich als Schatten. Da ist offenbar bei diesem Träumer etwas „gemordet" worden – ein Gefühl, eine Gewißheit, eine Entwicklungsmöglichkeit. Seltsam, daß gelegentlich der Träumer sich im Spiegel sieht und als Mörder erkennt...

An anderem Ort war schon die Rede von den Gefahren, die aus fixen Ideen, komplexhaften Gedanken, unbesehen hingenommenen Einfällen und minderwertigen Gedankengängen die Ordnung unseres seelisch-geistigen Wesens bedrohen. Solche Gefahren aus und im Gedankenraum werden vor allem durch den *Brand* im Estrich, durch *Bombardierung* aus den Lüften, sowie durch verwirrt im engen Raume flatternde *Vögel* oder durch den Vogel, der sich dem Träumer auf den Kopf setzt, symbolisiert. Solange der Träumer im ganzen psychisch gesund ist, wird die Deutung auf das hinweisen, was diese geistige Gesundheit gefährden könnte. Der Kampf mit den Nachtvögeln der zerstörerischen Gedanken kann ergreifend sein und lange dauern.

Zu den Gefahrträumen gehört auch der Traum vom schweren *Winter*. Es ist ein Traum von Kälte und Einsamkeit. Es ist nicht zu vergessen, daß der Mensch erst in neuerer Zeit auch zum Winter ein positives Verhältnis hat, ja ihn als besonderen Freudenbringer begrüßen kann. Der Winter ist in unseren Breiten ein einbrechendes Urerlebnis. Jahrtausenden der Winternot stehen zwei Jahrhunderte der Hausheizung, stehen drei, vier Jahrzehnte des Wintersports gegenüber. Die menschliche Seele weiß von Jahrtausenden her, daß Winter Kälte, Einsamkeit, Bedrohung des Lebens, daß er Hunger und Tod bedeuten kann. Sie hat es in einem großen Teile Europas in diesen Jahren des Unglücks schrecklich bestätigt erhalten.

Der Wintersport ist, vom Erleben der Menschheit aus gesehen, eine Errungenschaft von gestern. Nur wo er im Traume im persönlichen Erlebnismaterial sich heiter erzählt, ist der Traum positiv zu deuten. Die kühne Fahrt des Skiläufers wie der vom Einbrechen bedrohte Eislauf können auch im Sporttraume noch eine Lebenssituation andeuten.

Sonst aber ist es in der Seele kalt, wenn man von Eis und Schnee träumt. Die Winterlandschaft hat etwas Großes und Erschreckendes. Durch solche wanderte ein Träumer einsam, wenig Gepäck auf seinem Schlitten nachziehend. So stand es um ihn. Er versuchte, auf die andere Seite einer sehr schmalen, brettbreiten Brücke zu kommen. Die Kufen seines Schlittens glitten über den Rand der Brücke hinab. Es begann zu schneien. Sorgfältig zog der Einsame seine Habe ans andere Ufer hinüber. Diese Sorgfalt und die kleine Brücke sind das Positive in diesem schweren Traum. Sie verheißen Möglichkeit der Hilfe. Sie deutet sich an in einem Traum der gleichen Serie: Der Träumer hat einen kleinen Wagen und findet sich auf einem Sträßchen, zu dessen beiden Seiten frühlingsbraunes, aperes Gelände sich dehnt.

Oft findet der Träumer erfrorene Blumen. Oder er geht über Gletscher. Der Fluß des Lebens trägt eine Eisdecke, sein See ist gefroren.

Eine Frau sah, daß trotz der Kälte kein Holz mehr zur Heizung da war. Der Ofen war lauwarm. Es liegt nahe, die Angelegenheit als Impotenz und Frigidität in der Ehe dieser Frau zu deuten, aber gerade das Sexuelle war das Einzige, das die beiden Gatten noch miteinander verband. Im Ofen entstand von Zeit zu Zeit eine aufflackernde Glut, die man mit viel Hineinblasen unterhielt. Die Frau sah erschreckt wie ein kleiner Gletscher von einem Zimmer in das andere drang. So stand es um ihr Heim! „Ich hatte tiefes Herzweh", erzählte sie, „als ich ans Fenster trat und sah, daß draußen Frühling war."

Schnee und Eis bleiben in mittleren Breiten als Traumsymbole ein Ausdruck der Einsamkeit, der Not. Man könnte erfrieren, sagt dieser Gefahrentraum.

Es wären noch viele Gefahrenträume anzuführen. Denn aus jedem Bezirke des inneren sowie des äußeren Lebens kann Gefahr aufsteigen. Sie kündet der Traum an, von ihr spricht er zum oft ahnungslosen Träumer. Manchmal wird Gefahr uns als Zeitungsbericht, als Radionachricht, warnend in Leuchtschrift oder rotem Stopzeichen, hie und da als Telephonaufruf mitgeteilt. Die richtige Antwort auf die Mitteilung der Gefährdung, eine Antwort, die mehr in Taten als in Worten besteht, kann den Menschen aus der Zone der Gefahr hinausführen. „Wo aber Gefahr ist, wächst das Rettende auch", sagt Hölderlin. Doch will nicht verschwiegen werden, daß es Gefahrenträume trostlosen Endes gibt. Was sollte der Träumer des folgenden Traumes tun? Wohl selbst eingreifen! Geht er dabei nicht zugrunde?

„Ich stehe nachts mit der Mutter links vor einer Hausfront und weiß, es brennt darin, und meine jüngere Schwester ist noch im Hause eingeschlossen. Von außen merkt man noch nichts, und ich warte in fatalistischer Ruhe. Im Traume wundere ich mich über meine Kälte. Plötzlich glüht es hinter den Fenstern aus, das Feuer bricht in die vorderen Räume, in mein Zimmer ein. Zugleich hört man mit fürchterlich heller, kindlicher Wahnsinnsstimme von äußerster Realistik meine Schwester in Todesnot das Vaterunser beten. Und endlich erwacht in mir Gefühl. Ich springe nach rechts hinüber, wo auf einer Leiter oder einem Gerüst ein ebenfalls untätig zuschauender, schwarzgekleideter Feuerwehrmann steht. Ich beschwöre ihn, zu helfen, ich biete mich selbst an, man muß doch hier tun, handeln. Der Mann zuckt die Achseln und richtet eine Art Teleskop auf die Fenster, ein Instrument, mit dem er die Innentemperatur des Raumes ablesen kann. „O jeh", sagt er, als er die hohe Temperatur abliest, und er meint damit, die Schwester müsse nun erst die richtige Verbrennungsqual erleiden. Sie könne nicht gerettet werden, es gebe keine Hilfe. Sie sei allein und müsse es nun erleiden. Er liest diesen Befund gewissermaßen wissenschaftlich kühl ab. Ich trommle leidenschaftlich an die steinerne Hausfront. Die einsame irre Kinderstimme erschüttert mich im Tiefsten. Ich erlebe im Traume – wie stets verstandesmäßig im Wachen – mit leidenschaftlichem Gefühl die Isolation des Individuums und sein Verlorensein in der Welt."

VON SOLDATEN UND KRIEG

„Es war Krieg." So beginnt manche Traumerzählung und berichtet damit von einer schweren innern Situation. Freilich wird jeder, der die entsetzliche Kriegsnot dieser Jahre erlebt hat, wer in ihre Gewalttat hineingezogen wurde und das furchtbare Leid unauslöschbar in sich trägt, mit Recht annehmen, daß seine *Kriegs*träume Erinnerungen, unerledigte Qual dieser Zeit seien. Tausend und Abertausende werden immer wieder nächtlicherweise eingetaucht in diese entsetzlichste Not ihres Lebens. Hat man solche Träume zu deuten, dann wird der Kontext für die Deutung auf der Objektstufe die wichtigsten Angaben machen. Aber es kann der Kriegstraum selbst bei Menschen, die in den blutigen Strudel des Weltunglücks gerissen wurden, doch das Gleichnis für eine sehr schwierige Innensituation sein. In uns ist Krieg, und wer hätte diesen ermüdenden Zustand des Kampfes zweier Lebensrichtungen in sich nicht schon erlebt. „Ich mußte lange mit mir kämpfen. Ich mit mir." Oft aber erfahren wir erst durch den Traum, daß es im Raum der Seele zum offenen Kriege gekommen ist. Der Träumer ist oft erstaunt über die Kampfberichte des Traumes. So schlimm sei es ja nicht mit seinem Lebenskonflikt – die Seele aber weiß es besser, daß Lebensentscheidungen in ihrer Tiefe ausgekämpft werden. Kriegsträume können sich auch auf Schwierigkeiten mit andern Menschen beziehen. Es wird der Fall sein, wenn das Bewußtsein sich der Bedeutung einer Auseinandersetzung mit dem Geschäftspartner, dem Ehegatten nicht bewußt werden will.

Im Traumgleichnis weiß man oft nur, daß es Krieg ist. Man wartet voll Angst, man glaubt den roten Schein der

Feuerbrände zu sehen. Truppen ziehen vorüber. Hinter jenem Hügel oder im Walde lauert der Feind. Sehr häufig ist es Nacht, damit man erkenne, daß die Gefahr im Unbewußten droht.

Heutzutage sind *Bomben*träume häufig. Falls es sich nicht um Schockerlebnisse handelt, sind sie auf innerer Stufe zu deuten. Es sind zerstörerische Gedanken, Ideen, die aus der Luft, d. h. aus unkontrollierten Räumen unseres Geistes auf uns niederstürzen; es können Zwangsgedanken oder lähmende Einfälle, aufblitzend störende Vorstellungen sein. Sie bedrohen unsere Existenz. Man hat deshalb bei Bombenträumen sehr zu überlegen, was uns denn Schlimmes eingefallen ist, was irgendwoher „wie eine Bombe" bei uns einschlägt. Kriegerische *Flugzeuge* sind ähnlich zu verstehen. Sie jagen durch unsern Kopf, brausen über uns hin, können uns mit ihren Geschossen treffen. Die Unterscheidung von feindlichen und freundlichen Flugzeugen wird häufig gemacht. Gelegentlich wird die Farbe betont. Die roten Flugzeuge haben meist mit Sexuellem oder unbewußt Gefühlshaftem, getragen von gefährlichen Gedanken, zu tun. Kontext und Amplifikation sind bei diesen Träumen sehr wichtig. Auch Zeichnungen können an das Gemeinte heranführen.

Die im Streite liegenden seelischen Kräfte bedienen sich oft uniformierter Krieger; typisch ist meist der *Helm*. Er bezeichnet die Heere, die in Europa gegeneinander gekämpft haben oder noch kämpfen. Ein Träumer erzählte, daß eine Partei in seinem Traume mittelalterliche Helme getragen hätte, welche das ganze Gesicht verdecken und ohne Augenschlitze waren. Sie kämpften blindwütig gegen moderne Truppen. Eine Schicht der Deutung ergibt sich von selbst.

Oft liegt man im Kampfe mit *Wilden*. Es sind dunkle rote Völker aus dem eigenen kulturlosen Lande, die uns anfallen aus den Triebwäldern, und die erst in Übermacht sind.

Man ist im Kriegstraum selbst Kämpfer, oder man schaut

nur zu. Der erstere Fall scheint uns wertvoller zu sein. Das Ich ist dabei sowohl Zuschauer als auch selbst im verantwortlichen Kampfe drin. Das ermöglicht ihm viel eher, durch seinen Konflikt, der oft zu einer Neurose wird, sich hindurchzukämpfen. Unterstützt er bewußt den Kampf, dann sind Heilung und Freude auch in schlimmen Zeiten nicht völlig fern.

Der Krieg ist eine Urerfahrung des Lebens. Deshalb ist sein schreckliches Wesen Gleichnis für alle starken, alle unerbittlichen Auseinandersetzungen. Aber der Krieg wird in keinem Traume als solcher gepriesen. Er ist immer eine ernste schwere Angelegenheit. Er ist der bittere Durchgangsort, um eine höhere Einheit der noch im Zwiespalt oder gar in der Vielheit ihrer Primitivität sich befindenden Seele zu erlangen.

Es wird nicht nur von Kriegen, sondern auch von einzelnen Soldaten und von Waffen geträumt. Der unbekannte *Soldat,* der in unsere Traumszene tritt, ist ein Gleichnis für eine kollektive, eine uniforme Pflichthaltung. Er untersteht einem Gesetz, das er sich nicht selbst geschaffen, eine Verpflichtung, die nicht primär in seinem Gewissen geboren wurde. Er ordnet sich ein. Dies ist der Sinn des einzelnen Soldaten oder der marschierenden Soldatengruppe. Manchmal muß eben ein Individualist auch auf diesen Aspekt hingewiesen werden. Anderseits kann dieser Traum auch die Gefahr des Uniformen andeuten.

Soldatenträume sind bei jungen Leuten meist positiv zu werten. Bei ältern Träumern muß eine höhere Form des Gehorsams gegenüber dem eigensten innern Gesetz sich in andern Symbolen ausdrücken. Bei beiden Altersstufen kann der innere Befehlshaber als *Oberst* oder als *General* bezeichnet sein. Es ist eine innere Instanz, welche über den Einsatz der psychischen Energien nach der eigenen Auffassung wacht. Im Soldatentraum der jungen Leute ist, soweit er nicht erlebnisbedingt ist, die Forderung, an der Kollektivität und ihren Normen teilzunehmen. Daß diese Einordnung manchmal nicht genügend verwirklicht ist, erzählen die vielen Träume von schlecht sitzenden *Uniformen,* verlorenen Ausrüstungsgegenständen, vom Sichgehenlassen auf einem Marsche, vom Zuspätkommen zum Appell. Oft sind diese Träume von Angst begleitet, weil eben auch das Außenleben, in das der junge Mensch sich einzubauen hat, unerbittlich sein kann. Bei allen Soldatenträumen vergesse man nie: jeder Träumer steht im strengen Dienste seines Selbst. Soldatenträume der Frauen haben mit dem Animusproblem zu tun. Offiziersgestalten bezeichnen häufig eine bestimmte geistige, aber noch unbewußte Fähigkeit der Frau.

Von den *Waffen* nur dies: Sie sind Mittel, den Krieg auszutragen. Wo wir Einzelwaffen im Traume sehen oder selbst besitzen und benützen, handelt es sich meist um eine psychische Entscheidung. Dafür ist das *Schwert* oder eine schwertähnliche Waffe trotz ihrer Altertümlichkeit das häufigste Traumsymbol.

Wird im Traume *geschossen,* kann es um sehr plötzliche Entscheidungen gehen, die manchmal mehr passieren als gewollt sind. Dann ist eben „der Schuß losgegangen".

Die Psychoanalyse sieht die meisten Waffen als Sexualsymbol. Diese Bedeutung haben sie aber erst in zweiter Linie. Am verständlichsten ist die Deutung als männliches Organ bei *Revolver* und *Pistole.* In Träumen tauchen sie oft als Zeichen physiologisch sexueller Spannung auf. Gelegentlich kommt die altertümliche Lanze in diesem Sinne vor.

Von der soldatischen Ausrüstung wird der *Helm* am meisten genannt. Der Träumer geht unter soldatischen, d. h. unter kämpferischen Gedanken. Er wird aber auch von diesen geschützt.

Der Soldat trägt, wie der Mensch, die Bürde dessen, was er zum Lebenskampfe notwendig braucht. In manchen Träumen ist der *Tornister* sehr schwer, oft ist er mit unnötigen Dingen beladen, wie der Mensch manche unnütze Last auf seinem Lebensmarsche mit sich trägt. So hätte jener Träumer ruhig auf die Katze verzichten können, die er auf seinem Tornister mitschleppte. In Wirklichkeit handelt es sich wohl um das Verhältnis zu seiner Angestellten, das in einer Zeit eigenen Lebenskampfes ihn hinter seinem Rücken, also unbewußt, belästigte und beunruhigte. Bessere Lösung für seine Probleme fand jener Träumer, der auf den Rat eines großen Unbekannten hin seinem überschweren Tornister ein Y-förmiges Holz unterlegte und damit fortan leichter trug. Dieses Y-Holz ist ein Symbol der Vereinigung des Männlichen und des Weiblichen in der Seele des Menschen. Wenn er beides in sich verwirklicht hat, dann trägt sich seine Last leichter.

SCHUL- UND PRÜFUNGSTRÄUME

Nicht ohne eine gewisse Protestgebärde und mit der Bemerkung, daß die längst vergangenen, heute so bedeutungslosen Dinge den Menschen immer viel zu lange nachgingen, berichten Erwachsene besonders häufig von Schulträumen. Immer wieder sitzt der Träumer nach mehreren Jahrzehnten, wie einst, in der Schulbank – bald allein, bald mit den einstigen Kameraden; aber als Erwachsener, bald mit verschiedenen Leuten seines Lebenskreises. Und wieder sollte er, wie einst, Aufgaben lösen. Diese *Aufgaben* sehen aus wie Schulaufgaben und sind es doch offensichtlich nicht. Vorn in der Traumschule steht jener besonders strenge *Lehrer* der Jugendjahre, aber es kann auch ein Mann sein, der dem heutigen Chef, einem Freunde gleicht, oder ein alter unbekannter Mann ist. Es wird ein bestimmtes Thema behandelt, und man hätte, vor allem der Träumer, richtig zu antworten. Man steht wieder einmal in einer Prüfung.

Nach dem Ausweis der Träume hat sich die Schulzeit und ihr von außen gesehen meist wenig bedeutendes Geschehen tief in die Erinnerungstafeln des Unbewußten der meisten Menschen eingeprägt. Die Schulzeit ist, worauf auch übrigens die für Fremde stets so langweiligen Erinnerungsgespräche der Erwachsenen hinweisen, irgendwie immer wieder aktuell und besagen offenbar mehr als nur Erinnerung.

Wenn dem praktischen Psychologen Schul- und *Prüfungsträume* zur Deutung vorgelegt werden, fällt es diesem leicht, den Träumer davon zu überzeugen, daß seine Träume sich auf die heutige Lage, auf seine Gegenwart beziehen; denn fast in allen Fällen ist der Schultraum das Symbol der gegenwärtigen Lebensschule, in der wir alle unsere Aufgaben zugewiesen bekommen, unser Pensum, etwa die Erledigung eines größern Konflikts in angemessener Zeit zu beendigen und die Prüfungen des Daseins zu bestehen haben. Im Traume werden wir zu einer Antwort aufgerufen, aber die Frage ist eine Lebensfrage, oft gestellt vom allermächtigsten Schicksal. Es kommt vor, daß einer sich vom unbekannten Lehrer muß „in die Hefte schauen lassen", in etwas, das er gerne verbärge. Oder er soll in einer Fremdsprache reden können, in einer Sprache etwa des Gefühls, die er vielleicht noch gar nie gelernt, und die ihm deshalb fremd geblieben ist. Und doch verlangt die Lebenssituation, daß jetzt einmal das Gefühl spreche.

Da in den Schulträumen die totale Persönlichkeit des Träumers, sowohl das befragte und zur Leistung aufgerufene Ich, dazu die Mitschüler, wie auch, als eine höhere Instanz, in ihm der Lehrer enthalten ist (der Träumer selbst ist die ganze Schule, die Schüler und der Lehrer), gibt es in dieser Schule kein Einblasen mehr, keine Betrugsmöglichkeiten und keine Ausflüchte. In der Traumschule kann man nicht einmal schwänzen. Wenn es seltenerweise einmal versucht wird, beantworten dies die folgenden Träume mit einem sehr unguten Aspekt. Schulträume sind also sehr ernstlich zu meditieren. Das hat eine Träumerin nicht unterlassen, die in eine Klasse von Schwachbegabten und Unentwickelten trat und die Kinder (in ihr!) wenig gepflegt und schlecht gekleidet fand. An der Tafel standen einfache, aber schöne Aufgaben, welche freilich diese ihre Kinder noch lange nicht lösen konnten. Dabei stand auch der Vorname eines Mannes, zu dem sie in sehr beschwerten Beziehungen stand. Die Träumerin hat sich ihrer unentwickelten Seite seither in einer bedeutenden Arbeit selbst angenommen. Andere Träumer hatten in der Schule zu lernen, wie man mit Blumen umgehe. Wieder andere, im offiziellen Leben höchst tüchtige und angesehene Leute, erhielten den Bericht, daß sie, von innen aus gesehen, „sitzen geblieben" waren.

Freud wie *Adler,* die den Blick allzusehr nach rückwärts in die Biographie des lebenden Menschen richten, nämlich auf die Kindheit und deren Elternbeziehung, übersehen, welch ein gegenwärtiges und zukünftiges Problem der Schultraum enthält. *Freud* glaubte, daß die Prüfungsträume „die unauslöschlichen Erinnerungen an die Strafen für Kinderstreiche seien."

In Kreisen, die eine erweiterte Schulbildung genießen durften, denen die *Maturitätsprüfung* den Weg zur Hochschule freigab, steht man im Traume sehr häufig, selbst nach der Mitte seines Lebens, in einer Reife-, in einer Maturitätsprüfung. Es ist klar, daß die eigene heutige Persönlichkeitsreife geprüft wird.

Tief bewegt erzählte ein Wissenschafter: „Ich unterrichtete im Traum noch am Mädchengymnasium zu B. Die Schülerinnen arbeiteten am Maturitäts-Aufsatz, einem schönen Thema, das gestellt zu haben ich stolz war. Ich selbst stand müßig am Fenster, sehr zufrieden mit mir. Auf einmal wurde mir blitzartig klar und das Herz stockte mir, daß ich ja selbst der Prüfling war. Ich setzte mich unter die Männer und Frauen – dazu waren die Schülerinnen geworden – und schrieb und schrieb und gab einem sehr ernsten Manne von unbeweglicher Güte zum Schlusse noch eine Arbeit ab, die gerade genügend war. Tränenüberströmt erwachte ich." Der Erzähler erinnerte sich, daß er noch zwanzig Minuten Zeit gehabt hatte.

Hier sei die psychoanalytische Deutung nicht verschwiegen. Sie sieht im Maturitätstraum und dessen Angst nichts anderes als die Angst vor der Impotenz, die Furcht, vor der Frau erotisch nicht bestehen zu können.

Bei der Betrachtung der Schulträume ist wichtig das Schulzimmer in seinem Aussehen. Besondere Bedeutung hat die *Wandtafel* als der Ort, da weiß auf schwarz die Aufgabe steht. Hell auf dunkel, also bewußt gemacht, steht hier etwa das Rechenexempel des Lebens; manchmal sind es auch exotische Schriftzüge. Es besteht im Traume, da die Seele gerecht ist, die Auffassung, nachdem das Leben dem Träumer bisher viel Erfahrung nahe gebracht, sei dieser für die gestellte Aufgabe gerüstet. Eine Entschuldigung wird bekanntlich vom Leben nie angenommen. Wer die Traumaufgabe nicht zu lösen vermag, der hat offenbar im bewußten Leben seine Schwierigkeiten weder in ihrem Wesen noch in ihrer Lösbarkeit begriffen. Es ist höchste Zeit, nachzuholen, was noch nachzuholen ist.

So wichtig wie die Schilderung des Schulzimmers und Schulgebäudes − oft eine überblendete Aufnahme, welche die Schule der Kindheit, das Bureau, ein unbekanntes Laboratorium und ein Kirchenraum gleichzeitig sein kann − sind auch die im Raume anwesenden Menschen. Wie ihre Gestalt möglicherweise gedeutet werden kann, wurde schon dargetan.

Die Prüfung selbst kann sich auf alles mögliche beziehen. Während jener Industrielle dagegen protestierte, ein paar besonders schwierige dogmatische Fragen aus längst vergessenem Katechismus zu erläutern, so hatte ein protestantischer, sehr „abstrakter" Theologe, der in Zoologie geprüft wurde, offenbar einige tierhafte Angelegenheiten des Menschen klarer zu sehen. Es gibt auch Traumprüfungen, die nicht in einer Schule sich abspielen. So hatte ein Mann von vierzig die Motorboot-Prüfung zu bestehen. Er, der zu seinem Leidwesen nicht an einem See wohnte, hatte noch nicht erkannt, daß in ihm die Wasser des Unbewußten sich zu einem See innerer Landschaft dehnten. Wer in Prüfungsträumen steht, der sehe zu, daß er für sie gerüstet ist. Kommt er durch, worüber das Traumende meist Auskunft gibt, so läßt ihn das Leben zu stets neuer Reifung weiterziehen.

VOM INNEREN GERICHT

Es gibt keinen strengeren Herrn als die Seele. Oder wollen wir sie Herrin nennen? – Sie verlangt von uns, daß wir das tun, was zu ihrem und damit zu unserm Heile ist. Da jenes innere Zentrum, das Selbst, unsere Ganzheit im Dienste des großen Lebens zusammenbringen will, hat sie immer wieder auf das hinzuweisen, was innere Notwendigkeit ist, was im Raume des uns gesetzten Schicksals zu erfüllen bleibt.

Kein Mensch lebt ein volles Leben, ohne durch Schuld, andern und sich gegenüber, hindurch zu gehn. Das Gefühl der Schuld kann im Erleben des tapferen und verantwortungsvollen Menschen zu einem großen Bildner des Charakters werden.

Der Traum lebt in der großen ethischen Haltung einer echten Verantwortlichkeit gegen Umwelt und Innenwelt. Vergeht sich der Mensch am Rechten, am Richtigen, das er zu erfüllen hätte, dann wird er im Traume häufig vor das *innere Gericht* geladen. Dessen Strafen sind außerordentlich hart. Sie müssen dem Träumer seine Schuld und Aufgabe bewußt machen. Die Strafen können darin bestehen, daß man vor sich selbst und der innern Traumöffentlichkeit an den Pranger gestellt wird. Schlecht bekleidet, verschmutzt, oft in seltsam lächerlichem Aufzuge findet man sich zur größten eigenen Pein auf öffentlichem Platze. Man wird verspottet, von uns, in uns verspottet, mit häßlichen Schimpfnamen belegt. – Besonders augenscheinlich geschieht auch ein solches Urteil, wenn uns ein minderwertiger Mensch, sozusagen als Aushängeschild, beigesellt wird.

Welch harten Richterspruch fällt die innere Instanz über

manche unserer Unternehmen! Wie nennt sie Schein und ohne Bedeutung, was uns schon Leistung zu sein dünkt! Wie kann es eine wirkliche Leistung als einen Mißbrauch unserer Kräfte bezeichnen!

Ein Mann, der in seinen erotischen Wünschen zu hoch gegriffen, wurde in seinem Traum wie jener Ixios, der Hera begehrte, aufs Rad gebunden und in einer Schmutzlache auf- und niedergedreht. Dabei hatte der Träumer keine Kenntnis jenes dunklen Blattes griechischer Göttermythen. Indem man dem Träumer diese uralte Geschichte erzählt, erspart man sich jede Warnung, die uns als Moralpredigt ausgelegt werden könnte. Denn das eigene Erleben im Spiegel des Uralten zu sehen, ist wirksam genug. Es braucht viel, bis der Mensch zum Bewußtwerden seines Selbst kommt. Er muß oft erst hingerichtet werden, gerichtet auf das, was sein Selbst mit ihm vorhat. Träume der Menschen um vierzig wissen von solchem Vollzug eines inneren Urteils zu berichten. Man ist *zum Tode verurteilt,* nämlich zum Tode der bisherigen Lebenseinstellung.

Diese Deutung wird in einer Zeit, die so viele Unschuldige gemordet hat, bei so vielen Angstträumen, die sich auf eine höchst wirkliche äußere Tatsächlichkeit beziehen, etwas gesucht erscheinen. Doch belegt sie sich immer wieder. Man muß sterben, einen Tod durchleiden, damit man gereinigt und reifer wieder leben kann. Hie und da steht der Träumer selbst als Offizier Wache, damit die Hinrichtung seiner selbst nicht durch Kräfte, die solche bittere Wandlung nicht anerkennen wollen, verhindert wird.

Andersartig ist der Traum jenes Mannes, der jemanden mit einem Fallbeil aus Papier töten sollte. Er verteidigt sich, es sei Schicksalsauftrag. Die Einfälle ergeben, daß er längst einen Brief hätte schreiben sollen, der eine unmögliche, eine innerlich unerlaubte Beziehung „enthaupten" wird. Dabei hat er das Gefühl, selbst auf dem Richtblock zu liegen.

Das ist das Bedeutsame an diesen Träumen, daß der Opferer und der Geopferte derselbe sind. In diese ernste Welt innerer Wandlung gehören die Träume vom Zerstückeltwerden. Aber sie sind nicht als Grauen gemeint, sie sind Symbole der Erneuerung. Wie der zerstückelte Osiris – wir haben darauf hingewiesen – wieder zusammengebracht wird, so soll der Mensch, dessen Energien nach allen Richtungen auseinanderjagen, nun wieder gesammelt werden.

Gelegentlich wird auch – anders als in dem entsetzlichen Bombardierungsgrauen unserer Zeit – der Mensch *im Feuer geläutert*. Es ist ein Feuer, das alles wegbrennen soll, was unnütz an ihm hängt. Er kann auch ein Wesen, das er selbst ist, in der Retorte des Alchemisten sehen, der aus Niedrigem das Gold höchsten Persönlichkeitswertes herausglühen will. Die Seele ist ernst und sachlich, ist ohne Mitleid und doch gütig. – Manchmal bedarf ihr Mensch, für den sie verantwortlich ist, nur einer größeren Einsamkeit, eines Eingeschlossenseins mit sich selbst. Dann wird er zu *Gefängnis* verurteilt, er ist bereits im Gefängnis. Man ist auch etwa der Gefangene seiner Gefühle – gebunden an Dinge oder Menschen, an die man nicht gebunden sein sollte. Auch das wird im Traum realistisch dargestellt. So will ein Träumer auf der Straße rasch nach einem Ziele eilen. Er wird durch eine Gruppe Gefangener aufgehalten. Er begegnet sich unter diesen selbst. – Ein anderer Träumer wird in eine Zelle eingewiesen, die sich aber als Direktionszimmer eines großen Betriebes erweist. Offenbar soll er die Leitung seiner selbst übernehmen und er, der begabte Ausreißer, sich endlich konzentrieren. Wie er an die Mauer des Gefängnisses, draußen im Garten, hinaustritt, ist diese nur fußhoch. Er könnte also entweichen. Denn die Freiheit eigener Entscheidung nimmt die Seele ihrem Menschen nicht. Dieser Träumer entschloß sich, seine Strafe abzusitzen. Damit erfüllte er das, was andere Epochen das große Opus, nämlich das Werk an sich selber, nannten. – Nicht jeder kommt dazu. Es scheint Auserwählte des Leidens zu geben; sie leiden sich, ohne Sentimentalität, an ihr tiefstes Wesen heran. Bevor sie in diesen Bezirk der Läuterung treten, wird von ihnen in einigen Träumen beim Eintritt in das Gefängnis der Paß oder das Paßwort verlangt. Man soll wissen, wer es ist, der dieses Schwere unternimmt.

BILDER, BÜCHER, THEATER UND KINO

Die Psyche hat ihre eigene Ökonomie. Sie liebt es, in der Darstellung einfacher seelischer Vorgänge sich schon geformter Inhalte, besonders auch der sogenannten Bildungserlebnisse, zu bedienen. Wir wissen, wie oft der Traum das eindrückliche Stück eines Zeitungsartikels aufnimmt oder einen Satz wiederholt, den wir in einem Vortrag gehört haben. Es kann auch das Zitat auf dem Abreißkalender oder eine Bemerkung aus einem angehörten Gespräch sein. Besonders häufig liegt im Traum ein *Buch* auf, oder es wird uns ein solches zugeschickt; es wird erwähnt, oder wir stoßen an sehr ungewohntem Ort auf einen Band, an den wir längst nicht mehr dachten. Sehr häufig enthält dieses Buch ein Motiv, als Roman einen Handlungsverlauf, der ähnlich ist dem Ablauf der seelischen Situation, in welcher sich der Träumer zur Zeit befindet. Besitzt man diesen Band, so tut man gut daran, ihn in Wirklichkeit vorzunehmen und noch einmal zu lesen. Vielleicht „sagt es uns jetzt etwas", nämlich über uns. Mit welchen Gedanken sich ein Träumer nach gar nicht eindrücklicher Begegnung mit einem jungen Mädchen unbewußt doch beschäftigte, verriet sein Traum, in welchem er sich im Buchladen einer bisher unbekannten Straße Manzonis „Promessi Sposi" erstand. Es war in ihm „Verlobungszeit", in die er innerlich geraten.

Träume um *Buchtitel* vernimmt man immer wieder. Besonders gern sind es Buchtitel von verführerischer, ja oft sogar kitschiger Formulierung. Die Titel holt sich der Traum etwa aus dem Bücherladen, vor dem man gestern gestanden. Und man ist manchmal sehr betroffen, daß ein Titel haften geblieben, mit dem man sein Gedächtnis wirklich nicht belasten wollte. Dieser Titel aber stellt das Konzentrat eines bestimmten Augenblicks unbewußt bedeutsamen Erlebens dar. Es ließe sich eine hübsche Liste von solchen Buchtiteln anführen, aber auch eine sehr große Traumbücherei aufstellen von Werken, die der Träumer aus seiner Jugendzeit übernommen, die er sich gekauft, von Bekannten erhalten oder bei sich selbst entdeckt hat. Zwischen den Buchdeckeln dieser Bücher steckt eine eigenartige Vermischung: eine halb erinnerte, vielleicht in der Schule besprochene Dichtung und die hineingewobene eigene Geschichte. Büchertitel und Bücher, denen man im Traum begegnet, soll man als eine Aussage über etwas, das in uns geschieht, lesen, mögen sie noch so kitschig, sentimental oder trocken wissenschaftlich sein. Jener Student der höheren Mathematik, der sich ein Buch über Gruppentheorie erwarb, mußte in der Besprechung seines Traumes bekennen, daß er mit einer ganz andern Gruppentheorie beschäftigt war: er hatte sich verlobt, seine frühere Freundin insgeheim beibehalten und sich zu alledem auch noch in eine ziemlich minderwertige Frau verliebt. Das ganze war für ihn freilich mehr als ein mathematisches Problem! Ein Wissenschafter von Ruf wurde im Traume genötigt, eine Zeitschrift mit dem Titel „Wissen und Leben", die jetzt unter anderm Titel weitergeführt wird, hervorzusuchen, um in ihr täglich ein Stück zu lesen, obwohl es sich nicht um Artikel dieser Zeitschrift handelte. Vielmehr verlangte seine eigene, innere Zeit, daß er, der das „Wissen" bisher überschätzt hat, sich nun auch an das „Leben" heranwage und beides vereine.

Ein junger Mann fand in der Bibliothek eine Schrift über die Entwässerung des Gebietes von R., seines Heimatortes. Eine solche Schrift existiert nicht. Der Träumer aber bedurfte dringend einer Entwässerung seiner Seele, er mußte wirklich aus dem Geburtswasser eines Unbewußten herauskommen. – Häufig werden vom Traume Phantasietitel erfunden. Diese Phantasie über das eigene Leben hat man aufzulösen und ihre Grundmeinung sich bewußt zu machen. Selbstverständlich erlebt man es sehr häufig, daß ein Buch auftaucht, zu dem man trotz angestrengtestem Nachdenken keine Beziehung aufdecken kann. Es bleibt in einem solchen Falle nichts anderes übrig, als einmal festzustellen, daß man einen innern Besitz hat, zu dem keine bewußte Beziehung vorhanden ist. Nach und nach stellen sich jedoch Einfälle aufklärend ein, oder in Träumen der gleichen Zeit wird angedeutet, welche Rolle diesem Buch zukommen könnte.

Nicht selten wird erzählt, daß man in einem Buche Geldscheine fand. Geschieht dies in einem wissenschaftlichen Werk, das der Student zu durchackern hat, dann ist die Bedeutung klar: der Widerspenstige wird darüber belehrt, daß hier ein Wert verborgen liegt.

In Träumen von Büchern ist bedeutsam, wem das Buch gehört, wie wir dazu kamen. Häufig ist auch die Farbe des Einbandes sehr bezeichnend. Es gibt Leute, die müssen durch einen goldgeprägten Titel, mag ein solcher nun modern sein oder nicht, auf den Wert des durch das Buch angedeuteten Lebensinhaltes hingewiesen werden.

Natur und Geist erscheinen dem Unbewußten als Großmächte des Lebens. Als ein Behälter des Geistes erscheint besonders häufig das Buch. Hie und da ist es uralt, groß, von eindrücklicher Schrift: es ist das Buch des Lebens selbst.

Man hat in Träumen viel mit *Photographien* und Photographieren zu tun. Der Sinn dieser Träume ist klar, wenn man bedenkt, daß ein Bild aufgenommen, festgehalten wird, das man nachher dauernd besitzt. Wer im Traume photographiert, hat sich offenbar ein klares Bild von einem Menschen oder einer Situation zu machen. Auf diese richtet er sein Objektiv.

Eine Träumerin will an einem hellen Tage eine Aufnahme von ihrem Bekannten machen. Seltsamerweise wird dessen Gestalt immer dunkel, wenn sie den Apparat auf ihn hin richtet. So ergibt sich kein Bild; ohne nach dem Grund und dem Urheber dieser Verdunkelung zu forschen, kehrt sie, plötzlich ein Gerät aus ihrer Kinderzeit in den Händen tragend, nach ihrem Jugendhaus zurück. – Im Traume kann man auch von sich selbst ein Bild vorgewiesen erhalten, das einem gar nicht gefällt. So soll man also aussehen? Liegt aber die Schuld nur am innern Photographen?

Eine ältere Dame, die den Ernst des Lebens nie ganz annehmen wollte und schwerwiegende Ereignisse sehr euphorisch betrachtete, erzählt, daß sie im Traume häufig weinte. Das ist selbstverständlich eine Kompensation. Einmal aber erhält sie ein Photoalbum in die Hand gedrückt und sieht sich darin selbst, alternd, krank, in einem altmodisch geblümten Kleide. Ihre Tochter tritt ein und will ihr verbieten, weiterzublättern. Sie tut es dennoch und schaut sich nun entsetzt als altes Weib, aus dessen Totenschädel sie ihre eignen Augen in tödlicher Verzweiflung anstarren.

Hier darf beiläufig auf das Symbol des *Spiegels* hingewiesen werden. Wohl schon jeder hat mit einem gewissen Erschrecken und gleichzeitig in forschender Spannung sich im Spiegel selbst in die Augen gesehen. Man sieht sich selbst in tiefstem Sinne an, steht sich gegenüber. Spiegelträume sind nicht sehr häufig, haben aber wohl stets eine ernste Bedeutung. Kulturgeschichtlich früh schon hat man behauptet, Spiegelträume hätten mit Unheil und Tod zu tun. Man kam auf diese Deutung wohl deshalb, weil etwas von uns außen ist, weil wir selbst im Spiegel außer uns sind. Das erzeugt jenes Primitivgefühl des Seelenraubes. Menschen, die sich lange im Spiegel ansehen, spüren fasziniert etwas Lähmendes. Spiegelträume erscheinen vor der Individuation, dann, wenn ein Rückfinden zu sich selbst nötig ist. Den Anblick ihrer selbst halten aber nicht alle aus. Einige wenige, wie der Narziß des Mythos, kommen sich an ihr im Wasser geschautes Spiegelbild „abhanden". Andere wieder kommen nach erschöpfender Wanderung erst wieder zu sich selbst, wenn sie in den Spiegel geschaut, sich ihre tatsächliche Existenz sichtbar belegt haben.

Um zur Photographie zurückzukehren: Man kann auch von Freunden oder irgendwelchen Menschen, mit denen man schicksalsmäßig verbunden ist, im Traum ein Bild erhalten. Ihr Wesen soll uns damit bewußt gemacht werden. Dieses ist freilich oft sehr anders, als wir bisher gedacht hatten.

Gelegentlich hat man auch *Photoalben* durchzusehen. Man soll Vergangenes, festgehalten im Gedächtnis des Unbewußten, sich noch einmal betrachten. Es ist oft erstaunlich, was dieses in seiner Sammlung kleiner Bilder besitzt, in welchen Situationen man sich selbst oder andere sieht. Hie und da sind es Familienalben mit interessanten, aber auch mit lächerlichen, altertümlichen Bildern. Von diesem Altertümlichen ist vielleicht noch etwas in uns selber. Wir können durch die Photos des Traumes mit dem bekannt werden, das wir vorher noch nicht in uns wußten.

Es werden im Traume die verschiedenartigsten Photos herumgereicht, damit man sich ein „Bild" mache. Der Zusammenhang von Apparat und Technik weist voll auf das Intellektuelle hin. Statt einer Photographie ist es öfters auch ein gemaltes *Porträt*. In diesem wohnt größere Dauer als in jener.

Die Technik der Neuzeit hat ein sehr treffendes Gleichnis für den Traumvorgang innerer Bildvorführung geschaffen: Das *Kino* und seinen *Film*. Sitzt man da nicht im Halbdunkel und vor einem läuft das Geschehen auf heller Projektionswand ab? Der Schöpfer des Traumes verzichtete nicht auf diesen Fund aus der Außenwelt und führt deshalb den Träumer in das eigene Traumkino. Was dieser dort zu sehen bekommt, hängt oft mit bekannten, wirklichen Filmen zusammen. Dann nämlich, wenn ein Teil ihres Inhaltes typisch ist für ein Erlebnis des Träumers. Als Kontext bringt mancher dem Berater den Inhalt des Filmes, den er letzthin sah – plötzlich wird eine eigene Situation deutlich. Im Traume selbst kann eine Szene des wirklichen Filmes wiederholt werden, doch ist so vieles anders; unser eigener Film wird nämlich gespielt. Die Filmträume beschäftigen sich hauptsächlich mit unserm Schatten, mit Animus und Anima. Ihre ganz besondere Rolle haben die reklamebetonten Filmtitel bei Leuten, die selber selten ins Kino gehen. Jenen aber können sie in der Zeitung, an Hauswänden und Plakatsäulen nicht ausweichen, und sie werden vom Geschrei der Reklame im Unbewußten erregt.

Ein Träumer sollte selbst filmen, doch fand er nie den richtigen Platz, seine Apparatur aufzustellen. Ihm fehlte eben noch der Standpunkt, von wo aus eine Lebensangelegenheit richtig aufgenommen und bewußt gemacht werden konnte.

Auch im Filme kann der Träumer sich zu seinem Erstaunen mitspielen sehen. Wirklichkeitsnäher aber ist sein Mitspielen im Traume von der Theatervorstellung. Das *Theater* und seine beleuchtete agierende Bühne ist wohl das noch zutreffendere Gleichnis der Traumsituation. Da wird in bewundernswerter Technik eine Handlung aufs lebendigste ins Licht des Bewußtseins gerückt. Es wurde schon darauf hingewiesen, wie sehr der Aufbau des Traumes und der Aufbau des Dramas sich gleichen. Auch darauf, daß der Träumer bald nur Zuschauer, bald aber Mitspieler, nämlich mit seinem Ich beteiligt ist an dem, was in ihm vorgeht. Daß ihm solch ernstliches Mittun oft sehr zuwider ist, weiß jeder psychologische Seelsorger.

So geht ein Mann in seinem Traume ins Theater, um, wie er sagte, „Zuschauer eines interessanten Schauspiels zu werden". Jemand nimmt ihm den Mantel ab, schiebt ihn selbst nach der Bühne. Darauf legt ein Darsteller den Arm um seine Schulter, „als wollte er mir das Stichwort zu meinem Einsatz geben. Ich protestiere etwas erregt: Aber ich spiele ja gar nicht mit!" Das war es eben: der Träumer, ein introvertierter Naturwissenschafter, verweigerte in wichtigen Lebensdingen seinen Einsatz, spielte auf seiner eigenen Lebensbühne nicht mit.

Wer vom Theater träumt – es kann auch die gefühlsbetontere Oper sein – suche, nachdem er Tageszusammenhänge klargestellt, was für eine Bewandtnis es zwischen ihm und dem Spielprogramm seines innern Schauspielhauses hat. Was wird gespielt? Wer sind die Schauspieler? Und was holen sie aus Vergangenheit oder Gegenwart auf ihre Bühne? Ist es, im ganzen besehen, nicht eher eine Tragödie als eine Komödie?

Erstaunt berichtet mancher Träumer und manche Träumerin reiferer Jahre, daß in ihrem Traum *„der Tänzer"* aufgetaucht sei, eine Gestalt, mit der man nichts anzufangen wisse. Aber man erinnert sich vielleicht doch, daß der indische Gott Shiwa, der Gott des Lebens schlechthin, auch die Gestalt des vielarmigen Tänzers annehmen kann und in dieser Erscheinungsform hoch verehrt wird. Man mag sich auch der Redensart vom Tanz des Lebens erinnern, an den Tänzer, der auftritt da, wo man der leidenschaftlichen Bewußtheit des Lebens nahe ist, wo man hineingeraten ist in das um ein unsichtbares Zentrum kreisende Leben. Der Tänzertraum ist ein großer und bedeutender Traum. In ihm erfaßt man eine Grundfunktion des Lebens.

Freilich muß es einfach „der Tänzer" sein, nicht aber

irgend ein Tanzpartner unseres Traumballes. Dieser wäre lediglich die innere gegengeschlechtige Seite, wenn man nicht gar den Traum auf der Objektseite zu lösen hat.

Dem Tänzer steht sehr nahe die Gestalt des *Harlekin,* des Bajazzo. Dieser verkörpert in seinem schwarz-weißen Kleide von rhombischen Würfeln den fortwährenden Wechsel von Hell und Dunkel. Erfahrungsgemäß ist immer Lust und Traurigkeit um ihn. Es ist der Bajazzo, der lacht, und der doch gleichzeitig weinen möchte, es ist Lebensintensität, durchwirkt von der Dunkelheit des Sterbens, des Wissens um den Tod.

TRAUMMUSIK

Im Traume wiegt das Bilderlebnis gegenüber dem Tonerlebnis weit vor. Doch hebt das Unbewußte in manchen Träumen auch zu musizieren an. Wo solches geschieht, ein einzelnes Instrument oder ein *Orchester* ertönt, wird man vermuten dürfen, es handle sich um ein Geschehnis aus dem Gefühlsbezirk, das eine solche musikalische Traumantwort findet. In bestimmten Situationen musiziert die Seele; hintergründig wird der Tag von ihren Tönen begleitet. Gelegentlich schwillt die Musik zu einem vollen Orchestersturm an, dessen Zusammenklang von einer innern Instanz, einem über die Gefühle verfügenden „Dirigenten" geleitet wird. Solch ein inneres Orchesterkonzert ist stets ein Traumerlebnis von positiver Bedeutung. Ob man dieses Urteil auch auf jene herrliche überirdische Musik ausdehnen darf, welche Todbedrohte im Traum zu vernehmen glauben, ist eine Frage der Weltanschauung.

Der Träumer erhält gelegentlich den Befehl, in einem Orchester selbst mitzumachen. Er soll es dirigieren, oder als Spieler mitwirken. Es darf offenbar das Ich nicht beiseite bleiben in dieser Gefühlsharmonie. Zu beachten ist in diesen Träumen, wer mitspielt und wo gespielt wird. Es ist manchmal ein Ort, mit dem wir schicksalshaft verbunden sind.

Es läßt sich nicht leugnen, daß einzelne Instrumente sexuelle Bedeutung haben können. So sind die Streichinstrumente, *Geige, Cello, Kontrabaß,* weiblich, nicht nur ihrer ausladenden Form wegen; der Spieler mit seinem Bogen ist natürlich männlich.

Ein dreißigjähriger Träumer hat seine Geige, die offenbar noch immer in der Mägdekammer seines einstigen Elternhauses liegt, zu holen, um zu einer rechten Beziehung zur Frau zu kommen; denn ein Teil seiner erotischen Kraft, seiner Libido, ist dort hängen geblieben.

Vom derben Gleichnis sexuellen Aktes bis hinauf zum geistigen Erlebnis des wohltönendsten Eros kann der Sinn dieser Instrumententräume gehen. Männliche Instrumente sind vor allem die hölzernen und metallenen Blasinstrumente. Welch erotischen Sinns, welch sehnsüchtiger Ruf der Liebe war das klagende Waldhorn der Romantik!

Das *Klavier* fällt auf durch seine Tastatur, die eine bestimmte Tonfolge festlegt. Es kann sich deshalb im Klaviertraum eine konventionelle Gefühlsskala antönen. Von der Deutung als Gefühlsskala aus wird jener Traum verständlich, in welchem die untern, zur linken Hand gehörenden Tasten keinen Ton mehr erzeugten, weil sie sich festgeklemmt hatten. Nur die bewußte rechte Tastenreihe, also die hohen, hellen, nicht tiefgründigen Töne standen zur Verfügung.

Bei einer Träumerin waren nur die schwarzen Tasten der Halbtöne beweglich. Auf diesen spielte sie ein trauriges und unharmonisches Lied. Doch ging ihr selbst der Sinn dieses fast humoristischen Gleichnisses auf. – Es kommt häufig vor, daß eine bestimmte Taste versagt. Sie ist wie eingeklemmt, bleibt unten liegen. Zum Erstaunen des Träumers ist ihre Bezeichnung, etwa e oder h, gleichzeitig der Anfangsbuchstabe des Menschen, zu dem die innere Beziehung konflikthaft geworden ist.

Das *Lied,* die menschlichste musikalische Äußerung, ertönt im Traume selten, nur als ferne Melodie einer unbekannten Frau, einer Anima, die ähnlich wie Solveig den Weltenfahrer, Peer Gynt, heimholen möchte. Und doch kann ein Traumlied dem Menschen einen ganzen Tag hindurch nachgehen, und wir fragen uns: „Wo hörten wir dieses Lied zum ersten Mal? Warum macht es uns Eindruck? Hängt es an der Melodie? Ist es der Text? Die Einheit beider?" Viele

Erwachsene hören im Traume Kinderlieder oder die derben Gassenhauer der Pubertätszeit. Oft ertönt das Allerharmloseste, etwa: „Der Mai ist gekommen!" So banal muß man dem Träumer begreiflich machen, was in ihm geschehen ist. Die sentimentalen *Schlager* aus Opern und Operetten lassen auch im Traume ihre Platten laufen. – Häufig ist das religiöse Lied. In einer sehr schweren Epoche seines Lebens wird von einem Träumer verlangt, er habe den Choral „Großer Gott, wir loben Dich" anzustimmen. Er ist darüber zornig, sitzt aber schon als Spieler an der Orgel. Doch es fehlen ihm die entsprechenden Noten, und auswendig – der Franzose sagt par cœur! – wagt er noch nicht, zu spielen. Dennoch hat er begriffen, daß in dieser Notzeit ein neues Leben anfing, daß er mehr zu danken als zu klagen gehabt hätte.

Bei allen Liederträumen ist die Erläuterung, sind die Einfälle wichtig. Diese erst erlauben die Deutung. Dazu sollte man stets versuchen, den Text des Liedes, von dem eine Verszeile im Traume sich hören ließ, hervorzusuchen, ihn zu überlegen und, wenn man im Traum selbst sang, das Lied zu singen. Man wird dabei eine seltsame innere Erfahrung machen.

VOM GELDE

In einer Welt, in der das *Geld* eine oft entscheidende Rolle spielt, wird auch viel vom Geld geträumt. Es wird bald einfach vom Gelde gesprochen, oder es ist eine bestimmte Summe, meist sich haltend in den Grenzen der Wirtschaft eines mittelständischen Haushaltes. Da jeder Erwachsene täglich mit den kleinen Geldbeträgen seiner Tagesausgaben zu tun hat, diese sich aber in den verschiedensten Betragsziffern präsentieren, kann praktisch jede kleinere oder mittlere Geldsumme geträumt werden. Scheinbar zufällige Beträge, die dem kleinen Preis irgendeiner täglichen Ausgabe entsprechen, können in ihrem Sinn nur durch einen genauen Kontext uns klar gemacht werden. Hier erhebt sich die Schwierigkeit eines jeden Zahlentraumes.

Warum hat die Träumerin in ihrer kleinen Handtasche gerade noch Fr. 4.85 und nicht mehr oder weniger? Das ist ein sehr gewöhnlicher und doch sehr individueller Betrag. Die Träumerin wird versuchen, sich zu erinnern, wo und wann sie diesen Betrag auslegte oder als Herausgeld zurückerhielt. Selbst wenn sie sich an diese Gelegenheit erinnert, kann der Traum etwas meinen, das nur schwer zu finden ist. Allgemein läßt sich solch eine Preisangabe gar nicht deuten. Wie beim Zahlentraum kann alles Mögliche in dem genannten Betrag stecken: eine Hausnummer, die Seitenzahl eines Buches, zwei oder drei Altersangaben. Oft lohnt es die Mühe nicht, all diesen Dingen nachzugehen.

Dennoch offenbaren solche Träume auch Bedeutendes. Eine Frau findet auf dem Wege fünf helle, neue Silberstücke. Ihr Mann, der neben ihr hergeht, kann das Geld, das sie freudig aufhebt, überhaupt nicht sehen. Offenbar ist hier das

Geld ein Wert, den sie auf ihrer eignen innern Straße, aber in der Nähe ihres Gatten findet. Es mag sich um eine Beziehung oder um eine kleine Tat handeln, deren Wert ihr Gatte nicht einzusehen vermag. Das Silbergeld läßt vermuten, daß es um typisch weibliche Werte geht. Die Fünf ist wohl ein Zeugnis dafür, daß das Gefundene mit dem kräftigen natürlichen Leben, das ihr hier so schön entgegenleuchtet, in Beziehung steht.

In verschiedenen Variationen tritt folgender Traum immer wieder auf: Ein Mann möchte sich für einen Lehrkurs einschreiben, der den Anfang einer Berufsänderung darstellt. Er hat ein Lehrbuch zu kaufen und ist erstaunt, daß dessen Preis so hoch ist. Es stellt sich dann bei der Besprechung des Traumes heraus, daß er gerade so viele Franken bezahlt hat, als er alt ist. Er muß offensichtlich sein ganzes Leben einsetzen, um das Neue zu gewinnen. Einem andern Mann kommt eine Geldsumme abhanden. Nach irgendeiner Mitteilung soll seine Freundin die Diebin sein. Objektiv ist dies völlig ausgeschlossen, da sie selber lieber gibt als nimmt. Dennoch erhellte die Deutung die Tatsache, daß der Mann dieser Liebesbeziehung zuviel Zeit und Energien opferte; sie verlangte mehr seelische Kräfte, als sie wert war. Anderseits sind Träume nicht selten, da man beim Erwerb irgendeines Dinges mehr herausbekommt, als man für den betreffenden Gegenstand, etwa für die Eintrittskarte ins Schauspiel, die Fahrkarte zu Freunden, ausgelegt hatte. Man ist mit Gewinn heimgekehrt, hat sich innerlich bereichert.

Die Auffassung ist viel verbreitet, daß Geldträume günstige Träume seien. Das sind sie natürlich nur, wie man freilich voraussetzt, wenn man in ihnen Geld erhält oder solches unerwartet findet. Jener etwas faule Student hat begriffen, warum er in einer wissenschaftlichen Zeitschrift Banknoten gefunden; es war da etwas zu holen gewesen. Die uralte Legende vom verborgenen Schatz im Acker wird in mancherlei Variationen häufig geträumt. Dabei ist die gefundene Kostbarkeit, ist der Schatz meist Gold. Am häufigsten besteht er aus Goldstücken, wovon bekanntlich viele Märchen zu berichten wissen. Die Reichswährung des Traumlandes ist die Goldwährung! Noten kommen bei höhern Beträgen etwa vor. Doch hat das Unbewußte noch wenig Kenntnis vom modernen Verrechnungsverkehr. Es bedient sich kaum des Checks, weiß nichts von Clearing. Seine Geldtheorie ist höchst einfach. Geld ist Kraft, ist seelische Energie, bereit, etwas zu bewirken. Sein Besitz erschließt neue Möglichkeiten. Geld ist im Traume ein Maß für die zur Verfügung stehende oder die erwünschte Energie, die wir, um etwas zu erlangen, einsetzen müssen. Wir erhalten die Lebensdinge nicht umsonst. Das Leben ist „teuer", es muß bezahlt werden! Jeder Erfolg kann uns einiges kosten. Diese Kosten werden gelegentlich in Geldbeträgen bewußt gemacht. In Geldträumen kann sich Potenz und Impotenz jeder Art als Besitz, als Gewinn oder Verlust ausdrücken. Besonders schön ist es, wenn nach Krankheit, nach irgendwelchem Lebensverlust, ein Mensch in seinem Hause oder in seinen Händen Geld vorfindet, wenn er also auf einmal wieder reich statt arm ist.

In Frauenträumen hat das Geld in der kleinen Handtasche oft erotische Bedeutung. Es ist sozusagen der Vorrat an weiblichem Eros. In allen Geldträumen ist zu beachten, was immer zu beachten ist: die Herkunft des Geldes, der Ort, wo man es erhält oder verliert, die besondern Umstände, welche die Geldgeschichten umgeben. Nicht ohne Bedeutung ist selbstverständlich das Metall der Münze; gerade hier darf nicht vergessen werden, daß aus dem Geringsten, etwa der kleinen Kupfermünze, Bedeutendes seinen Anfang nehmen kann.

Eine meist nicht beherzigte Mahnung scheint der Traum an den zu richten, der im Leben seine Kräfte und Begabungen nicht nützt. Im Traum ist er vorzugsweise ein besonders armer Mann und wird häufig von einer üblen Schattengestalt gehütet.

In manchen Träumen steht der Träumer im Verkehr mit einer *Bank*. Diese ist ein sehr modernes Symbol. Es gibt kleine Traumgeschichten, die davon handeln, daß man an einem Bankschalter unerwartete Summen ausgehändigt bekommt, oder daß die Bank in fremden und unbekannten Währungen auszahlt. Es kommt auch vor, daß man in einer fremden Bank ein größeres Kapital angelegt hat, und die Bank ist nun gesperrt. Die gesperrte Bank wird zum Symbol der eignen innern Energien, an die man nicht heran kann.

Hie und da erscheint die Landesbank, die Nationalbank, als innerste Energiezentrale. Wer dort etwas abheben kann, holt sich Kräfte in seine Ich-Welt, in seine äußere Tätigkeit. Wer Werte deponiert, nimmt Energien, die vorher in der Eigenwelt investiert waren, wieder zurück. Es träumt etwa einer: „Es will jemand von unten in die Bank einbrechen." Es geschieht da aus der eignen dunklen Tiefe heraus, aus der Welt des Schattens, von dem Ort aus, den wir als unten empfinden, ein Angriff auf unser Kräftezentrum, den wir wohl spüren, aber nicht sehen. Wir werden uns fragen: Wer will uns im Zentrum unserer Kräfte bestehlen? Ein anderer ging auf die Bank und wurde dort von einem Mann mit Buschmesser angefallen; das hat offensichtlich mit Geld nichts mehr zu tun. Sein Inneres enthält eben eine sehr kräftige, zerstörerische und anfällige Energie. Die primitive Kraft des Träumers scheint bösartig zu sein.

FORMEN UND WERTE

In den Träumen des Individuationsprozesses, d. h. jenes meist unter beraterischer Mithilfe sich vollziehenden Wandels der Persönlichkeit, aber auch in den Träumen außerhalb jeder Analyse erscheinen oft geometrische und stereometrische Gebilde. Sie haben zu tun mit der Konzentrierung der seelischen Energie auf ihren innern Kern, mit der Wandlung im geschlossenen Bezirk. So sieht der Träumer etwa den *Kreuzgang* einer ihm unbekannten Kirche oder eines nicht weiter bestimmbaren Gebäudes. Er hat den Auftrag oder unternimmt es von sich aus, den Garten in der Mitte nach allen vier Richtungen zu umwandeln. Damit umschreitet er sein eigenes Zentrum und gewinnt neue Erfahrung von dem, was sich darin befindet. Es kann dieser Weg, diese Umschreitung auch kreisförmig geschehen. Da ist die Tatsache des Zentrums besonders sinnfällig. Wer Kenntnisse der Kulturgeschichte besitzt, weiß um solche rituelle Umschreitungen − es können auch Umritte sein − die so den innern Bezirk im Gleichnis eines sichtbaren Platzes, eines Témenos, als zugehörig erleben.

Quadrate kennt man nicht nur als Bauteile christlicher Gebäude und religiösem Kult dienender Plätze, sondern auch aus östlichen Kulten. Ja, von diesen stammt auch die Bezeichnung solcher geometrischer Figuren, sei es ein Quadrat oder, unvollkommener, ein *Rechteck,* sei es der *Kreis* oder der mandelförmig ovale Schein, in dessen Mitte etwa die Gottesmutter oder eine außerchristliche Göttergestalt steht. Es ist das *Mandala.*

Übrigens fanden in solchem Quadrat, in solchem Kreise auch kultische Spiele statt, und noch heute hat die Arena der Träume die Bedeutung des Ortes, in dem die Auseinandersetzung des Träumers mit den psychischen Gewalten des Lebens stattfindet. Diese Gewalten können ihm als Tiere – man denke an den Stierkampf –, aber auch als menschliche Gegenspieler gegenüber stehen.

Das Quadrat hat natürlich auch mit den vier Funktionen zu tun, ist überhaupt ein Symbol der durch eine Vierheit immer wieder betonten Ganzheit. Als die unbewußte weibliche Kraft im Manne wird die Vierheit oft durch eine quadratische Stadt bezeichnet oder durch ein Haus, ein Zimmer quadratischen Grundrisses.

Am vollkommensten auf eine Mitte bezogen ist die Figur des *Kreises*. Dessen Gleichnis wird viel verwendet. Immer wieder wird ein Zusammengehöriges, wie beispielsweise eine Gruppe von Menschen, deren Interesse und damit die psychische Energie auf den gleichen Gegenstand des Lebens geht, als Kreis bezeichnet. Träume, in denen man etwas umkreist, in denen man in einem geschlossenen Kreis steht, haben eine positive Bedeutung; sie sind ein Beleg dafür, daß die seelische Energie zusammengehalten wird, ihre schöpferische Mitte hat. Gelegentlich wird auch eine Scheibe als das Symbol eines Vollkommenen ausgegraben. Oder der Träumer schaut, in ein Erlebnis eintretend, das mit dem Zeitablauf zu tun hat, auf den Stundenkreis der Uhr. Hie und da ist jener Fund auch eine Art von Mondscheibe und hat dann mit der Entwicklung des Weiblichen zu tun.

Alle diese Träume von Quadrat und Kreis sind im großen Ganzen als die Begegnung mit den Sinnbildern einer Entwicklung aufzufassen, welche die geschlossene Persönlichkeit des Träumers gewinnen möchte. Im einzelnen bedarf ihre Auslegung sovieler Einsichten und tiefenpsychologischer Mitteilung aus manchen schwer zugänglichen Gebieten, daß nur dies angedeutet werden kann.

Im Raume entspricht dem Quadrat der *Würfel,* dem

Kreis die *Kugel*. Sie haben dieselbe Bedeutung wie die dazugehörigen Flächen; nur ist eine Lebensdimension mehr dazugekommen. Kreis und Kugel, die sich um ihr Zentrum drehen, sind vor allem auch Symbole der psychischen Dynamik. Dem Kreise entspricht dabei auch das Rad, von dem etwa geträumt wird. Träumer, in denen sich der Individuationsprozeß vollzieht, sehen eine herrliche Kugel aus dem Boden auftauchen, oder sie haben eine Frucht vollkommener Runde in den Händen. Man weiß vielleicht, daß der Seele von manchen frühen Philosophien aus dem Bannkreis Platos eine Kugelgestalt zugeschrieben ward. Die leuchtende Kugel, oft sonnenhaft, meint in großen Träumen wohl solch eine Vorstellung von der kraftvoll und hell gewordenen Seele.

Im Kreistraume ist an das große Gleichnis des Zeitlosen gerührt, an das Schlangenwesen, das sich in den Schwanz beißt und sich so in sich selbst vereint. Im Kugeltraum heutiger Menschen wirkt auch das Bild der Erde mit, welche die letzte uns zugängliche materielle Einheit aus der Fülle der Erscheinungen ist.

KIRCHE UND KULTE

Die moderne Traumforschung hat zu ihrem anfänglichen Erstaunen festgestellt, daß im Unbewußten des Menschen – beim Unreligiösen ist dies besonders eindrücklich der Fall – das Religiöse intensiv lebt. Es ist deshalb eine Gewißheit der komplexen Psychologie geworden, daß zu den Grundhaltungen der Seele auch das religiöse Bedürfnis gehört. Die tiefenpsychologische Forschung stieß aber noch auf eine andere Tatsache: Menschen unserer Gegenwart träumen religiöse Vorstellungen, kultische Riten und Bilder, von denen sie unmöglich wissen können, wie bedeutsam sie frühern Epochen waren, wie wirksam sie zu Teil noch bei primitiven Völkern sind. Was in der Geschichte der Religion und der Kultur wissenschaftlich aufbewahrt wird, wohnt weiter als ein Ahnenerbe in den Kollektivschichten der Einzelseele.

Der Europäer unserer Tage lebt in einer Welt, die geistig trotz allen Gegenbewegungen sowohl in der Antike als auch im Christentum wurzelt. Auch ist in uns noch mehr Mittelalter, als man annimmt. Darunter aber breitet sich die urtümliche Schicht einer religiösen Einstellung, die aus der Urzeit menschlicher Seele zu stammen scheint.

Dieses Vergangene, diese religiösen Archetypen tauchen im Traume nur auf, weil in ihrem uralten Gleichnis sich unsere Situation am besten auszudrücken vermag, weil allermenschlichste Verehrung des Numinosen, der unfaßbaren, aber wirkenden Urkräfte, sich Raum in uns schafft. Wir kommen hier zusammen mit den Grundgegebenheiten des Lebens, und diese haben das Leuchten des Heilig-Dauernden um sich.

In diesen Träumen wird unter anderem das Licht, wird

die Sonne als Bringerin des Tags, der Bewußtheit, als Spenderin der Wärme, der Reifung gefeiert. Stierkulte und Schlangenbeschwörung feiern seltsame Auferstehung, Opfergabe fällte in die Tiefe des Wassers und der Erde; ihr Rauch steigt in die göttliche Höhe.

All diese Träume kümmern sich dabei nicht um die kulturhistorischen Kenntnisse oder Unkenntnisse ihrer Träumer. Dieser müßte freilich zur Deutung dieses seines Kulttraumes ein sehr großes Wissen sich erworben haben! Will er richtig deuten, dann dürfen ihm beispielsweise primitiver Fruchtbarkeitszauber, die Mysterien der Wandlung, die Totenkulte und die erwähnte Verehrung der „obern" und „untern" Mächte in immer neuer Gestalt nicht unbekannt sein. Ein solches Wissen – soweit es dem Verfasser zur Verfügung steht – hier auf wenigen Seiten zu vermitteln, ist selbstverständlich so unmöglich wie unerlaubt.

Mehr als man annimmt, wird aus der Welt der kirchlichen, christlichen Symbolik geträumt. Im ganzen zeigt sich auch im Traumleben der Menschen unserer Tage, welche Bedeutung das Christentum und seine kultischen Formen für die europäische Seele hatten.

Der Träumer befindet sich in seinem Traume häufig auf dem Weg zu einer *Kirche*. Oder er steht unerwartet vor einem Dome, an der Treppe eines Bergkirchleins. Es kann seltenerweise die Kirche seiner Jugendheimat sein, eine Kirche, mit der ihn persönliche Erlebnisse verbinden, oder die ihm auf einer Reise aus irgend welchem Grunde auffiel.

Manchmal hat der Träumer Hindernisse zu überwinden. Hie und da ist ihm der Zugang zur Kirche gesperrt; die augenblickliche Lösung seiner Konflikte geht jetzt nicht über den Weg der Kirche – vielleicht, weil er sich bisher allzurasch und ohne innere Verpflichtung jeweils in die Kirche geflüchtet hatte.

Er kann sich aber auch schon in der Kirche träumen.

Hat er dort ein Wort zu vernehmen, „sein Wort", jenes, welches ihn angeht? Oder hat er Stille und Andacht zu lernen? Auf alle Fälle sollte er dem begegnen, was die Kirche als religiösen Lebensinhalt umschließt. Solche Träume finden wir besonders häufig bei Menschen, die jeden Bezug auf kirchliches Leben willentlich aufgegeben haben. Aber man beachte dies: Es ist selten die ihm von außen wohlbekannte Kirche seines Wohnkreises; es ist die Traumkirche, eine innere Kirche. Deshalb ist es nicht selten eine *Höhlenkirche,* ein halbdunkler Raum der innern Wiedergeburt. Oft fehlt dieser auch das Bassin mit dem *Taufwasser* der Erneuerung nicht. Freilich sind auch Dinge, die in einer christlichen Kirche nicht Raum haben, aber in das religiöse Erleben des Träumers geweiht aufgenommen werden sollten, zu seinem Erstaunen mit ihm, besser in ihm auch da.

Gelegentlich taucht eine Art *Teufelskirche* auf, oder Diener der Kirche, auch Geistliche, erscheinen in höchst ungehörigen Kleidern. Teufelspriester treten auf, und ihre Erscheinung wird im Traume selbst unreligiöser Menschen als eine Blasphemie empfunden. Im Raume solcher Kirchen können obszöne Dinge geschehen. Sind aber nicht bei vielen Menschen unbeherrschte Begierden besonders eng mit einer falsch erlebten, sich fromm gebenden Kirchlichkeit verbunden? Selbstverständlich gibt es noch tiefere Deutungen solcher Träume; ihren Sinn darzustellen würde eine nicht manchem ohne weiteres verständliche, religionsgeschichtlich verankerte Abhandlung verlangen. Dennoch hat der Träumer sich nach solchen Träumen mit seinem religiösen Probleme auch bewußt zu beschäftigen. Er ist besonders erstaunt, wenn selbst der nur lächerlich gemachte Teufel in seinen Träumen gefährlich auftaucht. Und doch ist der *Teufel* – als solcher wird die Gestalt bezeichnet – in manchem sich wiederholendem Traume kein Fremder. Oft ist er schwarz und rot, von der Farbe gieriger, dunkler Leidenschaft, oft als „grüner Teufel" ein negativer Vegetationsgott, der fressende Drache, das grüne, unbeseelte Reptil. Hie und da ist er ein wahrer Luzifer, ein gefallener Lichtgeist. Solche Träume bekunden vorerst eine tragische geistige Situation des Träumers.

Es kommt vor, daß der Träumer in einer Kirche etwas sucht und es nicht dort findet, sondern etwa in einem Winkel eines ummauerten Gartens; ja, er findet vielleicht an einem üblen Orte einen Altar reinster Art. Andererseits haben Träumer zum großen Erstaunen das „Kind", das sie lange suchten, in einer Kirche, im hellen Lichte ihrer herrlichen Fenster, oder in den dunklen ernsten Räumen ihrer Grüfte gefunden.

Ein Träumer trat in eine halb zerstörte, ruinenhafte Kirche und schaute zu seinem Erstaunen in ihr einen Garten, gedrängt voller Blumenbeete. Er hat im Raume des Kirchlichen sehr Wesentliches erlebt. Aus ihr erblühte ihm neues seelisches Leben.

Gelegentlich ist die Traumkirche kreuzförmig angelegt, alle Richtungen der Lebensebene beherrschend. Vom Symbol des Kreuzes war schon die Rede. Träume vom Kreuze sind nicht selten. Die Kenntnis der Heiligen- und Märtyrergeschichten, ganz abgesehen von den Dokumenten der Bibel, ist für die Deutung gewisser Träume unerläßlich. Oft holt der Träumer im Kontext und in den Einfällen der Amplifikationen Erinnerungen herauf, die im Kindheitserlebnis der Sonntagsschule oder erster erzählender Unterweisung wurzeln. Es ist, beiläufig bemerkt, sehr wichtig, den Kindern einmal all diese Geschichten der christlichen Überlieferung ohne dogmatische Zutat zu erzählen. Denn es ist tiefste Menschheitsgeschichte.

Die Seele weiß um die Gewalten des Lebens. Sie atmet im Bedeutenden, so kleinlich und harmlos auch das Bewußtsein ihres „Träumers" sein kann. Sie hat auch eine große

Auffassung von den Mächten, die der Mensch, da er einen Begriff dafür setzen muß, als „göttlich" bezeichnet. Mancher Träumer, manche Träumerin könnte durch die Träume belehrt werden darüber, daß ihre sentimentale, rosenrötliche Frömmigkeit kaum einen Gewandzipfel dessen sieht, den *Augustin* den Abgrundgott, den „Deus absconditus" genannt hat, in welchem *Calvin* den unbeirrbaren Verteiler des vorausbestimmten Lebensgeschickes erkannte.

Jede Religion hat den Gewaltigen gepriesen als den Geber und Verursacher alles hellen und beglückenden Daseins, jede Religion aber auch seine Furchtbarkeit, sein Herrschertum über Leben und Tod erkannt. – Ein Mann von mittleren Jahren, noch befangen in einem ungenügenden, den Lebenstatsachen nicht entsprechenden Weltbilde, hat im Traum große und erschreckende Einsicht empfangen. Er träumte, ein ihm nahestehender Verwandter, der als Letzter einer von schwerem Schicksal verfolgten Familie vor einiger Zeit verunglückt war, liege erschlagen zwischen den zu Füßen und zu Häupten sich auf den Toten niederbeugenden Eltern. Er selbst aber will *den* suchen, der so Schreckliches getan hat. Ihm ist, dieser sei ganz nahe. Da erhellt sich über dem verstümmelten Toten und seinen klagenden Eltern der graue Nebel zu leuchtendem Kreise; in einer Aura erscheint das Antlitz, wie er sofort weiß, Gottes. Es ist zeitlos, klar, gütig und doch von furchtbarem Ernst. Der Träumer ruft, in jäher Erkenntnis, ihm empört zu: „Du hast es getan!" „Ja, ich habe es getan!" sagt das große Antlitz. „Denn ich mache lebendig, und ich töte." Und er wiederholt: „Ich töte, und ich mache lebendig. Du aber sollst das nie mehr vergessen! Wenige nur können es verstehen. Die es nicht verstehen können, sollen es auch nicht wissen." Dem Träumer ist mit diesem visionären Großtraum eine religiöse Erfahrung geschehen, die sein Leben fortan entscheidend bestimmte.

DIE WELT DES TODES

Der Traum hat viel mit dem *Tode* zu tun, zum Erschrecken des Träumers. Denn dieser glaubt allzu rasch, in solchen Träumen künde sich eigenes Sterben oder der Tod in der Familie, im Freundeskreise an. Aus der Erfahrung von Tausenden und Abertausenden kleiner und großer Träume gewinnt man die Gewißheit, daß Träume vom Tode nie leiblichen Tod verkünden, daß sie also nicht dunkle Voraussage sind. Träume, in denen vom Tode gesprochen wird, in welchen in oft seltsamen Bildern ein *Sterben* sich vollzieht, in denen wir selbst sterben müssen, oder gar am eigenen Begräbnis teilnehmen, besagen nichts anderes, als daß seelisch etwas tot ist, daß die Beziehung zu den Menschen, die wir als gestorben träumen, zur Zeit des Lebens entbehrt. Die Todesträume sind von größter Verschiedenheit. Es kann vorkommen, daß wir plötzlich in schwarzer *Trauerkleidung* gehen. Dann haben wir uns, falls wir den Traum nicht begreifen, zu fragen, um wen oder warum unser Inneres zur Zeit in Trauer ist, weshalb wir, wie es volkstümlich ausgedrückt wird, „im Leide" sind. Gerade bei Träumen von Toten haben wir die Unterscheidung von Subjekt- und Objektstufe stets zu beachten. Die meisten dieser Träume dürfen nur auf der Subjektstufe gedeutet werden. Nur sehr selten kommt es vor, daß wir ohne eine persönliche Beziehung spüren, wie irgend ein Mensch unserer Umwelt innerlich tot ist. Die Träume von Toten gehen uns fast immer selbst an. Es ist vielleicht in uns eine Liebe abgestorben, obwohl wir es bewußt noch nicht wahrhaben mögen. Ja, vielleicht betonen wir jene Beziehung bewußt besonders stark, weil wir spüren, daß das Leben aus ihr entwichen ist. Wir selbst sind vielleicht zur Zeit in einem Prozesse des „Stirb und Werde" drin, wobei uns erst das „Sterben" sehr nahegebracht werden muß. Gerade an der Lebenswende, wenn wir die Scheitelhöhe unseres Daseins erwandert haben und in der Ferne das dunkle Tor des Todes am nahen oder fernen Horizonte auftaucht, nähern sich uns Sterbe- und Todesträume und helfen der zögernden Einsicht, das Unabänderliche nicht nur in bitterer Lebensangst zu ahnen, sondern bewußt und unsere Lebensführung daraufhin gestaltend, anzunehmen. Da kann es auch vorkommen, daß im Traume selbst, wie einst in den Totentänzen des ausgehenden Mittelalters, der *Tod* in unser Gemach als eine körperliche Gestalt eintritt. Ein Träumer jagte erst mit barschem Worte einen solchen Tod, der jung und unter grünem Hütchen in sein Schlafzimmer trat, entschlossen davon. Nach einigen Monaten kam der Tod wieder, diesmal in ruhigem Kleide, unter dunkelbraunem Krempfhute. Der Träumer erinnerte sich in seinem Traum des frühern Traumbildes, und er entschloß sich, jetzt zum Tode „ja" zu sagen. „Du kannst schon hier wohnen", sagte er zum Tode, und der Tod nickte ihm fast wie eine Mutter zu. Unseres Wissens hat dieser Träumer, damals ein Mann zwischen fünfzig und sechzig, den Tod in sein Leben aufgenommen und damit eine größere Sicherheit seiner innern Lebensführung gewonnen.

Schlimmer als Todesträume sind die *Leichen*träume. Die Leiche ist mehr als tot. Sie hat nicht das geheimste Leben mehr. Auf solch eine Leiche stößt etwa der Träumer. Sie liegt am wenig beachteten Orte. Man hat vielleicht einen Schrank geöffnet und entsetzt einen längst Toten darin gefunden. Im Keller oder unterm Dach kann die Leiche liegen. In manchen Träumen teilt sie das Lager des Träumers. So erwachte ein Mann in seinem Traume und sah, daß zwischen ihm und seiner Gattin zwei tote Frauen lagen. Es waren scheinbar längst erledigte Beziehungen zu andern Frauen, die ihn aber noch immer als ein Totes von seiner Frau trennten.

Nicht nur in den düstern Meldungen der Gerichte, nicht nur in dem auf gruselige Spannung ausgehenden Kriminalroman, nein, auch im Traume kann ein Mensch entdecken, daß er im Koffer eine Leiche mit sich führt. Das ist etwas völlig Totes, Abgestorbenes, das der Träumer aber immer noch in seinem Lebensgepäck mitschleppt. Längst hätte er es begraben sollen; merkt er nicht, wie sehr seine Lebensatmosphäre damit verdorben wird, daß er einen Herd seelischer Infektion stets bei sich trägt? Eher als er merkt es seine Umwelt, die nicht begreift, daß er an längst vergangenen Geschehnissen, etwa an der schweren Herzensniederlage vor vielen, vielen Jahren, am Berufsunglück, das scheinbar längst gut gemacht ist, noch immer leidet und das Vergangene einfach nicht begraben will.

Es kann sein, daß die Leiche auch eine weltanschauliche Haltung darstellt, die man nur noch äußerlich pflegt, in der man aber selbst nicht mehr lebt. Dennoch wird dieser noch immer geopfert, als einer toten Konvention, die man nährt auf Kosten des gegenwärtigen Notwendigen, des werdenden Lebens. Man erlebt im Traum oft, daß vor unsern Augen ein Mensch ertrinkt, erschlagen wird oder abstürzt. Eingehende Traumbesprechung führt dazu, zu erkennen, was hier in den Tod fällt. Es geht dabei innerlich viel Wertvolles zugrunde, Lebenskräfte, die man hätte retten können, wäre man achtsam gewesen.

Der Empfang einer *Todesnachricht* ist im Traume nicht selten; sie ist meist höchst lakonisch, sieht aber manchmal sehr seltsam aus. Es handelt sich da um eine Mitteilung der Seele an unser Bewußtsein, daß ein Inhalt, der durch den Namen des Toten umschlossen ist – oft ein unbekannter Name, der nur aus Einfällen erhellt wird – dahin ging.

Nach dem „*Tibetanischen Totenbuch*" hat man die Abgeschiedenen darüber zu belehren, daß sie nun im Zustande des Todes seien, also nicht zurückkehren dürfen, sondern das, was sich für Tote geziemt, zu erfüllen haben. Umgekehrt teilen Tote im Traume dem Träumer etwa mit, daß sie wirklich tot seien, daß er diesen ihren Tod endlich zu bejahen habe. Sie tun dies aus der Tiefe der Seele heraus um des Träumers eigener seelischen Gesundheit willen; denn sonst greift nach und nach eine tödliche Lähmung auf den Menschen über, der sich den unerbittlichen Tatsachen nicht beugt, sich gegen das Schicksal stemmt, behalten will, was ihm nicht mehr gehört.

Bei *Sarg*träumen darf man sich daran erinnern, daß dieses Gefäß des Todes, dieses letzte Boot, gezimmert ist aus dem Holze des Lebensbaumes. Auch mag man manchen, den der Anblick des fürchterlich für immer verschlossenen Sarges fast zu sehr erschüttert, daran erinnern, wie sehr der Sarg, dieses verschlossene letzte Haus, die Form eines Kristalles hat. Vielleicht entsteigt diesem der Tote zu einem größern, himmlisch durchsichtigen neuen Sein. Wie oft wird der Sarg als ein Boot geträumt, aber auch anderseits ein Boot als Sarg, der durch das dunkle Meer des Todes einer fernen, hellen Küste zugleitet. Wie die Leiche nicht im Hause bleiben soll, darf auch die Leiche im Sarg nicht im Hause bleiben. Ein Träumer hob die Planke des Bodens auf und sah darunter drei Särge; er begriff nun, warum so viel Todesstimmung in seinem Leben war.

Von *Begräbnissen* berichten manche Träume, oft mit Schilderungen, die sehr eindrücklich sind. Hie und da ist irgend etwas Komisches mit dabei. Jede Traumabweichung vom üblichen Ritus hat ihre besondere Bedeutung. Von Bedeutung sind Roß und Wagen, interessant der Zug der Begleiter, von denen man meist drei oder vier kennt. Die tiefste Frage aber ist: wer oder was wird denn hier begraben?

Wenn der Träumer dies am Morgen bedenkt und sich dabei überlegt, daß auch dieser Traum ja ein Seelisches, einen seiner eigenen innern Inhalte meint, dann wird er entschlossener aufräumen mit dem, was er von sich tun muß, um seinen Lebenstag klarer zu beginnen. — Selbstverständlich kann es aber auch ein wirkliches Abschiednehmen und Totengeleit sein, das manche Menschen innerlich tun müssen, damit sie, wenn außen das Unfaßbare an sie herantritt, gerüstet sind, den Weg der Erschütterung ohne Gefährdung für ihre Seele zu gehen.

Jeder von uns hat auf nahem oder fernem *Friedhofe* ein *Grab,* das einen dahingegangenen geliebten Menschen birgt. Wir haben aber auch einen Friedhof in uns drin und in ihm manches Grab verlorener Hoffnungen, des Abschiedes, des nicht Wiedersehens. Der Sinn der Friedhofträume ist klar: sie reden von der Stätte der Toten. Wer im Traume an ein Grab nach dem Friedhof geht, der sucht eine Welt auf, die für ihn noch geheimes Leben enthält. Der Traumgang nach dem Friedhof wird meist dann getan, wenn der Mensch in echten Lebenskonflikten nicht ein noch aus weiß; dann sucht er, dem das Leben nicht genügend Antwort gibt, diese Antwort am Grabe derer, die viel Leben in die dunkle Erdentiefe nahmen. Mancher Träumer sitzt am Rande des Grabes, andere steigen tief in die Gewölbe hinab, sozusagen in den Tod selbst hinein, um dort einige Zeit zu weilen. Sie haben sich hineinbegeben in ein großes schweres Symbol – denn die Toten sind „die größern Heere" – um sich an dem zu stärken, was ohne Kraft scheint und doch ein Ungeheures umschließt; denn auch der Tod ist Leben. Oft steigt der Träumer aus dieser Todesfahrt, aus der Begegnung mit den Gestalten des Hades, wie ein Odysseus gestärkt und mutiger empor, Andere bleiben dort unten, lassen sich – man denke an die Auffassung der Griechen, nach welcher die Schatten der Toten das Blut des Lebenden begehren – das schmale Leben aussaugen. Der Tod hält sie in den Armen, sie, die noch leben sollten und noch den Aufgaben des Tages verpflichtet sind. Die Beratung solcher Menschen ist oft ein sehr schwieriges Unternehmen, und man ist dankbar, wenn die Todes- und Grabesträume abgelöst werden von hellern Erscheinungen der Seele.

Der Sinn der Friedhofträume ist nicht eindeutig. Manche Menschen haben ein bestimmtes Grab aufzusuchen, weil ein Problem, das mit dem Toten zusammenhängt, noch nicht gelöst ist. Andere wieder tragen oft wider eigenes Erwarten Blumen und Kränze hin. Offenbar hat eine Gefühlsregression, ein Rückfluten der Gefühlskräfte, denen Wirkung in der Gegenwart versagt blieb, stattgefunden. Besonders bei alternden Menschen sind diese Träume häufig. Manche stehen da jahrelang an allzufrühen Gräbern. Das Leben erlaubt eben kein Stehenbleiben, erlaubt nicht das Verweilen beim geliebtesten Toten; und geschieht es dennoch, so schickt es seine gefährlichsten Leichen- und Friedhofträume.

Eine sehr eigenartige Erfahrung macht man immer wieder, und sie sei den Lesern nicht vorenthalten. Wer einen geliebten Menschen verloren hat und alle jene Dinge erfüllte, welche Todesanzeige, Bestattung und Trauer heißen, in dem ist der Tote oft monatelang noch nicht gestorben. Nach Monaten erscheint jener bei vielen Menschen auftauchende Traum: Der Hinterbliebene findet am Rande etwa seines Gartens, am Waldrand oder in einem nicht benützten Zimmer den dahingegangenen Menschen, atmend und noch lebend, auf einem schlichten Lager. Er spricht ihn beglückt und erstaunt an, und es kann vorkommen, daß der Tote sagt, er sei genährt worden von Kindern, vom Gesinde oder von mitleidigen Bauersfrauen, nämlich von Kräften, die nicht zu dem Bewußtsein gehören. Beglückt eilt dann der Träumer, dieses Wunder den andern zu verkünden. In dem Augenblicke aber erfährt er, daß der Wiederbelebte wirklich tot sei. Er hat also feststellen müssen, daß er in ihm drin noch nicht gestorben war, daß aber in dieser Stunde die Seele den Tod des geliebten Menschen für sich als vollzogen aufgenommen hat.

Die vielen Träume vom Tode beweisen, wie tief das Erlebnis des Sterbens, des Abschiednehmens, des Verlustes in uns drin wohnt. Es ist der Tod ein urtümliches, ein archetypes Geschehen, dem gegenüber man sich richtig zu verhalten hat. Wo im Traume Todesluft weht, die Klage und der blasse Schein von Gräbern herüberdringt, da sollte man sich noch einmal ernstlich mit den vom Traume geäußerten Ansichten zu diesen schmerzlichen Vorgängen beschäftigen, um in sich selbst Frieden zu gewinnen. Denn alles muß an seinem Orte sein, das Leben und der Tod, der ja auch eine Zustandsform des Lebens, in all seiner Dunkelheit vielleicht ein Tor zum größeren Leben ist.

TIERTRÄUME

Es wird sehr oft von Tieren geträumt, selbst von jenen Menschen, die, ferne dieser Gestaltung der lebendigen Natur keine irgendwelchen Beziehungen zum wirklichen Tiere mehr haben. Doch mag auch das Tier aus ihrem bewußten Lebenskreis verschwunden sein, in ihnen selbst ist es noch da, in ihrem Leib ist Tierverwandtes, und in ihrer Seele ist all das, was ihre Vorfahren an Tieren beobachteten, was sie, Tiere in ihren Dienst zwingend, mit diesen erfahren haben, dazu all das, was sie in die Tiere als Spiegelung eigenen menschlichen Wesens hineinsehen. Der Mitgenosse unseres Erdendaseins, das Tier, und sein Bild wohnen, vielleicht vertrieben aus der persönlich bewußten Welt, doch unvertreibbar in uns drin. In den Träumen kommt es zu uns und bietet uns seine Gestalt und sein Tun an als Gleichnis für unsere innere Gestalt und für unser Tun.

Der Traum vom Tiere verbindet uns mit unserer eigenen tiernahen Instinktgrundlage, mit den natürlichen Funktionen unseres Leibes, dem Drange unserer Triebe. Nie sind wir vom Tiere ganz abgetrennt. Man erinnere sich nur der Tatsache, daß im Leibe der Mutter der werdende Mensch in raschester Entwicklung andeutungsweise alle Stufen animalischer Existenzformen durchläuft, daß also jeder seine tierhaften Möglichkeiten durchrepetiert. Erst nachdem er diesen eigenartigen Erinnerungsweg erledigt hat, langt der Mensch da an, wo er mehr und ein anderes wird als das Nur-Tier.

Tiersymbole vermögen die Richtung unseres Tuns, die Art und Kraftfülle unserer Triebrichtung im Gleichnis ihrer Wesensart auszudrücken. Das Tier ist zum Symbol geworden für das Bezähmte und das Wildgebliebene in uns, für das Einfachste und das scheinbar Unbegreifliche unserer Natur. Im Tiergleichnis erkennen wir, was durch die Lüfte unserer Gedanken eilt, was auf der starken Erde unseres Tages geht, im Walde unseres Unbewußten haust oder im dunkeln Meere unserer Tiefe uralt als selbständiger Seeleninhalt wohnt.

Das Tiersymbol ist außerordentlich reich und vieldeutig. Es ist aber als Erfahrung des Menschen am Tier ein kollektiver Archetypus und deshalb allgemein verständlich.

Wenn im Traume Tiere auftreten, hat der Träumer das beizubringen, was er mit den Tieren, die dem Traum entsprechen, persönlich erlebt hat. Wie wichtig ist da das Jugenderleben in ländlicher, tierreicher Welt, wie bedeutsam bleibt es, daß der Mensch wenigstens während einiger Jahre im Umgang mit Tieren sich über deren Art bewußt werden konnte, daß er dem Bruder Tier hernach dauernd verbunden bleibt! In der Betrachtung von Tierträumen spielt das eigene Haustier, etwa der Hund, spielen Vortagserlebnisse, Erinnerung an den Tiergarten, an die Lektüre von Tiergeschichten eine große Rolle. Man mag sich auch befragen, welche Tiere man besonders liebt und welche man fürchtet; man versuche sich auch klar zu machen, welche Tiere man verachtet oder besonders zornig verfolgen möchte. Wer von Tieren träumt, zu denen er, obwohl sie in seiner Nähe vorkommen, keine Tagesbeziehung hat, der versuche, diesem Tiere in Wirklichkeit zu begegnen. Er soll sich wieder einmal ein Pferd ansehen, sozusagen mit ihm reden, er soll seine Hundefurcht überwinden, vielleicht bei einem Freunde, der selber an seinem lieben Hunde hängt. Es hat einen tiefen psychologischen Grund, der weit über die Befriedigung müßiger Neugier oder der zu stillenden Herrschaftsgelüste der Menschen hinausgeht, daß die Städte Tierparke und zoologische Gärten vor ihren Toren halten. Denn es besteht ein eigenartiger Zusammenhang zwischen dem Tierpark in uns selbst und diesen

Tieren, die, wie die eigenen Seelentiere, oft dumpf und eingeschlossen sind oder unter Lebensbäumen ihr genießerisches Spiel treiben dürfen.

Im Begriff des „nützlichen Tieres" ist dieses völlig bezogen auf das bewußte Wohlergehen des Menschen. Damit hat das Tier im Grunde nichts zu tun. Es ist beispielsweise nicht seine Bestimmung, als Biene dem Menschen seine Vorräte zu opfern, als Pelztier ihm den warmen Pelz zu lassen, noch kann darin sein Sinn liegen, vom Menschen als noch junges, frisches Lebewesen aufgegessen zu werden. Die Wertung des Unbewußten, großzügiger in seinem Weltbild, betont den Charakter des Nützlichen viel seltener. Wohl sind ihm die Tiere Symbol für Menschliches geworden. Aber es hat ein Bild vom eigengesetzlichen Wesen der Tiere behalten.

Einst waren die Tiere mächtiger als der Mensch. Ihre Gewalt und Sicherheit hat ihn tief beeindruckt. Er hat diese mächtigen Wesen zu Göttern erhoben und ihrem stolzen Sein die bescheidenen, werdenden menschlichen Fähigkeiten seiner jungen Seele zugeschoben. Er hat sie zu Totemtieren seines Stammes gemacht – ein Rest davon blieb in den Wappentieren unserer Länder und Städte erhalten. Löwe, Stier und Adler sind die Zeichen von drei Evangelien geblieben; im Wimpelzeichen eines Tieres verbinden sich junge Leute zu Gruppen der Lebenseroberung. Das Wunder der ineinander übergehenden Erscheinungszustände, dieses Wunder der Verwandlung von träger Raupe, dumpfer Larve, in den zartschönen Schmetterling hat den Menschen tief angerührt, ist ihm zum Gleichnis eigener seelischer Wandlung geworden, hat ihm die Hoffnung geschenkt, einst aus der Erdverhaftetheit ins Licht ewiger Lüfte zu steigen.

Die Arche der Träume birgt selbstverständlich nicht alle Tiergattungen – wozu sollte sie! – aber sie enthält doch eine große Zahl von zahmen und wilden Tieren, von Vögeln, Kaltblütlern und Insekten, die alle einen Symbolgehalt von größerer oder kleinerer Eindrücklichkeit besitzen oder einer seelischen Situation sehr bezeichnend als Sinnbild dienen können. So hat der Mensch mit den übrigen Erscheinungen der Welt im Traum auch das Tier in den Dienst seiner Selbstschau genommen. Lernt er dabei, mit dem Tier in sich richtig umzugehen, dann wird er auch eine neue, brüderliche Beziehung gewinnen zu den Tieren der großen Außenwelt, die ihren Lebenstag auf ihre Weise, in ihrer Ordnung erfüllen. Im gedeuteten, verstandenen und angenommenen Tiertraume kann der Mensch sich in seine eigene instinktsichere Ordnung zurückfinden. Deshalb sollten wir wissen, was die Tiere des Traumes für uns bedeuten!

Zu allen Zeiten hat das *Pferd* als eine der edelsten Gestaltungen des Tierseins gegolten. Seine Intelligenz, die Raschheit, die mutige und vornehme, fast persönliche Haltung haben das Pferd dem Menschen sehr eindrücklich gemacht. Die Zoologen weisen darauf hin, daß bei keinem andern Tier ein solch differenziertes Zusammenspiel von Nerven und sehr vielfältiger Muskulatur statthabe. Dazu ist bekannt, daß nur das Pferd, mit dem man gut umgeht, den Menschen mit seinen erstaunlichen Leistungen zur Verfügung steht, daß aber dasselbe Pferd, schlecht behandelt, leicht erschreckt, verstört, zu einem Angsttier werden kann. So ist das Pferd in jeder Hinsicht ein sehr psychisches Tierwesen. Auch das Pferd der Träume kann alle angedeuteten Qualitäten haben. Es steht in allen Beziehungen, die seiner Natur entsprechen, und die im Mythos und in der Folklore von ihm ausgesagt werden. Das Traumpferd stellt vor allem die disziplinierte und geformte Triebhaftigkeit des Menschen dar, die bereit ist, den Menschen seinen geformten natürlichen Zielen zuzutragen. Dabei ist auch das Traumpferd hellhörig, empfindlich, antwortet auf den leisesten Druck. Im guten Falle ist zwischen Roß und Reiter eine

Einheit, und sie sind ein schönes Beispiel für das Aufeinandereingespieltsein von Trieb und Ich. Wo diese Beziehung gestört ist, da träumt man von Pferden, die scheuen, von Pferden, die, roh behandelt, in Panik ausbrechen und entsetzt durch die Traumgassen jagen, blind, zu Tode erschrocken. Wo in solcher Weise von einem Pferd oder von Pferden geträumt wird, da ist die seelische Ordnung des erotischen Lebens im Träumer gestört, und er wird sehr gut tun, solche Träume als ernste Warnung aufzufassen. Das Traumpferd kann seinen Menschen auch unmittelbar mahnen; so zupft es ihn etwa am Ärmel, worauf ein Träumer das Pferd zum Fenster hinausquetschte, zu seinem eigenen Schaden, wie die einsetzende Neurose zeigte. Das Pferd kann wie im Mythos, im Märchen, auch im Traume sprechen. Als ein besonders ausgezeichnetes Seelentier weiß es, was seinem Herrn wartet. Trauer und Klage sind ihm nicht fremd. – In den Kentauren hat die symbolkräftige Seele das Bild eines Wesens geschaffen, das Pferd und Mensch ist. Auch die Gestalt des Kentauren umspannt die Wildheit des Hengstes und die edle Menschlichkeit des heilkundigen Chiron. Götter reiten auf dem Pferd, so Wodan auf seinem achtfüßigen Slepnir.

Schwarze Pferde haben mit dem Tod zu tun. Auf dunklen Pferden rasen schreckbringende, dämonische Gottheiten über Städte und Länder. Da ist die helle Seite des Pferdes aufgehoben, da haben diese Triebwesen nichts mehr zu tun mit den Sonnenpferden am Wagen des Helios. Da sind sie Träger der Angst und der Zerstörung geworden. Schwarze Traumpferde meinen Libido, Vitalität, die negativ zu bewerten ist. Es ist die Umkehrung des Schöpferischen ins Verderbliche und Verderbende. Darum hat der schwarze Teufel einen Pferdefuß, unter dem nicht wie beim germanischen Frühlings- und Lichtgotte Baldur die Quellen aufspringen. Träumer sehen hie und da *weiße Pferde*. Es bedeutet nach unserer Erfahrung das weiße Traumpferd ein Dreifaches. Erstens hat die in ihm verkörperte Seelenkraft, gespenstig geworden, keine rechte Beziehung mehr zur natürlichen Erde, was der Träumer, dem es damit selbst am echten Realitätssinn fehlt, sehr bedenken möge. Es kann aber zweitens sich auch eine sehr geistige, schöpferische Kraft, wohl erdentrückt, aber als Pegasus, als Dichter-Roß, den Urbildern nahe, versinnbilden. Zum Dritten ist auch das weiße Pferd und, wer auf ihm als Schimmelreiter sitzt, dem Tode unheilvoll verbunden.

Das *braunrote Pferd* aber scheint den einfachen, sichern, menschlich-tierischen Instinkt zu bedeuten. Das Pferd ist menschlich nur als ein einzelnes Pferd, als geträumte Pferde-Individualität aufzufassen. Wo ein Trupp wilder Pferde auf den Träumer einstürmt, da ist noch keine erotische Kultur, sondern Natur in ihrer undifferenzierten, gefährlichen Vielheit da. In Träumen von Frauen besagt diese Situation, daß von innen oder von außen vielfache Triebbegehren an die Träumerin sich herandrängen. Doch sind diese Begehren feiner, nervöser als jene Gewalt der Lust, die dumpf durch die Stierträume geht. Bezeichnend ist der Traum einer jungen Dame: Sie begegnet auf ihrem Aufstieg zur Berghöhe freien jungen Pferden, die sich auf den Weiden zur linken Hand tummeln. Nun gerät sie in Besorgnis, diese Pferde könnten sich ihr in den Weg stellen. Es ist die Besorgnis, von jungen erotischen Kräften in ihr behindert zu werden. Dabei war sie entzückt vom braunrot schimmernden Fell der schönen Tiere.

Es legt sich die *Kuh,* dieses geduldige, milchreiche Haustier, nur selten in die Träume. Dieses gute Tier von kleiner Dynamik und großer Ausdauer ist mit seiner einfachen Wärme, seiner geduldigen Trächtigkeit ein schlichtes Symbol für die Mutter Erde selbst, ein Ausdruck des vegetativ

Mütterlichen. Wo die Kuh in Träumen von Frauen auftritt, da geschieht es meist deshalb, weil – man möchte es so ausdrücken – der Träumerin die Geduld und die Güte der Kuh fehlt, weil sie zu wenig ganz einfach weibliche Natur ist, bereit zu gebären und zu tränken und in bescheidenem Raume einfach zu sein. Die Kuh steht im großen Rhythmus ihrer demütigen Natur. Natürlich im sichtbarsten Sinne ist ihre grüne Speise. Darum war es von jenem Träumer verfehlt, die Kuh im Stalle mit alten Zeitungen zu füttern. Auf solche intellektuelle Spässe läßt sich keine noch so geduldige Natur ein. Sie hat ihre besondere primitive Heiligkeit. Diese meint der Kult der heiligen Kühe in Indien.

Wieviele Menschen werden mit den Gewalten des Triebproblems, mit den Erdkräften, die zu blinder Zeugung drängen, nicht fertig! Sie verdrängen diese ursprünglichen Kräfte, und diese sammeln sich, bereit zum explosiven Ausbruche, in ihrem Unbewußten; oder sie liefern sich ihnen disziplinlos und ungeformt aus, werden von ihnen überschwemmt oder niedergetreten. Sie haben ihr Stierproblem nicht gelöst; es ist auch nicht leicht zu lösen.

Hier setzen die Träume vom *Stier* mit den Drohungen ihrer dunkelroten Lustbegehren ein – *Bachofen* hat den Stier „das Alpha der Natur" genannt, denn Zeugung ist seine größte Aufgabe. Im Stier ist unbändige und blinde Triebhaftigkeit. Er symbolisiert die aufs Sexuelle gerichtete Gefühlserregung, die Vitalität an sich. Er ist ein Kampf-, aber auch ein Kulttier. Denn seine Kraft ist schöpferisch, wurde von antiken Völkern als göttlich empfunden. Er kann ein Verschlingendes sein, aber auch ein Erneuerndes. Wo er im Traume den Träumer verfolgt, ihn auf seine Hörner zu nehmen droht, da sind in diesem die vitalsten Naturkräfte ausgebrochen, wollen ihn erreichen; da steht er in Gefahr, deren Opfer zu werden. Deshalb haben die Helden der Mythen immer wieder mit wilden Stieren gerungen, durch das Stieropfer, das die Opferung ihrer eigenen Wildheit war, Kultur aus der Natur zu gewinnen versucht. Häufig vollzieht sich diese Begegnung, wie heute noch in südlichen Ländern, als Stierkampf in einer Arena, und die meisten Träumer wissen nachher zu berichten, wie angstvoll die Spannung während des blutigen Opferspieles war. Der Stier stellt eine sehr dynamische, aber noch blindwütige Stufe des sexuellen Problems dar. Geformtere Gestalt hat dieses im Pferd gewonnen. Deshalb war es ein Zeichen der Wandlung, als ein Träumer beim Stieropfer ein edles braunes Reitpferd dem zuckenden Leibe des sterbenden Stieres entsteigen sah. Stierträume sind günstig als Beweise mächtiger, ungeduldig harrender Kräfte. Sie sind gefährlich, weil die Auseinandersetzung mit dem Stierhaften ein sehr schwerer Kampf ist.

Ein wildes Symbol der schöpferischen Naturkräfte, aber verbundener mit Problemen des Geistes ist der *Widder*. Wohl spielt er eine große Rolle in Mythen, vor allem der Antike, auch ist er ein bedeutsames, reiches Zeichen des astrologischen Planetenkreises und scheint da mit dem Prinzip des Ordnenden zu tun haben. In den Träumen tritt er aber bei uns nur selten auf.

Häufiger sind, zum Erstaunen der Träumer, *Schweine*träume, die meist zögernd erzählt werden, weil man eine „Schweinerei" dahinter vermutet. Ganz abgesehen davon, daß der Körperbau des Schweines dem menschlichen Leibe mehr ähnelt als jener der meisten Säugetiere, muß man erkennen, daß das menschliche Unbewußte das Schwein deutlich bejaht. Das tut freilich auch manche Redensart. Wer „Schwein hat", ist in günstige Situation geraten. Hie und da spielt bei einfachen Seelen das „Glückschweinchen" eine Rolle. Auch im Traum ist das Tier fast immer etwas wie ein glückliches Zeichen. Das Schwein ist, wie jeder Blick in einen Saustall mit Ferkeln beweist, eine glückliche und eifrige Allmutter auf der Schlammstufe, vielzitzig und schwer, umgeben von einer lauten Schar. Das Schwein war einst der Demeter geweiht, und ein Lichtschein ihres ruhig glänzenden Muttertums liegt noch heute im Traum auf diesem Tiere. Dessen männlicher Partner aber, der *Eber* und der wilde *Keiler,* sind selbstverständlich in ihrer Bedeutung in die Nähe des Stiers zu stellen.

Der *Hund* steht unter allen Tieren dem Menschen seelisch am nächsten. Seit Jahrtausenden, schon in der Steinzeit, war er sein Höhlen- und Hüttengenosse. Er hat sich in oft unfaßlicher Treue auf die Seite des Menschen gestellt, wo immer dieser ihn gut behandelt. Er dient seinem Herrn als Wächter, er findet für ihn die leiseste Spur. Er wendet sich für diesen gegen die andern Tiere, er ist der Begleiter und Freund seines Menschen und damit eine herzliche Brücke zwischen diesem und der Welt des Tieres. Er ist auch im Traum das Bruder-Tier geworden. In ihm symbolisiert sich das Tierhafte als unser Freund. Wo immer ein Träumer von einem Hunde begleitet wird, da ist dieser Träumer in einer günstigen Beziehung zu Kräften seines Unbewußten. Da begegnet ihm eine wachsame Instinktsicherheit. Wo aber der Hund vernachlässigt oder gequält sich im Traume gegen uns stellt, da haben wir menschennahe Triebwilligkeit in uns vernachlässigt, mißhandelt und deshalb bissig, zu unserm Feinde gemacht.

Der Hund möchte dem Menschen in Freiheit dienen, angekettet wird er böse und fällt den, der ihm zu nahe kommt, mit wilden Zähnen an. Sind wir im Frieden mit unserer Instinktseite, beispielsweise mit dem Eros in uns, dann gehorcht uns der Hund im Traum. Sind wir dem tierhaften Wesensteil in uns aber ferne, dann sucht uns der Hund, und er legt uns, wie manche Träume von Frauen es erzählen, den Kopf bittend in den Schoß. Solange wir die auch lebensberechtigte Welt des Animalischen ablehnen, ist der Hund des Traumes – meist sind es sogar mehrere – dunkel, oft mit bösen, von unterdrückter Leidenschaft glühenden Augen. Da wagen wir nicht, weiterzugehen, weil wir uns mit dem gefährlich gewordenen Tiere in uns auseinandersetzen müßten. Wer sich von seinen Träumen etwas sagen läßt, der wird versuchen, nach solchen Hundeträumen eine neue Einstellung zu dem zu gewinnen, was durch den Hund symbolisiert wird.

Hundeträume verlangen als Amplifikation erläuternde Erinnerungen an Begegnungen mit diesem Haus- und Jagdtier. Besonders bezeichnend sind Hundeerlebnisse aus der Jugendzeit. Auch die Frage nach dem Besitzer des Traumhundes muß gestellt werden. Häufig führt eine Frau dem Manne den Hund an einer Leine zu. Der Sinn dieses Traumes ist klar. – Wichtig sind auch Größe und Farbe des Tieres. Daß ein kleiner aufgeregter Kläffer etwas anderes meint, als der schwere, bedächtige Hofhund oder der struppige, ungepflegte und verwilderte Hund, versteht sich von selbst. Jugendschriften erzählen gerne vom Retter-Hund, ohne freilich zu ahnen, welch tiefen Sinn diese Bezeichnung, die moralische Geschichte vom Hunde hat, der seinen Herrn oder vor allem das Kind aus dem Wasser holt. Der Hund, welcher uns an unsere Tier-Existenz mahnt, rettet oft sehr Wesentliches unseres unbewußten Lebens.

Weitere Zusammenhänge läßt die Tatsache ahnen, daß der Hund auch mit dem Tode zu tun hat, eine Art Totenführer sein kann. In der Antike ist er der Nachtgöttin Hekate geweiht, der Göttin des Öffnens und Schließens. Mit ihr ist er ein Wesen der einbrechenden Dämmerung und des bleichen Frühlichtes; er wohnt also auf der Schwelle zwischen Bewußtsein und Unbewußtem. Als Cerberus bewacht er den Übergang am Totenfluß. Im letzten großen deutschen Mythos (neben *Spittelers* Prometheus, in welchem das Hündlein Instinkt getötet wird) ist Faust in Mephisto, welcher jenes „Pudels Kern" war, an seine andere, bisher nur schattenhafte, amoralische Triebseite gekommen und damit „auf den Hund", was häufig der schmerzhafte, dunkel-triebhafte Anfang einer wertvollen seelischen Neubelebung sein kann.

Die *Katze* ist das typisch weibliche Tier. Von ihr träumen meist nur Frauen, dann, wenn ihr Katzenhaftes der Träumerin bewußt gemacht werden muß. Zu diesem Katzenhaften gehört die Unbeeinflußbarkeit, die mangelnde Treue einem einzelnen Du gegenüber – die Katze ist nur ans Haus, nicht an einen einzelnen Menschen gebunden. Die Katze ist das Tier mit dem glänzenden, elektrisch knisternden Fell, das Tier mit den samtenen Pfoten, aus denen jäh die Krallen springen können, dieses wollüstig schnurrende Tierchen, das im nächsten Augenblick bösartig faucht: alles Erscheinungen, die dem Irrationalen der Frau nach der Aussage der Träume verwandt sind. Übrigens ist auch im Volksmund eine „böse" oder „wilde Katze" oft aus einem herzigen, lieben Mädchen-Kätzchen entstanden.

Eine Träumerin entließ aus den Ärmeln ihres Schlafgewandes siebenundzwanzig Katzen. Sie selbst war gerade siebenundzwanzig! Eine andere, scheue und höchst moralisch sich gebende Frau träumte, daß sie eine Katzenfellmütze bei Tag und bei Nacht trüge. Mit ihrer Katzennatur, *einer* ihrer Naturen, sich spiegelnd im Traume, haben sich Frauen häufig auseinanderzusetzen. Nur dürfen sie die Katze nicht totschlagen!

Es bedarf wohl kaum des Hinweises auf die heiligen Katzen der Ägypter, sowie auf die Tatsache, daß diese Götter mit Katzenköpfen kannten. Es ist auch nicht zu vergessen, daß die Katze ein Tier der Nacht ist – und die Frau wurzelt bekanntlich tiefer in der dunkeln, undeutlichen Seite des Lebens als der einfacher beseelte Mann.

Es irritiert den Menschen, vom *Affen* zu träumen. Dieses Tier, höchstens als Äffchen drollig, widert den Menschen an, der es nur vom Zoologischen Garten, von kleinen Wanderzirkussen und einer Menge Karikaturen und Redensarten her kennt. Fragt man, was einem da so zuwider ist, wird der Affe als frech, ewig unruhig, in der Horde von unangenehmem Geschrei und vor allem als unanständig und geil geschildert. Dazu sieht man ihn, der sich von einer Spiegelscherbe nicht trennen kann, lächerlich eitel und unverschämt in seiner zugriffigen Art.

Aber es ist ein anderes, das den Menschen bei der Beobachtung und in der Betrachtung des Affen erregt: Es ist das Menschenähnliche, das doch nicht menschlich ist. Der Affe ist der „behaarte Mensch", der „Vormensch" mit all seinen angeführten Eigenschaften; er ist dem Menschen ein vertierter Schatten unseres Selbst, eine unangenehme und abgelehnte Karikatur. Vor ihm, dem „Haarigen", dem Gierigen, vor diesem lüsternen Affen in sich selbst hat man Angst. Die Traumbegegnung mit ihm ist deshalb eine peinliche Angelegenheit – wenn wir nicht noch harmlose, an seinem spielerischen Wesen sich belustigende Kinder, wenn wir nicht sehr ernsthaft um unser Menschentum kämpfende Reifende sind. Der Traumaffe will nämlich ein Mensch werden, und wer von ihm träumt, nähert sich dieser Möglichkeit von einer verachteten Seite her.

Anders sieht, beiläufig bemerkt, der Affe für die Völker aus, die ihn als einheimisches, besonders lebendiges Baumtier kennen. Sie bewundern seine erstaunlichen Fähigkeiten; offenbar haben die Götter diese Tiere besonders lieb Ja, die Affen verkörpern selbst die Anwesenheit des Göttlich-Dämonischen. In der indischen Mythologie wird der Affe in jener berühmten Brückenlegende selbst zum Retter des Gottes. Der Orang-Utan aber, so behaupten die Eingeborenen, spricht nur nicht, weil er zu weise ist, um zu reden!

Affenträume sind ein origineller Aufruf zu einer vielseitigen, naturverbundenen Menschenwerdung.

Auch in unsern Breiten wird vom *Elefanten* geträumt. Dieses Tiergebirge hat seit jeher auf die Menschen einen tiefen Eindruck gemacht, der ebensosehr von geschichtlichen Erzählungen, Reiseschilderungen, Kinderbüchern und Plastiken stammt wie vom Anblick gefangener Elefanten in zoologischen Gärten. Er erscheint im Traume mehr in positivem als in negativem Sinne – wie er denn selbst noch als Spielzeug, als Stoff-Reittier der Kinder von besonderer Zärtlichkeit umgeben wird.

Der Elefant kann im Traume vor dem Fenster stehen, er kommt riesengroß ins Zimmer herein, sein Rücken hebt sich aus brauner Erde, sein Rüssel umschlingt halb schützend, halb drohend einen kleinen schwachen Menschen. Er wird nach allem Erfahren als mütterliches Großwesen erlebt. Er ist die Mutter Erde selbst, die uns trägt, die geduldig unsere Lasten auf sich nimmt, deren Schwere uns aber auch erdrücken kann, die uns nicht aus ihrer Umschlingung entläßt.

Im großen Tiersymbol des Elefanten tritt mit schweren und doch leisen Füßen die erdhafte Wirklichkeit ans Bett des Träumers, der vielleicht einer stärkern Realitätsbeziehung schon lange bedürfte. Es ist dieses Tier dann für ihn eine Großaussage über die Mächtigkeit des Lebens. Weil er bisher darüber zu wenig bewußt war, mußte diese „fremde Zone" ihm im gewaltigsten Tier, in einem nicht zu übersehenden Naturwesen begegnen. Das Sexualgleichnis des Rüssels, auf das manche Deuter psychoanalytischer Observanz starren, ist nach unserer Erfahrung, die etwas über fünfzig Elefantenträume umfaßt, nicht das Bestimmende an dieser Tiererscheinung. Manche Träumer weisen darauf hin, wie sie selbst im Traume noch wußten: Elefanten darf man nicht reizen! Auch die reale Wirklichkeit läßt sich nicht zu viel gefallen.

Der *Löwe* erscheint auch in den Träumen stets als ein königliches Tierwesen von großer Wildheit und gleichzeitiger Würde. Sein Auftreten meint das, was er ist: Ein gewaltiges Tier von unbändiger, aber souverän zusammengehaltener Energie, zielgerichtet und, wenn er ein anderes Lebewesen anspringt, direkt im Angriff, unablenkbar. Er ist groß in seiner Ruhe, heiß und leidenschaftlich in seiner Begierde und unbarmherzig in der Vernichtung.

Der Löwe ist ein Tier der heißen Wüstensteppe, ein Symbol der gewaltigen Sonnenkraft, ein Feuerwesen. Um ihn ist die Distanz der Ehrfurcht und der Furcht. Als Zeichen der Sommerhitze ist er dem Sommerscheitel des Jahres zugeordnet. Er ist auch besonders häufig zu finden in den Träumen der Menschen, die auf der Mittagshöhe ihres Lebens stehen, und die, sollen sie reifen, nun durch die Glut intensiven innern Feuers zu gehen haben. Da begegnen sie oft einer ungebändigten innern Seelenenergie, mit der sie sich auseinandersetzen müssen wie die Helden der Mythen mit dem Löwen. Im Anblick eines Löwen – der ja außen und innen sein kann – reift in einer Novelle Gottfried *Kellers* ein Mann in wenigen, furchtbaren Stunden endlich zur Persönlichkeit. Das kann aber nur die Wirkung eines Übermächtigen sein, das auch die Zeit überwunden hat. So ist der löwenhäuptige Gott und damit auch der Löwe in uns ein Herr des Überzeitlichen, eine Ahnung ewiger Energie.

Wo der Löwe königlich durch unsere Träume schreitet, wo er drohend zum Sprung ansetzt, aber auch schon da, wo er, wie in so vielen Träumen, majestätisch am Rande des Traumgeschehens sein männlich-gewaltiges Tierhaupt erhebt, da ist der Träumer von dem Symbol des Triebbewußtseins so eindrücklich angerührt, von einer großen und gefährlichen Kraft so in den Bann gezogen, daß auch der Deutungsunkundige ahnt, daß eine große, wilde Energie in ihm den Durchbruch zu neuer, triebsicherer Persönlichkeit fordert.

Mit Recht erwachen manche Träumer auf vor lähmendem Entsetzen, wenn aus dem Dschungel ihrer Träume ein *Tiger* sie überfallen will, in nächster Nähe lautlos an ihnen vorüberschreitet. Denn wie der wirkliche Tiger, so ist auch der Traumtiger uns feindlich gesinnt. Er ist nämlich völlig selbständig gewordener Trieb, stets bereit, uns aus dem Hinterhalt anzufallen, uns zu zerfetzen. In seiner gewaltigen Katzenhaftigkeit verkörpert er – ähnlich dem Stiere, aber schlauer, weniger blind, aber gleich unbezogen auf den Menschen, ähnlich dem verwilderten, bissigen Hunde, aber viel reißender – Triebnatur, die uns die gefährliche Begegnung mit ihr nicht erspart. Sie zeigt sich uns von ihrer schlimmsten Seite, weil sie, in den Dschungel verstoßen, völlig unmenschlich geworden.

Dennoch fasziniert das, was der Tiger darstellt; es ist gewalttätig, groß, aber ohne die Würde des Löwen. Der Tiger ist ein hinterlistiger Despot, der kein Rühren kennt. Durch wessen Träume der Tiger geht, der ist gefährdet durch Bestie gewordene Triebvitalität.

*Bären*träume sind nicht selten. Natürlicherweise werden sie in Mittel- und Nordeuropa mehr geträumt als Löwenträume. Ist der Löwe ein ausgesprochen männliches Tier, der Sonne nahe, gibt das Unbewußte der menschlichen Seele dem Bären weibliche Qualität. Das wird wohl am warmen mütterlichen Felle und an dessen erdbrauner Farbe, wie auch am gedrungenen Leibe des Tieres und vermutlich auch an seinem Verhalten gegenüber seinen Jungen liegen. Zwar viel gejagt, ist er doch früh eine weibliche Gottheit geworden, die „Bärin", die Königin der Höhlen und Gebüsche. Zum Unbewußten, zu dem, was in der Tiefe wohnt, gehört dieses große weibliche Tiersymbol. Es ist durchaus am Platze, daß es in Bern in einem Bärengraben, also in der „Tiefe", viel verwöhnt werden darf. Im Märchen ist der Bär oft ein verzauberter Mensch von besonderer Vornehmheit, etwa ein Prinz. Aus seiner Traumpraxis heraus erklärt *Jung:* „Der Bär kann auch der negative Aspekt der übergeordneten Persönlichkeit sein." Er ist also wohl etwas Gefährliches, birgt aber in sich einen größern, zu verwirklichenden Wert. Die Deutung des Bärentraumes wird aber vor allem das weibliche Erdhafte dieses Tieres betonen.

Es ist bekannt, daß der *Wolf* auch von den geschicktesten Bändigern kaum zu zähmen ist, nie einer menschlichen Absicht dienstbar gemacht werden kann. Eine menschliche Beziehung zu ihm läßt sich nicht herstellen. Dieses reißende Tier lebte noch vor einigen Jahrhunderten im mittleren und westlichen Europa. Eine große Reihe germanischer Eigennamen wie Wolfgang, Wolfhart zeugen davon. Es ist uns also noch nicht fern!

Wenn ein Mensch im Traume Wölfen begegnet, dann ersteht ihm die fast unlösbare Aufgabe, mit dem Wolfe in sich irgendwie auszukommen, ihn zu kontrollieren, ihn nicht aus den Steppen der Seele in seelisches Kulturland einbrechen zu lassen. Dabei kann freilich eine fürchterliche Spannung entstehen; *Hermann Hesses* „Steppenwolf" erzählt davon. Sagen und Historien berichten von Männern, die von ihrem „Wölfisch-Sein" besessen zu „Werwölfen", zu „Mannwölfen" wurden. Im Märchen wird freilich auch der große Wolf, das reißende Unbewußte, im Walde vom klugen Kinde und vom großen Jäger überwunden.

Ein Traum mag die Schrecken einer solchen nächtlichen Wolf-Begegnung ahnen lassen. Der Träumer besichtigte, als er zu einem Vortrag über das Problem des Geistes im Weinopfer der Messe nach der Kirche ging, seinen kleinen Tiergarten im Klosterhof. Er war bewehrt mit einer Peitsche und sah eine Reihe kleiner Wölfe in schmalen Kofen. Froh, da Ordnung gemacht zu haben, wandte er sich zufällig um. Eine gewaltige Wölfin, stahlgrau, stand hinter ihm und schaute ihn an: die Peitsche entsank ihm, er war verloren – mit einem Aufschrei, der seine Offizierskameraden weckte, fuhr er aus dem schrecklichsten Traume seines Lebens auf.

Durch sehr viele Träume huschen als *Nagetiere* lautlos die *Mäuse*. Oder man hört sie, wie in alten Häusern, in der Decke, zwischen den Wänden, ja selbst am unerwarteten Orte gefährlich knabbern und nagen. In der Maus als einem unangenehmen Traumtiere sind betont ihr lautloses Eilen, ihr – vom Menschen aus gesehen – zerstörerisches, gieriges Tun. Frißt es uns doch heimlich das Korn, das Lebensbrot weg und zerstört die Wurzeln der wichtigen Pflanzen. Überall ist sie die Diebin an wertvollem Lebensstoff. Früh schon ahnen die Menschen, daß sie, besonders in der ihr verwandten *Ratte,* eine Überträgerin der Krankheiten, besonders der fürchterlichen Pest sei. Deshalb erfüllt der Anblick dieser gefräßigen Tiere den Menschen mit Ekel und Abscheu. Es gab immer wieder Mäusejahre, da die kleinen Feldräuber in Heerscharen auftraten und Hunger und Armut hinter sich zurückließen. – Ratten- und Mäuseträume, auch auf Objektstufe geträumt, sind stets ungünstig. Hie und da hat im Traume das einzelne Mäuschen den Sinn von etwas Feinem, wenn auch nicht Ungefährlichem. So wie das Wort zu einem Kosewort in einer unbewußten Liebessprache geworden ist. Es gibt selbst Ehemänner, die von ihrem „Mäuschen" reden! Auf der Stufe des körperlichen Organgleichnisses ist dieses hie und da das weibliche Geschlechtsorgan in Träumen junger Männer. Der andere Aspekt des heimlich Nagenden ist viel verbreiteter. Sehr häufig wird mit den Mäusen und Ratten all das zusammengebracht, was wir undeutlich als Sorge, versteckten Kummer an uns nagen spüren. Merkt das Bewußtsein nicht, was an den Kräften der Seele nagt, dann erscheint eben ein Mäusetraum. Diese Tiere können von bleichem Grau, von einem aufreizenden Rot (dann meinen sie meist die sexuelle, die Triebseite) oder – wie sie der Trinker in seinem Delirium sieht – weiß sein. In den Mäuseträumen handelt es sich meist um eine Vielheit dieser Tiere. Da sie auf der Subjektstufe einen Zustand unserer Seele meinen, so wird diese Vielheit uns deutlich machen, daß Seelisches in uns, in zerstreute, gefräßige Teile dissoziiert, in den dunkeln Speichern unseres Lebens herumhuscht. Wiederum ein negativ zu deutendes Phänomen! Das Auftreten dieser grauen, roten oder weißen Vielheit erzeugt Angst, Angst um die zusammenzuhaltende Substanz unseres Lebens, unseres Geistes.

Nicht unerwähnt bleibe, daß die Griechen einen Mäuseapoll kannten. Er versandte die Pfeile der Pest. Auch hielt man die Tiere, die oft aus den Steingräbern mit ihren Grabbeigaben ins Tageslicht eilten, für Träger toter Seelen. Ja, die Maus kann selbst ein feines, nicht faßbares Seelchen sein. Es gibt Träume, da sie, zart und durchsichtig, nur dieses meint. Die hauptsächliche Bedeutung aber bleibt ungünstig, wo immer die Maus, oder, was noch schlimmer ist, Mäuse in unserm Traum- und Seelenhaus auftauchen.

Viel harmloser ist der *Hase*. Es ist weniger seine sogenannte Feigheit – zum Ausreißen lädt ihn ja sein besonderer Körperbau ein – noch weniger ist es der Charakter des Nagetiers, das ihn in die Arche der Traumtiere aufgenommen hat. Es ist vielmehr sein Prinzip rascher und reichlicher Vermehrung. Er ist das Warmblütertier der großen Fruchtbarkeit. Deshalb hat man ihm noch ein mehreres zugemutet: als Osterhase legt er eine Menge farbiger Eier. Er gehört also zu den Symbolen animalischer Fruchtbarkeit, wobei das Viele wichtiger ist als das Einzelne, Quantität vor der Qualität steht.

Wo Hasen (bei manchen Leuten sind es *Kaninchen* als Erinnerung aus Knabenzeiten) in Träumen auftauchen, da ist etwas wie ein kleiner Frühling passiert. Im Wesen des Träumers ist etwas wenn auch nicht sehr Wertvolles, dafür sehr Lebendiges fruchtbar geworden. Wir erwähnten den Traum einer jungen Dame, die, erwacht aus Zeiten großer innerer Dürre, träumte, aus einer Quelle steige ein grüner Hase, ein roter Widder und ein blaues Pferd. Wenn man für jedes dieser Symbole den betreffenden Symbolwert einsetzt, weiß man, daß hier wieder Frühling wurde, und daß selbst der Geist nicht leer ausging.

Der Mensch war bis auf unsere modernen Tage mit ihren ungeheuren technischen Flugleistungen stets beeindruckt von der Fähigkeit des *Vogels,* sich in die dem Menschen unerreichbaren Lüfte zu erheben, im Meer des Äthers über Länder, Ströme und Berge zu fliegen. Erst als zweites hat er den Vogelstimmen gelauscht und den Gesang einiger von der Natur bevorzugten Vögel gepriesen. Dann hat er natürlich die Tiere auch in ihrem Liebesverhalten beobachtet und im Vogelgleichnis auf das sexuelle Verhalten des Menschen bezogen. So sind die Vögel mit zu einem sexuellen Symbole geworden, was manche Redeweise im Munde des Gassenjungen erklärt.

Die Vögel sind vor allem Luftwesen. Von jeher ist nun die Luft als das Medium des Geistes empfunden worden. Damit sind auch die Vögel geistige Wesen, ähnlich den Gedanken. Von ihnen zu träumen, heißt von manchem bewegt sein, das durch die eigene Seele geht und nach den andern fliegt. Oft freilich sind die Gedanken müde, sie werden mißhandelt, oder es fehlt ihnen die Möglichkeit, in der Brutwärme der Seele, ihres Nestes, heranzuwachsen. So findet eine Frau, die es sehr schwer hat, im Traume am Boden einen halbtoten, erstarrten kleinen Vogel. Sie weiß, daß er mit ihr zu tun hat, nimmt ihn deshalb auf und hält ihn wärmend an ihr Herz. Er gesundet wieder. In einem andern Traume will eine Hexe einem scheuen Mädchen den Seelenvogel aus den ängstlichen Händen reißen.

Flattert im Traume – und dies geschieht sehr häufig – ein einzelner Vogel, sich selbst verletzend, im Dachraume oder in einem Zimmer herum, ohne den Ausweg zu finden, dann ist der Träumer von einem ausweglosen Gedanken beseelt, dann hat er eben „einen Vogel".

Es gehört zu den Todes- und Jenseitsvorstellungen mancher Zeiten der Glaube, die Seele des Verstorbenen verlasse den toten Körper gleich einem kleinen Vögelein durch den Mund. So wird der kleine Vogel zum Gleichnis für die Seele überhaupt, für sie, die sich von der Erde hinwegschwingt. – Es gibt im Mythos und im Traum Vögel, die ein tieferes Wissen auch um die geheimen Dinge haben. Auf Odins Schultern raunen die Raben dem schweifenden Gotte ihre große Vogelweisheit ins Ohr. Die Weisheit des Unbewußten gehört zu der überragenden Klugheit der Pallas-Athene. Der Vogel der Nacht, die Eule, ist ihr deshalb zugeordnet. – Im Traume erscheinen selten zoologisch genau definierbare Vögel. Es sind einfach Vögel, die vielleicht noch durch Farben unterschieden werden. Ausnahmen bilden der *Adler,* der *Rabe,* der *Pfau* oder pfauenähnliche schöne Vögel, die *Taube* und in ihrer Kollektivität die *Hühner.*

Der *Adler,* wie seinerseits in der Steppe der Löwe, ist, wo immer er über unsere Traumlandschaft schwebt, ein königlicher Vogel, ein Herr der Lüfte, ein mächtig geflügeltes Wesen in der himmlischen Bläue des Geistes. Adlerträume sind fast immer positiv zu werten. Wo er Gedanken verkörpert, da sind dies große, weit beschwingte hohe Gedanken. Da aber der Adler ein Raubvogel ist, können diese Adlergedanken sich auf vieles Gedankenzeug stürzen und so den Menschen gefährlich aus seinem harmlosen Alltag reißen.

Der Träumer hat sich dessen sehr bewußt zu werden. Es ist im Adlersymbol auch das kühn Ergreifende, die verzehrende Leidenschaft des Geistes. Adler gehören in die Freiheit der Höhe. Kläglich war deshalb offenbar die innere Situation für jenen Mann, in dessen Traum sich ein großer blauer Adler in dem Drahtgeflecht des niedern Zaunes verfangen hatte, welcher die bescheidene Arbeitsstätte dieses Mannes umschloß.

Es ist wohl bezeichnend, daß der Adler das Symbol des geistigsten der vier Evangelisten, des Johannes, ist, und daß er zum Wappentier wurde von Staaten, die mit mächtigen Fängen über ihre Grenzen hinausgreifen.

Der *Rabe* ist dem Dunklen nahe. In schwarzen Wolken fliegt er über die furchtbaren Schlachtfelder. So wird er ein Totenvogel. Da Dunkles, Todberührtes Unglück bringen kann, ist der Rabe auch der Unglücksrabe, der Unglücksbringer. Jener Träumer, dem sich ein Rabe freundlich, versehen mit Sattel und Steigbügel, nahte, hätte sich offenbar auf den Raben, hätte sich auf sein Unglück setzen sollen, damit gerade es ihn weitertrage. Dazu haben nur sehr wenige Menschen den Mut, und jener Träumer hat diese einzige Möglichkeit, die ihm geblieben, leider nicht benützt. In der Frithjofsage vernimmt der Held die entgegengesetzten Ratschläge eines weißen und eines schwarzen großen Vogels. In ihm entsteht ein Kampf zwischen den beiden Ratschlägen. Selbstverständlich ist damit der Seelenkampf zwischen dunklen und hellen Gedanken symbolisiert.

Die Taube ist ein Symbol des Eros, ist sie doch der Vogel der Venus, schillernd und schnäbelnd. Gleichzeitig ist auch hier der Gegenlauf da. Die Taube gilt als das Sanfte, als eine zarte Kraft und, ins Höchste erhoben, als Symbol des heiligen Geistes.

Pfau und *Phönix,* dieser mythenhafte Vogel, stehen in der Bedeutung füreinander. In der herrlichen Farbigkeit ihres

Gefieders sind sie ein Ausdruck des leuchtenden Daseins. Dazu ist der Phönix ein Vogel, der sich immer wieder, durch das Feuer geläutert, erneuert; er ist ein Wiedergeburtssymbol.

In gemeinerem Raume wohnen die *Hühner*. Sie gackern auch in manchen Träumen und meinen dann eine extravertierte, geistarme Kollektivität. Oft geraten sie in eine kleine dumme Panik, so wie die durcheinander rennenden Gedanken törichter Leute. Wo jemand von solchem Gelärm des Hühnerhofes und dem Streit seiner Insassen träumt, da wird eine Sache, die er im Alltag zu wichtig nimmt, gebührend in ihrer Kleinheit und ihrem Lärm aufgezeigt.

Auf *Schlangen*träume und einige ihrer möglichen Deutungen wurde von uns schon mehrmals hingewiesen. Die Häufigkeit, mit der Schlangen in den Träumen erscheinen, der besondere, meist erschreckende Augenblick ihres Auftretens wie auch die zugehörige Traumstimmung und die Nachwirkung bis tief in den hellen Tag hinein lassen vermuten, daß es sich bei der Schlange um ein sehr wichtiges Traumsymbol handelt.

Bezeichnenderweise entwindet sich aber die in verschiedenartiger Gestalt und wechselnder Situation auftauchende Traumschlange echt schlangenmäßig jeder einfachen, festhaltenden Deutung, entgleitet vollends einem nur rational denkenden Verstande.

Die Schlange, dieses Kaltblütlertier, scheint von Urzeit her bis auf den heutigen Tag zu den angsterregenden und doch immer wieder faszinierenden Erfahrungen des Menschen an Tieren zu gehören. Selbst von ungiftigen, kleinern Schlangen scheut der Mensch auch heute noch zurück, unbewußt in ihnen unheimliche Kräfte vermutend. Denn die Schlange wohnt in einem unbegreifbaren Bezirk der Natur. Nach dem Schöpfungsberichte der Bibel hat Gott sogar Feindschaft gesetzt zwischen der Schlange und dem Menschen.

Sie wird gefürchtet ihres giftigen Bisses wegen; sie bedroht als Riesenschlange den Menschen mit erdrückender Umschlingung. Ihre Bewegung geschieht lautlos, dicht dem Boden entlang. Es ist eine Bewegung nicht in der Geraden, sondern in Windungen, die man, weil sie so auffällig sind, eben mit dem Namen des Tieres bezeichnet. Sie vermag sich aufzurichten; ihr blankschuppiges Drachenwesen kann von einer eigenartigen Färbung sein, hat jede Möglichkeit der Zeichnung. Früh hat der Mensch bemerkt, daß sie in erstaunlicher Häutung aus dem abgelegten Kleide ihres geschmeidigen Körpers sich löst. In eine Spirale legt sie sich zusammen, und es kann aussehen, als ob Kopf und Schwanz sich einen und so die Schlange zum sonderbar lebendigen Ringe werde.

Die Traumschlange ist, sonst könnte nicht so viel Wirkung von ihr ausgehen, offensichtlich ein Bild besonderer, urtümlicher Kräfte. Sie stellt denn auch nach aller psychologischen Erfahrung ein großes Symbol psychischer Energie dar. Wer im Traume der Schlange begegnet, der trifft auf Kräfte aus ich-fremder Seelentiefe, so alt, möchte man sagen, wie dieses Tier der Vorzeit selbst ist.

Jung sagt: „Das Erscheinen des Schlangensymbols ist stets ein Zeichen dafür, daß etwas Bedeutsames im Unbewußten konstelliert ist", also wirksam zu werden beginnt. Dieses Gewichtige kann gefährdend oder heilbringend sein; denn die Schlange als Traumerscheinung hat durchaus ambivalente Bedeutung.

Oft wimmeln im Traum viele Schlangen, sich verknäuelnd oder nach allen Seiten ausbrechend. Da sind große innerseelische Kräfte noch nicht Einheit geworden, da ist in bestimmten Seelenbezirken noch ein Durcheinander primitiver Lebenstendenzen. Das schafft Unruhe bis weit in die Lebensführung des Bewußten hinein.

Die Traumschlange kann auch mehrköpfig sein, eine Hydra,

und zeigt damit ein Problem, das sich in verschiedene gefährliche Aspekte auseinandergespalten hat.

Die unbewußte Lebensenergie kann in positiver oder negativer Weise nach vorwärts in Bewegung geraten sein. Sie kann aber auch, symbolisiert als Schlange, sich einrollend introvertieren, in eine scheinbare oder wirkliche Ruhestellung sich begeben. Besonders eindrücklich sieht der Träumer eine Schlange sich in einen Kreis oder in ein Oval legen, wobei sich die Schlange in den Schwanz beißt und als Uroboros zum Gleichnis dessen wird, das ohne Anfang und Ende ist, also des ewigen Kreislaufes der Lebensenergien. Dieser Uroboros ist ein der Antike bekanntes Symbol der Unendlichkeit.

Der Träumer betont oft, daß die Schlange oder die Schlangen ihre besondere Farbe gehabt hätten. Hier eint sich das, was andernorts über die Bedeutung der Farben gesagt wurde, mit dem Symbolinhalt des Schlangenbildes.

Ein besonders großer Wert wird im Traume bewußt gemacht, wenn die Schlange von Gold ist oder eine goldene Krone trägt. In einem deutschen Märchen ißt der König täglich ein Stück von einer weißen Schlange und gewinnt so Schlangenweisheit: er versteht die Stimme und damit den Sinn aller Kreatur. Diese weiße Schlange ist verwandt der oft herrlich stahlblauen Schlange des Geistes, die aus der Tiefe der Seele, aus der Welt der gültigen Archetypen sich dem Träumer nähert und in der Deutung eine sehr schöne Prognose stellen läßt. Rot ist vor allem die Schlange des Triebhaften, gelegentlich auch natürlich erdbraun. Sie geht oft über in phallische Form und wird dann zum schöpferischen männlichen Organ, das sich aufrichten kann. Bei Knaben und Jünglingen ist diese, wie die Schlange überhaupt, meist als in der Tiefe wache Geschlechtskraft zu deuten. In furchtbetonten Frauenträumen ist diese selbe Schlange oft ein Zeichen der Angst vor der Begegnung mit der männlichen Sexualität.

Gelb-schwarze oder schwarz-rote Traumschlangen haben etwas Unheimliches und gehören unverwandelt dem dunkelgefährlichen, dem satanischen Bezirke an. Ihr Erscheinen mahnt den Träumer zu behutsamer, besonnener Lebensführung. Er muß sich bewußt machen, was sich vielleicht ihm aus dem Außenleben in so gefährlicher Weise nähert. Grün ist dagegen die einfache, die vegetative Schlange. Sie ist ein Gleichnis des urtümlichen Lebens und seiner Energien. Die schwarze Schlange aber kann ein Zeichen für völlig unerhellte psychische Kräfte sein. Bei all diesen Schlangenträumen darf man nicht vergessen, daß die Schlange ein uraltes Wesen ist und deshalb besonders urtümliche biologische, psychische und geistige Inhalte meint.

Es ist klar, daß die Schlangenträume von Bewohnern südlicher Gegenden, in denen die Schlange sehr selbstverständlich vorkommt, gelegentlich auch auf der Objektstufe gedeutet werden müssen. Diese Schlangenträume sind viel begreiflicher als die Schlangenträume der Menschen nördlicher Zonen, die selten oder vielleicht gar nie eine Schlange in der Freiheit gesehen haben; da ist fast immer eine Deutung auf der Subjektstufe angezeigt.

Die Schlangenkulte so mancher Religionen beweisen, wie früh und überall man in diesen eigenartigen Lebewesen ein Übermächtiges, ein Numinoses, ein Göttliches hat Erscheinung werden sehen. Damit ist angedeutet, daß die Schlange nicht nur das Verderbliche und Beängstigende, nicht nur Ausdruck der Lebensenergien auf Kaltblütlerstufe, sondern auch das Traumgleichnis heilender Vorgänge im Seelenraum darstellt.

Deshalb begleitet auch die Schlange den Heilgott der griechischen Antike, windet sich am Stab des Asklep empor. Der Anblick der erhöhten, ehernen Schlange des Moses heilte die Israeliten in der schlangenwimmelnden Steinwüste, auf der Heimwanderung aus Ägypten.

Manche Träumer besitzen sozusagen ihre eigene Hausschlange. Das ist ein positiv zu wertendes Traumbild. Reizend erzählt davon Gottfried Keller im Traumtagebuch seiner Münchner Zeit. Das instinktive Wissen des Unbewußten um den rechten Lebensweg wird manchem Träumer im Traum von der vorangleitenden Wegschlange eigenartig bewußt gemacht. Die große seelische Erfahrung der inneren Wandlung aber, der Wiedergeburt, hat in der sich häutenden Schlange eines ihrer bezeichnenden Gleichnisse gefunden.

Es wird außerordentlich viel von *Fischen* geträumt. Dieses Wesen von fremder, schöner Form, ein stummer Kaltblütler, wird bewundert ob seiner Fähigkeit, im gefährlichen Element des Wassers zu wohnen und sich in besonderer Weise rasch fortzubewegen. Dieses ganz andere Lebewesen, von frühester Zeit an als Speise aus der Tiefe heraufgeholt, hat auf den Menschen stets großen Eindruck gemacht.

Der Fisch wird nie ganz als Tier empfunden. Er behält stets eine Sonderstellung. So ist es auch im Traum. Oft erzählt der Träumer, daß er in einem klaren Wasser wunderbar glänzende Fische gesehen. Sehr oft fängt er auf seltsamste Weise diesen schimmernden Bewohner des Wassers. Der Träumer sitzt an einem Ufer, und an starker Schnur zieht er den großen Fisch aus der Flut. Aus dunkler Wassertiefe ist ihm Nahrung geworden. Als Traumsymbol ist der Fisch vor allem ein sichtbar werdender Inhalt des Unbewußten, welches sich von jeher im Wasser symbolisierte. Es ist ein Inhalt, herkommend aus einer Welt jenseits unseres eigenen Warmblütlertums. Als dieses ganz Andere hat der Fisch etwas Faszinierendes. Ist er groß, so besteht die Gefahr, daß er, der Repräsentant des Unbewußten, das kleine Bewußtsein des Menschen zu sich herabziehe, verschlinge. Gewaltige Fische bedrohen dann den Menschen am Ufer. In jedem größern Fische ist etwas Unheimliches, verstärkt durch die seltsam gestellten gläsernen Augen.

Da man das Triebhafte des Säugetieres an ihm nicht bemerkt, gilt der Fisch nicht eigentlich als Tier, sein Fleisch nicht als blutiges Fleisch. Er ist vielleicht deshalb und wegen seiner eigenartigen Herkunft oft heilige Speise. Im christlichen Kulturraum ist dieses Heilige verbunden mit dem neutestamentlichen Fischwunder und steht im Zusammenhang mit Petrus dem Fischer. Zudem bilden im Griechischen die Anfangsbuchstaben von „Jesus Christus, Sohn Gottes und Retter" zusammen das Wort Ichthys, Fisch.

Fischträume sind da positiv, wo der Fisch als aus der Tiefe erworbene Speise, als tiefenseelischer Inhalt und als ein Ausdruck dessen psychischer Energie erscheint. Neutraler ist seine Bedeutung als männlich sexuelles Gleichnis. Gefährlich ist der große Fisch, der in der dunkeln Tiefe bewußtseinsfeindlich wohnen kann. – Mit dem Fischwesen in sich zusammenkommen heißt, im ganzen gesehen, mit den Kaltblütler-Urformen menschlicher Existenz, mit einer sehr tiefen Seelenschicht zusammenzutreffen. *Jung* schreibt: „Die Rückidentifikation mit den menschlichen und tierischen Ahnen bedeutet psychologisch eine Integration des Unbewußten, recht eigentlich ein Erneuerungsbad in der Lebensquelle, wo man wieder Fisch ist, d.h. unbewußt." Deshalb wird der, welcher eine tiefgehende Wandlung durchzumachen hat, wie einst der legendäre Prophet Jonas, von seinem Unbewußten, vom großen Fisch mit dem Walfischrachen, für einige Zeit verschlungen. Als ein Gewandelter wird er an die helle Küste eines neuen Bewußtseins ausgeworfen werden.

Hier sind auch *Frosch* und *Kröte* zu erwähnen. Diese Land-Wassertiere, manchem Menschen zum Widerwillen, haben als Traumwesen eine positive Bedeutung. Die verschiedenen Formen ihrer Entwicklung vom Laich bis zum fertigen Tiere, dazu das Menschenähnliche ihrer Schwimmhändchen, haben diese Tiere zu einem Gleichnis einer niedern Stufe seelischer Wandlung gemacht. Deshalb kann im Märchen aus dem Frosch ein Prinz, aus dem Verachteten ein Ansehnliches werden. Im Frosch wird mehr das Lebendige, in der Kröte mehr das Schwere erlebt. Diese ist ein ausgesprochen weiblich-mütterliches Traumtier.

Das *Krokodil* hat den gleichen Sinn wie der Drache. Nur ist es noch mehr uraltes, faules, unbarmherzig nach dem Menschen schnappendes Leben und damit ein negatives Symbol unserer innern Energien, einer dumpfen, bösen Lebenseinstellung in der Tiefe des kollektiven Unbewußten.

Die *Schildkröte* dagegen verkörpert mehr das sich schützende stille Wesen. Sie hat etwas von der uralten Lautlosigkeit des Lebens, das in der Gefahr stets in sich zurückzukriechen vermag. Als Sinnbild der Erde erhält dieses Tier eine gewisse chthonische Heiligkeit.

Die *Muschel,* aus der einst Venus entstieg, ist ein ausgesprochen weibliches Symbol; realistisch gesehen ist sie ein Hinweis auf die Form des weiblichen Geschlechtsorgans und dessen, was ihm entsteigen kann. Nicht vergessen wird im Traume, besonders betont in den Einfällen, das von harter Schale umschlossene Zarte, in dem wieder ein sehr Kostbares, die Perle liegen kann. Der Traum von der Muschel ist fast stets positiv.

Man wird nicht erwarten, daß im Traumleben diesen kleinen Lebewesen eine große Bedeutung zukomme. Wer aber genau hinsieht, der wird vielleicht auch *Spinnen, Käfer, Ameisen, Bienen, Wespen* in seinen Träumen entdecken, und vielleicht schwebt ein farbiger Schmetterling selig im Sommerlicht über den Blumen des Traumes. Die *Spinne* hat von jeher zwei Betrachter gehabt – der eine sah ihr zu, wie sie kunstvoll ihr Netzgewebe wirkt, der andere sah sie auf tückischer Lauer, bereit, sich auf das zu stürzen, was in ihr Netz gerät.

Gespräche über die mögliche Bedeutung des Spinnensymbols im Traume fördern beide Erlebnisse und Projektionen herauf. Einerseits ist die Spinne, diese Geschickte, Kunstvolle ein Glückstier, das man ja nicht töten soll. Ihr Netzwerk wird zum Symbol einer klugen Zentrierung der psychischen Energien auf eine Mitte. Eindruck macht die geistvolle Leistung der Spinne; Widerwillen erregt anderseits das Einspinnende, das Lauernde, der „böse Blick". So ist sie zum Symbol des verführerischen Weibes geworden, des teuflischen Mannweibes, das auf die Vernichtung der Männer sinnt. Den Zusammenhang zwischen Spinne, Weib und grünem Teufel hat *Gotthelf* in seiner „Schwarzen Spinne", den Leser beunruhigend, also an archetype Zusammenhänge in diesem rührend, großartig gestaltet. – Häufig findet ein Träumer ein leeres Zimmer voller Spinnweben, oder in einer unbeachteten Ecke seines Zimmers, also seines eigenen Wesens, wird unabhängig von ihm etwas „gesponnen". Solche Träume verpflichten zu großem Wachsein.

Hie und da wird auch die volkstümliche Diagnose „er spinnt" durch das Gleichnis des an unmöglichem Orte entstehenden Spinnetzes sichtbar gemacht.

Wer im Traume eine dicke, fette Spinne sieht, hat meist den unangenehmen Eindruck einer Welt, die nicht seine Welt ist. Die Insekten haben tatsächlich mit jenem menschlichen Nervensystem zu tun, das nicht den Absichten des Kopfes, nicht unserm bewußten Willen unterworfen ist. Sie scheinen vielmehr ein Geschehen zu symbolisieren, das mit dem vegetativen Nervensystem, mit dem Sympathikus, zusammenhängt. Es haben die Insekten mit unserem Rückenmarkstrang zu tun. Dazu gehört die *Ameise*, ihr Wimmseln und Kribbeln, die unruhige Vielheit, die sich nach allen Seiten wie die Nerven jenes erwähnten Systems verteilen. Oft haben Insektenträume mit Störungen des vegetativen Systems direkten Zusammenhang.

*Bienen*träume sind selten und eher positiv zu deuten.

Dagegen ist die *Wespe* stets negativ. Negativ ist ihr scharfes Fluggeräusch, negativ hat sie der Mensch als Benagerin seiner Gartenfrüchte erfahren. Besonders symbolhaft aber wirkt die Färbung des Wespenleibes in seinen klar voneinander abgesetzten Ringen von schwarz und gelb. Es sind Schwarz und Gelb die Farben des Teufels, es ist der harte Wechsel von Sonnenfarbe und Nachtschwarz. Dazu beunruhigt die Zweiheit, der Gegensatz der engen Taille und des vollern Hinterleibes. Gegensätze, besonders gelb und schwarz, erzeugen Angst. Zu den angstmachenden Kleinwesen gehört auch die Wespe des Traumes.

Manche Träumer stoßen immer wieder auf *Käfer* oder *Würmer*. Wohl gibt es sehr harmlose Käfer, die in der beruhigenden Rundheit ihres Schildbuckels geschäftig ihrer Wege ziehen. Sie gehören nicht gerade in die Traumzimmer. Wo sie im Traum als kleine Hausgenossen erscheinen, sind einzelne „Seelenteile" des Menschen auf eigenwilliger Sonderfahrt begriffen, oder es ist eine nervöse Erregung da, Manchmal entdeckt der Träumer Käfer an den Wurzeln seiner Gartenpflanzen. So mußte ein Mann von mittleren Jahren erkennen, daß sich ins Wurzelwerk seiner besonders gepflegten Pflanzen ein Käfer eingenistet und die Pflanzen zum Welken gebracht hatte. Diesmal hing, wie die Amplifikation ergab, die Störung mit einem weiblichen „Herzkäfer", einer scheinbar nicht wichtig genommenen Liebelei des Mannes zusammen. Diese nagte tüchtig an seinem vegetativen Sein.

Heiterer sind Träume von *Maikäfern*. Eine junge strenge Dame erhielt im Traum den Befehl, die Maikäfer zu studieren. Es war offenbar eine Frühlingsaufgabe, in der auch die Wandlung aus Puppe, Engerling zum Massenhaften der kribbelnden Frühlingsgefühle mit gemeint war. Der Traum machte das schöne Mädchen darauf aufmerksam, was auch noch in ihr zum Frühlingsflug bereit war. – Beängstigend war es für eine sehr kluge Träumerin, festzustellen, daß in all ihren Möbeln, daß im Getäfel der Wände Holzwürmer, in Teppich und Polster eine Menge Schaben saßen. Alles erschien wurmstichig und zerfressen. Die Vererbungssituation war in dieser Familie ausgesprochen ungünstig, und der Traum hat es auf seine Weise ausgedrückt.

Monstren und *Fabeltiere* existieren als einheitliches Gebilde in der tatsächlichen Wirklichkeit nicht; die Natur hat sie nie und nirgends hervorgebracht. Die Seele aber, im Versuche, ihr oft gewaltiges Wesen, das mehreren Bezirken angehört, adäquat abzubilden, hat auch auf diese sonderbaren und stets ergreifenden Gestaltungen ihrer Kräfte nicht verzichten können.

Jedermann kennt solche Darstellungen aus ägyptischer, babylonischer oder griechischer Mythologie – die Sphinxe, die Götter mit Sperber- und Schakalköpfen, den Stier- und Löwenmenschen, das wilde Geschlecht der Kentauren; fast volktümlich sind die verführerischen Syrenen, diese Jungfrauen mit schimmerndem Fischleibe, aber auch Pan, der Ziegenfüßige, und die scheußlichen Vogelleiber der Harpyen. Böcklin, der Maler, dessen Phantasie angeschlossen war an den Bilderstrom der Antike, hat in einem realistisch sich gebenden Jahrhundert nicht anders gekonnt, als auch diese Wesen wieder erstehen zu lassen, um ihnen den farbigen Glanz der Schönheit zu schenken. Er hat freilich das Unheimliche und Gefährliche dieser seiner malerischen Traumgebilde kaum erfaßt. Um so erschreckter sind heutige Menschen, wenn das Ungeheuerliche in Großträumen vor ihrer kleinen Existenz auftaucht. Es taucht wirklich auf, aus den tiefsten Schichten der Seele. Deren Gestaltungskraft hat in diesen Wesen geeint, was üblicherweise getrennt ist: den Menschen und das Tier, hie und da den Menschen und den Baum.

Das Auftauchen, das Auftreten des Monstrums verkündet seelische Großinhalte, die freilich sehr bewußtseinsfern sind. In diesen Fabeltieren strömen tiefe und oft wilde Seelenkräfte zusammen zu einem höchst energiegeladenen Bilde, sie sind unfaßbares und unbegreifliches Leben. Und sie gehören so wenig als der Waldriese, die Menschenschlange oder der indische Elefantengott in unsere bewußte Welt.

Die Deutung dieser unmenschlich-menschlichen Gestalten ist schwierig. Ihre Bedeutung kann nur intuitiv und über den Weg der Mythologien, in denen sie ihre echteste Heimat haben, erfaßt werden. Man kann freilich ahnen, was ein Mannlöwe ist, wenn man das Sinnbild des Löwen begriffen hat und vom Wesen eines starken Mannes weiß. Dabei darf man aber nicht rational einfach an eine Summierung des genannten Tieres und des Menschen denken! Denn beide Erscheinungsweisen sind einander durchwirkend, einheitliche Gestalt geworden. Der Träumer kann nur feststellen, daß Bedeutendes in ihm wach ist in einer Form, die noch nicht in das Menschenreich und nicht mehr ins Reich der Tiere gehört.

Im Verlaufe analytischer Beratung verwandeln sich diese Monstren nach und nach in vorkommende bekannte Tiere und in wirkliche Menschen. Damit wird die Kraft, die jenes faszinierende, beängstigende Gebilde zusammenhielt, frei und strömt dem Bewußtsein zu. Das Ergebnis ist eine bedeutende Stärkung der Persönlichkeit.

Der Mensch kann mit einem Meerweibe nicht viel anfangen; viel eher fängt es mit ihm etwas an und lockt ihn als Undine – „halb zog sie ihn, halb sank er hin" – in das Reich der unbewußten Seelenflut. Wenn sie aber zu einem wirklichen Weibe geworden ist und anderseits das Fischwesen wirklich im Wasser schwimmt, dann merkt der Träumer, daß es um eine „fischblütige", verzaubernde weibliche Seelenfigur, um eine „Anima" in ihm selbst ging. Damit ist er frei vom unfreiwilligen Verzaubertwerden. Außen lebt, was nach außen gehört, innen wohnt, was als eigenartiges Gebilde im abgründigen Reich der Seele sein großes, wenn auch unbegreifliches Wohnrecht besitzt.

Zu den Monstren gehört auch der *Drache*. Immerhin hat er, selbst vielleicht noch eine Erinnerung an letzte Saurier, im Krokodil noch ein weniger gefährliches, in den Echsen ein harmloses Abbild in der Tierwelt der Gegenwart. Wenn diese beiden Tiere im Traum erscheinen, ist der Drache in der Nähe.

Obwohl es heute keine Drachentöter mehr gibt, die, erlöst und erlösend durch ihre Tat, aber selbst in Gefahrsituation gebracht, bejubelt ob ihres Heldentums durch unsere Tage gehen, muß doch in manchen Träumen der Anblick des Untiers ertragen, der Kampf mit ihm aufgenommen werden.

Der Drache ist ein urtümliches Bild ältester, kaltblütigster Vitalität, eines Lebens von verschlingendem Charakter, das uralt in seiner Höhle über den hellen Lebensstraßen wohnt. Oft stellt er, solange wir keine Brücke zum Unbewußten besitzen, dieses Unbewußte schlechthin dar. Wer schon viele Schicksalsabläufe gesehen und miterlebt hat, der weiß, wieviele Menschen von ihren unbewußten Trieben, Begierden und Komplexen verschlungen werden. Sie sind der Urnatur in sich ausgeliefert. Nur für den, der sich mit den psychischen Gewalten auseinandersetzt, verläuft auf der individuellen Ebene der Drachenkampf des Lebens meist siegreich. Dann wird ein Teil der Kräfte, der Energie des Unbewußten vom Menschen erobert, steht ihm zu einer bedeutenden schöpferischen Lebensbewältigung zur Verfügung. Dann hat er den Schatz gewonnen, den die Drachen nach allen Berichten des Mythos bewachen; dann hat er die Jungfrau Seele befreit, die der Drache nicht freigeben wollte. Der Drachenkampf ist auch ein Symbol echten Erwachsenwerdens – wobei der zu besiegende Drache gelegentlich auch die Mutter meint, die ihre Kinder nicht aus ihrer gewalttätigen, behaltenwollenden Liebe entlassen kann. Es kann der Drache auch die uralte „Tradition" gleichnisweise darstellen, welche alles Junge, schöpferisch Neue mit ihren scharfen Zähnen in sich hineinverschlingt.

Als großen grünen Drachen haben die Menschen auch das vegetative Leben vor aller Unterscheidung in Gut und Böse gesehen. Diesem ist das mächtig sich ausdehnende Wachstum ebenso selbstverständlich wie die erbarmungslose Vernichtung. Deshalb kann er sowohl die wuchernde Vegetation wie auch zerstörerische Überschwemmung bedeuten. Lange ehe ein Träumer begriffen und die Ärzte erkannt hatten, daß sein Lebensgefährte von unheilbarer, furchtbarer Erkrankung erfaßt, langsam jahrelang zu sterben hatte, wußte seine Seele vom kommenden gemeinsamen Schrecknis. Er sah einen großen grünen Drachen langsam eine Gestalt verzehren. Er glaubte die Züge des geliebten Menschen zu erkennen, dachte an Hilfe und wußte doch selber: niemand kann das Tun dieser fürchterlichen Natur aufhalten; er hatte es anzunehmen.

VON PFLANZEN, BLUMEN UND FRÜCHTEN

Im Gegensatz zu einer naturgeschichtlichen Betrachtung erscheint die Pflanze als Traumsymbol von tieferem und entwickelterem Seelengehalt zu sein als das Tier im Traum. Ist das Tier vor allem Ausdruck unserer Instinkte und Begierden, so bleibt die Pflanze, freilich mit mancher Ausnahme, als ein Gleichnis dessen, was in uns ruhig, selbstverständlich, getreu dem innern Gesetz zu einer ausgeglichenen Harmonie der Gestalt heranwächst. Die Pflanze verkörpert Seeleninhalte, welche wurzeln im dunklen Grunde des Daseins. Ein starker Stamm, ein gegliederter Stengel oder ein biegsamer Halm hebt das schöne Gebilde der grünen Blätter und der farbigen Blüte empor in das Reich der Lüfte, von der Seele aus gesehen: in die geistige Atmosphäre. Durch Stamm und Zweige steigen die Säfte der dunklen Tiefe herauf, wandeln sich und nähren den ganzen Organismus. Sie ermöglichen das Wunder der Blüte, die in ihrem Bau, der Anlage ihrer Blütenblätter höchste Ordnung verkündet und dadurch mit ihrer Farbigkeit Gleichnis bestimmter seelischer Zustände sein kann. Aus der Blüte wird die Frucht als ein Pfand neuen Lebens. Dieser Kreislauf des vegetativen Geschehens im pflanzlichen Sein ist ein Gleichnis des Kreislaufes seelischer Entwicklung und als solcher im schönen Bild der Pflanze besonders eindrücklich.

Die Pflanze scheint geduldig dem zu gehorchen, was ihr zu wachsen, zu blühen und Früchte zu tragen befiehlt. Sie erfüllt ihr gegebenes Schicksal, hat keine andere Absicht, als das zu werden, was sie ist. Sie bleibt wohnen an dem

Orte, der ihr zugewiesen ist, und erfüllt sich da in lautloser Weise: All diese Tatsachen erheben die Pflanze zu einem Symbole des seelischen Wachstums, oft gehüllt in den Duft eigenartig beseelten Geistes.

Es ist in den Träumen, abgesehen von den Nutzpflanzen, selten von einzelnen Pflanzengattungen die Rede. Vielmehr kann ganz allgemein im Traum ein Blumengarten erblühen; der Träumer wandert durch einen Blütenfrühling, Bäume stehen hoch und weit auf Hügeln und schatten über Brunnen. Herbstliche Landschaft kündet sich im vergehenden Farbenspiel der Blätter ungenannter Sträucher und Wälder. Pflanzen welken in müder Wasserlosigkeit. Dabei meint dies alles menschliches Leben. Es ist auch leicht als solches zu deuten.

Blumen haben von jeher dem Menschen in ihrer schönen Weise geantwortet auf das, was er an Gefühl, an Bewunderung und Liebe ihnen schenkte. Wo im Traume Blumen erblühen, wo uns ein farbiger Strauß gereicht wird, da kommt uns immer etwas Positives, ein Strauß von Gefühlen oder ein in sich ruhendes einfaches Schönes entgegen.

Individuell genannt werden im Traum vor allem die *Rosen*. Von den *Lilien* sind es besonders die Wasserlilien. Einen deutlichen Nebensinn haben die *Pensées*. Rote Blumen lassen oft an *Geranien* denken. In Alpengegenden sind *Edelweiß* und *Alpenrosen* nicht selten, in Seen und am Strand blühen *Seerose* und *Dünennelke*.

Selbstverständlich weisen Blumenträume auf ganz persönliche Erlebnisse, etwa auf einen bestimmten Garten, auf die Flora am Wege einer Wanderung, die Pflanzen bestimmter Zimmer oder auf jene Pflanzen, welche die Erinnerung auf ein Grab setzte.

In den meisten Träumen aber bleiben Pflanze und Blumen ein allgemeines Symbol. Wo sie frisch und leuchtend blühen, da ist etwas Frisches und Leuchtendes vorhanden; wo sie welken, welkt wirklich etwas im Leben des Träumers. Dies alles bedarf keines Hinweises.

Die *Rose* erblüht auch im Garten der Träume in persönlicher, wenn auch vielfältiger Schönheit. Sie ist mit allem Hohen, Gefühlsvollen, mit dem Zauber ihres Reichtums besetzt und verkündet gleichzeitig eine beseelte große Geistigkeit. Die Fülle ihrer Blütenblätter und ihrer Blüten bezeugen den Reichtum der Seele. Der Bau ihrer Blüte wird zu einem Gleichnis höchster Vollkommenheit. Deshalb kann ihr auch etwas Göttliches, etwas Sakrales eignen, wobei die Dornen und damit die Nähe des Kreuzes nicht zu übersehen sind. Rosenträume verkünden fast immer Herrliches. Doch der Gegenlauf des Beglückenden, das Leiden, ist auch da.

Die *Liliengewächse* gehören einer ältern Ordnung der Pflanzenwelt an. Besonders in den Wasserlilien erblüht etwas zerbrechlich Schönes aus dem dämmrigen Grunde eines uralten Unbewußten.

Die Träume von einzelnen Blumen sind selten. Sie haben vielmehr teil an einer bestimmten Atmosphäre des Gefühls, einer Landschaft, und vor allem wachsen sie in den Traumgärten.

Der *Garten* ist ein geschlossenes und positives Traumsymbol. Er ist der Ort des Wachstums, der Pflege innerer Lebenserscheinungen. In ihm vollzieht sich der Ablauf der Jahreszeiten in besonders geordneten und betonten Formen. In ihm wird das Leben und seine farbige Fülle in schönster Weise sichtbar. Die umschließende Mauer hält die blühenden innern Kräfte zusammen, was für extravertierte Träumer oft eine große Notwendigkeit ist. Man kann nur durch die enge Pforte in den Garten eintreten. Diese Pforte muß der Träumer häufig erst suchen, indem er den ganzen Garten umwandelt. Das ist der symbolische Ausdruck für eine längere seelische Entwicklung, die bei einem wertvollen innern Reichtum anlangt. Aber nicht jeder findet das Tor zu diesem seinem Gefühlsbereiche. Wenige nur können sich immer wieder zurückziehen in ihren Seelengarten, der, wenn in seiner Mitte ein Brunnen oder der Lebensbaum steht, ein Gleichnis des Selbst sein kann. – Der Garten bedeutet auf objekthafter Stufe für manchen Mann auch den erotischen Leib der Frau. Tausend Gedichte der Weltliteratur reden deutlich oder verhüllend von diesem Paradiesgärtchen. Aber sie meinen selbst in diesem Gleichnis, besonders in den religiösen Liedern der Mystiker, viel mehr als nur den Eros und seine „Verkörperung", sie suchen und preisen vielmehr sehnsüchtig die innerste Mitte der Seele.

Von jeher haben die *Früchte,* welche der Mensch als seine Speise beansprucht, eine besondere Bedeutung gehabt. Ihre Bewertung im täglichen Leben verstärkt sich im Traum der Nacht. Das psychisch Wichtige hält sich weniger an ihren Nutzen als an die Farbe, an Größe und an Geschmack, an die auffällige Form, an die ferne Herkunft und an den Namen. Von besonderer Bedeutung ist der Ort, wo man die Früchte findet, im Felde, in Gärten, im Walde, nicht ohne Bedeutung, ob es sich um Baumfrüchte, um Staudenfrüchte oder Erdfrüchte im Boden handelt. Der sinnbildliche Gehalt läßt sich nicht sehr schwer gewinnen bei den Produkten der Kulturpflanzen. Bei exotischen Früchten hat er sich natürlich noch nicht festgelegt oder ist zufällig, persönlich.

Der *Apfel,* im Garten gepflückt, im Grase gefunden oder im Korbe erhalten ist oft ein Liebeszeichen in seinem leuchtenden Rot, ein Ausdruck schön gerundeten vegetativen Lebens, wenn er rot und grün gestreift ist. *Jung* deutet den Paradieses-Apfel, den Eva, das Weib, Adam, dem Manne, hinreicht, als das Sinnbild des Lebens überhaupt. Auch im Traume kann der Apfel trotz seiner Schönheit wurmstichig sein und wird damit ein Gleichnis einer äußerlich gut aussehenden, verlockenden Lebensbeziehung, in der doch der

Wurm sitzt. Im Traume wird manchmal auch ein Apfel gemeinsam gegessen, was vor allem von erotischer Bedeutung ist. Zumeist meint es das gemeinsame Leben in der Liebe.

Die Früchte haben überhaupt sehr oft eine erotische Bedeutung. So erscheint die *Birne* auch in den Träumen, nicht nur in der Volkskunde und im Gedicht, erfahrungsgemäß stets als ein ausgesprochen erotisches, von Sinnlichkeit erfülltes Symbol. Es mag liegen an der Süße, an ihrer Saftigkeit, aber auch an der Form, welche an Weibliches erinnert. Ein Träumer fand im Grase (des vegetativen Lebens) einen goldenen (Herz-) Käfer. Daneben lagen plötzlich die herrlichsten Birnen.

Die *Nuß* läßt den Träumer im erläuternden Einfall vom „Knacken einer harten Nuß", einer persönlichen Schwierigkeit reden oder sehr volkstümlich „vom süßen Kern in harter Schale". Es kann der Traum von Nüssen sich wirklich auf ein schwer zu lösendes Problem mit wertvollem Kerne beziehen. Viel häufiger aber ist diese Frucht, vergleichbar den derben Zeichnungen an allerlei Wänden, ein Bild des weiblichen Geschlechtsorgans.

Aus naheliegenden Gründen ist die *Banane* ihr männliches Gegenbild. Dabei wird von den Träumerinnen die Süße und das Ernährende dieser Frucht, aber auch ihre Herkunft aus einem „heißen Lande" betont.

Süße Früchte meinen zumeist Gefühl, Liebeserlebnis. Sie gedeihen auch nur in der warmen Glut des Sommers. Als Liebesfrüchte werden die *Kirschen* gepflückt, rote, schwarze, gelbe, wie ein Volkslied singt. Man ist „in die Kirschen" gegangen. In mancher Traumschilderung wird der Glanz der schwarzen Kirsche betont. Deren Süße scheint sich dunkle gefährliche Leidenschaft zu verbinden, im stärksten Gegensatz zum schneeweißen Wunder des blühenden Baumes.

Beglückend und höchst positiv ist die schön gerundete

goldene Frucht der *Orange,* der *Apfelsine.* Wem sie sich im Traume in die Hand legt, der hatte eine sehr vollkommene, eine sonnenhafte Liebesfrucht erhalten; es ist, als wäre sie golden direkt vom Lebensbaume gepflückt worden. Vielleicht erinnert sich der Leser jener Apfelsine der schönen Erzählung *Mörikes* von „Mozarts Reise nach Prag".

Viel derber ist das Gleichnis der *Zwetschge* und *Pflaume.* Sie verheißt in manchem Männertraum sehr realistisches Geschlechtsglück. Diese Frucht ist bekanntlich auch ein Schimpfname geworden, von Frauen abschätzig entwerteten Geschlechtsgenossinnen zugeworfen. Dasselbe gilt für die Pflaume. Der goldene *Maiskolben,* dieser Sonnen-Phallus, braucht nur erwähnt zu werden, um sofort als ein typisches Symbol des Männlichen begriffen zu sein.

Sexuelle Bedeutung haben auch die *Bohnen* und all das, was sich einfach *Gemüse* nennt. Es bezieht sich auf sehr Weibliches, oft auf Vulva und Vagina.

Ein Mann, auf dessen Tische zwar täglich sehr sorgfältig zubereiteter *Salat* erscheint, der aber infolge ehelicher Konfliktsspannung ohne die leibliche Beziehung zur Gattin leben muß, sagt im Traum, er wolle einfach wieder „seinen täglichen Salat" auf dem Tisch haben. Umgekehrt erzählen Frauen ruhig ihren Traum von frischen *Spargeln,* diesem phallisch durch die Frühlingserde aufsteigenden Triebe. Verborgen in der Erde bleibt die nährende Kraft der *Kartoffel,* erinnernd an das männliche Skrotum. Die nahe verwandten *Tomaten* lassen ihr heftiges, erdnahes Rot in frühherbstlicher Sonne, also in Reifezeit, leuchten. Moderne Träumer weisen bei Besprechung von Tomatenträumen origineller weise meist auf den überaus reichen Vitamingehalt dieser Frucht hin.

Ein besonderer Duft differenzierender Bedeutung liegt auf den Früchten der Waldränder und der heißen, sommerlichen Lichtungen, auch wenn sie seither Gartengewächse geworden sind. In der Traumbetrachtung darf hier der Ort nicht unbeachtet bleiben, an dem man die Früchte fand.

Unscheinbar, aber von vollendeter Süße ist die reife rote *Walderdbeere,* wachsend am bescheidenen Ort, gepflückt im Vorübergehen. Ein kleiner Traum deute diese Frucht: Ein junger Mann erzählte, er sei im Traume durch ein Bauerndorf gewandert und habe am Dorfausgange dunkelrote, wenn auch kleine Erdbeeren gefunden. Der Zusammenhang mit seiner ersten Tanzeinladung, von der er ein wenig spöttisch und entwertend sprach, bewies, daß er von dem kleinen Festchen am Abend des nächsten Tages doch ein süßes Erlebnis erwartete.

Das Volkslied und die Träume erwähnen die schwarzglänzenden *Brombeeren.* Der grüne Jäger lockt das Mädchen in den Wald, damit es mit ihm „Brombeerlein esse". Der Sinn ist klar: Die schwarze Waldfrucht ist das Symbol herb-süßer Verführung. Diese wie andere Waldbeeren lassen, wenn Träumerinnen davon erzählen, ahnen, was in ihrer halbbewußten Natur an stiller Frucht gereift ist, darauf wartend, von einem Du gepflückt und mit ihm selig genossen zu werden.

LITERATUR

Aus der benützten Fachliteratur seien folgende Werke aufgeführt:

C. G. Jung – Wandlungen und Symbole der Libido. Deutike, Leipzig 1912.
C. G. Jung – Psychologische Typen. Rascher, Zürich 1921.
C. G. Jung – Die Beziehungen zwischen dem Ich und dem Unbewußten. Rascher, Zürich 1935.
C. G. Jung – Die Wirklichkeit der Seele. Rascher, Zürich 1934.
C. G. Jung – Über die Psychologie des Unbewußten. Rascher, Zürich 1943.
C. G. Jung – Über psychische Energetik und das Wesen der Träume. Rascher, Zürich 1948.
C. G. Jung – Psychologie und Alchemie. Rascher, Zürich 1944.
Toni Wolff – Einführung in die Grundlagen der komplexen Psychologie. Festschrift Jung. Springer, Berlin 1935.
Kerény-Jung – Einführung in das Wesen der Mythologie. Pantheon-Verlag, Amsterdam 1941.
Jolan Jacobi – Die Psychologie von C. G. Jung. Rascher, Zürich 1942.
Eranos-Jahrbücher, herausgegeben von O. Fröbe-Kapteyn. Rhein-Verlag, Zürich.
Sigmund Freud – Gesammelte Werke. Internationaler Psychoanalytischer Verlag, Leipzig-Wien-Zürich.
Alfred Adler – Menschenkenntnis. Hirzel, Leipzig 1927.
Wilh. Steckel – Die Sprache des Traumes. Wiesbaden 1911.
H. Silberer – Probleme der Mystik und ihrer Symbolik. Wien 1914.
Federn-Meng – Das psychoanalytische Volksbuch. Hans Huber, Bern 1939.
A. Hoche – Der Traum. Ullstein, Berlin 1924.
Paul Bjerre – Das Träumen als Heilungsweg der Seele. Stockholm. Deutsch bei Rascher, Zürich 1936.
Felix Mayer – Die Struktur des Traumes. Acta Psychologica, Bd. III. Nijhoff, Haag 1937.

C. A. Meier – Zeitgenössische Probleme der Traumforschung. Polygraphischer Verlag, Zürich 1950.

Max Pulver – Auf Spuren des Menschen. Orell Füßli, Zürich 1942.

Ludwig Binswanger – Wandlungen in der Auffassung und Deutung des Traumes von den Griechen bis zur Gegenwart. Springer, Berlin 1928.

Ernst Aeppli – Lebenskonflikte. Eugen Rentsch, Erlenbach 1943.

Ernst Aeppli - Psychologie des Bewußten und Unbewußten. Classen-Verlag, Zürich 1947.

Zeitschrift „Imago", herausgegeben von Sigmund Freud. Jahrgang I–XIII.

Zentralblatt für Psychotherapie. Hirzel, Leipzig. Bd. I–XV.

Stenogramm-Berichte über Traumseminare. Eidgenössische Technische Hochschule. 1936–40.

SYMBOL-REGISTER

Abend 75, 286 f.
Abendmahl 236, 239
Abgrund, Abhang 46, 68, 76, 178, 302 f., 310
Abort 250 f.
Absturz 20, 353
acht 272
Acker 205
Adler 220, 377 f.
Affe 369 f.
Alter, Greis, alte Frau 106, 213 ff.
Ameise 386 f.
Amme 204
Amputation 231
Apfel 395 f.
Arbeit, -sdienst 71, 75
Arena 343 f., 365
Arm 52, 120
Arzt 73, 112, 176, 187, 209, 222, 228 ff.
Ast 46
Auge 111, 225, 232
Auto 262 ff.

Bach 47
Bäcker 216
Backofen 205
Bad 224, 278 f.
Bahnhof 70, 75, 256 ff., 258
Bahnwagen 122, 256 ff.
Banane 396
Bank, -schalter 174, 342
Bär 372 f.
barfuß 304
Barriere, Schranke 47, 302, 347

Bau, bauen 120, 301, 304
Bauch 248
Bauer, Bauernhof 216 f.
Baum 109, 120, 230, 279, 395
Begattung 52
Begräbnis 351, 354
Bein 123, 227, 231
Bekannter 185
Berg, Gebirge 74, 121, 301, 310
Bergführer 221
Bett, Lager 250
Bettler 307
Biene 387
Bild, Porträt 332
Billett 259, 340
Birne 396
Blitz 282
Blasinstrumente 337
blau 242, 275, 381
Blüte, blühen 110, 188, 292
Blumen 71, 120, 156, 217, 302, 349, 356, 392 ff.
Blut 231
Bohnen 397
Bomben, Bombardierung 311, 316
Brand 251, 280 ff., 311
braun 276
Brille 47, 225
Brombeere 398
Brot, Brötchen 106, 120, 237 ff., 288 f., 374
Brücke 46, 291, 301, 303 f., 312
Bruder 177, 210
Brunnen 120, 279, 395
Buch, -titel 328 ff., 340

401

Burg 110
Büffel 106

Cello, Contrabaß 336 f.
Coiffeur 220

Dach 251, 310
Dämmerung 286, 293, 367
Diamant 94
Dieb, Diebstahl 79, 248, 310 f., 340, 342
Diktator 188
Dirigent 336
Dirne 109
Drache 205, 349, 385, 390 f.
drei 270

Eber 366
Edelstein, Perle 188, 381
Ei 239 f., 375
Eidechse 390
Einbrecher 102, 221, 310 f., 342
einkaufen 72
eins 269
Eis 312 f.
Eisenbahn s. Bahn
Elefant 284, 370 f.
Elektrizität, -swerk 284
Elf 272
Enge, Spalte 83, 305, 390
Enthauptung 325
erbrechen 229
Erdbeere 398
Erde 94, 205, 235, 359
erfrieren 312
Erkältung 182
Ernte 292
ertrinken 353
essen 235
Estrich 251, 311, 377

Fahrkarte, Billett 259, 340
Fahrrad 263 ff.
Fasten 191
Fassade 254
Feind 315 f.
Ferse 227
Feuer, Flamme 91, 102, 106, 218, 251, 280, 326
Fieber 229
Film, Kino 332 f.
Finger 46, 229
Fisch, Fischer 217 f., 383 f., 386
Flasche, Retorte 326
Fleisch, Wurst 235
Flucht 120
Flugzeug 266, 316
Fluß, Strom 36, 106, 112, 120, 189, 284, 291
Frau, Unbekannte 149, 154, 156, 187, 294
Frau, alte 100, 214 f.
Fremdsprache 173, 321
Freund, -in 120, 154, 182, 307, 332
Friedhof 355 ff.
Frosch 384 f.
Früchte 106, 395 ff.
Frühling 55, 292
Führer, Wagen- 262
fünf 271, 340
Furt 291, 302
Fuß 120, 227

Garten 71, 73, 109, 120, 205, 217, 343, 394 f.
Gärtner 217
Gebärmutter 205
Gebirge 310
Geburt 155, 232
Gefängnis, Gefangener 55, 67, 76, 119, 189, 326

Geige 336 f.
gelb 276, 382
Geld 71, 79, 86, 156, 259, 330, 339 ff.
Geleise 45, 70, 176
Gemüse 397
General, Oberst 188, 317 f.
Genesung 233
Genitalien 226
Gepäck 172, 262
Gericht 56, 324 ff.
Gesäß 226
Geschäfte 71
Geschenk, Gabe 182
Gesicht 224
Gespenst 250
Gletscher 291, 312
Gold 287, 326, 330, 341, 381
Gott, Götter 95, 109, 189, 205, 350
Gottesdienst 347 f.
Grab, Gruft 205, 355 ff.
Gras 47
Grenze 172
Großmutter 204
grün 71, 242, 274, 349, 382, 395

Haar 220, 224 f.
Hals 226
Hand, -schuh 120, 227, 230 f., 288 f.
Hase, Kaninchen 280, 375 f.
Haube 244
Hausierer 307
Hauptstadt 76, 261
Haus 137, 246 ff., 253 f.
Harlekin, Clown 243, 335
Heimat 67, 329
Helm 316, 318
Herbst 292
Herd 248 f.
Herz, -krank 47, 74, 226, 228

Hexe 109, 205, 215, 294
Himmel 205
hinken 47
Hintertür 45
Hinrichtung 56, 325
Hirsch 294
historische Persönlichkeit 177
Höhle 205, 348, 386
Holzwurm 388
Hotel, -direktor 219 f., 287
Hüfte, Lende 226, 231
Huhn 379
Hund 50, 72, 212, 284, 307, 366 ff.
Hunger 234
Hut 64, 243 f.

Injektion 105
Insekten 385 ff.
Insel 110
Inzest 52
Jungfrau 149, 187
Jugendlandschaft, -zeit 295 ff.

Käfer 387 f., 396
Kamerad 209
Kaninchen 376
Kapitän 219
Kartoffel 397
Kastration 232
Katze 319, 368
Kaufmann 186
Keller 53, 247, 279, 352
Kind 23, 36, 64, 120, 155, 184, 210, 211 ff., 233, 294, 298, 307, 310, 349, 367
Kino 332 f.
Kirche, Kapelle 205, 217, 291, 301, 347 ff.
Kirsche 396
Klavier 337
Kleid 241 ff.

klettern 88
Koffer, Gepäck, Tornister 172, 262, 319, 353
Konditorei 236
Köchin 249
König 188
Konzert, Orchester 336
Kopf 224
Korb 47, 391
Kornfeld, Saat- 237, 275, 292
Krankheit 182, 228 ff., 341
Krebs 230
Kreis, Oval, Scheibe 74, 188, 287, 343 ff., 350, 381
Kreuz 41, 349
Kreuzgang 343
Kreuzzug 302
Krieg 56, 93, 120, 176, 189, 310, 315 ff.
Krokodil 385, 390
Kröte 384 f.
Küche 248 f.
Kuchen 236
Kugel 287, 345
Kuh 205, 363 f.

Lähmung 230
Laden 72
Landkarte 306 f.
Landstreicher 221
Lanze 318
Last, Bürde 46, 83
Leere 285
Lehrer 209, 221, 320 ff.
Lehrzeit 78
Leiche 352 ff.
Leiter 310
Licht 111, 346 f.
Lied 337 f.
Lift 88
Lilie 393

links 289, 304 f., 337
Lokomotive 261 f., 284
Lotse 221
Löwe 94, 220, 282, 287, 371 f., 385
Luft 359, 376
Lunge 230

Mädchen 109, 149, 178, 187, 294
Magen, -leidend 229
Mahlzeit 235 f.
Maikäfer 387
Maiskolben 397
Mann, Unbekannter, Begleiter 188, 202 ff., 235, 260, 307 f., 385
Mantel 244
Maria 205
Marter, gemartert 119, 138, 324 ff.
Maschine 284, 310
Maturität, Reifeprüfung 322
Mäuse, Ratten 248, 374 f.
Meer 93, 96, 110 ff., 205, 293, 359
Meerjungfrau 293, 389
Messer 342
Militärdienst 75, 90
Mittag 287
Mitte 109, 188, 343
Mönch 217
Mörser 249
Mond 178, 288 f., 344
Mongole 112
Monstrum, Fabelwesen, Untier 105, 292, 362, 388 ff.
Mord, Mörder 311, 353
Morgen 287
Motorboot 323
Mund 46, 225, 232
Muschel 385
Musik 111
Mutter 52, 55, 74, 105, 109, 203 ff., 249

Nachmittag 75
Nacht 286, 301, 316
nackt 241 f.
Nagetiere 374 ff.
Nebel 309
Neger 176
Neubau 120, 255
neun 272
Nixe, Wasserjungfrau 293
Norden 306
Nuß 396

Obst 395 ff.
Ochse 46, 220
Ofen 312
Offizier 172, 178, 187, 244, 318, 325
Oper 334
Operation 74, 228
Opfer 347, 365
Orange 397
Orchester 336
Osten 306
Oval 343

Panne 263 f.
Papier 325
Parzen, Nornen 100, 188, 214
Paß (Übergang) 172, 291
Paßwort, Legitimation 302, 327
Pfadfinder 176, 295, 307
Pfanne 249
Pfarrer, Priester 187 f., 209, 222, 348
Pfau, Phönix 378 f.
pfeifen 47
Pferd 50, 106, 280, 302, 361 ff.
Pfütze 325
Photographie 330 f.
Pilger 69, 244, 300 f.
Pistole 318

Platz 149, 343
Polizist 220 f.
Porträt 332
Pranger 324
Preis, Bezahlung 339
Priester 112, 188
Prüfung 91, 320
Puppe 119

Quadrat, Rechteck 243 f., 271, 343
Quelle 109, 188, 205, 278 f.

Rabe, Krähe 378
Rad 123, 264, 323, 345
Räuber 294, 301
Ratte 374 f.
Rauch 282 f.
Raupe 360
rechts 304 f., 337
Reise 67, 75, 220, 256 ff.
Regen 278
reiten 361 f.
Retorte 326
Revolver, Pistole 318
Riese 294, 385
Ritter 111
Rose 393 f.
rot 71, 242, 275, 316, 348, 363, 375, 395
Rücken 227

Salat 397
Sanatorium 230
Sarg 354
Schabe 388
Schaffner 260
Schale 120
Schatz, Kostbarkeit 120, 340 f., 390
Schauspiel, -er 334 f.
Schießen 318
Schiff, Boot 106, 219, 266, 354

405

Schildkröte 385
Schimmel 276
Schlachthaus, Metzgerei 70
Schlafzimmer 249 f.
Schlamm 120
Schlange 50, 106, 189, 232, 307, 345, 379 ff.
Schlitten 312
schlittschuhlaufen 312
Schloß, Burg 110 f.
Schmetterling 360
Schmied 216, 218
Schmutz, Kot 243, 250, 324
Schnee, schneien 75, 120, 312 f.
schneefrei, aper 275, 312
Schokolade 236
Schuh 46, 244
Schulaufgaben, -prüfung 320 ff.
Schule, Schulzimmer 90, 166, 320 ff.
schwanger sein 36, 64, 155
schwarz 276, 337, 348, 362, 378, 382
Schwein 365 f.
Schwert 318
Schwester (Kranken-) 222 f.
Schwester (Verwandte) 186, 210 f., 307
schwimmen 303
sechs 271
See, Stausee 36
Segel 266
sieben 271
Silber, silbern 176, 288 f., 340
Ski, -fahren 312
Sohn 210
Soldat 75, 284, 317 f.
Sommer 371
Sonne 93, 96, 283 f., 345, 347
Sonnenaufgang, -untergang 283, 286 f.

Spargel 397
Spiegel 310, 331 f.
Spinne 385 f.
Spital 228
Spur 121
Stadt 110, 205, 344
Stall 71, 283
stehlen 79, 310 f., 340, 342
Stein, Edelstein 94, 188
sterben 119, 192, 351 ff.
Stern 96, 289
Stier 50, 106, 284, 344, 364 ff.
Stockwerk 246 ff.
Straße, Weg 67, 73, 118, 172, 189, 291, 295, 297, 300 ff., 310
Straßenbahn, Omnibus 265
Süden 268, 306
Süßigkeiten 236

Tank 285
Tanzen, Tänzer 334 f.
Taube 378
Taufe 278, 348
Teufel 274, 348 f.
Theater 333 f.
Tiger 372
Tisch 234
Tod 93, 212, 325, 351 ff.
Tomate 397
Topf 205
Töpfer 218
Toter, tot 74, 352 ff.
Traube 239
Trauer, -kleid 183, 351
Treppe, Wendel- 120, 253
Türe, Tor 75, 120, 394
Turm 106, 110

überfahrenwerden 310
Überfall 91, 316
Überschwemmung 179, 279

Ufer 380
Uhr 75, 344
Umzug 254
Uniform 318
Universität 205
Unterleib 224

Vater 74, 105, 204, 207 ff.
Velo 263 ff.
Verbrennung 46
Verfolgung 364
Verletzung, Wunde 46, 55, 76, 226, 230 ff.
Verspätung 90, 257
Verstorbener 356 f.
vier 270 f.
Vogel 311, 376 ff.

Waffen 56, 318
Wagen 47
Wald, Urwald 102, 121, 175, 189, 219, 221, 286, 293 ff., 301, 309, 359
Wanderer, wandern 119, 123
Wandtafel 323
Warenhaus 69, 235
Warnung 84
Wasser 120, 176, 217, 278 ff., 303, 309, 323, 329, 383
Weg 82, 120
Wegweiser, -kreuzung 302, 305
Weihnachtsbaum 245
Wein, -stock, -berg 94, 238 ff.

Weiser 109 f., 121, 187, 221
weiß 276, 323, 362 f., 378, 381
Wespe 387
Westen 306
Widder 280, 365
Wiese 55, 292
Wilder, Primitiver 301, 316
Wind 148, 266, 284
Winter 292, 311 ff.
Wirt, Wirtin 219
Wolf 102, 373 f.
Würfel 273, 344 f.
Wurm 387, 395 f.
Wurst 235
Wurzel 374, 383
Wüste, Steppe 93, 292, 373

Y-Form 319

Zähne 225 f., **232**
Zauberer 214
zehn 272
Zeitung 178, 313, 364
Zerstückelung 232, 326
Zug, -führer 91, 105, 122 f., 184, 260, 262, 310
Zoologischer Garten 53, 359 f.
zwei 269
Zwerchfell 226
Zwerg 295
Zwetschge, Pflaume 397
zwölf 272 f.

Ein Leben nach dem Tode

(4124)

(86046)

(86082)

(86055)

(4254)

(4111)

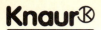

Schicksalsdeutung

(4132)

(4168)

(86009)

(4213)

(4244)

(86014)

Astrologie

(4165)

(4243)

(4253)

(86050)

(86039)

(4280)

Träume als Wegweiser

(86045)

(4119)

(4116)

(86043)